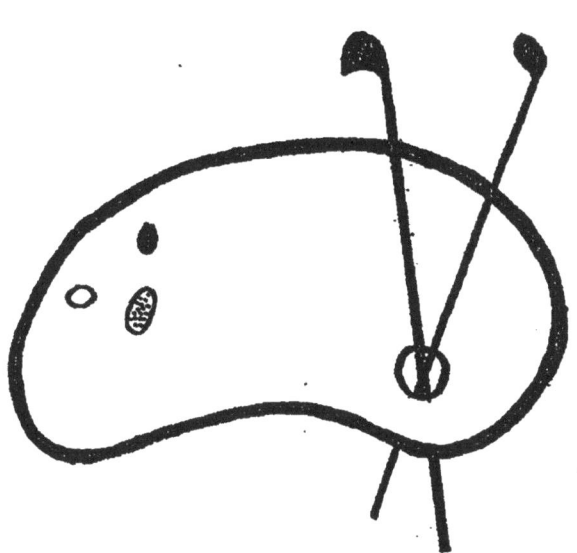

**COUVERTURE SUPERIEURE ET INFERIEURE
EN COULEUR**

EUGÈNE GRISELLE

DOCTEUR ÈS LETTRES,
LAURÉAT DE L'ACADÉMIE FRANÇAISE,
DIRECTEUR DE LA «REVUE FÉNELON».

FÉNELON

ÉTUDES HISTORIQUES

PARIS
LIBRAIRIE HACHETTE ET Cie
79, BOULEVARD SAINT-GERMAIN, 79
1911

3 fr. 50

LIBRAIRIE HACHETTE ET Cⁱᵉ, 79, BOULEVARD SAINT-GERMAIN, PAR

BIBLIOTHÈQUE VARIÉE, FORMAT IN-16

À 3 FR. 50 LE VOLUME

HISTOIRE ET DOCUMENTS HISTORIQUES

BOUCHÉ-LECLERCQ, membre de l'Institut : *Leçons d'histoire grecque*............ 1 vol.
CORBIN (Colonel Ch.) : *Notes et Souvenirs d'un officier d'État-Major* (1831-1901)...... 1 vol.
DAUDET (E.) : *Histoire des conspirations royalistes du Midi sous la Révolution* (1790-93)..... 1 vol.
Le roman d'un Conventionnel. Hérault de Séchelles......... 1 vol.
La Terreur Blanche........ 1 vol.
La Révolution de 1830 et le procès des ministres de Charles X. 1 vol.
Récits des Temps révolutionnaires................ 1 vol.
L'Exil et la mort du général Moreau............... 1 vol.
DURUY (V.) : *Introduction générale à l'histoire de France*. 1 vol.
FUSTEL DE COULANGES, de l'Institut : *La Cité antique*.. 1 vol.
GAILLY DE TAURINES : *Aventuriers et femmes de qualité*. 1 vol.
Philippe de Champagne et sa sœur Catherine de Sainte-Suzanne à Port-Royal............ 1 vol.
GAUTHIEZ (P.) : *L'Italie du XVIᵉ siècle. L'Arétin* (1492-1551). 1 vol.
GUIZOT (E.) : *Le duc de Broglie*................ 1 vol.
Lettres de M. Guizot à sa famille et à ses amis........ 1 vol.
Les années de retraite de M. Guizot (Lettres à Mme Lenormand). 1 vol.
LAMARTINE *Histoire des Girondins*................. 6 vol.
LANGLOIS (Ch.-V.) et **SEIGNOBOS** (Ch.) : *Introduction aux études historiques*........... 1 vol.
LAVELEYE (E. de) · *La Prusse et l'Autriche depuis Sadowa*. 2 vol.
LAVISSE (E.), de l'Académie française : *Études sur l'histoire de Prusse*............... 1 vol.
Essais sur l'Allemagne impériale................. 1 vol.

LUCHAIRE (A.), de l'Institut *Innocent III. Rome et l'Italie*.. 1 vol.
Innocent III. La Croisade des Albigeois.............. 1 vol.
Innocent III. La Papauté et l'Empire................ 1 vol.
Innocent III. La question d'Orient............... 1 vol.
Innocent III. Les royautés vassales du Saint-Siège........ 1 vol.
Innocent III, le Concile de Latran. (Collect. couronnée par l'Institut 1 v.
MASSON (P. M.) *Madame de Tencin* (1682-1749)........ 1 vol.
Fénelon et Madame Guyon, documents nouveaux et inédits 1 vol.
MONOD (B.) : *Le moine Guibert et son temps*......... 1 vol.
MOUY (Ch. de) : *Discours sur l'histoire de France*..... 1 vol.
PICOT (G.), de l'Institut : *Histoire des États généraux*....... 5 vol.
PRÉVOST-PARADOL : *Essai sur l'histoire universelle*.. 2 vol.
QUINET (Ed.) : *Œuvres complètes*............... 30 vol.
ROUSSET (G.) : *Histoire de la guerre de Crimée*...... 1 vol.
SAINT-SIMON : *Mémoires complets et authentiques*.... 22 vol.
Scènes et portraits. Extraits des *Mémoires*............ 1 vol.
TAINE (H.), de l'Académie française : *Les origines de la France contemporaine*...... 12 vol.
Un séjour en France de 1792 à 1795. Lettres d'un témoin de la Révolution française......... 1 vol.
THOMAS (E.) : *Rome et l'empire aux deux premiers siècles de notre ère*................. 1 vol.
TIERSOT (J.) : *Les fêtes et les chants de la Révolution française*............... 1 vol.
VILLEHARDOUIN : *Histoire de la conquête de Constantinople* 1 vol.
VIVIEN (Commandant) · *Souvenirs de ma vie militaire* (1792-1822). 1 vol.

FÉNELON

ÉTUDES HISTORIQUES

EUGÈNE GRISELLE

DOCTEUR ÈS LETTRES,
LAURÉAT DE L'ACADÉMIE FRANÇAISE,
DIRECTEUR DE LA « REVUE FÉNELON ».

FÉNELON

ÉTUDES HISTORIQUES

PARIS
LIBRAIRIE HACHETTE ET Cie
79, BOULEVARD SAINT-GERMAIN, 79
1911

AVANT-PROPOS

Les différentes études ici réunies, parues à des dates diverses, depuis une quinzaine d'années, au hasard des découvertes et des circonstances, tirent leur unité non seulement de la physionomie toujours vivante de Fénelon, mais surtout de l'ensemble convergent des détails historiques rassemblés sur sa vie et son caractère. Deux aspects surtout nous y sont révélés : son rôle presque inconnu de prédicateur et en particulier l'épisode, capital dans sa carrière, de la condamnation de son livre des *Maximes des Saints*.

L'appel à la Bibliographie critique de Fénelon, placé, par la nature même du sujet, en tête des autres articles, reparaît sans changement aucun. Ce fut un pur projet, qui, n'ayant eu jusqu'ici ni écho, ni commencement d'exécution, doit être proposé dans les mêmes termes, avec le caractère actuel et pressant que lui donne l'approche du second centenaire de la mort de Fénelon.

Malgré plusieurs recherches sur les sermons de Fénelon, l'étude de la carrière oratoire de ce novateur en éloquence religieuse semble avoir fait peu de progrès. Raison de plus pour grouper les trop rares et menues découvertes relatives à des souvenirs, par malheur assez vagues, de sa prédication soit à Paris, soit dans son diocèse.

Plus abondante, la série des textes inédits qui se rapportent à l'histoire, toujours ouverte, du Quiétisme, tient une place considérable dans la biographie et la psychologie de Fénelon. Il importait donc de compléter par de nouvelles lettres publiées d'abord par la *Revue Bossuet*, et par quatre lettres inédites que m'a communiquées M. l'abbé Ch. Urbain, la correspondance d'Antoine Bossuet avec son fils, le neveu de l'évêque, agent si passionné de la poursuite entreprise à Rome, de la condamnation des *Maximes des saints*. Ces *Lettres sur le Quiétisme* nous font entrer plus profondément dans l'histoire du procès de Fénelon. Là nous sont relatées les intrigues de Rome et de Paris, et l'entourage de Bossuet s'y peint au jour le jour. Le zèle passionné et l'acharnement qui animait les « familiers » de l'évêque de Meaux contre l'archevêque de Cambrai, s'y étale avec complaisance et nous décrit, dans le détail le plus minutieux, les péripéties du fameux duel dénoué par le bref qu'Innocent XII accorda aux importunités de Louis XIV [1].

Le complément naturel de cette enquête sur les dessous, parfois étranges, de la campagne antiquiétiste, menée à

---

[1]. On trouve aux bureaux de la Revue *Documents d'Histoire* (rue Lacipède, 15, Paris v^e) les deux textes inédits de Fénelon, absents de toutes les éditions, que j'ai eu occasion de découvrir, à savoir : 1° *Un Projet de Communauté*, publié pour la première fois dans les *Études* du 20 octobre 1903, où se reflètent tout ensemble l'esprit novateur, hardi, et l'esprit pratique, presque positif qui voisinaient chez lui sans se confondre ; 2° L'extrait de la *Revue de Philosophie*, publié en 1904, d'après les manuscrits de la Bibliothèque nationale qui nous révèle un nouvel aspect de *Fénelon métaphysicien*, un des fragments les plus intéressants des Œuvres inédites de l'archevêque de Cambrai.

Rome par le neveu de Bossuet, est bien le curieux rapport connu sous le titre : Notes d'un contemporain sur la lutte de Bossuet contre le Quiétisme, qui semble une libre analyse du *Mémoire* de Ledieu sur le même sujet. Depuis la découverte, au moins partielle, du texte de Ledieu, il convenait de remettre au jour ce résumé, avec les additions et corrections qu'en comporte le commentaire.

Enfin quelques fragments relatifs à la *Correspondance de Fénelon* s'imposaient, en quelque sorte, à l'heure où se publie dans la collection des Grands écrivains l'édition savante des *Lettres de Bossuet*.

Paris, 26 septembre 1910.

FÉNELON
ÉTUDES HISTORIQUES

PRÉLIMINAIRES D'UNE ÉDITION DES ŒUVRES DE FÉNELON

Projet d'une bibliographie complète et raisonnée [1].

L'année 1904, second centenaire de la mort de Bossuet, doit voir s'inaugurer en son honneur un monument auquel on a souscrit de toutes parts. On s'est préparé plusieurs années à l'avance, et point encore assez tôt, à mon avis, car avec le monument de marbre, il eût fallu dédier à la mémoire de Bossuet une édition de ses œuvres complètes, digne des sermons publiés par Lebarq, qui ne sont qu'une minime partie des ouvrages connus. La *Revue Bossuet*, trop obscurément encore, car elle mériterait d'être répandue davantage, travaille de loin à centraliser la masse dispersée des éléments nécessaires à cette future édition.

C'est bien cette sorte de monuments intellectuels qu'il

---

[1]. Le *Bulletin de la Société d'Études de la Province de Cambrai*, déc. 1900, avait imprimé cet appel à l'entreprise d'une édition critique des œuvres complètes de Fénelon, sous le titre : *Collaboration de la Société d'Études de la Province de Cambrai à une édition des Œuvres de Fénelon* par le R. P. Eug. Griselle, membre titulaire.

GRISELLE.

serait urgent de construire pour les gloires du clergé français. Il y a une leçon trop peu sentie par les ecclésiastiques, celle de voir Corneille, Molière, Mme de Sévigné, Saint-Simon, La Fontaine, et tant d'autres grands écrivains, dotés d'éditions qui laissent si loin derrière elles toutes celles que nous avons de nos classiques religieux. J'excepte les sermons de Bossuet publiés par Lebarq, et aussi les œuvres de saint François de Sales dans la magistrale entreprise d'Annecy. Mais, si Lebarq a eu pour premier précurseur l'abbé Vaillant, il ne faut pas oublier que c'est Gaudar surtout, un laïc, un professeur de l'Université, qui dut, pour ainsi dire, révéler Bossuet aux hommes d'Église, trop aisément satisfaits des éditions défectueuses d'autrefois. Quel que soit en effet le mérite des éditeurs de Versailles, travaillant de leur mieux au commencement de ce siècle, sur Bossuet, Fénelon et Bourdaloue, il faut bien l'avouer, les hommes d'étude aujourd'hui rougiraient de lire La Bruyère, le cardinal de Retz ou Mme de Sévigné, dans des éditions aussi arriérées que celles que réimpriment sans cesse et sans soin, les éditeurs dits catholiques. Ceux-ci s'adressent, ils le savent, à la clientèle ecclésiastique, tolérante à l'excès en cet ordre de choses.

Pour les écrivains religieux, c'est, semble-t-il, un luxe inutile de leur consacrer le temps, la dépense et les patients labeurs. On les prodigue quand il s'agit d'éditer les auteurs profanes. N'y a-t-il pas là une inconséquence et n'a-t-elle pas trop duré? Aussi serait-il temps de préparer dès cette dernière année du XIXe siècle le monument qu'il conviendrait d'ériger à Fénelon, je veux dire une édition des ses œuvres, comparable à celle des autres grands écrivains de la France.

Je sais qu'au séminaire de Saint-Sulpice où sont conservés une bonne partie des manuscrits de Fénelon, l'idée est dans l'air, peut-être même est-elle déjà mise en œuvre. Les éditeurs désignés de cette œuvre collective, fruit de collaborations nombreuses, doivent être surtout cherchés de ce côté. Mais il appartient bien aussi au diocèse de Cambrai de s'intéresser à l'entreprise, et il est bien permis de dire ici, à la veille de 1900 : Pensons efficacement à la grande édition du centenaire (janvier 1915).

Ne serait-il pas bon de viser pour le deux centième anniversaire de la mort de Fénelon à faire paraître l'ensemble entier de ses œuvres ? Or bien que, suivant le mot très rebattu de Tacite, quinze ans soient une longue période, c'est loin d'être trop pour mener à bonne fin cet immense travail.

Le loisir m'a manqué, non le désir, d'accompagner cet appel à notre *Société d'études* d'un exemple à l'appui. *Exempla trahunt*, et j'aurais voulu vous apporter autre chose qu'une très maigre contribution à ce projet d'édition savante. On me pardonnera de n'avoir pu donner à Fénelon qu'une attention distraite, me devant en ce moment à Bourdaloue, dont le centenaire est plus rapproché, en 1904, lui aussi.

Quant à Fénelon, après avoir indiqué comment je concevrais la part de collaboration de la *Société d'études de la province de Cambrai* à cette édition projetée, je tracerai les grandes lignes du cadre où j'ai groupé mes propres recherches, pour vous demander d'y joindre votre appoint.

Rassurez-vous, il ne s'agit point d'une souscription et je n'en veux point à vos bourses, en sollicitant votre concours. J'ambitionne mieux encore, votre part du labeur intellectuel nécessaire à un grand ouvrage qui vous revient de droit, à vous, Messieurs les membres de la *Société d'études*, et aussi aux professeurs et élèves de l'Université catholique de Lille.

Parmi les travaux préparatoires indispensables à des éditeurs sérieux, la *Bibliographie*, ou, comme on dit outre-Rhin, la *littérature* du sujet, tient une des premières places. Humbles et minutieux détails, bien arides, bien longs, destinés à être cachés, comme les pierres informes qu'on enfouit pêle-mêle dans le béton des substructions, travaux perdus pour la foule des lecteurs qui dédaignera à coup sûr d'y jeter un coup d'œil. Beaucoup se hâteront de laisser, sans les couper jamais, ces pages de listes ou de dates qui auront coûté tant d'heures d'ingrates vérifications. Mais qu'on le veuille ou non, on n'échappera pas au besoin de ces sèches nomenclatures ; le mieux est donc de les dresser au moins de frais possible. Or, s'il est un travail où la collaboration soit praticable, c'est bien en matière de bibliographie, et c'est à la bibliographie complète et raisonnée des ouvrages du grand archevêque de Cambrai et des livres déjà innombrables écrits sur sa vie et ses œuvres que j'aurais l'ambition de vous convier à travailler.

Laissez-moi donc, tout en me récusant pour l'heure (Bourdaloue en est toujours coupable), souhaiter tout d'abord de voir un des membres de la *Société d'études* se charger de faire à Fénelon sa place dans la série des *Bibliographies critiques* que M. Funck-Brentano a commencé de publier. Celle de Bossuet a déjà paru et je puis en dire du bien ; car mon excellent ami, M. l'abbé Ch. Urbain, a droit d'être fier du compte rendu que lui a consacré dans la *Revue critique*, le bibliothécaire de l'Institut, M. A. Rébelliau. Celle de Bourdaloue paraît en ce moment, mais il ne m'appartient pas d'en dire mon avis, et je puis seulement déclarer que j'aurais voulu faire aussi celle de Fénelon. Je regrette de ne point voir figurer son nom dans la copieuse liste des monographies sous presse. La signature de notre Président, s'il m'était permis de donner ici des conseils, y serait certainement bien placée.

Mais ce serait à une œuvre plus complète encore de bibliographie de Fénelon que notre *Société d'études* pourrait aspirer. Un catalogue exact, raisonné, critique, où seraient rassemblés tous les écrits parus sur Fénelon depuis deux siècles, avec une appréciation sérieuse et motivée, ne serait-ce pas une œuvre d'histoire, ou tout au moins une efficace contribution à ce travail des éditeurs de 1915, qui ne saurait être ni trop, ni trop tôt encouragé?

C'est le double vœu que je soumets à votre bienveillance : celui d'une *Bibliographie de Fénelon* dans la collection Funck-Brentano, par un membre de notre Société, et en second lieu, la collaboration de tous à une *Bibliographie* très complète à laquelle pourraient concourir les recherches, ou les découvertes (ce n'est pas toujours la même chose) de chacun des adhérents à la *Société d'études de la province de Cambrai*.

Je dépose dans le tronc que je souhaite de voir remplir, ma très modeste obole, sans plus amples explications; voici le plan que j'ai adopté pour encadrer la liste d'ouvrages, soit de Fénelon, soit sur Fénelon que j'ai recueillie en passant.

Des ŒUVRES de Fénelon, entrées dans la grande édition Lebel, je ne me suis guère occupé, sauf lorsque des questions d'authenticité ou d'attribution, des déplacements de dates pour les lettres, ou les lacunes de la correspondance étaient en cause. Mais ces points qui exigent des discussions spéciales, ne concernent la bibliographie que par leur conclusion. D'ailleurs, l'excellente *Histoire littéraire* de Fénelon écrite par M. Gosselin, un des directeurs de Saint-Sulpice les plus au courant de l'édition Lebel, dont cette histoire est un complément obligé, ne sera point malaisée à mettre à jour. Elle dispense de refaire nombre des recherches. Il sera bon cependant d'y tout contrôler, car on est devenu plus exigeant et plus précis en matière de description de livres.

C'est donc surtout pour les ouvrages composés sur Fénelon que je me suis tracé des cadres. Ils sont encore vides (ma préoccupation n'étant pas de ce côté), mais il sera facile de les garnir, même sans chercher, en se bornant à recueillir au passage. Rien de plus aisé que de distribuer à la place qui leur reviendra dans le plan définitif de la bibliographie Fénélonienne, les livres concernant cet auteur qui ont paru au cours des deux siècles passés, les thèses, brochures, articles de revues surtout, si difficiles à retrouver, en particulier dans les revues locales. Un chercheur de profession aura la patience de dépouiller à ce point de vue les tables des diverses collections bibliographiques, *Journal de la librairie*, *Polybiblion*, etc., pour notre siècle ; il aura moisson abondante. Je n'en ai pu faire tant et je ne suggère point de recherches à entreprendre en vue de cette bibliographie collective. Aux membres de la Société qui rencontreront, par hasard, l'indication d'un ouvrage sur Fénelon, non mentionné encore dans la liste que le *Bulletin* pourrait tenir ouverte, comme une sorte de souscription intellectuelle, je propose seulement de la recueillir. Le tout serait centralisé chez celui de nous qui s'inscrirait dans la collection Funck-Brentano, et partant, serait le secrétaire-né de la grande bibliographie.

J'ai parlé presque exclusivement d'ouvrages sur Fénelon. Mais avant tout, dans la première section, celle des Œuvres, tout livre, traité ou lettre, absent de l'édition Lebel, évidemment à compléter, doit être mentionné avec sa source. Rien de plus difficile à réunir que ces œuvres, éditées seulement dans des recueils anciens ou locaux, et autant dire inédites. Rien d'urgent, par suite, comme le soin de les signaler.

Voici le cadre dans lequel sont groupés les ouvrages qui composent cet essai de bibliographie très sommaire. C'est, à peu de chose près, le plan adopté par M. l'abbé Urbain dans sa bibliographie de Bossuet.

I. — Biographie et chronologie.

II. — Ouvrages de Fénelon.

   A. — Manuscrits.

   1. — Autographes.
   2. — Copies.
  B. — Ouvrages publiés du vivant de Fénelon.
  C. — Ouvrages publiés isolément après la mort de Fénelon.
   1. — Ouvrages isolés.
   2. — Éditions classiques.
   3. — Morceaux choisis.
   4. — Traductions.
   5. — Mélanges.
  D. — Œuvres complètes et collections d'ouvrages de Fénelon.

III. — Ouvrages sur Fénelon.

  A. — Témoignages des contemporains ; éloges académiques.
  B. — Biographie de Fénelon.
   1. — Ouvrages généraux.
   2. — Jusqu'au préceptorat (1651 à 1689).
   3. — Préceptorat, séjour à la cour (1689 à 1697).
   4. — Quiétisme, séjour à Cambrai (1697 à 1715).
  C. — Ouvrages sur la philosophie et la théologie de Fénelon.
  D. — Bibliographie, critique et histoire littéraire.

A PROPOS DE SERMONS DE FÉNELON[1]

Fénelon est plus connu comme théoricien de la chaire, à cause de ses *Dialogues sur l'éloquence*, que par ses propres sermons. Outre qu'on en a conservé très peu, peut-être parce qu'il appliquait son propre conseil de ne point écrire, il faut avouer qu'on ne les connaît guère. Sauf le sermon pour le jour de l'Épiphanie qu'on « demandait » jadis au baccalauréat, bien des lettrés n'ont lu aucun sermon de l'illustre archevêque. Il conviendrait ici de présenter plus au long celui qui fut prêché à Lille le 1er mai 1707, dans la collégiale de Saint-Pierre, au sacre de l'électeur de Cologne. Mais l'histoire en a été faite et il suffit de renvoyer au beau livre de Mgr Hautcœur, pour inspirer le désir d'étudier une œuvre si soigneusement encadrée[2]. C'est d'ailleurs une recommandation superflue.

Je n'ai que le dessein très modeste d'apporter quelques dates ou documents tirés d'un recueil qui ne se rencontre guère qu'à Paris, la *Liste des Prédicateurs*.

J'y joindrai quelques développements sur un des sermons ou entretiens conservés dans les œuvres de Fénelon, sorte de traité écrit pour la maison de Saint-Cyr et qui eut la fortune bizarre de passer longtemps pour un sermon de Bossuet.

---

1. *Revue de Lille*, mars 1901.
2. *Histoire de l'Église collégiale et du Chapitre de Saint-Pierre de Lille*, t. III, ch. lx, p. 157-165.

1

La première partie de cette rapide étude regarde donc la jeunesse de Fénelon et ses débuts dans le ministère de la parole, puisque la *Liste des Prédicateurs* ne parle plus de lui dès l'année 1689.

Ordonné prêtre vers 1675, Fénelon « exerça durant trois ans le ministère dans la paroisse de Saint-Sulpice, et fut chargé, dit le cardinal de Bausset, d'expliquer l'Écriture sainte au peuple, les jours de dimanches et de fêtes[1] ». On conçoit que ce ministère ordinaire, ni celui des catéchismes, dont il est parlé dans la même histoire, n'ait pas eu lieu d'être signalé par la *Liste*, qui ne s'occupe que des Avents ou Carêmes. A plus forte raison n'y devait-on point parler du sermon que Fénelon, comme avant lui Bossuet à l'Hôtel de Rambouillet, avait prêché, à l'âge de quinze ans, c'est-à-dire en 1666, pendant qu'il était encore élève du collège du Plessis[2]. C'était apparemment dans quelque réunion mondaine et le fait ne relève guère de l'Histoire de la prédication de Fénelon.

C'est en 1678 qu'on place la nomination de Fénelon au poste important de Supérieur des *Nouvelles Catholiques* de la rue Sainte-Anne et du prieuré de la Madeleine du Trainel[3]. Il est à croire que s'il ne tarda guère à prêcher

---

1. *Histoire de Fénelon* par le cardinal de Bausset, nouvelle éd., 1850, Lecoffre, t. I, p. 42.

2. *Ibid.*, p. 10.

3. *Ibid.*, p. 47, note 1, qui renvoie au *Tableau de Paris* de Saint-Victor, t. IV, p. 1284 et à la *Gallia Christiana*, t. VII, p. 640. Lebeuf, dans l'*Histoire de Paris*, paroisse de Sainte-Marguerite, démembrement de Saint-Paul, inscrit parmi les couvents et communautés situés sur cette paroisse : Le prieuré de la Magdeleine des Bénédictines réformées, venues de Trainel, puis de Melun, Diocèse de Sens, et fixées à Paris, rue de Charonne en 1644.

à la Communauté des Nouvelles Catholiques, il ne se hâta point d'accepter au dehors des prédications suivies[1]. On ne rencontre son nom en effet pour la première fois dans la *Liste des Prédicateurs*, qu'au Carême de 1680, pendant lequel il est désigné comme prêchant « les dimanches et fêtes aux Religieuses Carmélites du Faubourg Saint-Jacques ».

Au Carême de 1681, il donne les dimanches dans la maison des Nouvelles Catholiques, et s'y trouve en assez bonne compagnie d'autres prédicateurs qu'il avait eu peut-être le soin d'inviter. Notons les moins obscurs : « le second vendredi, Monsieur l'abbé Anselme... le cinquième, Monsieur l'abbé Fléchier, le sixième, Monsieur l'abbé Desalleurs, prédicateur du Roy et aumosnier de Madame la Dauphine... ; et les dimanches, ajoute la *Liste*, Monsieur l'abbé de Fénelon, supérieur de la Maison ».

Le reste ne vaut pas l'honneur d'être nommé.

Exceptons toutefois le prédicateur du vendredi, « Monsieur l'abbé de Montmort nommé à l'Evesché de Perpignan », que Madame de Sévigné aura contribué à sauver d'un oubli complet, pour avoir fait un compte rendu enthousiaste du « beau jeune sermon » prêché aux environs de Pâques 1671, qu'elle nous analyse si joliment dans sa lettre du 1er avril suivant[2].

On ne voit plus Fénelon reparaître à la *Liste* qu'au Ca-

---

[1]. M. l'abbé Urbain m'a bien voulu signaler l'oraison funèbre de l'abbesse de Faremoutiers, Jeanne de Plas, parente de Fénelon, que celui-ci prêcha le 15 février 1678. Voir, la relation des obsèques et du service, à l'Appendice I tirée du ms. fr. 11569.

[2]. Mme de Sévigné, éd. des *Grands écrivains*, t. II, p. 138 : « Nous entendîmes l'autre jour l'abbé de Montmor ; je n'ai jamais ouï un si beau jeune sermon... Il fit le signe de la croix, il dit son texte ; il ne nous gronda point, il ne nous dit point d'injures ; il nous pria de ne point craindre la mort, puisqu'elle était le seul passage que nous eussions pour ressusciter avec Jésus-Christ. Nous le lui accordâmes ; nous fûmes tous contents. Il n'a rien qui choque : il imite M. d'Agen (Claude Joly, prédécesseur de Mascaron) sans le copier ; il est hardi, il est modeste, il est savant, il est dévot ; enfin j'en fus contente au dernier point. »

rême de 1685 et à l'Avent de 1687[1]. C'est entre ces deux dates que se place la première mission en Saintonge, un peu confusément racontée par les premiers historiens[2]. Il avait prêché avant son départ, au Carême de 1685 « tous les Dimanches et les Festes » pendant que les vendredis revenaient à l'abbé Bertier, un de ses futurs compagnons d'apostolat en Saintonge, qui fut le premier évêque de Blois[3]. Ce nouveau siège fut érigé par la Bulle d'Inno-

1. La correspondance et la biographie de Fénelon nous le montrent en mai et juin 1681 à son prieuré de Carénac en Querci, que l'évêque de Sarlat, son oncle, lui avait résigné. *Correspondance*, t. II, p 9 et 11. Bausset, t. I, p. 54. Une note de l'édition de 1850, *ibid.*, nous atteste sa présence à Paris, dès le 28 février 1683, où il revalide à Saint-Sulpice un mariage douteux. Mais son absence avait dû être beaucoup plus courte. V. p. 62, n. 2.

2. Le P. Boutié, S.-J., dans son *Fénelon* (Paris, Retaux, in-8, s. d. [1900] 331 p.) écrit : « Ses missions terminées, vers la fin de juillet 1687, il reprit ses modestes fonctions de supérieur des Nouvelles converties. » Les titres de deux ouvrages composés sur cette période donnent aussi 1687 et même 1688 comme applicables à ce séjour en Saintonge. V. l'abbé V. Verlaque, *Fénelon missionnaire d'après des documents inédits*, 1685-1687, Marseille, Chauffart, in-8, 31 p. (Extrait du *Bulletin de l'Académie du Var*, 1885) Letelié (A.). *Fénelon en Saintonge et la révocation de l'édit de Nantes* (1685-1688), *Étude et documents*. Paris, Picard, in-8, 130, p. 1885 (Extrait des *Archives historiques de la Saintonge et de l'Aunis*). Il se peut que ces dates soient exactes par rapport aux documents mis en œuvre, mais sur le retour de Fénelon à Paris, il eût fallu préciser. La lettre à Bossuet, datée de la Tremblade, 8 mars 1686 (*Correspondance*, t. II, p. 296), fut suivie, d'après Bausset, I, p. 131, d'une prompte permission de rentrer à Paris, et d'après le même historien, Fénelon ayant repris ses fonctions, négociait en octobre 1686, l'adjonction de Sœurs de la Charité aux directrices de la Maison des Nouvelles Converties. — Il faut donc distinguer, comme l'a très bien fait M. Crouslé, deux missions : « l'une se prolongea du milieu de décembre 1685 à la fin de juillet 1686 ; et l'autre, en 1687, dura environ trois mois, de mai en juillet », t. I, p. 74 : cf. p. 131. Le 13 avril 1687, Fénelon touchait à Paris, en sa maison de la rue du Petit-Bourbon, une somme de trois mille livres dont la quittance a été publiée dans la *Correspondance*, t. 1, éd. 1827, p. 16.

3. A. Jean S. J. *Les Évêques et archevêques de France depuis 1682*. Paris, Picard, gr. in-8, 545 p., 1891, p. 198.

cent XII, du 1er juillet 1697, mais le roi y avait désigné l'abbé Bertier dès le 22 mars 1693.

Le 20 avril 1685, jour du *Vendredi saint*, Fénelon prêchait aussi la Passion, toujours d'après la *Liste,* au Carmel de la rue Saint-Jacques[1]. Parti pour Saintes, le 5 décembre de cette même année[2], il fut de retour assez tôt pour prêcher l'Avent de 1686 à sa Communauté. La *Liste* le désigne comme l'unique prédicateur de cette station.

Pour l'Avent de 1687, on le trouve indiqué aux jours de la Conception, lundi 8 décembre et les jeudi, 1er janvier, et mercredi, 6 janvier 1688, aux fêtes de la Circoncision et de l'Épiphanie, chez les Religieuses du Saint-Sacrement (probablement les Filles du Saint-Sacrement), communauté établie rue Cassette depuis 1684, sur la paroisse de Saint-Sulpice[3].

En 1688, dans sa Maison des Nouvelles-Catholiques, Fénelon figura parmi les prédicateurs annoncés pour le Carême et pour l'Avent. Voici le texte de la *Liste* pour l'Avent : « Monsieur l'abbé de Fénelon preschera les Dimanches ; Le premier vendredy et le sixième Monsieur l'Abbé de Langeron ; le second et le quatrième le R. Pere Dhautecourt, chancelier de l'Université; le troisième Monsieur l'Abbé Desmarest ; le cinquieme et le jour de l'Annonciation Monsieur l'Abbé Bertier ; le Vendredi Saint Monsieur Thiberge Directeur du Séminaire des Missions Etrangeres[4]. »

Pour l'Avent, le Supérieur des Nouvelles Catholiques ne

---

[1]. En 1685, il prêcha, le dimanche 13 mai, pour la clôture de la dédicace de l'Église S. Jacques du Haut-Pas. Archives nationales, LL. 793, p. 115 (Communication de M. l'abbé Urbain). Voir Appendice II.

[2]. Sur la mission de Fénelon en Saintonge je renvoie aux lettres de l'intendant Arnoul, *Documents d'Histoire*, juin 1910, p. 271 et suiv.

[3]. Lebœuf, éd. 1883, t. I, p. 282.

[4]. Sur M. Thiberge, en relations avec Bossuet, voir ce que j'ai publié dans la *Revue des Sciences ecclésiastiques*, oct. 1899, p. 357 ; et *Quelques Documents sur Bossuet*, p. 21, note 2.

paraît qu'au troisième dimanche, et l'on voit, à côté de l'abbé de Langeron et de l'abbé Bertier, qui prêchent, le premier, le sermon de Noël, le second, celui de la Circoncision et le premier dimanche de l'Avent, figurer, pour le second dimanche 5 décembre, et la « Conception », le 8, M. l'abbé de Fleury, et un certain « M. l'abbé Bigres, Docteur de Sorbonne », parfaitement inconnu du reste, à qui reviennent les sermons du quatrième dimanche et de la fête des Rois.

Mais aux Religieuses de la Madeleine, au faubourg Saint-Antoine, la seconde Communauté dont il avait le soin, Fénelon prêche le premier dimanche et l'abbé de Langeron, le jour des Rois.

Cette ouverture et cette clôture de l'Avent de 1688 fut apparemment leur chant du cygne à tous deux, en ce qui regarde la prédication, pour ainsi parler, officielle, celle qui est consignée dans les Listes. On n'y lit plus désormais les noms de Fénelon, devenu précepteur du duc de Bourgogne, ni celui des amis qu'il attacha à sa fortune[1].

Il faudrait joindre ici, s'il était question de donner une chronologie des prédications de Fénelon, les dates que nous fournissent les procès-verbaux des visites pastorales de Bossuet, par exemple, durant la mission de 1684, 27 février (2e dimanche de Carême) le 5 et le 12 (3e et 4e dimanche), puis les 18, 20, 22 et 24 mars, à Meaux, où Fleury exerça aussi le saint ministère; le 15 mai, à Coulommiers; le 3 juin 1685 à la Ferté-sous-Jouarre, etc.[2]. Mais ce sont là des recherches techniques dont le soin reviendra au futur historien de *Fénelon orateur*.

---

[1]. Voir *Revue Fénelon*, sept. 1910. p. 101.
[2]. Lebarq, *Histoire critique de la Prédication de Bossuet*, p. 338 et suiv. La *Revue Bossuet* a publié ces *Procès-verbaux*.

II.

Arrivons au sermon ou traité destiné aux religieuses de Saint-Cyr, intitulé « Entretien sur les avantages de la vie religieuse ». Deforis, qui avait rencontré dans le diocèse de Meaux un certain nombre de copies de ce morceau, attribuées à Bossuet, les avait soigneusement collationnées. Il ne semble pas avoir douté un instant de la légitimité de cette attribution, et nous l'entendrons nous déclarer qu'il reconnaissait parfaitement dans ces pages la manière de Bossuet. Il y a donc là une leçon de prudence à recueillir en même temps qu'un avertissement sur l'infirmité de la critique interne, et il ne sera pas mauvais de voir au long l'histoire de cette curieuse distraction de Deforis prêtant à Bossuet un morceau depuis longtemps imprimé dans les œuvres authentiques de Fénelon.

Lachat, qui a eu raison de ne pas reproduire cette œuvre, n'en dit rien, non plus que Lebarq. Celui-ci ne parle point, même dans son *Histoire critique de la prédication de Bossuet*, de cette ancienne attribution, fût-ce pour l'écarter. C'est un tort, car il était bon d'attirer l'attention sur cette longue erreur. *L'Histoire de Mme de Maintenon* par le duc de Noailles [1], déclare que ce sermon attribué à Bossuet pour avoir été trouvé dans ses papiers, doit être restitué à Fénelon. Il y a dans le passage de Noailles une inexactitude qui me le rendait suspect. Deforis dit bien qu'il a rencontré seulement des copies de ce sermon, mais elles étaient attribuées à Bossuet, et ne sont pas indignes de lui. Ce sermon est un de ceux que l'on rencontre dans la collection Migne, tome XXVIII, page 148, sous le titre : *Entretien sur les avantages de la vie religieuse*, et qui commence par les mots :

---

1. 1848, t. III, p. 140

« Le monde entier n'est rien... » mais il se retrouve aussi dans les ouvrages de Bossuet (édit. Lebel).

Le sermon avait paru dans l'édition de Deforis (1778), tome VIII, page 325, avec des variantes dues à une autre copie, que l'on trouve page 682, et dont Deforis dit : « Toutes ces corrections... sont faites sur un *ms.* qui ne nous est parvenu qu'après l'impression de ce discours. Ce *ms.* renferme pour le troisième point plusieurs morceaux assez considérables qui n'étaient pas dans notre copie et que nous ajoutons ici », et plus loin : « Quoique nous ayons cru devoir donner ici les différents morceaux qui se sont trouvés ajoutés dans le *ms.*, que nous avons découvert depuis l'impression, cependant si ce *ms.* qui n'est également qu'une copie, nous fût alors tombé entre les mains, nous n'eussions pas pensé qu'il convînt d'insérer dans le corps de la pièce ces additions, parce que le discours nous paraît mieux lié et plus suivi en les supprimant et qu'il est assez visible qu'elles y ont été placées après coup. C'est pourquoi nous nous fussions borné à les mettre en note au bas des pages auxquelles elles se rapportent. »

Dans l'édition in-12 des *Sermons de Messire Jacques-Bénigne Bossuet*, Paris, Lamy. 1789, tome XII, pages 295-348, on trouve ce même *Sermon sur l'état religieux prêché devant les religieuses de Saint-Cyr* (la distinction entre le texte du premier manuscrit et les additions du second rejetées au bas de la page y est maintenue, et de part et d'autre (dans l'in-4° de 1778, comme dans l'in-12 de 1789), le sermon est précédé de cette note de Deforis : « Nous n'avons point l'original de ce Sermon, dont nous avons trouvé plusieurs copies dans le diocèse de Meaux : toutes l'attribuent à M. Bossuet et il est aisé de l'y reconnoistre. Il paroît qu'il l'a prêché dans la Maison de Saint-Cyr : car ce que le Prélat y dit des dangers du voisinage de la Cour et du piège qu'ont à craindre de leur naissance celles à qui il parle, convient parfaitement à cette maison située auprès de Versailles et à l'école des jeunes Demoiselles. »

Il faut le noter en passant : cette pure déduction, tirée par l'éditeur, du troisième point de ce sermon, pouvait s'appliquer en partie, sauf le voisinage immédiat de la Cour, à l'abbaye de Jouarre et aux pensionnaires qu'on y recevait, et (au commencement du troisième point) l'exemple de la règle de saint Benoît, qui n'a pas cru l'éducation incompatible avec la solitude, est alors plus direct ; mais il est plus juste de dire de Saint-Cyr que de Jouarre, que « l'engagement de cette maison est... d'instruire et d'élever de jeunes Demoiselles ».

Après l'édition Lebel, page 419 du tome XIV, les *Sermons choisis*, précédés des Réflexions de Maury, non dans l'édition de 1803, mais dans une des suivantes (de date inconnue), reproduisent ce sermon, sous le titre de *Sermon sur les obligations de l'état religieux prêché devant les religieuses de Saint-Cyr*. Il y est précédé de la note (abrégée) de Deforis, mais les additions sont fondues dans le texte ; les parenthèses ou crochets que les éditions Boudet et Lamy avaient gardés pour signaler les transitions insérées par Deforis, disparaissent.

On trouve le sermon, en cet état plus que complet et avec la note abrégée des Extraits, en diverses éditions des Œuvres complètes : Lebel, 1816 ; Paris, Desrez, 1836, éd. Panthéon littéraire, tome IV, page 353, (à la fin des Sermons du temps, entre celui sur la vie chrétienne et les exhortations aux religieuses ursulines, que déjà il précédait dans la première édition). Il disparaît dans Lachat, qui n'en dit rien, même pour expliquer l'exclusion. De même dans l'édition Bar-le-Duc, 1864, qui cependant dit reproduire, sauf les améliorations à apporter au texte, l'édition Lebel.

L'a-t-on laissé tomber inconsciemment ? S'est-on aperçu que le Sermon était dans les Œuvres de Fénelon ? On pouvait en ce cas s'en aviser plus tôt, puisque d'après la préface de Ramsay, en 1718, on donnait ce sermon comme le seul des dix publiés dans ce recueil, dont l'éditeur ait eu en main l'orignal.

Il faut lire en effet dans l'*Histoire littéraire de Fénelon*, par M. Gosselin de Saint-Sulpice (en tête de l'édition des *OEuvres*), ce qui est dit (I P., art. 11) des diverses éditions des Sermons de Fénelon : « Du vivant même de l'archevêque de Cambrai, plusieurs personnes s'empressèrent, à son insu, de communiquer au public une partie de ses écrits si propres à exciter et à nourrir la piété. On vit paraître successivement les recueils intitulés : *Sermons choisis sur différents sujets* (1 vol. in-12, 1706), *Sentimens de piété* (in-12, 1713), etc... » [1]

« *Sermons et Entretiens sur divers sujets*. — La plupart de ces discours, il faut l'avouer, sont bien éloignés de la perfection qui caractérise les autres productions de Fénelon. Ce sont les premiers essais de son talent pour la chaire..., etc. » [2]

L'édition de 1718, *Sermons choisis* (édités par le chevalier de Ramsay), comprend « dix *Sermons* ou *Entretiens* publiés du vivant de l'auteur, et à son insu,... sous les titres de *Sermons choisis sur différents sujets*, 1706, in-12 et *Entretiens spirituels* [3] ».

« Le neuvième discours de l'édition de 1718, *sur les principaux devoirs et les avantages de la vie religieuse* est attribué à Bossuet dans le recueil de ses sermons publié en 1778, par D. Deforis. Mais il est certain que c'est une erreur. En effet, ce dernier éditeur avoue qu'il n'a eu sous les yeux que des copies dans lesquelles ce sermon est attribué à l'Évêque de Meaux; tandis que l'éditeur de 1718 dit expressément qu'il publie ce discours d'après le manuscrit original de l'archevêque de Cambrai.

---

1. *Gaume*, 1851, t. I, p. 79 et suivantes. — 2. *Ibid.*, p. 85.
3. *Ibid.*, p. 86. A la fin d'une curieuse édition en cinq volumes des

« Les dix sermons suivants, dit M. de Ramsay, dans l'Avertissement de l'édition de 1718, ont déjà paru en différents recueils, mais il leur manquoit le nom de leur illustre auteur. Il n'y a que le neuvième (sur les avantages et les devoirs de la vie religieuse), dont on ait retrouvé le manuscrit original. Les autres ont été réimprimés ici, ou sur les recueils qu'on en avoit déjà publiés ou sur des copies, qui, ayant passé par d'autres mains, ne peuvent donner une entière confiance en leur exactitude. Il y a même un ou deux de ces discours dont le style feroit un peu douter qu'ils fussent de l'auteur. On ne les met ici que parce qu'ils ont semblé utiles en eux-mêmes et qu'ils sont venus des mêmes personnes qui avoient recueilli les autres qui sont sûrement de M. l'archevêque de Cambrai. »[1]

M. Gosselin exclut même positivement l'entretien *sur l'humilité* et un discours pour le jour de la bénédiction de M. Dambrines, abbé du Saint-Sépulcre à Cambrai.

Il semble que la solution du problème soit dans la préface de Ramsay. Il demeure néanmoins étonnant que Deforis, en 1778, ait donné comme de Bossuet un discours imprimé depuis soixante ans et probablement réimprimé

Œuvres spirituelles de Fénelon, in-12, s. l., 1801, est une *Nouvelle vie de Fénelon* qui forme le cinquième volume, avec le *Catalogue raisonné des ouvrages*, commençant p. 375. On y énumère, p. 419, une série d'ouvrages publiés du vivant de Fénelon et p. 422 : » *Sermons choisis sur divers sujets*, Paris, 1718, 1727 et 1744, in-12. *Item*, Amsterdam, 1718, in-12, etc., réimprimés plusieurs fois dans le second tome de ses œuvres philosophiques, Paris, 1726 et 1731, en deux vol. in-8, 1739 et 1764, en deux vol. in-12. *Item*, Amsterdam, 1731, en deux vol. in-8. L'édition de Paris est la première qui ait paru sous le nom de l'auteur. Elle contient dix sermons qui avaient déjà été répandus dans le public, en divers recueils anonymes. On les a tous revus et corrigés sur les *mss. originaux* ou sur des copies exactes et fidèles. »

1. V. p. 87, ce qui est dit des Carêmes prêchés à Cambrai et des nombreux sermons dont restent quelques canevas, imprimés au tome XVII de l'édition Lebel. On renvoie aussi à une analyse publiée au t. III de cette édition, comme spécimen des canevas de Fénelon.

en 1723, 1728, 1740 et aussi sans doute dans un certain nombre des reproductions partielles. Si l'on répond que les Blancs-Manteaux, éditeurs de Bossuet, pouvaient ne s'être jamais occupés de Fénelon, de ses sermons du moins, et ignorer ce fait, comment des réclamations n'ont-elles pas surgi de la part des amis et éditeurs de Fénelon? Il est vrai que de 1740 à l'édition du P. de Querbeuf (1787-1792, 9 vol. in-4) on ne s'occupait peut-être pas beaucoup de Fénelon, mais il reste le fait des copies courant en nombre dans le diocèse de Meaux de ce sermon avec l'attribution à Bossuet. L'erreur, en tout cas, est à signaler plus que ne le font les éditeurs de Fénelon. Les éditeurs de Bossuet postérieurs à Deforis, surtout ceux de Versailles (Lebel, Bossuet, t. XIV), qui publient le sermon en 1816, auraient bien dû s'en apercevoir. On peut regretter aussi que leur tome XVII de Fénelon paru en 1823 et qui donne ce sermon aux pages 387-423 ne contienne aucune note rappelant l'ancienne attribution erronée. C'est trop se contenter de la grande préface qui est l'Histoire littéraire de Fénelon et fait ouvrage distinct. L'édition de Aimé Martin, Didot, 3 in-4, 1882, tome II, page 432, le donne aussi sans aucun avertissement.

Il est au moins opportun de remarquer que cette erreur d'attribution fait l'éloge du discours et que de bien habiles s'y sont trompés. Je crois que Deforis est excusable d'avoir, comme il dit, reconnu Bossuet dans ce sermon et je serais à peine persuadé par l'affirmation de Ramsay. Qu'est devenu et où était le manuscrit autographe qu'il dit avoir rencontré? Existe-t-il encore? Lui du moins ferait preuve. Noailles, avec son procédé de grand seigneur, se contente de revendiquer le sermon en se bornant à un *dit-on*, assez peu affirmatif. Mais il est mal renseigné sur la manière dont le sermon a été trouvé chez Bossuet. Sa phrase est peu conforme à celle de Deforis : « On avait, dit-il, trouvé une copie de ce sermon dans les papiers de Bossuet.

Depuis (ce qui est inexact, puisque Deforis publiait en 1778 une pièce imprimée en 1718), on a découvert, dit-on, le manuscrit autographe de Fénelon. Il y a en effet un passage des lettres de Mme de Maintenon qui ne laisse pas douter que ce beau sermon ne soit de l'archevêque de Cambrai. » En preuve, à la fin de cette note, Noailles renvoie aux Avis aux maîtresses des classes, 1692, *Lettres sur l'éducation*, Th. Lavallée[1].

C'est là en effet qu'est la bonne preuve, argument extrinsèque qui fait taire tous les doutes. Dans ses *Avis aux maîtresses des classes* (1692), Mme de Maintenon écrivait : « Voyez-en l'excellent modèle que M. l'abbé de Fénelon nous présente dans l'écrit qu'il a fait pour cette communauté. Voici comme il parle de ce temps bienheureux où toutes les familles vivaient comme on vit présentement ou comme on doit vivre dans les maisons régulières : « On se taisait, on priait, on travaillait sans cesse des mains, on se cachait, en sorte que les chrétiens étaient appelés un genre d'hommes qui fuyaient la lumière. On obéissait au pasteur, au père de famille. Point d'autre joie que celle de notre bienheureuse espérance pour l'avènement du grand Dieu de gloire ; point d'autres assemblées que celles où l'on écoutait les paroles de la foi ; point d'autre festin que celui de l'Agneau suivi d'un repas de charité ; point d'autre pompe que celle des fêtes et des cérémonies ; point d'autres plaisirs que celui de chanter des psaumes et des sacrés cantiques ; point d'autres veilles que celles où l'on ne cessait de prier. O beaux jours ! quand vous reverrons-nous ? Qui me donnera des yeux pour voir la gloire de Jérusalem renouvelée ? » C'est à Saint-Cyr que ce bonheur est réservé ; et la peinture que je viens de faire doit être la règle des demoiselles ; n'oubliez rien pour les y conduire[2] ».

1. P. 99, du t. I.
2. *Lettres et Entretiens sur l'éducation*, éd. Lavallée, seconde édition,

Puisque la longue citation incluse dans ce passage des *Avis* se retrouve dans le premier point de l'entretien sur la Vie religieuse [1], il faut admettre que cet « écrit », comme parle Mme de Maintenon, est bien de Fénelon. Bien plus, nous en pouvons déduire une date certainement antérieure, mais de très peu apparemment, à l'année 1692, et ce sera un motif de plus de rapprocher ce morceau des sermons dont la *Liste* nous fournissait une mention. En tout cas, il valait la peine d'attirer l'attention sur cette œuvre, un instant assignée par erreur à Bossuet [2]. Cela peut signifier qu'elle mérite d'être connue davantage.

Paris, Charpentier, 186, t. I, p. 88. Voir les rapprochements que j'ai été amené à faire entre ce texte et le *Projet de communauté* déjà signalé plus haut, p. VI. Voir surtout, p. 24, note 1.

1. Migne, *Orateurs sacrés*, t. XXVIII, p. 153.

2. Il convient aussi de rappeler la méprise de Paul Janet s'appuyant sur une citation de ce sermon pour opposer Bossuet à Fénelon et leurs idées sur l'éducation des filles. Je l'ai relevée dans ma thèse latine *De Munere pastorali J.-B. Bossuet*, p. 152 et suiv.

UN SERMON DE FÉNELON A RETROUVER

PANÉGYRIQUE DE SAINT FRANÇOIS D'ASSISE

prononcé a Cambrai, le 4 octobre 1695 [1].

Les *Nouvelles ecclésiastiques* manuscrites qui circulaient sous le manteau nous signalent, sans en fournir le texte, le sermon prononcé par Fénelon pour Mlle Peray convertie du protestantisme [2]. Il ne faut point se lasser de recueillir tous les indices des sermons prêchés par lui soit avant soit depuis sa nomination à Cambrai. Or on lisait, au *Mercure Galant* du mois d'octobre 1695 :

Le 4 de ce mois, Mr l'archevesque de Cambray, pour marquer l'estime et l'affection particulière qu'il a pour l'Ordre de saint François, prononça le panégyrique de ce saint fondateur, dans l'église des Récolets de sa ville métropolitaine, avec une éloquence et une érudition qu'on ne sçauroit exprimer, et qui luy attirèrent l'admiration de tous ceux qui l'entendirent. C'estoit le premier sermon que ce Prélat eust presché depuis son entrée dans le diocèse de Cambray. Messieurs de l'église métropolitaine y assistèrent en corps. Mr de Borieux, archidiacre, chanoine et offi-

---

1. *Bulletin de la Société d'Études de la province de Cambrai*, t. IV, p. 168, oct. 1902.
2. Voir *Revue Fénelon*, sept. 1910, p. 90.

cial de l'église de Cambray, avoit célébré le matin la grand'messe dans la mesme église des Récolets, assisté de Mrs de Fiesvet et d'Heslin, aussi chanoines de la métropolitaine. Tous les chapitres et toutes les communautés se trouvèrent aussi à la prédication de M. l'archevesque de Cambray, aussi bien que M^{rs} les abbez de Saint-Aubert, du Saint-Sépulcre, de Quentimpré et de Vaucelles, M^r le comte de Montbron, gouverneur de la Place, Madame la comtesse de Montbron, et Madame la comtesse de Loüat, avec toute la noblesse du Païs, et Mrs les Magistrats en corps. La feste se termina par la bénédiction du Saint Sacrement, que Mr de Borieux, qui avoit officié le matin, donna le soir après le sermon[1].

Ce *communiqué*, aujourd'hui perdu dans l'introuvable ou du moins fort rare collection du *Mercure*, aurait déjà son prix pour l'histoire locale, n'offrît-elle à recueillir que la date, le lieu et l'auditoire du « premier sermon » prêché par Fénelon dans sa ville archiépiscopale.

Pourquoi faut-il que l'auteur de ce *Mémoire*, obscu correspondant du *Mercure Galant*, se soit borné à louer, dans la phraséologie en usage, l'éloquence et l'érudition de l'orateur, sans nous indiquer tout au moins le texte et le plan de ce panégyrique? L'intérêt de son article s'étendrait alors à l'histoire littéraire de Fénelon, et nous laisserait l'espoir de retrouver ce discours. Le titre même en est absent dans les *Œuvres oratoires* de l'illustre archevêque. Apparemment d'ailleurs, suivant sa méthode habituelle, Fénelon n'avait fait que tracer le canevas de son sermon, sans l'écrire. Tels, par exemple, les plans des panégyriques de saint Charles Borromée et de sainte Catherine de Bologne, conservés dans l'édition de ses œuvres [2].

Mais n'est-il pas arrivé à quelque Récollet du couvent, ou à quelque scribe de profession, de recueillir ce morceau oratoire? Aurions-nous chance de voir ce sermon sortir de

---

[1]. Paris, Brunet, pages 291 à 293.
[2]. *Édition de Saint-Sulpice*, Lyon, 1843, in-4, t. II, p. 643.

l'ombre des vieux recueils manuscrits, s'il en est encore dans les bibliothèques publiques ou privées de la région ? Bon courage et succès aux chercheurs[1].

---

1. Outre les diverses communications déjà enregistrées par le *Bulletin* (t. I, p. 123, 124 ; t. II, p. 16, 17, 109, 145, 158 à 163, 240 ; t. III, p. 19, 83, 84, 222, 281), il serait précieux de grouper les renseignements épars touchant, même de loin, à l'histoire de Fénelon à Cambrai. Voir, plus bas, le billet de remerciement de Fénelon, du 18 février 1695, relatif à sa nomination toute récente, paru dans la *Revue de Lille*, mai 1900, p. 664 et 665.

ÉCHOS DE SERMONS DE FÉNELON [1]

Les correspondants du P. Léonard de Sainte-Catherine, ce religieux augustin dont la cellule fut, à la fin du xvii° siècle, un grand bureau de nouvelles, eurent souvent occasion de lui écrire sur Fénelon, surtout après les retentissants débats du Quiétisme. Il y aurait mainte occasion d'en recueillir quelques échos. Voici du moins aujourd'hui, malgré la source assez suspecte, ceux d'une visite pastorale et de deux sermons, interprétés *à la calviniste*, par le banquier de Rotterdam dont Léonard a transcrit de sa main et annoté une lettre du 8 octobre 1699. Je n'en ai extrait que le passage relatif à Fénelon. Les réserves et corrections inscrites en marge par le fervent collectionneur, seront imprimées entre crochets, à la suite des passages qu'elles rectifient.

Nous avons lû dans une de nos Gazettes qu'on a esté surpris à Paris que l'Archevesque de Cambray a esté à Bruxelles sous pretexte de faire la visite des brebis soumises à sa jurisdiction pastorale. Pour moy, je ne crois pas qu'il l'ait fait sans permission de la Cour. J'ay vû une lettre de Mons qui parle que dans la visite qu'il a faite dans cette ville-là, il y a presché deux fois. Un ministre protestant qui est au service d'un Regiment suisse en garnison à Mons à la paye des Estats Generaux se trouva avec plu-

[1]. *Bulletin de la Société d'Études de la province de Cambrai*, cinquième année, mai-juin 1908, p. 127.

sieurs officiers au sermon de ce prelat. On remarque que dans le premier il dit que la Ste Escriture ny les Traditions n'enseignent point que la Ste Vierge eust fait aucun miracle et qu'il sembloit que Nostre Seigneur auoit eu quelque dureté pour elle lorsqu'il l'avoit perduë et Joseph dans le Temple pour la response qu'il leur fit, et cita l'exemple des nopces de Cana : Et qu'elle avoit touiours esté dans une grande humilité pour Jésus-Christ. [Tout cela n'est que come il est rapporté dans cette lettre à l'esgard de Mr l'ar. de Cambray].

Son 2d Sermon fut sur la Conversion de St Mathieu, dans lequel il blasma beaucoup ceux qui poussoient trop loin la Confession, que le principal estoit d'estre penetré dans le cœur d'une vive douleur d'avoir offensé Dieu et d'avoir une sérieuse repentance. M. de Meaux trouvera du Quiétisme la dedans. [Cela n'est pas croiable].

Cette lettre ajoute que ce prelat auoit parlé de ses ouvrages et de ceux de M. de Meaux dans une Compagnie et qu'il avoit dit qu'il paroissoit depuis peu un livre attribué à Mr Jurieux qui les avoit bien drapez ; mais que Mr de Meaux avoit esté beaucoup plus estrillé que lui.

Ce traité de l'Amour diuin par Mr Jurieu s'imprime actuellement chez Acher. C'est un bon Livre. Il sera composé de differens chapitres à la fin desquels on trouvera d'excellentes meditations et des prieres propres à inspirer ce pur amour que nous devons à la divinité[1].

Dans une lettre antérieure, du 13 juillet 1699, Fleurnois avait longuement analysé le *Traité historique contenant le jugement d'un protestant sur la Théologie Mystique*, dont la quatrième partie est si violente contre Bossuet.

Bornons-nous ici à un autre extrait du même correspondant, rapportant, le 17 août 1699, à l'occasion de nouvelles sur *le Télémaque*, une anecdote tendant à présenter Fénelon, dès le temps de sa mission en Saintonge, comme un illuminé capable de toutes les sottises. Cela donne la mesure de ces récits : ils ont du moins l'avantage

---

1. Fr. 19211, fol. 209 v° et 210.

de nous montrer l'état d'esprit des protestants de Hollande sur ces matières.

Moetjens, Libraire de La Haye vient de nous donner un second tome des Avantures de Tolemaque. Il y a quelques fenêtres à remplir dans celui-ci ; il promet dans la suite. On trouve beaucoup de beautés dans cet ouvrage ; mais bien des gens ont de la peine à se persuader qu'il soit de Mr de Cambray, car il ne sent pas le mystique ni l'homme d'Eglise de composer ainsi un roman et de donner des instructions sous l'idée des divinités payennes ; c'est donner à son disciple du degoût de la véritable moralle. Ceux qui connoissent ce prelat nous le représentent comme un bon homme. Un officier qui a connu autrefois ce prélat à Rochefort nous l'a depeint comme un vrai méditatif qui alloit tous les jours mediter dans la forest de ce lieu là, et ces Mrs (les officiers) pour se divertir, lui faisoient entendre par le moyen de certaines trompettes ces paroles : « Mr l'abbé de Fenelon, amandés-vous ; vous êtes en etat de damnation », et ces officiers se divertissoient agreablement en luy voyant tourner la tête de tous costés pour voir d'où pouvoit venir cette voix [1].

[1] *Ibid.*, fol. 190 v°.

UN PANÉGYRIQUE
DE SAINT IGNACE DE LOYOLA

Par Fénelon, a Cambrai, en 1703.[1]

On lit dans un compte rendu de l'ouvrage de M. Jadart, sur Mabillon[2], paru au *Bulletin critique* du 1er septembre 1880, sous la signature de C. Trochon : « Signalons en passant une lettre non signée, adressée à Mabillon, et relative à un panégyrique de saint Ignace, prononcé par Fénelon (Mss. fr. 19658, f° 250). Cette lettre très curieuse mériterait d'être publiée ».

La réflexion du critique est des plus justes : le texte de la lettre signalée par lui est intéressant. Qu'il soit donc remercié de cette indication, ainsi que l'ami trop modeste (il défend toujours qu'on le nomme), qui a bien voulu relever cette note déjà ancienne, risquant fort d'être oubliée dans un article de bibliographie.

Il importe cependant de compléter ces renseignements. Outre l'exemplaire de la copie adressée à Dom Mabillon, un autre, sans préjudice de ceux que l'on peut découvrir encore, existe à la Bibliothèque Nationale dans le manuscrit du fond français 17764, moins incorrect, quant à

---

1. *Bulletin de la Société d'Études de la province de Cambrai*, t. V., p. 36, janv.-fév. 1902.
2. *Don Jean Mabillon (1632-1707), étude suivie de documents inédits sur sa vie, ses œuvres, sa mémoire*. Reims, Deligne, 1879, in-8.

l'orthographe, et ayant surtout l'avantage de dater cette lettre anonyme, peut-être aussi de lui donner sa signification.

Au ton naïvement emphatique de ce récit, on serait tenté de songer à un persiflage, sinon à une lettre inventée par les adversaires des jésuites pour railler le contentement d'eux-mêmes et la préoccupation d'esprit de corps exagéré ou d'admiration mutuelle qu'on leur prête à tort ou à raison. Que la lettre, des deux côtés sans signature, soit réelle ou supposée, peu importe à l'histoire de la prédication de Fénelon. Elle nous fournit en tous cas la date d'un *Panégyrique de saint Ignace* et reflète suffisamment le ton du morceau.

Il serait souhaitable de le rencontrer, relevé par un tachygraphe et perdu dans la poussière des recueils anciens. En attendant cette bonne fortune, si elle survient jamais, il faut publier l'annonce ou plutôt le compte rendu de ce sermon ignoré.

Il faut aussi remarquer les destinataires des deux copies envoyées par des mains inconnues. Si le nom de Mabillon ne donne pas un sens particulier à cet envoi, celui de Mlle de Joncoux, à qui l'exemplaire du manuscrit 17 764 a été adressé, est plus significatif. Apparemment quelque fervent janséniste aura saisi avec joie l'occasion de faire passer à la correspondante assidue du P. Quesnel[1], cette pièce vraie ou authentique, dès qu'il aura pu se la procurer.

Quoi qu'il en soit, c'est le texte et l'orthographe de la copie adressée à Mlle de Joncoux que l'on trouvera ici. Les variantes ne portant guère que sur la manière d'écrire les mots, il n'y a pas lieu de les relever [2].

---

1. Voyez : *Correspondance de Pasquier Quesnel*, publiée par Mme A. Le Roy, Paris, 1900, t. II, p. 8.

2. Voici les premiers mots, d'après le manuscrit 19658 : « Hyere, jour de Saint Ignace... » — Le copiste de cet exemplaire, écrit d'une

De Cambray, ce 1 aoust 1703.

Hier jour de S. Ignace, notre incomparable prélat vint dire la messe et doner la Comunion pendant une heure et tout incomodé qu'il est d'un rume, il fit l'après diné le panégérique de notre saint, an présance de tout Cambray, avec une éloquance merveilleuse. Il fit an ce sermon deux éloges de notre Compagnie : c'est un cors dans lequel on ne souffre jamais la moindre tache ; c'est le soutient de la foy et de la religion ; c'est le bras droit de l'église. C'est une assemblée où on trouve la Vertu sans artifice, la siance sans ignorance ; c'est la Compagnie qui s'est toujours oposée aux relachemans, qui a inspiré à Saint Charles ces grandes maximes qui sont la Reigle des prélats. C'est à elle que l'on est redevable des séminaires. Jamais elle ne s'est écarté des sentimens de l'église et du S. Siège et jamais on y a enseigné aucune proposition proscrite par le Pape. Et il exhorta les enfants d'Ignace à soutenir avec courage et avec humilité les contradictions sur lesquelles il s'estendit beaucoup et il finit [1] par conjurer son auditoire d'aimer les enfans d'Ignace qui ne cherchent que leurs âmes sans interest, et je puis vous dire, mon révérend Père, qu'on a jamais peut estre entendu plus de louange de notre S^t père et de notre compagnie, sortie d'une bouche si éloquente et d'un cœur si bien affectionné. Tous applaudirent à ce discours et tous rougirent, les jésuites et nos amis par modestie, et les autres de confusion. Je le remerciay de mon mieux à la sortie et il me dit ces paroles charmantes : Ha, mon cher père, si j'avois la teste aussy bonne que le cœur, vous seriez encore plus content [2] de moy. Peut on jamais reconnoistre et honnorer assez un tel ami, surtous [3] dans les conjonctures [4] où nous sommes.

A Mademoiselle, Mademoiselle Joncou
à Paris.

---

main inexpérimentée, était peu intelligent, ou fort inattentif ; c'est ainsi qu'il écrit : *propositions postérités*, pour *propositions proscrites !*

1. Ms. 19658 : il s'étandit beaucoup et finit.
2. Ms. 19658 : vous seriez plus content.
3. Ms. 19658 : purestouts.
4. Le Ms. 17764 porte ici la leçon fautive : Conjectures.

Un supplément d'information serait utile sur cette pièce au moins curieuse. J'adresse donc un appel à quiconque pourra compléter l'histoire de ce panégyrique de saint Ignace par l'archevêque de Cambrai.

C'est, par malheur sur cette brève indication d'un sermon prêché en 1703 que s'arrête ce que nous avons pu découvrir sur la carrière oratoire de Fénelon. La moisson est maigre et quiconque voudra s'occuper de *Fénelon orateur* comme on l'a essayé à plusieurs reprises, sera contraint de se *rabattre* sur les *Dialogues* où la théorie mérite du reste d'être sérieusement discutée. Si cette première enquête sur le ministère de Fénelon nous offre peu de découvertes brillantes, il y a plus ample matière à étudier, comme nous le permet la curieuse correspondance du frère de Bossuet, la série des intrigues qui signalèrent le grand procès de Fénelon en cour de Rome et la trop fameuse et toujours trop brûlante histoire de la condamnation des *Maximes des saints*.

LETTRES SUR LE QUIÉTISME [1]

Cette série de lettres, toutes inédites sauf une seule, reposait à l'état d'épaves au Grand Séminaire de Meaux ; elle se composa, en effet, autrefois, de cinquante lettres au moins, lorsqu'elle appartenait à la collection de M. A. Martin. On n'en trouve plus aujourd'hui que quarante-trois à Meaux, et une au séminaire Saint-Sulpice, où il m'a été donné de l'identifier par la ressemblance de l'écriture, aucune de ces lettres n'étant signée. Des six autres (si toutefois le cabinet de M. Martin contenait toute la collection), on peut dire que cinq au moins sont égarées ; une seule, la première en date de toutes celles que nous connaissons, avait été publiée, en 1836, par la *Revue rétrospective* [2], à cause de l'intérêt du sujet. C'est celle du 21 mai 1696, annonçant et racontant la mort de La Bruyère. Nous la donnerons avec les autres, mais d'après la copie de l'éditeur d'alors, car l'autographe a disparu. M. Monmerqué, qui la publia, ne connaissait point l'auteur de la lettre, mais avait retrouvé seulement le nom du destinataire, la suscription : *A Monsieur l'abbé Bossuet à Rome*,

---

1. *Études*, 5 novembre 1901 au 5 novembre 1902.
2. *Revue rétrospective*, t. XIII (VIII de la seconde série), p. 139 et suiv.

étant explicitement ajoutée, comme c'est l'ordinaire dans les lettres d'Antoine à son fils. On voit du reste que la lettre du 21 mai, d'après les premières lignes, n'était pas le commencement de la correspondance du frère de Bossuet avec le député envoyé à Rome avec l'abbé Phelipeaux.

Bien qu'il ne soit explicitement question du quiétisme que dans la onzième des lettres écrites par Antoine, du 4 février 1697, je ne sais si cette correspondance confirme totalement la déclaration de Phelipeaux, insinuant qu'il n'était à Rome, lorsque surgit l'affaire du quiétisme, que fortuitement et pour sa dévotion privée [1]. Mais l'intérêt n'en est pas seulement dans la contribution qu'elle offre à l'histoire intime du quiétisme, ce qui serait déjà suffisant pour l'autoriser. On y voit aussi relatées bon nombre de nouvelles, soit sur la vie privée de Bossuet et les affaires d'intérêt dont Antoine entretient son fils absent, soit sur les événements du temps, dont il n'omet jamais de par-

---

1. *Relation de l'origine, du progrès et de la condamnation du quiétisme répandu en France, avec plusieurs anecdotes curieuses.* S. L., M DCC XXXII. In-12, pp. 328 pour la première partie ; pp. 280 pour la seconde. « Elle a commencé (la contestation) dit Phelipeaux dans sa préface, à Paris, sous mes yeux ; et dans le temps de l'examen et de la condamnation du livre, j'étois à Rome, où le désir de visiter les tombeaux des saints Apôtres, et la curiosité de voir ces fameux restes de l'antiquité payenne m'avoient conduit avant que le trouble arrivât. » Ces derniers mots concordent mal avec les premiers, car c'est avant son voyage de Rome que Phelipeaux avait vu commencer sous ses yeux à Paris la contestation. Si l'on objecte que le « trouble » dont il parle est la dévolution faite de la cause à Rome, et que la lettre de Fénelon au Pape est d'avril 1697, presque postérieure d'un an au départ des deux pèlerins (13 mars 1696), il faut néanmoins se demander comment dans une lettre à son neveu, du 7 juin 1696, après avoir parlé du cardinal de Noris, Bossuet écrit : « Ajoutez au chiffre *Diodème* pour ce cardinal, *saint Narcille* pour Casanatta, *l'Archidiacre* pour Cibo, *le bon Ange* pour Altiéri. » Ce soin de compléter une clé prudemment emportée par l'abbé Bossuet, indique tout au moins que celui-ci faisait très opportunément ce voyage de dévotion ou d'étude des antiques. Cf. plus bas, *p.* 57. 124 et 250.

ler, même aux jours où les débats du procès pendant à Rome, envahissent le plus ses préoccupations.

Comment des lettres, en somme si intéressantes à divers points de vue, sont-elles demeurées inédites ? La réponse serait dans les lignes inscrites autrefois par le savant M. Gosselin, au-dessous de la mention de ces lettres, dans le catalogue des écrits autographes de Bossuet et des autres acquisitions relatives à ses œuvres : « Cinquante lettres originales et autographes du frère de Bossuet adressées à l'abbé Bossuet à Rome, de 1797 à 1799 (*sic* pour 1697 à 1699, dates inexactes d'ailleurs), affaire de Fénelon. *Inédites, mais peu importantes.* » Cette note, nullement engageante, a peut-être suffi à sauvegarder jusqu'ici ces lettres ; *la fureur de l'inédit* n'a pas toujours, en effet, sévi parmi les visiteurs des cartons du séminaire de Meaux, et la plupart de ceux qui travaillèrent dans cette hospitalière maison, depuis le savant et regretté Lebarq jusqu'à l'auteur de *Bossuet et la Bible*, le P. de La Broise, venaient presque toujours pour des recherches déterminées, auxquelles les lettres destinées à l'abbé Bossuet avaient peu à fournir. Le calcul de M. Gosselin avait donc réussi, si c'est par calcul et à dessein que cet annotateur des papiers de Meaux avait détourné l'attention des chercheurs de cette collection de lettres. L'auteur de l'*Histoire littéraire de Fénelon*, le sulpicien que d'aucuns auraient pu croire hostile à la mémoire de Bossuet, si ces sentiments étaient compatibles avec l'honnêteté, pour ne point dire la candeur que reflètent ses œuvres, avait au contraire voulu ménager la réputation de l'évêque de Meaux et de son entourage, en laissant dans l'ombre ces papiers où vivent encore tant de passions d'autrefois. On le peut conjecturer, par analogie (à moins d'admettre qu'il n'ait écrit cette note que sur une vue trop rapide des pièces), du soin qu'il met d'ordinaire à tenir dans l'obscurité tout ce qui pourrait jeter quelque jour fâcheux sur le caractère de Bossuet.

A l'appui de cette supposition plus d'une preuve ressort du dépouillement de la correspondance de M. Gosselin avec Mgr Gallard, évêque de Meaux, au sujet des manuscrits que l'évêque le chargeait d'examiner. Dans une lettre datée d'Issy, le 30 avril 1837, lui rendant compte de son examen des derniers manuscrits acquis alors, il lui disait, à propos d'un ouvrage inédit :

> Un manuscrit beaucoup plus important pour le fond (que le XIIIe livre, publié depuis, de la *Défense de la Tradition et des Saints Pères*), est le *Dernier éclaircissement sur la réponse de l'Archev. de Cambrai*. C'est une dernière réponse à Fénelon sur l'article des faits ; elle n'apprend rien de nouveau ni sur le fond de la controverse doctrinale, ni sur l'article des faits, mais elle est pleine d'énergie et de véhémence. Bossuet y revient encore sur le fâcheux article de la confession générale ; il pointille adroitement, à ce qu'il me semble, sur les circonstances du fait, sans rien répondre sur le fond. *En somme, il me paraît fort heureux pour l'édification publique et pour l'honneur de Bossuet que cette réponse soit demeurée jusqu'à présent inédite ; sa publication ne pourrait qu'affliger les gens de bien, et faire triompher les malins.* Heureusement l'ouvrage est maintenant en bonnes mains, et il est fort à souhaiter qu'il y reste.

C'est, on le voit, un ami de Fénelon qui parle, et il se peut faire que d'autres — même en dehors des *défenseurs à outrance* de Bossuet (que nul ne songe à attaquer) — ne soient pas d'accord avec M. Gosselin pour l'appréciation à porter sur l'ouvrage inédit de Bossuet. Mon seul but est de constater que M. Gosselin, quel que soit le sentiment qui l'a guidé, était heureux de sentir à l'abri des « indiscrétions d'historiens trop chercheurs » ce qu'il considérait comme peu honorable à Bossuet. En tout cas, dans une lettre du 6 août de la même année, il se préoccupe à nouveau et de la même pièce et d'autres lettres de Bossuet qu'il voudrait voir demeurer secrètes.

> J'ai fait, écrit-il, une découverte assez importante relative à

deux manuscrits de votre collection. *L'éclaircissement inédit de Bossuet sur le Quiétisme* (n° 29, des manuscrits de Bossuet), n'est pas une copie unique. Il en existe une autre chez M. Villenave père, rue de Vaugirard, 84..... M. Villenave possède aussi un recueil de pièces manuscrites et imprimées sur le quiétisme qui renferme quelques ouvrages de Bossuet et de Fénelon avec des notes et observations de l'abbé Ledieu [1]. Il possède surtout deux lettres originales de Bossuet que je voudrais bien voir en d'autres mains que les siennes ; une de ces lettres est inédite, et sa publication aurait de graves inconvénients *pour l'honneur de Bossuet* [2].

Que les hésitations du savant sulpicien, si soucieux de ne point faire « triompher les malins », aient été cause de

1. Ne serait-ce pas la description même du recueil provenant de la bibliothèque de l'abbé Bossuet, curé de Saint-Louis en l'Ile, possédé aujourd'hui par le séminaire de Saint-Sulpice, et se terminant par l'épitaphe écrite de la main de Ledieu, que j'ai citée à la fin de mon étude *De munere pastorali Bossuet* ? (P. 240.) Ce recueil contient soixante-seize pièces, parmi lesquelles (au n° 34) les Réflexions ou derniers éclaircissements sur la réponse de M. l'archevêque de Cambray aux remarques de M. l'évêque de Meaux (manuscrit in-fol. de 104 pp.), avec cette note de la main de Ledieu : « C'est le dernier écrit de M. de Meaux à M. de Cambray qui n'a pas été imprimé, parce qu'il fut seulement fini au mois de mars 1699, et dans le temps qu'on reçut à Paris le bref de Rome, l'auteur ne le jugeant plus nécessaire à la cause. » Il ne serait peut-être pas inutile à l'histoire de publier ce document. Pouvons-nous espérer que M. Levesque ne se laissera pas arrêter par les scrupules de M. Gosselin, et nous donnera cette œuvre de Bossuet ?

2. Parmi les lettres inédites de Bossuet ayant appartenu à la collection Villenave, nous avons maintenant celle du 1er avril 1699, que M. l'abbé Ingold a publiée dans le *Bulletin critique* du 1er septembre 1885, p. 361 ; je l'ai fait entrer, à cause de son *post-scriptum*, dans la série des lettres de Bossuet, abbé de Saint-Lucien-les-Beauvais (V. *Revue Bossuet*, 25 avril 1900, p. 80). S'il s'agit de cette lettre, M. Gosselin s'est laissé bien vite alarmer par l'accent de triomphe très naturel de Bossuet, se félicitant des termes du bref de condamnation obtenu par ses soins. L'histoire, qu'il s'agisse de Bossuet ou de son adversaire, n'ayant de regard que pour la vérité, ne se laissera guère, Dieu merci, distraire du soin de publier les documents capables de mieux faire connaître les faits ou les hommes.

la décourageante addition dont il accompagna le titre des *cinquante lettres*, ou qu'il s'agisse dans ce jugement de l'impression éprouvée par lui à la lecture de ces pages, difficiles à déchiffrer d'ailleurs, j'avoue ne partager en rien cette manière de voir, et trouver ces lettres, par malheur réduites en nombre, des plus intéressantes pour nous faire connaître le milieu où se mouvait Bossuet. Datées pour la plupart de Paris, elles nous tiennent au courant des moindres incidents ou démarches de Meaux ou de Versailles, soit relativement au quiétisme, soit par rapport aux affaires de famille ou aux relations d'amitié de l'évêque de Meaux et des siens.

Elles n'ont point paru d'ailleurs dénuées d'intérêt, du moins en ce qui concerne l'histoire du quiétisme, à quelque historien ancien, peut-être Phelipeaux lui-même, témoin un bon nombre de passages enfermés entre crochets, comme on en rencontre sur les lettres autographes originairement publiées par les Bénédictins pour l'édition de Bossuet. Il est intéressant de comparer avec l'édition de Dom Deforis les autographes de lettres, celles de l'archevêque Maurice Le Tellier, par exemple[1]. Les passages laissés de côté comme d'intérêt trop médiocre sont en dehors de ces parenthèses entre lesquelles les éditeurs enfermaient les endroits dignes d'être conservés par l'imprimeur[2]. Les autres contenant le plus souvent des nou-

---

1. Il est remarquable que la fameuse mention « inédites, mais peu importantes » se trouve aussi, de la main de M. Gosselin, au-dessous de cet autre titre d'un dossier cependant intéressant : Six lettres inédites de Letellier, archevêque de Reims (autographes signés ; affaire de Fénelon). — A cause des larges coupures faites dans ces six lettres par les premiers éditeurs, j'aurai soin de les rétablir à leur date. Elles ne sépareront les lettres d'Antoine que pour s'y adapter à merveille, en éclairer les faits historiques, en même temps qu'elles recevront de cette correspondance quelque lumière.

2. Ce sont des suppressions dans le genre de celles que dénonce, avec raison, Lachat, en tête du tome XXIX de son édition, lorsqu'il s'indigne

velles locales ou ces minces détails plus familiers, dont
l'érudition moderne est surtout friande, sont délaissés
impitoyablement. Se proposa-t-on d'éditer de la sorte les
lettres d'Antoine et les prépara-t-on dans ce but, c'est
possible. Ce ne fut, en cette hypothèse, qu'au point de vue
de l'histoire du quiétisme, car les passages enfermés entre
crochets[1] ne sont relatifs qu'à cette affaire. Bien plus, en
tête de la lettre du 20 octobre 1698, une main, où je crois
reconnaître Phelipeaux lui-même, qui peut-être, soit à
Rome même, soit après son retour, faisait ses extraits en
vue de sa Relation, a écrit les mots : *Rien à prendre*. Et,
en effet, la lettre en question, tout entière sur la mésaventure d'un courrier infidèle, ne concerne point l'histoire du
quiétisme, ni les événements de Rome ou de Paris.

L'histoire de ces quarante-trois lettres autographes,
jusqu'au moment où elles passèrent, en compagnie sans
doute des six lettres de Le Tellier, de la collection de

contre tant de coupures malheureuses qui ôtaient des lettres de Bossuet
à son neveu les détails relatifs aux événements publics ou privés qui, aux
yeux des auditeurs, n'avaient rien à voir avec les questions du quiétisme. Les omissions à faire sont indiquées sur les autographes, ou mieux
les parenthèses en forme de crochets n'enferment que les phrases à transcrire et à imprimer. Tout ce qui est laissé en dehors de ces signes constitue précisément les heureuses additions que Lachat nous a pu fournir
chaque fois qu'il a collationné un texte des anciennes éditions avec les
autographes qu'il rencontrait. Partout on remarque que ces détails familiers, délaissés comme dénués d'intérêt, changent précisément le caractère de la correspondance de Bossuet, et d'austère et un peu aride, la
rendent plus vivante et plus instructive. Ce travail de « décharnement »
opéré au préjudice des lettres de Bossuet, l'avait été aussi sur les lettres
de son frère par un futur éditeur ou historien, soucieux, uniquement, de
conserver ce qui avait trait au quiétisme. (V. dans le volume cité par
Lachat, p. 1 à 3, des échantillons des passages éliminés, et, p. 4 et 5,
la liberté des retouches opérées par les éditeurs. Plusieurs spécimens de
textes, mis en regard, édifient pleinement sur ce point. Cf. mes *Lettres de
Bossuet revisées sur les autographes*. Paris, 1901, in-8, p. 8 et suiv.)

1. J'aurai soin de signaler par le signe [[ ]] les phrases ainsi réservées
par l'éditeur ou l'historien, que je soupçonne être Phelipeaux lui-même.

M. Martin dans les archives du grand séminaire de Meaux, en 1837[1], n'est malheureusement pas longue. D'après une note de la *Revue rétrospective*, la lettre du 21 mai 1696, distraite ou non du reste de la collection, appartint à M. Monmerqué. La liste des manuscrits acquis sans doute du vivant de M. Martin, portant les annotations de M. Gosselin, nous donne peu de renseignements. Cet *état des manuscrits de Bossuet provenant de M. Martin, rue Boucherat, n° 19, au Marais*, indique, sous le numéro 9, les « cinquante lettres originales et autographes... » avec l'appréciation de M. Gosselin, déjà signalée ; puis, au numéro suivant, « douze lettres autographes signées de M. Phelipeaux adressées au même. Par malheur, la réflexion ajoutée par M. Gosselin : « Je ne les ai pas vues » se trouve être trop exacte. N'étaient-elles qu'indiquées au catalogue et déjà disparues, ainsi que « deux lettres du cardinal de Bouillon (autographes signées) », relatives elles aussi à la question du quiétisme? Rien ne peut plus nous renseigner sur ce point.

Avant de publier, avec une annotation historique, les lettres d'Antoine à son fils, il importe de faire connaissance avec ce frère de Bossuet, éclipsé par l'évêque de Meaux, mais aussi, grâce à lui, quelque peu digne de l'histoire.

Antoine Bossuet, seigneur d'Azu et de La Cosne, maître des requêtes en 1675, fut élu intendant à Soissons en 1685[2]. Né plus de trois ans avant le futur évêque de

---

[1]. Grand Séminaire de Meaux. Carton F, n° 5.

[2]. Et non pas en 1691, comme l'écrit Ledieu dans l'addition à la page 8 de ses *Mémoires*, que les notes critiques de M. l'abbé Ch. Urbain nous ont restitués (*Op. cit.*, p. 7). La rectification avait déjà été faite par M. Armand Gasté dans son intéressante plaquette : *Bossuet, Deux lettres inédites pour servir à l'histoire de son épiscopat à Meaux*. Caen, Delesques, 1896, in-8. En effet, la lettre de félicitations adressée par Nicolas Payen au nouvel intendant le 1ᵉʳ avril 1685 (*Op. cit.*, p. 29) en ferait foi à elle seule, quand même on ne trouverait pas les dates officielles dans l'ouvrage de M. A. de Boislisle : *Correspondance des contrôleurs géné-*

Meaux (le 25 janvier 1624), il mourut aussi quelques années avant lui, au mois de février 1699[1].

raux des finances avec les intendants des provinces. Paris, 1874, t. I, p. 616. A la table, on lit : Mai 1685 à février 1694. « Je suis persuadé, avait dit le lieutenant général du bailliage de Meaux, en un langage qui rappelle notre bon Corneille, que cette « nouvelle marque d'honneur que le roi vient de mettre dans votre famille ne doit servir que pour vous appeler bientôt à l'intendance de Paris. » Ce pronostic ne se réalisa point. Ce fut cependant à Paris que mourut Antoine, en février 1699 (V. *Revue Bossuet*, 25 avril 1900, p. 77). — Sur l'arrivée et le séjour à Soissons, il serait aisé de rencontrer dans les journaux du temps, pour qui entreprendrait une étude sur Antoine Bossuet, plus d'un trait allant également à l'éloge de l'évêque de Meaux. Ainsi, au *Mercure galant* du mois d'avril 1685 : « Sa Majesté a nommé à l'intendance de Soissons M. Bossuet, maistre des requestes. Il est frère de M. l'Evesque de Meaux, et a deux fils, dont l'aîné, après trois ans d'étude de droit, a esté receu avocat au parlement de Paris, où il a plaidé avec beaucoup de succès. Il a eu depuis peu une dispense d'age, pour estre receu conseiller au parlement de Metz » (p. 301). — La même année, au numéro de juin, racontant une translation solennelle des reliques des saints Gervais et Protais, du 13 mai, avec panégyrique par l'évêque, Charles Bourlon (1656-25 oct. 1685). « Il prit de là, écrit Donneau de Vizé, occasion de rendre graces au ciel d'avoir fait naistre un monarque... l'adoration de toute la terre et l'amour des sujets... heureusement servy dans cette entreprise (dissiper l'erreur des calvinistes, — noter que tout cela est antérieur à la Révocation) — par les grands talents et les forts raisonnements de M. l'Evesque de Meaux, dont le bel ouvrage a presque achevé la conviction de ces obstinez. M. Bossuet, frère de M. de Meaux, qui est depuis quelques jours intendant de la province avec une approbation generale, estoit present à cette ceremonie. » (P. 102-104).

1. Le *Mercure galant* de mars le place, sans indiquer de date précise, parmi les morts du mois précédent : « Messire Antoine Bossüet, seigneur d'Azu-le-Cosne (*sic*) et autres lieux, maistre des requestes honoraires, cy devant intendant à Soissons. Il avoit soixante et quatorze ans, et estoit frère de messire Jacques Benigne Bossüet, Evesque de Meaux, et premier aumônier de madame la duchesse de Bourgogne, et père de monsieur Bossüet, maistre des requestes. » Le cardinal de Bausset, aux pièces justificatives du livre dixième de son *Histoire de Bossuet* (Éd. de 1814, t. III, p. 365), donne une courte notice sur Antoine Bossuet et ses deux fils. La date de naissance qu'il indique pour Antoine (17 janvier) ne concorde point avec celle que Floquet marque dans ses *Études sur Bos-*

Après des études d'humanités plus brillantes, dit-on, que celles de Jacques-Bénigne [1], il l'accompagna à Paris, en octobre 1642, « pour étudier les lois, et s'initier aux affaires [2] ».

Protégé et appuyé par François Bossuet de Villers, dit Bossuet le riche, cousin germain de son père, il fit assez rapidement son chemin [3].

Durant son séjour à Paris, ayant pu être admis dans « une de ces charges d'avocats au conseil, créées par les édits de septembre 1643 et des années qui suivirent [4] », il fut nommé en 1647, par la chambre de ville de Dijon, son avocat au conseil privé.

En 1652, le 17 janvier, il est établi trésorier receveur général des États de Bourgogne, et on le trouve encore en 1671 titulaire de cet office, qu'il avait un instant perdu et que Condé lui fit rendre en 1662. Ce fut le 26 avril de cette même année que Condé réussit à faire conclure le mariage d'Antoine Bossuet avec la fille d'un de ses plus braves compagnons d'armes, Renée-Madeleine de Gaurault du Mont.

Six ans après ce mariage, Antoine éprouvait un terri-

---

suet. M. l'abbé Thomas dans *Les Bossuet en Bourgogne*, indique à la p. 71 le 15 janvier et à la p. 80 le 25. Le 25 est la vraie date. Floquet assigne le 21 février 1699, pour la mort. C'est en désaccord avec les dates de la correspondance de Bossuet. C'est dès la lettre du 21 février que Bossuet annonce la nouvelle à son neveu. La correspondance de Bossuet renferme bon nombre d'allusions à cette mort, qui lui fut d'autant plus douloureuse, que l'abbé Bossuet, son neveu, était encore à Rome lorsque survint la mort de son père. Nous citerons ses lettres à son neveu à cette date, et les condoléances qu'il lui envoya.

1. Je tiens d'un professeur fort compétent, qui enseigna longtemps la rhétorique à Dijon, et eut sous les yeux bon nombre de pièces relatives à cette première période de la vie de Bossuet, ce détail que, seul, à l'exclusion de son frère Jacques-Bénigne, Antoine figura dans les séances publiques. L'avenir devait renverser les rôles.

2. Floquet, *Études sur la vie de Bossuet*, t. I, p. 90. — 3. *Ibid.*

4. *Ibid.*, p. 114.

ble revers par suite de l'infidélité d'un de ses commis et correspondants, de Saulles[1].

Celui-ci s'étant enfui avec 161 000 livres, la contribution de la province durant l'année 1667, les élus de Bourgogne intentèrent un procès à leur trésorier général responsable. « Dénoncé, poursuivi, comme ayant laissé enlever ou même détourné les deniers publics », il eut à se défendre vigoureusement, et ce ne fut qu'en mars 1670 qu' « un arrêt du roi ayant reconnu et déclaré à l'abri de tout reproche la gestion d'Antoine Bossuet, maintenu ainsi et affermi avec honneur dans sa charge », la crise put être oubliée[2].

Ces alarmes, qui durent être vives, car les attaques étaient violentes, n'ont, il est vrai, qu'un rapport bien éloigné avec la correspondance de 1696. Mais sans en vouloir entreprendre au long le récit, il est bon d'attirer l'attention sur un *factum*[3] assez remarquable, relatif à ces événements, et où je ne serais pas éloigné de reconnaître la main de celui qu'on allait bientôt appeler M. de Condom. Tout au moins cette pièce tranche, par la vigueur et la fermeté des phrases, sur les écrits de même genre et de même date. Elle ouvre aussi d'assez curieux horizons sur les jalousies et rivalités que suscitait à Antoine Bossuet sa fortune rapide. Enfin, ce qui rendrait moins étonnante l'hypothèse que le futur évêque de Meaux a pu distraire, pour aider le rapporteur, quelques-unes des heures consacrées, à cette époque, à la préparation de ses sermons,

---

[1]. Et non pas Dessaulers, comme on lit dans Floquet, t. II, p. 311.
[2]. Floquet, t. II, p. 315.
[3]. *Pour Antoine Bossuet | Escuyer, Tresorier des Etats de la | Province de Bourgogne | contre les siens Esleus des Etats de la mesme Province*, in-4. Fm 3667, f. 145. Cette pièce est sans date, mais certainement postérieure à 1668 (Cf. *Catalogue des factums et d'autres documents judiciaires antérieurs à 1790*, par A. Corda, sous-bibliothécaire du département des imprimés. Paris, Plon, 1890, t. I, p. 240 et suiv.).

c'est qu'il était lui-même mis en cause par les adversaires d'Antoine. Or, la manière dédaigneuse et calme dont il est répondu à des insinuations malveillantes essayant de l'atteindre, serait pour faire croire qu'il ne fut point tout à fait étranger à la rédaction de cette défense de son frère. Peut-être un autre aurait versé davantage dans la colère indignée, sinon dans la déclamation [1].

On conçoit que l'attaque, qui allait jusqu'à impliquer dans la banqueroute le nom de l'abbé Bossuet, ne ména-

---

[1]. Voici le passage qui met en cause le frère d'Antoine et la réplique que l'auteur inconnu du *Mémoire* y oppose : « On dit, lit-on sous le paragraphe XI, qu'ayant médité la banqueroute de Saulles, il (Antoine) le fit jouer petit jeu avec Savary et de Coursan, pour avoir occasion de les accuser de l'avoir filouté, que la déclaration qu'on a trouvée sous le scellé de ce misérable a esté concertée avec le sieur abbé Bossuet, et que de Saulles est maintenant en la piussance du sieur abbé mesme. A la vérité, on n'a pas de fortes pièces pour prouver ces faits. La seule que l'on produit est le Factum que Savary fit pour sa deffense au Chastelet...

« ... Peu de gens croiront, dit un peu plus loin le défenseur, après avoir résumé et rappelé tous les griefs, peu de gens, d'ailleurs, croiront sur la parole de Savary que le sieur abbé Bossuet ait médité les moyens de cette banqueroute, *son nom seul suffit pour sa deffense*, et le nom de celui qui l'accuse suffirait pour en lever le soupçon ; mais, en vérité, si ceux qui ont conseillé d'accuser le sieur Bossuet de la banqueroute de de Saulles ont manqué de bonne foy, ont-ils pas tout à fait manqué de bon sens quand ils ont pensé qu'on ne pourroit persuader de semblables choses ? » (P. 71 et 72).

D'autres extraits de la même défense montreraient à quel point l'attaque avait été vive. A propos de l'insuccès d'un monitoire fulminé à grand appareil pour obliger les Dijonnais de dénoncer Antoine Bossuet, le défenseur rappelle que les élus, partie de Bossuet « ont voulu couvrir un peu cette honte par une pieuse réflexion qu'ils font dans leur *Factum* qui est que les nouveaux casuistes ont une doctrine bien pernicieuse, quand ils font croire à ceux qui les consultent, qu'on n'est pas toujours obligé par la publication d'un monitoire de révéler ce qu'on sçait ; mais (réplique-t-il), ce discours hypocrite à la suite de tant de calomnies et manifestement prouvées ne sert qu'à augmenter la honte d'un si mauvais conseil. On peut dire, sans exagérer, qu'il est si pernicieux et si détestable que le plus adroit et le plus relâché des casuistes modernes ne trouveroit pas de quoy l'excuser ».

geât point la réputation d'Antoine. On lui reproche non seulement de s'être enrichi vite, mais de dépenser beaucoup ; et, malgré les dénégations formelles de la défense, il semble bien que le trésorier avait dû céder à l'amour de la représentation [1].

Après l'heureuse issue de son procès, le frère de Bossuet continua sa carrière. La charge de maître de requêtes l'achemina vers le poste d'intendant, et après l'année 1694, il revint à Paris, ne devant se démettre de sa charge qu'en faveur de son fils Louis, comme nous le verrons dans la série des lettres écrites à l'abbé Jacques-Bénigne.

Deux enfants lui étaient nés de son mariage avec Renée Gaurault du Mont : Louis, qui suivit la carrière paternelle, et qui, nommé avocat, devint conseiller à Metz [2]; et l'abbé Jacques-Bénigne, celui que de Maistre a nommé le petit neveu d'un grand homme.

---

1. « On a dit, lit-on dans la pièce citant l'objection, que le sieur Bossuet estoit entré tout nud dans sa charge et qu'il n'avoit l'espérance d'aucun bien en y entrant que celuy qu'il y pourroit gagner ; on ajoute encore au même endroit qu'il a fait des dépenses excessives, que les bals, balets et comedies sont continuels en sa maison, qu'ils n'ont même pas cessé depuis le procès où il est... »
A quoi la défense répond : « Le contrat d'achapt de sa charge qu'il produit porte qu'il l'a payée en deniers comptans, ce qui fait voir qu'il n'y est pas entré si nud que les écrivains des sieurs Esleus le veuillent dire en un endroit. Ils écrivirent en un autre qu'il n'avoit pour tout bien qu'un habit neuf, et cette ingenieuse figure semble estre faite pour detruire l'autre ; mais ce qui les detruit toutes deux, c'est que...; dès le lendemain qu'il fut reçu en sa charge, il avança douze mil ecus pour les affaires de la Province : un homme qui n'auroit eu qu'un habit neuf auroit eu de la peine à faire cette avance... Il (Antoine Bossuet) se soûmet à toutes les peines que le conseil voudra ordonner, si jamais on a donné comedie, bal ou balet en sa maison... »

2. Voir plus haut, p. 42, note 2. Il devait épouser, le 22 février 1700, Marguerite de La Briffe, fille d'un conseiller général. « C'est M. l'abbé Bossuet, écrit Ledieu, qui, en huit jours, négocia ce mariage. » On peut lire, dans l'œuvre de ce médisant chroniqueur, écrite au moment où il croyait avoir à se plaindre de l'abbé Bossuet, mainte allusion fâcheuse

Moins inconnu que son frère, pour ne point dire plus fameux, il semble cependant avoir été le neveu préféré de Bossuet [1]. Il n'était point prêtre encore lorsqu'il fit, en 1696, un séjour de trois ans à Rome, qui nous valut sa correspondance avec son oncle sur les affaires du quiétisme. Il se peint trop bien dans ses lettres pour s'y rendre aimable, et la correspondance entre l'oncle et le neveu est encore complétée par les lettres d'Antoine à son fils. Nous n'avons pas les lettres de l'abbé Bossuet à son père, ni toutes les lettres de Phelipeaux à ses correspondants de France. La vie de l'abbé Phelipeaux, prêtre d'Angers, entré au service de Bossuet, vers 1683, se lie assez étroitement à la vie de l'abbé Jacques-Benigne. C'est, en effet, pour servir de précepteur, ou, si l'on veut, de répétiteur à son neveu, préparant sa licence en Sorbonne que l'évêque de Meaux avait fait entrer dans sa maison le prêtre angevin, devenu plus tard l'auteur passionné de la *Relation sur le Quiétisme* [2].

à son intimité excessive avec sa belle-sœur. Ces passages ont été dans la suite effacés pour la plupart, et l'édition Guettée les avait omis comme négligeables et ne traitant, disait l'éditeur, que des questions d'argent sans intérêt. Les notes critiques qui suppléent à ce que la première édition de Ledieu présente de défectueux, permettent de se rendre compte des véritables sentiments de Ledieu envers le neveu de Bossuet. Par malheur, la vie et la réputation de l'abbé Jacques-Bénigne ne sont pas sauves, même si l'on dédaigne ces accusations passionnées. Avec les seuls faits certains, il reste trop vrai qu'il fut le triste neveu du grand Bossuet (*Journal* de Ledieu, t. I, p. 18. — *L'Abbé Ledieu historien de Bossuet...*, par Ch. Urbain, Paris, Colin, 1898, in-8. Voir par exemple, p. 44, addition à la page 32 du second volume, etc.). Dans les *Mémoires*, à la page 8, il faut corriger, en ce qui concerne Louis Bossuet, la date de 1669 en 1699; c'est évidemment un lapsus. C'est aussi une faute d'impression, à la note 1 (*ibid.*) qui assigne 1710 comme date de la nomination à Troyes de Jacques-Bénigne; il faut lire 1716. Les bulles n'arrivèrent qu'en 1718.

1. V. plus bas, p. 50, note 3.
2. *Journal* de Ledieu, dimanche 25 sept. 1701, t. I, p. 222.

Le licencié de 1686 ne fut reçu docteur que longtemps après, le 22 mai 1700. Quelque temps auparavant, Bossuet, qui, depuis longtemps songeait à lui comme les lettres d'Antoine le prouveront, l'avait ordonné prêtre « dans la chapelle de l'évêché en vertu d'un *extra tempora* que l'ordinand avoit obtenu de Rome [1] ». C'était, écrit Ledieu, « le 18 avril 1700, dimanche Paques closes ».

Huit ans auparavant, avec l'appui de Mmes de Luynes, Bossuet avait obtenu, pour son neveu, l'abbaye de Savigny au diocèse de Lyon : « Sur la fin du mois passé, écrit, dans le *Mercure* de janvier 1692, le nouvelliste officieux, le roi fit la distribution des bénéfices et donna l'abbaye de Savigny, ordre de Saint-Benoist, diocèse de Lyon, à M. l'abbé Bossuet. Il est fils de M. Bossuet, maistre des requestes et intendant à Soissons, d'une bonne famille de Bourgogne, et neveu de M. l'évesque de Meaux, dont les ouvrages pour la religion rendront à jamais la mémoire célèbre, ainsi que le choix que Sa Majesté en avoit fait pour l'éducation de Monseigneur le Dauphin et qui avoit esté mis auprès de Mme la Dauphine en qualité de son premier aumônier. Ce jeune abbé qui marche avec gloire sur les pas d'un si grand homme et qui a fait tous (?) ses actes en théologie avec un éclat et un applaudissement extraordinaire, a déjà acquis tout ce qu'on peut souhaiter dans une personne de son caractère [2] ».

Cet éloge complaisant à l'excès, outre l'erreur matérielle sur les études théologiques de l'abbé Bossuet qui n'étaient point encore couronnées par le doctorat, prête au nouvel abbé des qualités de sérieux et de caractère ecclésiastique qui lui firent longtemps défaut. J'ai déjà signalé, en 1898, le portrait de l'abbé de Savigny, gravé par Étienne Gantrel, et j'ai rectifié à ce propos, l'erreur des auteurs de

---

1. *Journal* de Ledieu, p. 28.
2. *Mercure galant*, janvier 1692, p. 220. Cf. plus bas, p. 161, n. 2.

la *Gallia Christiana*. L'erreur est reproduite par Fisquet[1], supposant, trompé par la ressemblance des noms et prénoms, que l'évêque de Meaux fut abbé de Savigny. On a aussi la preuve, dans la correspondance de Bossuet, que l'appui de Mme d'Albert ne fut pas inutile pour faire aboutir les sollicitations de l'abbé Bossuet[2].

Outre l'abbaye de Savigny que l'abbé Bossuet remit, en recevant, après la mort de son oncle, celle de Saint-Lucien, il posséda aussi le prieuré de Plessis-Grimoult, que l'évêque de Meaux lui laissa de son vivant. On sait la confiance que Bossuet, peu récompensé en cela, témoignait à ce neveu, dont il fit son légataire universel[3], et dont il eût souhaité faire son successeur sur le siège de Meaux. C'était une des ambitions d'Antoine, et celui-ci n'omettait pas, comme nous verrons dans ses lettres, de rappeler à son fils le soin qu'il devoir avoir de se tenir bien en cour, surtout auprès du Révérend Père (La Chaize), chargé de la feuille des bénéfices. C'était, en effet, sans doute, à la désolation secrète de Bossuet, qui espérait une réforme dans les idées trop mondaines de ce neveu si cher, une carrière honorable que celui-ci paraît avoir longtemps cherchée en entrant dans la cléricature. De là, sans doute, sa lenteur à s'engager définitivement. Ledieu, qui ne l'aimait pas, peut avoir chargé les couleurs, lorsqu'après avoir raconté sa tardive ordination et les cérémonies de son

---

1. *France pontificale*, Lyon, p. 540, t. IV, p. 255.
2. V. *Études* du 5 juin 1898, p. 621, le commencement, inédit jusque-là, de la lettre du 26 décembre 1691, dans laquelle Bossuet remercie Mme d'Albert et lui donne des nouvelles de l'abbaye obtenue et du neveu auquel elle s'est intéressée.
3. On voit dans le testament de Bossuet dicté, le 27 août 1703, au curé de Versailles, Hébert, une preuve de cette confiance et le motif donné de son élection comme légataire universel, c'est-à-dire « une parfaite connoissance » de l'état de ses affaires (V. *Revue Bossuet*, 25 juillet 1901, p. 133).

doctorat[1], il le représente dans l'assemblée de 1700, contristant son oncle par son attitude parmi les membres du second ordre. Ces incidents lui donnent lieu de déverser aussi sa bile contre son « rival », l'abbé Phelipeaux, et il insinue en quelque sorte sa complicité pour le rendre responsable des audaces des « jeunes abbés », dont le neveu de Bossuet épouse les sentiments.

Il raconte comment le docteur de fraîche date eut la douleur d'entendre décider que les membres du second ordre n'auraient pas voix délibérative pour la censure des propositions :

M. l'abbé Bossuet en fut outré, aussi bien que les abbés de Louvois, de Caumartin et de Pomponne. Tellement qu'entre eux ils prirent la résolution de faire mettre leur avis au procès-verbal, M. de Reims y inclinant. Cet avis fut dressé par M. l'abbé Bossuet, qui me le montra tout écrit de sa main[2].

Mais l'évêque, qui avait le sentiment de la discipline et le respect des décisions prises, ne voulut pas permettre à son neveu de se ranger du parti des mécontents, « disant que c'étoit une mutinerie et une révolte ». Ledieu, pour sa part, juge sévèrement, lui aussi, cet empressement des « jeunes gens » à se produire : « C'est le génie des docteurs, écrit-il, de se croire seuls capables d'instruire les autres et de n'avoir plus rien à apprendre de personne[3]. »

---

1. « Ce vendredi soir (21 mai), M. de Meaux a assisté à la vespérie de M. l'abbé Bossuet, soutenue à Navarre, où présida M. Guischard grand-maître, et disputèrent M. Lefeuvre, comme *doctor regens*, et M. Favart, comme *doctor terminorum interpres*. Le tout à la satisfaction de l'auditoire. Ce samedi 22 de mai 1700, M. l'abbé Bossuet a pris le bonnet de docteur à Notre-Dame, avec un beau discours latin à Navarre, où M. de Meaux a assisté. » (*Journal*, p. 37).

2. Ledieu, *Journal*, t. I, p. 83, au samedi 7 août 1700.

3. *Ibid.*, p. 85.

Il ajoute, ne perdant pas une occasion de satisfaire ses rancunes :

M. Phelipeaux lui-même parloit dans le même sens, il soutenoit hautement le parti des abbés, il disoit à M. de Séez en ma présence : « Les évêques devroient avoir ici chacun leur théologien ; nous aurions bientôt dressé et qualifié toutes les propositions ; on feroit comme font à Rome les qualificateurs, nous donnerions par écrit notre avis doctrinal raisonné ; les prélats sur cela formeroient leur sentiment et l'assemblée son décret. Il laissa même circuler quelques paroles désobligeantes en accusant les évêques d'ignorance et de lâcheté... »

Mais nous n'avons pas besoin d'en croire Ledieu, toujours prêt à desservir ceux qui lui déplaisent. Puisque Phelipeaux en appelle à ses souvenirs de Rome, croyons-en simplement sur lui et sur l'abbé Bossuet la correspondance qui fut envoyée par Antoine ou du moins les fragments qui nous en restent.

La première en date des lettres est conservée seulement par la publication qu'en fit jadis Monmerqué, et ne fait point partie de la collection d'autographes du séminaire de Meaux. Elle est loin d'être inédite, car M. Servois l'a reproduite en partie [1] dans sa notice sur La Bruyère [2].

Je la place néanmoins en tête de toutes les autres pour ne point la distraire de cette série déjà malheureusement incomplète.

1. *La Bruyère*, éd. Hachette, Grands écrivains, t. I, p. clxi ; t. II, p. 529.

2. Ne pouvant que m'en rappprter au seul auteur qui a publié la lettre d'après l'autographe, j'ai préféré d'ordinaire le texte de M. Monmerqué aux corrections, très légères du reste, de M. Servois. Elles ne portent guère que sur l'orthographe et les formes anciennes des imparfaits qu'il a eu raison de rétablir. C'est à peu près le seul changement que je me sois permis au texte de la *Revue rétrospective*. J'ai maintenu les chiffres pour les dates ; ils sont tout à fait dans les habitudes d'Antoine Bossuet ; j'ai préféré aussi la ponctuation de l'ancienne publication. L'em-

I

A Monsieur l'abbé Bossuet, à Rome,

Paris, 21 mai (1696).

Depuis que je vous ai écrit, j'ai reçu trois de vos lettres, une du 30 avril, il y a quinze jours, et les deux autres avant-hier par le même courrier du 3 et du 5 de ce mois. Nous fûmes bien aises d'apprendre que vous aviez passé la mer, et MM. de Luzancy et Phelypeaux (*sic*)[1], sans incommodité et sans péril. M. de Meaux était revenu la veille de son diocèse pour avoir plus tôt ces bonnes nouvelles qui lui ont fait plaisir ; il vous le témoigne lui-même[2]. Il alla hier à Versailles, après avoir été du grand festin et du sacre magnifique de M. de Châlons, qui se fit à Notre-Dame[3].

ploi de virgules au lieu de points est un des traits de cette correspondance. Pour les lettres que j'ai éditées d'après les originaux, je me suis conformé au texte, y compris l'orthographe. A noter la particularité assez constante de *i* pour *y* dans l'adverbe de lieu. Il n'y a guère de variantes dans la façon dont M. Servois a publié la partie de la lettre qui concerne La Bruyère, sauf l'interversion des noms des médecins appelés près de La Bruyère ; on lît dans le texte publié par M. Monmerqué : M. Fagon, M. Foelix (orthographe qui doit bien être celle de la lettre originale). L'édition de M. Servois porte : M. Félix, M. Fagon... La phrase où est racontée la mort ne diffère que par une conjonction. Au lieu de : *il perdit la parole* ET *sa bouche se tourna*, on rencontre dans le texte de la *Revue rétrospective* : *il perdit la parole, sa bouche se tourna*.

1. C'est ainsi que le nom est écrit par Antoine et par un bon nombre d'éditeurs de Bossuet, mais il signait lui-même : Phelipeaux (Voir mon *Histoire critique de la prédication de Bourdaloue*, t. I, p. 16).

2. Il s'agit de la lettre de Bossuet à son neveu, la première en date, qui est du 20 mai 1696. Elle commence par les mots : « Soyez le très bien arrivé à Pise.. » Elle suppose évidemment des lettres antérieures du voyageur, puisque Bossuet lui dit plaisamment : « Nous attendons la suite de vos relations, afin de les faire imprimer, comme celles de M. l'abbé de Choisi sur le voyage de Siam. » (Éd. Lebel, t. XL, p. 172 et Lachat, t. XXVIII, p. 675.)

3. « Jean-Baptiste-Louis-Gaston de Noailles, successeur de son frère,

Je viens à regret à la triste nouvelle du pauvre M. de La Bruyère, que nous perdîmes le jeudi 10 de ce mois, par une apoplexie, en deux ou trois heures, à Versailles. J'avois soupé avec lui le mardi 8 ; il étoit gai et ne s'étoit jamais mieux porté. Le mercredi et le jeudi même jusqu'à neuf heures du soir se passèrent en visites et en promenades, sans aucun pressentiment ; il soupa avec appétit et, tout à coup, il perdit la parole, sa bouche se tourna. M. Fagon, M. Fœlix et toute la médecine de la Cour vint à son secours. Il montroit sa tête comme le siège de son mal, il eut quelque connoissance. Saignée, émétique, lavement de tabac, rien n'y fit ; il fut assisté jusqu'à la fin par M. Gaïon, que M. Fagon y laissa, et d'un aumônier de M. le prince. Il m'avoit fait boire à votre santé deux jours auparavant ; il m'avoit lu des Dialogues qu'il avoit fait sur le Quiétisme, non pas à l'imitation des Lettres provinciales, car il étoit toujours original, mais des dialogues de sa façon. Il disoit que vous seriez bien étonné quand vous le[1] verriez à Rome ; enfin, il parloit toujours de cœur. C'est une perte pour nous tous, nous le regrettons sensiblement.

Ma sœur est en chemin pour venir. M. de Meaux veut bien qu'elle se serve de votre appartement. Les médecins des eaux ont été les premiers à la dissuader d'en prendre davantage.

depuis cardinal de Noailles, fut sacré à Notre-Dame par son frère, assisté de l'évêque de *Maux* (sic, mais lisez Chartres) et de l'évêque de Laon, le 20 mai 1696 » (Note de M. Monmerqué). Cette note, rectifiée, est confirmée par le texte de la lettre du même jour, dans laquelle Bossuet écrit : « Nous venons du sacre de M. de Châlons, fait par M. l'archevêque à Notre-Dame. Il avoit pour assistants MM. de Chartres et de Laon. » (C'étaient Paul Godet des Marais et Louis Annet de Clermont de Chaste de Roussillon.)

1. Sur ce pronom, M. Servois, qui se demande si La Bruyère ne parlerait pas ici d'un voyage à Rome, fait remarquer toutefois qu'on le peut entendre, au neutre, de l'ouvrage des *Dialogues* ; il pose même la question d'une faute de lecture possible. « Si nous savions ce qu'est devenue la lettre d'Antoine Bossuet qui a appartenu à M. Monmerqué, nous nous serions assurés toutefois que *le* n'a pas été lu pour *les*. Ce serait pour le moins la seconde faute de transcription que l'on pourrait relever dans l'impression de ce document. » (La Bruyère, éd. des *Grands écrivains*, t. II, p. 529.) L'appel indirect de M. Servois au possesseur de cet autographe n'a point encore été entendu, ou du moins la réponse connue du public.

J'ai donné de vos nouvelles à M. Chasot, qui est bien aise d'avoir à Metz pour intendant M. Turgot de Saumon[1]. Il n'y a point encore de premier président nommé au lieu de M. de Sève.

On a avis que M. de Châteaurenaud est arrivé à Brest avec la flotte, à la réserve de quelques traîneurs. Votre frère et M. Millet[2] vous embrassent et moi aussi.

Il est superflu de reprendre, à propos de cette lettre, le commentaire qu'en ont donné M. Monmerqué et le dernier éditeur de La Bruyère[3] ; superflu aussi de signaler l'intérêt qu'elle présente sous ce rapport, ayant fourni la preuve décisive de l'authenticité des *Dialogues sur le Quiétisme*, publiés en 1699 par l'abbé du Pin, et dont la paternité véritable avait été contestée. M. Servois a tout à

---

1. Marc-Antoine Turgot, maître des *requêtes*, intendant à Metz (mai 1696 à mai 1700) (Cf. de Boislisle, *Correspondance des contrôleurs...* à la table). Une de ses dépêches indique qu'il se préoccupa, au point de vue de l'hygiène, de l'alcoolisme et du développement anormal des eaux-de-vie de grains. « Ayant reçu beaucoup de plaintes de tous les côtés que l'on employoit une grande quantité de grains à faire des eaux-de-vie dont on prétend que l'usage est pernicieux pour la santé de l'homme, on convient que l'usage est très dangereux pour les playes... » (suivent les mesures qu'il propose pour arrêter cet excès de production) (*Op. cit.*, p. 435, n° 1569).

2. M. Monmerqué, qui a mal déchiffré ce nom, imprime Mill. Nous le rencontrerons souvent nommé par Antoine. Cf. plus bas, p. 59.

3. M. Servois cite un certain nombre de passages des lettres de Bossuet où est exprimé son regret de la perte de La Bruyère. Le 28 mai, l'évêque de Meaux écrit à son neveu : « Nous vous demanderons les nouvelles : c'en a été pour vous une bien fâcheuse que celle de la mort de M. de La Bruyère. Toute la cour l'a regretté et M. le Prince plus que tous les autres. » De Germigny, le 30 juin, il lui mande encore : « Nous vous avons écrit la mort du pauvre M. La Bruyère, et cependant nous voyons que vous l'avez apprise par d'autres endroits. » Enfin, parlant de la réception, au 15 juillet suivant, de l'abbé Fleury, successeur à l'Académie de l'auteur des *Caractères* : « Je revins hier de Versailles, écrit-il, pour assister à la réception de l'abbé Fleury et à sa harangue à l'Académie. Il a la place de notre pauvre ami, que je regrette tous les jours de plus en plus. » On voit dans les lettres d'Antoine que cette affection pour La Bruyère est partagée par les deux frères.

fait raison d'affirmer que la lettre que M. Monmerqué avait publiée, en 1836, sans nom d'auteur, est, quoique non signée, du frère de Bossuet. « Elle se rapporte si bien à d'autres lettres d'Antoine Bossuet possédées par M. Floquet, qu'il n'est pas douteux, écrivait-il, qu'elle soit de lui : telle est l'opinion de M. Floquet, et nous l'adoptons avec confiance. Ce n'est pas d'ailleurs la seule de ses lettres qu'Antoine Bossuet n'ait pas signée[1]. » C'est même là trop peu dire, car des quarante-huit lettres que j'ai eues sous les yeux aucune ne porte de signature. Tout au moins, dans sa correspondance de famille, Antoine s'abstenait donc d'ordinaire de signer ses lettres. Mais que sont devenus les autographes possédés autrefois par M. Floquet ? Ne serait-ce point là le complément des lettres de Meaux ? Dès la première phrase, en effet, de la lettre ci-dessus, et plus nettement encore dans celle du 2 juillet (Lettre III), nous voyons, jusqu'à en pouvoir presque établir les dates, que l'abbé Bossuet avait dû recevoir de son père des lettres antérieures à celle-ci : « Je vous ai mandé, écrit-il le 25 juin (c'est la date de la plus ancienne lettre autographe retrouvée), la mort de M. de La Bruyère trois jours après qu'elle fut arrivée. » Cela suppose donc une lettre écrite par Antoine le 13 ou 14 mai. Encore sa façon de parler de sa régularité à écrire laisse entendre que depuis le 13 mars, date du départ des voyageurs de Rome, il les avait tenus au courant des nouvelles du diocèse et des événements militaires, au fur et à mesure que les gazettes imprimées ou les nouvelles à la main lui parvenaient.

C'est un des réels agréments de cette correspondance de mêler aux détails de toute sorte sur la famille de Bossuet

---

1. « Cette lettre, écrit M. Servois (*La Bruyère*, t. II, p. 529), a été publiée en 1836 par M. Monmerqué dans la *Revue rétrospective*, t. XIII, p. 139. L'original n'étant point signé, M. Monmerqué n'en nomme point l'auteur ; mais elle se rapporte si bien à d'autres lettres d'Antoine Bossuet, etc. »

une attention perpétuelle aux affaires du dehors. Elles n'étaient point d'ailleurs sans intéresser la sécurité même des pèlerins, encore au début de leur voyage. Nous pouvons compléter et contrôler la correspondance d'Antoine par les passages parallèles de la *Relation sur le Quiétisme* de Phelipeaux et par l'échange des lettres entre Bossuet et son neveu. C'est au 20 mai seulement que commence cette correspondance de Bossuet avec son neveu [1], et elle accuse réception de lettres du 11 mai. Les voyageurs n'avaient certainement pas tardé jusque-là à envoyer de leurs nouvelles, car les premières lignes de la lettre du 21 en font foi. D'ailleurs leur départ de Meaux datait de plus d'un mois. Nous en savons l'époque exacte et les circonstances par l'abbé Phelipeaux :

Au commencement du mois de mars de l'année 1696, je formai le dessein de faire le voiage de Rome. M. l'abbé Bossuet, à qui j'en parlai, engagea M. de Meaux de lui permettre de faire ce voyage avec moi; le temps pressoit, car M. le nonce Cavallerini [2] qui venoit d'être fait cardinal, partoit dans huit jours pour s'embarquer sur une galère du grand Duc, et il n'y avoit que cette occasion de voyager surement, car la France avoit alors la guerre avec la Savoye et presque toute l'Europe. Nous partîmes e 13 mars 1696. Le premier may nous nous embarquâmes à Marseille avec le cardinal, sur la galère du grand Duc, commandée par le capitaine Fabroni. La navigation fut heureuse. Le samedi 5 du moi, nous arrivâmes de grand matin à Livourne, où nous

---

1. Voir plus haut, p. 53, note 2.
2. Le nonce Cavallerini est nommé par le procès-verbal que j'ai déjà cité (*Études*, 20 décembre 1898, p. 791, note 1) attestant que, sur ses instances, Bossuet a demandé et obtenu pour le grand-duc de Toscane, une parcelle des reliques de saint Fiacre (Voir *les principaux Portraits de Bossuet*, p. 12, note 1). L'abbé Bossuet, dans sa lettre du 17 février 1699, parle d'une grave maladie qui fut sans doute pour l'ancien nonce la dernière, et il écrit : « Le pauvre cardinal Cavallerini est à l'extrémité » (Lachat, t. XXX, p. 261).

fîmes quelque séjour ; M. le grand Duc aussi bien que les princes ses enfans nous firent un accueil très favorable ; nous arrivâmes à Rome le mercredi 16 mai [1].

Le récit de Phelipeaux aide donc à mieux comprendre la lettre d'Antoine en ce qui concerne le voyage. La dernière lettre reçue alors, celle du 5, en date de Livourne, écrite dès l'arrivée, donnait des détails sur l'heureuse traversée, encore récente.

Il sera question plusieurs fois des compagnons de voyage de l'abbé Bossuet, non seulement de Phelipeaux souvent salué dans la correspondance d'Antoine, mais encore de l'abbé de Luzanci, frère d'une des religieuses de Jouarre en correspondance avec Bossuet, et qui avait aussi un autre frère resté au diocèse de Meaux. Les nouvelles données fidèlement de l'évêque de Meaux nous permettront de contribuer au journal de sa vie à cette époque et d'établir ses itinéraires. Quant aux détails relatifs à la famille de Bossuet, ajoutons une brève mention de deux sœurs de l'évêque de Meaux. L'aînée, plus âgée qu'Antoine de deux ans, Marie, née le 24 mai 1622, était la quatrième des dix enfants de Bénigne Bossuet et de Marguerite Mochet. Elle avait épousé, vers 1660 ou 1661, Isaac Chasot ou Chassot [2], qui était, lors de son mariage, conseiller au parlement de Metz, dont il devint le premier président. C'est de leur fils qu'il est souvent question dans les lettres d'Antoine, lorsqu'il

---

1. *Relation*, 1re P., p. 176.
2. Floquet, t. I, p. 226, note 5, et 543, note 2. Nicolas Payen écrit même Chasseau, ce qui indiquerait tout au moins la prononciation, mais nous avons dans une lettre du 4 janvier 1702, la signature du fils, écrite Chasot (V. *Revue Bossuet*, 25 octobre 1900, p. 222). Dans le compliment de Payen « à Mons.r l'évesque de Meaux, à Pasques 1688 », il est fait allusion, d'après une note, à la mort de Chasseau, président à mortier à Metz, beau-frère de M. de Meaux.

annonce, par exemple, un projet de voyage à Rome de la part de M. Chasot. Dans la maison de Marie Bossuet, sur la paroisse Saint-Gorgon, avait demeuré longtemps Madeleine Bossuet, née deux ans après le futur évêque de Meaux, le 13 janvier 1630. Elle y resta jusqu'à son tardif mariage, à quarante-six ans, avec le secrétaire d'État Joseph Foucault. Devenue veuve, elle vint habiter près de l'évêque ou du moins demeurait le plus souvent chez lui, soit à Germigny, soit à Meaux. C'est cependant à Paris qu'elle mourut le 18 juin 1703, et « fut enterrée le lendemain à la porte de l'église de la paroisse Saint-Roch, sa paroisse, comme elle l'avoit ordonné par son testament [1] ».

Bossuet, alors chez Mme de La Briffe, belle-mère de Louis Bossuet, n'assistait point à cette mort [2]. Il faut lire dans le *Journal* de Ledieu l'éloge de cette sainte malade, infirme depuis 1690, et d'un abord si accueillant.

Pour M. Millet enfin, le nom mal déchiffré par M. Monmerqué [3], on le rencontre fréquemment. Un M. Millet est nommé dans les journaux du temps et aussi dans les lettres de Bossuet à Huet relatives à l'éducation du Dauphin. Après avoir occupé quelque poste subalterne dans la maison du prince, il mourut en Saintonge où il avait obtenu un emploi [4]. Il s'agit ici d'un familier de Bossuet [5]. Au reste on ne peut exiger sur ces lettres un commentaire historique entrant dans le détail sur une foule de noms obscurs. Les recherches seraient infinies, souvent sans ré-

---

1. Ledieu, *Journal*, t. I, p. 439. Voir aussi dans les notes critiques de M. l'abbé Urbain, p. 40, des détails sur sa dernière maladie, omis par le premier éditeur. Cf. plus bas, p. 73.
2. Urbain, *op. cit.*, p. 5.
3. Voir plus haut, p. 55, note 2 et plus bas, p. 222.
4. Voir Correspondance de Bossuet (Ed. des Grands Ecrivains), t. II, p. 109.
5. Ledieu, t. I, p. 230 et t. III, p. 144. Il y avait des Millet dans la parenté de Bossuet. Cf. J. Thomas, *Les Bossuet en Bourgogne*, p. 78, 131, 215.

sultat ou de peu de profit pour l'histoire de Bossuet et de sa famille. L'atmosphère et le milieu qu'il habitait nous seront suffisamment révélés par la publication des lettres de son frère.

II

Paris, 25 juin 96.

M. de Meaux a qui j envoié vendredy la lettre que iauois reçu de uous du 4. me mande d'hier qu'il adresse droit à lion la reponse qu'il uous fait. Il nous uiendra reuoir la semaine prochaine il aura eté bien aise d'apprendre ce qui s'est passé au baisement des pieds de S. S.

Les armées ne font encores rien en flandres nj en allemagne non plus qu'en Sauoie d'ou l'on ne scait ce qu'on attendre de l'accomode[men]t qui s'est proposé. si quelque chose deuoit faire presumer qu'il pouuoit reussir ce sont les grands auantages qu'on dit que nous faisons à M. de Sauoie.

M. de Sarron a gaigné son proces a Lion contre M. Millet sur la seconde prouision que M. de Sarron a obtenüe, je uerrai demain les sentiments de Mrs Noüet et Chabert[1]. Cependant M. Guerin mande qu'il faut faire le proces (que)[2] je lui ecris de le faire.

Depuis que vous étes a rome je n'ai manqué qu'un lundi a uous ecrire[3].

Ie uous ai mandé la mort de M. de la bruiere trois iours apres qu'elle fut arriuée j en suis touiours faché, on ua prendre un tres

---

1. Ou Chuberé, c'est un avocat, cf. p. 76. L'Abbé Chabert, dont Bossuet écrit, dans sa lettre à son neveu, du 27 octobre 1696 : « M. Chabert fait merveille à la farine » (Lachat, t. XXIX, p. 35); évangélisait le diocèse de Meaux.

2. Ce mot *que* semble mis ici par distraction, et est bien explétif.

3. L'arrivée de l'abbé Bossuet à Rome étant du mercredi 16 mai, il nous manque donc des lettres. On verra par le début de la lettre III que plusieurs semblent n'être point parvenues à leur adresse, notamment celle du 14 sur la première nouvelle de la mort de La Bruyère ; nous avons celle du 21 mai ; il faudrait retrouver celles du 28 mai, 4, 11, 18 juin, dont une seule, nous ignorons laquelle, n'a point été écrite.

grand deuil de la reihe d'espagne, continués à nous donner de uos nouuelles une fois la semaine, nous en agirons de meme. Ie salue Mr Phely[1] et Me la graue[2] (?). M. Chasot seroit bien tenté d'aller uous uoir a rome apres son semestre s'il pouuoit aller et reuenir auec facilité (?) en deux mois, nous nous portons tous a l'ordinaire.

A Monsieur
Monsieur L abbé
Bossuet a Rome

A la lettre du 4 juin annonçant la visite faite au Pape, Bossuet répond par la lettre du 24, qui serait à rapprocher de la réponse d'Antoine, du moins pour les nouvelles politiques, à peu près les mêmes. La suite du passage de Phelipeaux déjà commencé supplée à l'absence de la lettre même de l'abbé Bossuet.

Nous arrivames a Rome le mercredi 16 mai. Le cardinal de Janson y etoit depuis plusieurs années chargé des affaires du Roi. Je fus charmé de la reception gracieuse qu'il nous fit. Il nous mena d'abord à S. Pastor (sic) maison de campagne qui appartient au général des Dominicains, et le samedi 2 juin, il nous presenta au pape Innocent XII, qui nous reçut auec toutes les marques de bonté que nous pouvions espérer[3]...

Il s'agit donc ici de la cérémonie de réception dont Bossuet écrit à son neveu, dans lettre du 24 :

1. Il faut lire évidemment Phelipeaux. Presque toujours Antoine n'écrit les noms propres qu'en abrégé : Chas. pour Chasot, Phely, pour Phelipeaux. C'est ce qui expliquerait la lecture de Monmerqué dans la lettre du 21 mai. Il a dû copier exactement Mill. et l'impossibilité de contrôler par d'autres lettres ne lui a pas permis de reconnaître le nom de M. Millet.
2. L'écriture d'Antoine Bossuet étant peu régulière et mal formée, plusieurs mots n'ont pu être sûrement déchiffrés. Je les fais suivre d'un point d'interrogation entre parenthèses.
3. *Relation*, p. 176.

Je suis ravi du bonheur que vous avez eu de baiser les pieds de Sa Sainteté, et de toutes les bontés qu'elle vous a témoignées. Je crois qu'il faudra trouver quelque occasion de lui écrire. En attendant, vous ne sauriez assez marquer à tout le monde, ni assez chercher les moyens de faire insinuer au pape même ma reconnoissance, mes respects et mes soumissions [1].

Chacune des lettres de la série que nous publions trouve, dans la *Relation sur le Quiétisme*, les éléments nécessaires pour l'éclairer, sauf cependant celles dans lesquelles Antoine donne presque exclusivement des nouvelles de la famille, sans rappeler le contenu des lettres reçues par lui de Rome. De ce nombre est certainement celle du 2 juillet.

III

Paris lundi 2 Juillet 96.

Je commance touiours par uous marquer la datte des lettres que ie reçois de uous, la derniere est du 12. du passé, quand je uis dans une de uos precedentes que vous aviés appris d'autres que de moi la mort du pauvre M. de la bruiere, ie iugé bien qu'il j auoit du retardement, car ie uous l'écriuis par le premier ordinaire d'aprez [2] qu'elle fut arriuée [3], ie me suis touiours serui de l'adresse que uous m'auès donnée de M. rouillé de lion et ie contienurai jusqu a ce que vous me mandies d'en user autrement, ie ne lui ai point écrit c'est a uous a lui faire les honnetetés que uous iugerés

---

1. Lachat, t. XXIX, p. 59.
2. Le mot *d'aprez* est répété deux fois dans l'autographe.
3. Ce sont à peu près les mêmes plaintes de la part de Bossuet qui s'étonne dans sa lettre du 30 juin, que le 12 du même mois, l'abbé Bossuet, arrivé à Rome depuis le 16 mai, n'y ait encore reçu aucune lettre. Pourtant les deux frères écrivent à l'absent à chaque ordinaire, Antoine plus régulièrement encore, c'est-à-dire tous les lundis. Il faut avouer que la poste était parfois peu sûre.

a propos i en ai seulement parlé une fois a ceux de cette ville le cadet achete une charge de M⁰ des req.^tes comme son aisné [.] mon frere nous ecrit il reuient ici dimanche prochain iusqu'à la St-Etienne¹, les armées ne sont encores attachées à rien d'aucun coté le P[rinc]ᵉ d'Or.[ange] etant venu se ioindre à M. de bauiere il semble qu'il en veulle aux enuirons de la meuse. Les lettres particulieres qui uiennent de Sauoie et les bruits de paris ne sont plus a la paix il ne laisse pas d'y auoir encores quelque bruit sourd qu'il n'en faut pas desesperer, quelqu'un de la famille de M. d'albi croit qu'il pourroit y auoir une permutation de son archeuesché auec narbonne : on en a dit quelques mots a Uersailles ², le peré Suanen fut hier sacré ³, uotre religieuse de paris n'a point uoulu fermer sa lettre elle a ete bien (aise ?) que nous uissions son elo-

---

1. La Saint-Étienne du mois d'août, fête de la cathédrale de Meaux, rappelait toujours Bossuet dans sa ville épiscopale. Il écrit à son neveu que, cette année 1696, le sermon doit être prêché par le P. Séraphin (lettre du 29 juillet. Lachat, *loc. cit.*, p. 12). Deux ans auparavant, Bourdaloue avait donné un sermon de fête. Voir mon *Histoire de la Prédication de Bourdaloue*, p. 811. Cf. p. 813, note 1, la série des prédicateurs de marque appelés par Bossuet à Meaux pour cette solennité.

2. La translation de Charles le Goux de La Berchère à Narbonne dont il est ici question, se fit, en effet, mais quelques années plus tard, en 1703.

3. Il s'agit du fameux appelant et réappelant Jean Soanen, de l'Oratoire, né à Riom, le 6 janvier 1647, petit-neveu du P. Jacques Sirmond, sacré à Paris dans l'église de l'Oratoire. Il avait été nommé évêque de Senez le 8 septembre 1695 et avait prêché à la cour l'Avent de cette année. C'était un prédicateur de talent, estimé de Bourdaloue et lui rendant à son tour bon témoignage (Voir mon *Histoire critique de la Prédication de Bourdaloue*, p. 457 et 682). Déposé au concile d'Embrun après son Instruction pastorale nettement janséniste du 28 août 1726, et relégué à l'abbaye de la Chaise-Dieu, dans le diocèse de Massillon, son ancien confrère de l'Oratoire, il y mourut à quatre-vingt-quatorze ans, après une rétractation de ses appels, le 25 décembre 1740. Il est souvent nommé avec le plus grand éloge dans la correspondance de Quesnel, qui avait été son supérieur. — Voir éd. de Mme A. Le Roy, t. I, p. 379, sur la nomination à Senez, lettre du 16 septembre 1695 ; mais surtout la lettre à du Vaucel du 21 octobre de la même année : « Le P. Soanen est un petit politique à qui le désir de faire fortune a fait tourner la tête... » Quesnel effaça ce jugement par bien des lettres élogieuses. Il fallut pourtant une véritable réconciliation, car Quesnel était rempli de préventions

quence en famille. M. Millet en a eu sa part, Mr Ledieu que uous aués fait uotre grand uicaire pour la conduire pouroit bien donner dans le panneau en lui permettant de uaguer pour les amortissemens de conuens etrangers. Le motif du Jugement de Lion est qu'il i auoit concours des premieres prouisions de M. de Sarron et de M. Millet et que les secondes prouisions de M. de Sarron l'emportoient, on n'a point trouué de lieu à obtenir un arrêt de deffence, et nous n'auons pas encore consulté sur l'appel. M. Millet croit sauoir que M. l'abbé de berulle a dit a son procureur que celuj du moine ne soit pas meilleur M. le C. de Sarron n'est pas malheureux. mille baisemains à M^{rs} phelip. et de Gomer[1]. Me du Mont et de magni me demandent de uos nouuelles, ma sœur est touiours dans sa chaise vre frere et M. Millet touiours de meme fort a uostre seruice.

Monsieur
Monsieur L abbé
Bossuet
a rome

Si les nouvelles privées, récits de procès ou d'affaires de famille, obscures pour nous, laissent cette lettre en dehors de la série des questions du quiétisme, d'un intérêt plus général, elle nous offre par contre un des types les plus caractéristiques des lettres d'un père à son fils dans une famille où les « procédures » devaient être tenues en quelque honneur. Les Rouillé de Lyon et de Paris, dont il

---

« contre le petit évêque » (Voir t. II, p. 14, 141-143). La réaction commence dans la lettre du 24 janvier 1714, annonçant que Soanen arrive à Paris pour défendre la « vérité » (P^1 333). « J'aurai bien de la joie, écrit-il, qu'il se serve de cette occasion pour réparer les défauts de sa vocation et ceux de la dispensation de la parole de Dieu, car je l'aime tendrement, et je crois qu'il m'aime de même. » La lettre, datée d'Amsterdam (1717, p. 370) et celle que Quesnel lui écrivit sur Massillon, nouvellement nommé à Clermont, montrent les deux correspondants en plein accord (p. 434-436).

1. Il est nommé dans la lettre de Bossuet à son neveu, du 20 mai 1696. C'est le même que Lusancy, cité plus haut, p. 58. Il se nommait Gomer de Lusancy (Ed. Lebel, t. XL, p. 174).

est ici parlé, ne semblent pas tenir par une parenté plus ou moins lointaine à Bossuet dont les ancêtres, de Seurre, portaient, on le sait, le nom de Royer ou Rouyer souvenir exprimé par les trois *roues* des armes[1]. La lettre qui va suivre, écrite par Antoine, le 9 juillet, comme celle de l'évêque de Meaux, de même date, suppose reçue une lettre du 19 juin dans laquelle l'abbé racontait son retour à Rome, après un séjour à la campagne. Comme les affaires du quiétisme se passent encore toutes en France, il est difficile de trouver dans la Relation le commentaire des premières lettres; elles n'en ont qu'un caractère plus familial.

IV

Paris 9 iuillet 96.

la saison etant aussi auancée qu'elle est et les armees etant aussi prez qu'elles sont les unes des autres il semble qu'en huit jours on deuroit auoir quelque nouuelle a dire cependant il n'est rien arriué depuis lundi le roi est tranquillement a marli iusqu'a samedi il jra passer trois ou quatre iours a trianon de la il retournera au gitte a marli nous uous ferons sauoir tous les lundis ce qui uiendra, M. de Meaux uous ecrit [2]. le reste de la famille est comme il etoit lundi dernier[.] ie reçu ieudi uotre lettre du 19 qui nous apprend que uous etiés rentré a rome auec M. le Card^{al} de Janson pour n'en plus sortir le reste de l'été [.] uotre religieuse est allée dans un conuent c'est a M. ledieu a uous en rendre compte[.] il nous a parlé d'une lettre que M l'abbé de lusanci le françois [3] a ecrite a M le C^{al} de Janson d'une maniere que ni [4] son frere le

---

1. Par contre, Mlle de la Briffe, belle sœur de Louis Bossuet, épousa M. Rouillé de Meslay. Cf. J. Thomas, *op. cit.*
2. C'est la lettre du 9 juillet, page 8 du volume déjà cité de Lachat.
3. C'est-à-dire celui des deux frères resté au diocèse de Meaux, comme le *romain* est le compagnon de voyage de l'abbé Bossuet.
4. Cette forme grammaticale serait-elle l'équivalent de : « pas même son frère ? » ou faut-il lire M. son frère?

romain n'aura pas iugé a propos de la rendre sur ce qu'il en dit
elle sent baucoup les uapeurs [.] Mesd^(mes) Galleran [1] n'ont point
encores de nouuelles de leur filz depuis la mort du roi de polongne [2],
il semble que M. Chasot par sa dernière lettre prenne serieusement le uoiage de rome il a déia dressé sa route par Monbeliard
les Suisses les Grisons la Ualteline et tout ce aller reuenir seiour
en deux mois[.] cela ne conuient nullement [.] ma sœur se recommande aux prieres de M. le grand uicaire [3] elle croit qu'il n'y a
qu'un pas de rome au paradis et qu'il n'i a qu'a parler pour se
faire entendre.

A Monsieur
monsieur l abbé
bossuet
a rome

V.

Paris lundi 17 Sept[embre] [1696] [4]

M. de M. étoit a Uersailles quand ie reçu uotre lettre du 28

1. Dans la lettre du 15 juillet, Bossuet, donnant à son neveu des nouvelles de l'élection du prince de Conti comme roi de Pologne, parle de
ce jeune homme, et nous indique sa fonction : « C'est le jeune Galeran,
écrit-il, secrétaire de M. l'abbé de Polignac, qui a apporté les nouvelles.
De trente-deux palatinats, nous en avons vingt-huit : les quatre autres
sont foibles et nous en avons près de la moitié... » etc. (Lachat, t. XXIX,
p. 114). Cf. plus bas, p. 222.

2. Antoine avait écrit: *pologne*, il a surajouté un *n* au-dessus du mot
pour former *Polongne*, indice probable de prononciation du temps.

3. Phelipeaux, qui avait succédé en 1690 à Charles Pastel, vicaire
général depuis vingt ans. Voir la lettre de Bossuet à Mme de Beringhen, 18
mai 1690 : « ... Vous aurez su la mort de M. Pastel : c'est un redou-
blement de soin pour moi. Quoique j'aie mis M. Phelipeaux à sa place
et qu'il soit très capable de cet emploi, il faut quelque temps pour ac-
quérir la croyance et l'expérience nécessaires à un si grand emploi »
(Lachat, t. XXVIII, p. 466).

4. La date a été ajoutée par une main plus récente. Il est difficile qu'il
n'y ait pas un certain nombre de lettres perdues entre celle du 9 juillet

aoust il uient d'en reuenir il ne m'a pas fait uoir uotre lettre de meme datte mais il m'a dit que uous lui auiés écrit sur un entretien que uous auies eu auec M. le Card. de Jans. (*Janson*) sur quelque chose que S. E. croioit qu'on pouuoit faire pour uous dans la conioncture [.] il uous fait reponse et ecrit a M. le Card. a qui il ne parle de rien la dessus [.] il ne uoit pas bien uotre pensée, il dit seulement qu'on aura du tems pour auiser et s'expliquer puisqu'on ne doit rien faire de 15. mois, on uerra ce que produira ce qu'il a dit [.] il ni a qu'a attendre, M. Chas[ot] est encores incertain de ce qu'il fera pour le uoiage, le roi se porte tout a fait bien, il pourra aller samedi a marli, on n'ira a font[aineble]au que dans le commancement du mois prochain si l'on j ua.

On saura bien tot si l'on est entré dans le milanez.

On parle d'un grand auantage que les turcs ont remporté sur les imperiaux ce seroit une mauuaise nouuelle pour [dire a] rome[1].

Les allemans ont passé le Rhin et les armees ne sont pas eloignées l'une de l'autre [.] ma sœur et uotre frere uous embrassent.

Monsieur
Monsieur l abbé
bossuet
A Rome.

Le début de cette lettre est éclairé par celle de Bossuet, répondant à son neveu sur cette lettre du 28 août, que l'évêque se contenta de résumer à Antoine sans la lui faire lire. Les nouvelles qu'il donne de la santé du roi, dont ses lettres précédentes ont raconté l'indisposition[2],

et celle-ci, lorsqu'on sait la régularité d'Antoine à profiter de chaque ordinaire et à écrire tous les lundis. Il n'y a de lacune dans les lettres de Bossuet à son neveu que pour l'ordinaire du 13 août. Comme la lettre d'Antoine commence sans aucune allusion à un long silence, il doit avoir plusieurs lettres égarées.

1. Les mots entre crochets ne sont pas de la première rédaction ; ils sont ajoutés à la marge de droite, et adoucissent et expliquent la première leçon « une mauvaise nouvelle pour Rome ». Antoine relisait ses lettres.

2. « La santé du roi va de mieux en mieux... Nous le voyons tous les jours trois fois... » (Lachat, t. XXIX, p. 28). Voir la lettre du 20 août : « Après vous avoir dit que j'ai reçu votre lettre du 1er, il faut commencer

prouvent qu'en effet il était à Versailles, avant de revenir à Paris d'où est datée sa lettre du 17.

Le sujet des démarches de l'abbé Bossuet près du cardinal de Janson est aisé à deviner par cette réponse de Bossuet :

> Nous avons des obligations infinies, et au delà de tout, à M. le cardinal de Janson. Vous pourrez lui dire, sans façon, que je ferai dans le temps ce qu'il faudra pour l'affaire dont il vous a parlé. *Le témoignage qu'il rendra de votre conduite pourra être utile dans le temps.* Mais il a raison de vous dire qu'il faut aller en cela fort naturellement et fort délicatement : en sorte *qu'on ne sente pas le moindre dessein ;* ce qui oblige à se renfermer dans des termes fort généraux.

Ainsi Bossuet, moins dénué qu'on n'a voulu le dire, des habiletés de la prudence et de la politique humaines, fort légitime pour réussir dans le genre d'entreprise que poursuivait son neveu, avide de s'établir et de se faire appuyer, s'unit au cardinal de Janson pour calmer ses impatiences. Il lui insinue que tout ce qui indiquerait un dessein concerté dans les approbations et attestations qu'il demande au cardinal lui pourrait nuire au lieu de lui profiter[1]. Sages conseils, qui ne nous disent pas cepen-

---

par la nouvelle la plus importante qu'est celle de la santé du roi. Il lui est venu un clou sur le col dont toute la capacité est comme d'un œuf de poule... », etc. (*Ibid.*, p. 16). Celle du 28 août commence aussi « par la santé du roi » : « son clou allait assez bien ce matin », etc. (p. 18). Le 3 septembre : « Le roi se porte de mieux en mieux. Il n'a point été saigné ; on n'a point fait d'incision : un baume excellent a fait des merveilles... » (p. 24). Toutes ces lettres, datées de Paris, et supposant cependant des séjours à Versailles, indiquent que Bossuet revenait chaque semaine à son habitation de Paris.

1. Dans la même ligne de préoccupations, il lui écrira, par exemple, le 26 août 1697 : « N'oubliez pas, par parenthèse, d'écrire au P. de La Chaise, sur la mort de M. le comte de La Chaise, son frère, et sur la charge donnée à son neveu avec cent mille écus de retenue ; ce que le roi a fait avec toute sorte de démonstration d'estime et de considération

dant quels étaient les visées précises et les projets d'établissement rêvés par l'abbé Bossuet, et prudemment remis à quinze mois, ainsi qu'on voit dans la lettre d'Antoine.

Celle-ci se tait absolument sur le quiétisme, et Antoine ne commence à en traiter explicitement dans ses lettres que le 4 février 1697; mais l'évêque est plus explicite, et ce n'est pas en vain que son neveu et son vicaire général sont à Rome, ni peut-être aussi fortuitement que le déclarait Phelipeaux :

> Je vous prie, lui écrit-il, de recueillir soigneusement tout ce qui a été fait contre Molinos, Malaval, Mme Guyon, l'*Analysis* de La Combe, Falconi, Bernières, etc. On commence à imprimer mon ouvrage contre les quiétistes.

C'était songer à utiliser tout au moins la situation de ces deux délégués qui commencèrent, on le voit, à être des agents actifs à Rome, bien avant l'appel de Fénelon au Saint-Siège. Bossuet, intéressé aussi dans la question, puisqu'il avoua plus tard avoir beaucoup travaillé à la pièce, recommande à son neveu d'être aux écoutes sur l'effet produit à Rome par l'Ordonnance de M. de Paris (la fameuse instruction pastorale condamnant l'*Exposition de la foi touchant la grâce et la prédestination*, qui donna occasion au *Problème ecclésiastique*) : « Soyez bien attentif, écrit-il, à nous rendre compte de ce qui se dira de l'Ordonnance [1].

Bossuet avait à cœur cette ordonnance, qu'il loue

---

pour ce Père. Tenez pour certain qu'il n'en sera pas pour cela plus écouté dans cette affaire (celle du quiétisme). » (Lachat, t. XXIX, p. 188). Donc c'est en vue d'une autre affaire, où le Père confesseur doit être plus influent, que l'évêque recommande à son neveu de se ménager ses bonnes grâces.

1. Lachat, t. XXIX, p. 29.

comme s'il n'y avait pas mis la main. Dans la lettre du 3 septembre, l'adressant à son neveu :

> Je vous envoie, lui dit-il, une Ordonnance de M. de Paris, vraiment admirable, qui étonnera ici beaucoup de monde. On avoit fort pressé ce prélat, de certains endroits, de condamner un livre qui avoit paru avant votre départ. Il a fait sur cela ce qui était juste ; mais il y a ajouté le plus beau témoignage qu'on pût souhaiter pour la grâce et pour l'autorité de saint Augustin [1]...

La lettre d'envoi qui fait passer cette même ordonnance à M. de La Broue, évêque de Mirepoix, en date du 4 septembre, raconte à peu près dans les mêmes termes l'historique de cette Instruction, en insistant, encore un peu plus, sur le « contrepoids » de la seconde partie :

> On l'a fort pressé (l'archevêque de Paris), d'un certain côté, de condamner le livre dont il y est fait mention. Il crut cela juste ; mais, en même temps, il résolut de mettre un contrepoids en faveur de la grâce efficace et de l'autorité de saint Augustin. C'est ce qu'il a fait, comme vous verrez, et, à mon avis, de la manière du monde la plus forte et la plus précise. La lecture de cette Ordonnance vous fera sans doute souvenir de ce que je vous écrivis il y a quelque temps, au sujet de mon ouvrage sur la grâce : c'est là ce que j'avois en vue, et je ne puis vous dire la consolation que je ressens de voir la vérité affranchie, et l'autorité de saint Augustin, autrefois tant vilipendée par certaines gens, si hautement rétablie. Dieu soit loué de son don inexplicable [2]...

Bossuet, qui ne pouvait point trahir le secret de Noailles, est obligé de louer ici avec quelque chaleur le travail même qu'il eut plus tard occasion de revendiquer, ayant à se plaindre, au moins d'août 1702, du cardinal et de son entourage :

> Il se plaint un peu, dit le *Journal* de Ledieu, au lundi 28 août,

---

1. Lachat, t. XXIX, p. 23. — 2. *Ibid., id.*, p. 25.

que M. le cardinal marque de la jalousie et de la défiance, ce qui l'éloigne de faire part à cette Éminence de ce qu'il a déjà écrit, pour ne sembler pas lui faire la leçon ; joint qu'il emploie des gens, un Beaufort, un Boileau, qui ne savent pas se servir des matériaux qu'il leur donne. Et, à ce sujet, il nous a appelé l'ordonnance du 20 août 1696, dont il nous a encore avoué qu'il a fait toute la disposition et l'exposition de la doctrine, à laquelle M. Boileau avoit ajouté la partie contre le jansénisme, dont on avoit si bien reconnu la différence du style [1]...

Ainsi cette ordonnance dont Bossuet écrivait, dans la même lettre, à son neveu, du 17 septembre : « Les Jansénistes sont consternés, mais il paraît qu'ils se consolent de la première partie par la seconde [2] », Bossuet en suivait la fortune et l'effet à Rome, avec d'autant plus d'intérêt qu'elle était un peu son œuvre, et que l'issue des événements allait le diriger dans le travail qu'il méditait : « Peut-être, avait-il confié, le 4 septembre, à son ami l'évêque de Mirepoix, que cette Ordonnance sur la grâce donnera lieu, avec le temps, à faire paraître mon ouvrage sur cette matière. Je suis aux écoutes pour faire ce qui conviendra, suivant la disposition que Dieu fera naître [3]. »

On s'explique donc la recommandation faite à l'abbé Bossuet dans la lettre du 17, et le début de la lettre de l'ordinaire suivant, écrite à Germigny, le 24 septembre :

Nous attendons avec impatience les nouvelles de Rome sur l'Ordonnance. M. le nonce en a parlé froidement, et a dit qu'il n'appartenoit qu'au pape de s'expliquer sur la foi. Vous savez nos sentiments sur cela et la pratique de l'antiquité. On s'en est expliqué à Rome même dans l'affaire de Jansénius ; et Innocent X a loué des lettres du clergé, où les évêques s'attribuaient le premier jugement [4].

Dans la lettre du 27 octobre, Bossuet marque qu'il a

1. *Journal*, t. I, p. 303. — 2. Lachat, t. XXIX, p. 29.
3. *Ibid.*, p. 25. — 4. *Ibid.*, p. 30.

reçu des nouvelles de l'Ordonnance; mais la lettre de son frère, du 28, venant immédiatement après celle du 17 septembre, nous prouve que les lacunes de la correspondance d'Antoine ne nous privent d'aucun renseignement sur cette question théologique dont Antoine ne se soucie pas [1].

VI

Germini, 28 octobre 1696.

ie reçois uotre lettre de 9 de ce mois, ie ne uous écriuis pas par le dernier or [dinai]re, mais uous aurés eu des nouuelles de M. de M., et de M. Chasot qui le firent pour eux et pour le reste de la compagnie; elle est augmentée depuis trois jours par Mad.e et Mad.lle de Moras, qui nous quitteront demain [2].

1. Jusqu'au moment où il prendra part aux nouvelles concernant le procès du quiétisme, il restera dans son vrai rôle d'un père envoyant à son fils les nouvelles de la famille, et ne lui parlant que de ce qu'il entend bien lui-même. Le commencement de sa lettre nous avertit qu'il n'avait pas écrit le lundi 22, mais il nous manque probablement les courriers du 24 septembre, du 1er octobre, du 8 et du 15 de ce même mois. Les deux dernières dates ne sont pas non plus représentées dans les lettres de Bossuet; mais il y en eut une le samedi 27 octobre, et les deux frères étaient ensemble à cette époque, puisque leurs lettres sont datées de Germigny.

2. Tout porte à croire qu'il s'agit de la présidente de Moras, nommée dans la lettre de Bourdaloue à un inconnu, qu'il est encore difficile d'identifier sûrement, en date du 27 février 1693 ou 1699. La raison que donne le P. Chérot, pour préférer la première de ces deux dates possibles « Bourdaloue dans les dernières années de sa vie n'ayant plus guère écrit qu'à ses frères en religion » (*Bourdaloue, sa Correspondance...*, p. 119, n. 1), est-elle à ce point décisive? La lettre au cardinal de Bouillon (1703), et à Mgr de Saron (1701), trouvées depuis, sont venues donner un heureux démenti à cette conjecture trop hasardeuse pour dater la lettre du 27 février. Je transcris la notice rédigée par le P. Chérot sur cette correspondante de Bourdaloue, dont la lettre est encore à trouver. « La présidente de Moras, née Marie Cadeau, avait épousé Guillaume

Les italiens sont bien aise, les uoila defaits tout à la fois des françois et des allemans, ceux cj ont de quoi se consoler auec leur cent mille pistolles et nous auec une princesse qui uaut son pesant d'or et qu'on ueut qui soit suiuie d'une paix generalle dans noel sans aller plus loin [.] M. de M. pourra aller a font[aineble]au le lendemain de la Toussaint auec M. Chasot et nous a paris rejoindre mad. foucault et M. Milet son curé [1] [.] Mandés nous si frescati [2] uaut germini, tant mieux si uous uous j portés encores mieux qu'a rome [.] ie salue M. Phelipeaux [.] son doien fit merueille a la conference de ieudi dont il etoit le tenant a ce qu'on ma dit.

Monsieur
    Monsieur l'abbé Bossuet,
        a rome.

Fremyn, seigneur de Moras, président au Parlement de Metz. Elle eut pour fils Horace de Moras, qui fut ministre sous Louis XV, et pour fille Marie-Angélique de Moras, mariée le 4 décembre 1709 au duc de Villars-Brancas. La famille de Moras, d'origine napolitaine, remontait à Jean-Michel de Moras, baron de Fanal, qui accompagna Louis XII en France à son retour d'Italie. Elle s'établit en Limousin. (Bibl. nat., *Dossiers bleus*, p. 171; *Cabinet d'Hozier*, p. 247; *Pièces originales*, p. 3043; — Chérot, *loc. cit.*, p. 118, n. 2.) — Il s'agit de la future duchesse de Villars-Brancas, encore alors Mlle de Moras. La condition de président de Metz, par suite de la présence à Germigny de M. Chasot, s'explique à merveille. Lachat, qui dit avoir revisé sur l'original cette lettre du 27, a mal lu et imprimé : « Nous avons ici Mme et Mlle de Mérat. » (Lachat, t. XXIX, p. 35.)

1. Mme Foucault est, comme nous avons dit, Madeleine Bossuet, la sœur de l'évêque. Voir plus haut, p. 59.

2. Frascati, où l'abbé Bossuet avait été suivre le conseil que son oncle lui donnait dès le 16 juillet : « Ayez soin de votre santé pendant ces chaleurs. » (Lachat, t. XXIX, p. 9.) Il y allait sans doute guérir la fièvre dont parle la lettre du même au 1er octobre : « Je suis bien aise que votre accès n'ait rien été. » (*Ibid.*, 31.) Son oncle lui dira encore, dans la lettre du 5 novembre : « Soyez bien en repos en votre maison de Frascati ; je voudrais que ce fût en la maison de Cicéron. » (Lachat, t. XXIX, p. 41.) Mais le 1er décembre, dans une lettre à citer plus loin tout entière (Voir plus bas, p. 75, n. 3), il lui rappelle le but principal de son voyage, qui est de se créer des relations utiles et de bonne marque.

La lettre de Bossuet disait en effet : « Je suis heureux de vous savoir à la campagne. La nôtre est plus charmante que jamais. Les fontaines vont jusqu'aux nues[1]. Nous allons commencer un bel ouvrage le long de la rivière et en noyer les petites îles. Le fonds se prendra sur le prix des routes. Cela embellira la Marne. »

Le projet indiqué dans la lettre du 28 octobre par Antoine, se réalisa le 2 novembre, vendredi, lendemain de la Toussaint. Sans doute, Bossuet célébra la fête à sa cathédrale, et quitta ensuite son diocèse pour retourner à la cour.

VII

Paris 5 no[vem]bre (1696)[2].

Nous (sic) separames uendredj a Meaux mon frere tira du coté de font [ainebl]au auec M. Chasot et ie reuiens icj auec uotre frere, ou j'aj receu uotre lettre du 16 octobre, mon frere m'ecrit du 4., la princesse de Sauoie sera auiourd'hui à Font [ainebie]au [.] la lettre de M. Chasot uous apprendra les nouuelles, auant que de nous quitter a Meaux il fut resolu que ie remettrois entierement ma charge a uotre frere cela sera fait a la St Martin il s'animera peut etre quand il uerra les choses de plus prez[3] [;] ie le souhaitte

---

1. C'étaient les fameux jets d'eau de Germigny pour l'établissement desquels Bossuet avait emprunté le secours du « fontainier » de M. le Prince. Il avait écrit à Condé, le 9 octobre 1685 : « Mes ouvrages sont achevés, Monseigneur ; et il ne me reste plus qu'à rendre grâces très humbles à V. A. S., et à lui demander pardon d'avoir retenu si longtemps son fontenier. Il a travaillé avec beaucoup de soin jusqu'à hier ; et pour moi, je me suis rendu si parfait dans les hydrauliques, que V. A. dorénavant ne me reprochera plus mes âneries » (Lachat, t. XXVI, p. 434).

2. Le millésime a été ajouté par une main plus récente.

3. A en juger par cette phrase, le frère de l'abbé Bossuet, Louis, ne devait pas manifester une grande ardeur au travail, et son père paraît inquiet de son apathie.

et que uotre uoiage de Naples soit heureux, nous adresserons touiours uos lettres a rome par M. rouiller si uous ne changés l'ordre, mille baisemains a M. phelypeaux, uoila M. l'abbé de torci Eueque de Montp[elli]er [1] on dit qu'il quitte l'Agence du Clergé et que le R. P. de la Chaise fait mettre en sa place M. l'abbé de mauleurier [2].

uoicy un gros paquet. M. pirot m'a permis de uoir la censure.
Monsieur l'abbé
bossuet
a rome.

VIII

Paris 3 déc [em]bre 96.

Nous reçumes hier uos lettres du 13 uo [uem]bre en uoicj une que M. de M. m'a enuoié pour uous [3] il reuient demain en cette uille.

1. Charles-Joachim Colbert de Croissy, né à Paris (11 juin 1667), neveu de Jean-Baptiste Colbert, nommé le 1er novembre 1696 et non le 1er mars 1696 (comme imprime le P. Jean qui oublie que Charles de Pradel, prédécesseur de Colbert, mourut le 17 septembre 1696), sacré aux Feuillants le 10 mars 1697 par son cousin l'archevêque de Rouen (Voir P. A. Jean, S. J., *les Évêques et Archevêques de France*, p. 268). Il avait perdu son père, Charles Colbert, marquis de Croissy, mort à Versailles, le 28 juillet précédent, assisté par Bourdaloue (Voir mon *Histoire critique de la prédication de Bourdaloue*, p. 832). Au récit de sa mort, d'après Sourches, il faut joindre la lettre de Bossuet à son neveu, en date du 29. (Lachat, t. XXIX, p. 11).

2. Charles Andrault de Maulevrier de Langeron, comte de Lyon, agent général du clergé, abbé de Réomé (Langres) et de Saint-Pierre (Chalon), nommé évêque d'Autun le 18 mai 1709, résigna ses droits (mai 1710), en alléguant ses infirmités. Il mourut le 8 janvier 1721 (Jean, op. cit., p. 219). Bossuet lui écrivit en janvier 1697 une lettre pour dénoncer l'ouvrage que Fénelon préparait (Lachat, t. XXIX, p. 48, cf. plus bas, p. 78).

3. C'est la lettre en date du 1er décembre, écrite à Meaux, dans laquelle Bossuet rappelle à son neveu qu'il doit choisir ses relations (Lachat, t. XXIX, p. 42). « J'ai reçu, lui écrit-il, vos lettres du 23 et 30 octobre, de Frascati. Je suis bien aise que vous vous y trouviez bien

M. Courtin auant que d'etre nommé pour la paix [1] auoit une fluxion sur les yeux [;] elle a tellement augmenté depuis quelques jours qu'on craint qu'il ne perdre la uūe, en sorte que par l'auis de M. fagon et autres, il s'excuse de l'emploi on ne scait encores par qui il sera remplacé il j en a qui parlent de M. d'auaux qui est en suede [;] on n'en scait rien.

Le Prince d'Orange a eu une grande attaque de son astme chez le Prince de Lannemarc mais cela n'a point eu de suitte, les affaires de la paix ne paraissent plus si auancées qu'on auoit crû qu'elles l'etoient, les hollandois ne ueullent plus donner de passe-ports a nos plenipotentiaires qu'auec la participation du P. dorange et il j a meme des gens qui croient qu'il j a quelque petit murmure à la Cour contre certaine conduitte de M. de Sauoie, c'est pour uous seul que ie dis ces bruits que quelques uns font courir, il n'j a point de certitude, si peu qu'il j ait a craindre ne hasardés pas le uoiage de Naples [2].

M. Chubéré [3] dit toujours que rien ne presse pour l'affaire de

et en bonne compagnie ; c'est à vous à prendre garde si un si long séjour y est convenable. J'entends bien que le vrai objet, dans un voyage de la nature du vôtre, est de se faire des connoissances et des amis, surtout parmi les personnes les plus considérables, qui sont les cardinaux ; mais il faut bien choisir et que ce soient les meilleurs, autant qu'il se peut. Des deux que vous me nommez, il y en a un qui n'est pas, ce me semble, en grande estime. Du reste, je ne vous parle de cette sorte par aucun avis particulier, ni autrement que par conjecture. Vous êtes sage, et vous saurez bien réfléchir sur les idées que vous donnerez de vous-mêmes. Jusqu'ici, on paroît vous distinguer fort : il faut soutenir votre réputation. Vous savez que, par toutes sortes de raisons, c'est M. le cardinal de Janson qu'il faut contenter ». Cf. plus haut, p. 68.

1. Courtin, l'ancien ambassadeur d'Angleterre, est signalé par Bossuet, dans sa lettre du 18 novembre, comme un des négociateurs choisis pour traiter : « MM. Courtin et de Harlay sont nommés plénipotentiaires pour la paix » (Lachat, t. XXIX, p. 42).

2. Il est question de ce voyage dans la lettre de Bossuet à son neveu, du 9 décembre 1696 : « Nous attendons avec impatience ce que vous aurez résolu pour Naples. M. de Chaulnes dit que c'est un voyage hasardeux ; mais vous saurez prendre vos mesures » (Lachat, t. XXIX, p. 46).

3. Le nom est illisible, mais il faut deviner évidemment Chubéré. Cet homme d'affaires est fréquemment nommé dans la correspondance de

M. Millet ie differe uolontiers pour attendre uotre retour, la dispense des trois bans de M. Melian dont ie uous aj parlé [1] est dit-on de M. de Paris, conseruès uous la famille uous embrasse.

Monsieur l'abbé bossuet,
a Rome.

Dans la lettre du 9 décembre, envoyée par Bossuet à l'ordinaire suivant que laissa passer Antoine, il rappelle à son neveu qu'il attend ses documents sur le quiétisme : « Je pourvoierai incessamment à la somme pour les copies que vous faites faire [2]. »

Il s'agit apparemment des « décrets sur le quiétisme » déjà demandés dont il presse encore l'envoi dans sa lettre suivante, du 30 décembre seulement, « surtout de ceux, dit-il, dont je ai envoyé le mémoire et la date à M. Phelipeaux ; ils me sont de conséquence [3]. »

Il les avait réclamés depuis longtemps et à plusieurs reprises, notamment dans sa lettre datée de Germigny au 2 septembre :

Souvenez-vous des bulles et autres décrets sur le quiétisme du temps d'Innocent XI : il en a sept ou huit, et je prie M. Phelipeaux de vous aider à les bien chercher, sans en omettre aucun [4].

Il était grand temps pour Bossuet de les recevoir : il les voulait publier comme addition à son *Instruction sur les états d'oraison*, dont l'impression était fort avancée, car il

---

l'oncle et du neveu, par exemple à la lettre de l'abbé du 3 février 1699 : « Mon père me mande seulement que vous aues eu la bonté de tomber d'accord de tout, que M. Souin lui vient de dire que le correspondant de M. Chuberé a ordre de me faire toucher 2 000 livres » (Lachat, t. XXX, p. 246 ; cf. p. 248). Cet agent d'affaires est le même que Chabert, de la p. 60 ; nous le rencontrerons encore. Cf p. 134.

1. Ce doit être dans une des lettres non retrouvées. Cf. plus bas, p. 128, n. 4.
2. Lachat, t. XXIX, p. 46. Peut-être est-il question aussi de dessins ou de portraits (Voir plus bas p. 80, note 1).
3. *Ibid.*, p. 47. — 4. *Ibid*, p. 30.

dit dans la même lettre du 30 : « Mon impression sur le quiétisme en est au dernier livre, de dix qui sont assez courts [1]. »

En janvier 1697, Bossuet écrivait la lettre à l'abbé de Maulevrier par laquelle il s'efforce d'arrêter le livre de Fénelon, et avant cette année 1697 aucune lettre d'Antoine ne s'occupe de la querelle. La dernière de lui en 1696, du 17 décembre, — un courrier par lequel Bossuet n'envoya rien, — ne traite que des affaires publiques et des événements de la famille.

IX

Paris 17 decembre (1696) [2].

Ie me remis sans uous ecrire a ce que uous mandoit M. Chasot par le dern[ie]r ordi[nai]re. Je receus hier la uotre du 28 nou[em]bre. M. de Meaux en a reçû une de M. phelypeaux touchant le tartare [3], il n'a pas encores celle que uous lui ecriuies la meme

---

1. Lachat, t. XXIX, p. 47. Les actes de la condamnation des quiétistes, formant l'appendice de l'ouvrage de Bossuet (édit. Lebel, t. XXVII, p. 493-534), procèdent évidemment bien de ces copies envoyées de Rome.
2. Millésime ajouté postérieurement.
3. L'histoire du chevalier tartare, dit le chevalier de la Grotte, n'est pas à faire ici. Ce prince Aniaba, dont les aventures romanesques, malgré le témoignage et l'autorité de Bossuet, laissent « le lecteur dans une sorte d'hésitation entre le doute et une confiance entière », avait attiré l'attention du cardinal de Bausset. C'est lui qui porte ce jugement « suspensif ». Il suffit de lire ce qu'il a écrit aux pièces justificatives du livre VII de son *Histoire de Bossuet* (édit. de 1814, t. II, p. 443-451) pour être fortement mis en défiance. Le plus clair est que Bossuet, et après sa mort, son neveu, furent souvent sollicités de lui accorder et faire accorder des secours. Présenté à Bossuet vers l'an 1692, il fut instruit par lui et pensionné. Sous prétexte de reconquérir son royaume, il partit pour Rome, où il demeura trois ans ; le 12 février 1701, Ledieu nous le montre à Notre-Dame de Paris, offrant un *ex-voto*, avant son

datte que la mienne parce qu'on lui a adressée a Uersailles d'ou il ne deuoit reuenir que demain et il uient d'arriuer il retourne ieudi à Meaux pour i faire les ordres samedi. Ie n'ai pas encores fait uoir a uotre frere ce que uous me mandés a son suiet ie uoudrois encore trouuer une bonne occasion de le marier, il y a tres peu de partis sortables, bien des hommes a pouruoir et tres peu de filles. Je suis bien aise que uous ayes uû M. le C. de Chamilli [1]

départ. Cf. *Revue Fénelon*, sept. 1910, p. 89. En 1703, il écrivait à Bossuet, de Livourne, lui annonçant ses insuccès et se recommandant à lui. Bossuet parle souvent à son neveu du « chevalier tartare ». Ainsi, le 6 août 1696 : « J'écris à M. de Malezieu pour le chevalier tartare, qui m'a écrit et à qui je ferai réponse par le premier ordinaire. Dites-lui bien que je prendrai tout le soin possible de ses intérêts. » (Lachat, t. XXIX, p. 15). Le 20 août, Bossuet est obligé de différer encore : « Avant que de faire réponse au chevalier tartare, il faut que je parle à M. Malézien qui ne sera ici que ce soir. Ainsi la réponse sera pour le premier ordinaire. Assurez-le de mon amitié » (*Ibid.*, p. 27). Le 17 septembre : « Vous lirez ma lettre au prince tartare, et vous parlerez en conformité » (*Ibid.*, p. 28). Dans une lettre écrite au commencement de mars 1699, l'abbé Bossuet le recommande de nouveau à la sollicitude de son oncle : « Le pauvre chevalier de la Grotte, mande-t-il, se recommande à vous auprès de M. le duc du Maine, il y aura trois ans vers la fin de ce mois qu'il est hors de France ; on ne lui a fait toucher que deux ans sa pension : il sera réduit à demander l'aumône si on n'a la charité de l'aider ; c'en est une grande. Il s'est rendu aux instances que je lui ai faites, pour qu'il restât en pays connu ; mais j'espérois qu'on continueroit à lui fournir les moyens de subsister. Quand M. de Monaco sera venu, nous tâcherons de faire quelque chose pour lui. On lui rendroit un bon service, si l'on pouvoit lui procurer de France quelque recommandation importante auprès de cet ambassadeur » (Lachat, t. XXX, p. 290). Cf. plus bas, p. 127, n. 4.

1. François de Jauche-Bouton, comte de Chamilly, neveu de celui qui devint maréchal de France en 1703, était né en 1663, il commandait le régiment de Bourgogne et avait été fait brigadier en 1693. Il devint maréchal de camp en 1697, et fut chargé d'une mission à Rome vers la fin de 1696. Nommé ambassadeur ordinaire en 1697, il arriva à Copenhague le 5 juillet 1698, et ne fit son entrée que le 28 février 1699, pour ne recevoir sa première audience qu'à la même date de l'année suivante. Saint-Simon fait de lui ce portrait : « Chamilly dont je parle était un très grand et très gros homme, qui, avec beaucoup d'esprit, de grâce et de facilité à parler et beaucoup de toutes sortes de lectures, se croyoit, de tout cela, le triple de tout ce qu'il en avoit et faisoit sentir » (*Mémoires*, édition de M. Boislisle, t. X, p. 399).

on est fort content de lui a la cour, si uous m'en mandés des nouuelles ie les ferai uoir a mad. sa femme et à mad. sa belle mere [.] on ne parle ici, ni qu'on attende les passeports pour la paix, ni qu'on songe a remplacer un ministre au lieu de M. Courtin il semble qu'on pense plutot a faire une bonne guerre la prochaine campagne,

Le Sr Guerin n'a pas encores tiré sur moj les 500 livres ie ne scay si M. de Meaux pense au reste, M. de Torci lui a dit que le roi uouloit qu'il joignit le portrait de la princesse de Sauoie a celluy de nos trois princes pour florence[1], faites si bien quand

---

[1]. Il s'agit des portraits des princes de la maison de France, le duc de Bourgogne et ses frères, que Bossuet, en relations avec le grand-duc de Toscane, désirait faire envoyer à cette cour comme remerciement sans doute de l'accueil qu'y avait reçu son neveu (Voir *Études* du 20 déc. 1898, p. 790, note 1, et *Principaux portraits de Bossuet*, p. 12, note 1). Il en est parlé pour la première fois dans la lettre du 28 mai 1696 : « Je verrai les mesures qu'on pourra prendre pour avoir de bonne main les portraits de nos beaux princes... » (Lachat, t. XXIX, p. 2). Puis dans celle du 7 juin 1696 : « J'ai fait les diligences qu'il falloit pour vous procurer les tableaux des princes. Je n'ai encore parler au roi ni de cela, ni de votre voyage... » (*Ibid.*, p. 3). « J'ai obtenu, écrit-il le 24 juin, la permission de faire tirer les portraits des princes. On trouve plus à propos de les faire faire par Troye, dont le pinceau passe pour meilleur, et il fera un effort pour l'Italie. Nous commencerons aussitôt après mon retour (Bossuet est à Meaux), et j'écris dès à présent pour le préparer » (P. 5). Bossuet tient son neveu au courant du travail du peintre, et il est question des portraits presque à chaque lettre. Le 9 juillet : « J'ai mandé Troye, et nous allons faire travailler aux portraits des princes. » (P. 8). Le 6 août : « Les trois têtes des princes sont faites. On pourra envoyer le tout au mois prochain. » (P. 15). Le 28 du même mois : « Nous aurons bientôt les portraits des princes. Mme de Rouvroy fait faire une copie de Mgr de Bourgogne pour Mme de Savoie » (P. 19). Le 17 septembre, Bossuet peut écrire : « Les portraits des princes sont presque finis ; ils seront beaux et fort ressemblants » (p. 29) ; puis, le 24 : « Vos tableaux s'achèvent, et il faudra bientôt nous marquer le moyen de les faire tenir à Florence. Je reverrai vos lettres précédentes pour m'y conformer » (P. 31). Mais le temps s'écoule ; Bossuet ajoute sans cesse : « Vos tableaux s'achèvent » (lettre du 1er octobre, p. 31); mais rien ne part, et des complications politiques retardent l'envoi. Le 9 décembre, Bossuet mande à son neveu : « M. Troye avoit enfin habillé les princes ; nous ne songions qu'à les envoyer après avoir fait copier les têtes, quand

uous reuiendrez que les iesuites sur tout les amis du R. P. soient contens de uous sans manquer au reste, ayes touiours soin de uostre santé.

Troye m'est venu dire qu'il y avoit défense, par le ministère de M. de Torci de les envoyer sans nouvel ordre. Je m'en vais à Versailles pour savoir ce que c'est » (P. 46). Mais le 3o, il écrit encore de Meaux : « Il n'y a rien de nouveau à vous dire sur les tableaux des princes. J'espère trouver fait celui de la princesse en arrivant à Paris le 4 ou le 5, et on ne perdra pas de temps à les envoyer » (P. 47).

Nous avons sans doute dans la lettre d'Antoine l'explication du contre-ordre ou du moins du retard imposé ; ce serait le désir du roi de joindre aux portraits des trois princes celui de la future duchesse de Bourgogne, arrivée à Fontainebleau le 5 novembre (p. 4o), et destinée d'après le traité avec la Savoie, à « être mariée aussitôt après sa douzième année, qui arrivera l'an prochain, au 6 décembre », dit Bossuet dans sa lettre du 18 novembre.

Le 20 janvier, rien n'est achevé : « Troye a commencé le tableau de la princesse, et je le presse de finir. » Au 4 mars, on y travaillait encore, mais on voit dans sa lettre écrite à cette date que Bossuet profitait aussi du séjour de son neveu en Italie pour enrichir une collection de tableaux et de gravures. Toutefois l'inventaire de ses meubles et effets, publié au 25 juillet 1901 dans la *Revue Bossuet*, ne signale qu'un petit nombre de peintures. « Le portrait de la princesse est presque achevé, et on travaille sans relâche à mettre notre présent en état. Faites-nous faire de votre côté des originaux et autant d'antiques que vous pourrez, du moins en estampes » (P. 60). Le 18 mars on lit : « On presse les portraits autant qu'on peut » (P. 64). Au 31 du même mois, nouveau retard : « Troye m'a dit que le portrait de la princesse ne pouvoit être séché, ni en état de partir qu'incontinent après Pâques. Je serai à Paris, faisant état de m'y rendre à la seconde fête et là j'avancerai tout. » La lettre du 15 avril annonce enfin le prochain départ des tableaux : « Aussitôt que je serai à Paris, c'est-à-dire dès demain, écrit de Versailles l'évêque à son neveu, on pourvoira à l'envoi des tableaux qui sont en état » (P. 83). Le 22, le peintre demande grâce encore une fois, et Bossuet doit de nouveau annoncer : « On fera partir au premier jour les quatre portraits. De Troye demande encore quelques jours pour laisser sécher celui de la princesse. Ils sont fort beaux, et le sien particulièrement. » Enfin, c'est le 29 avril qu'est donnée la dernière nouvelle : « Les portraits sont prêts à partir. » — Il resterait à voir si ce cadeau si laborieusement préparé est resté à Florence au palais Pitti, avec certain portrait de Bossuet par Rigaud, qu'on nous dit y être conservé encore (V. mon étude, *les Principaux portraits de Bossuet*. p. 12). Serait-ce de ce portrait

L'affaire de ce sot mariage dont ie uous ai parlé est accomodée [1]. Mad. de Barbezieux est accouchée d'une fille et la mignonne de M. Millet (?) d'un filz, belle matiere à nouueau cantique [2].
Monsieur
Monsieur l'abbé Bossuet, a Rome.

La *Relation* de Phelipeaux nous donne lieu de fournir des détails complémentaires sur l'entrevue avec M. de Chamilli. Elle est sans doute celle dont il écrit :

Le 2 décembre M. le Cardinal (de Janson) me fit l'honneur de m'appeler à la lecture de sa négociation sur les Bulles, elle se fit en presence de M. le Comte de Chamilli Envoié du Roi dans les Cours d'Italie, qui se trouvoit alors à Rome, M. l'abbé Bossuet et M. Vivant [3].

Suit un éloge enthousiaste des qualités diplomatiques

que Bossuet écrit : « Nous parlons souvent où il faut des grands services de Toscane, et on n'oublie pas M. l'abbé Feydé. Vous devez prendre garde de ne point parler avec affectation de mon portrait » ? (Lettre du 19 janvier 1699. Lachat, t. XXX, p. 212). Cette recommandation fait allusion à la lettre dans laquelle l'abbé Bossuet mandait à son oncle, le 30 décembre 1698 : « M. le grand duc a votre portrait dans sa chambre. Il a su par M. Dupré que je souhaitois en avoir copie, il le lui a envoyé aussitôt et M. Dupré l'a fait copier par le fils de M. de Troye qui s'est trouvé dans ce temps à Florence. J'attends cette copie et celle que vous m'envoyez avec impatience ; j'en ferai faire plus d'une à Rome. Il faut bien qu'on connoisse ici en toute manière un homme aussi grand » (P. 177). Sur Dupré, voir plus bas, p. 106, note 5.

1. Serait-ce le mariage de ce M. Molian dont il est question (p. 77), dans la lettre du 3 décembre, pour lequel trois dispenses de bans sont dites avoir été accordées par l'archevêque de Paris ?

2. La lettre se termine par le signe φ ajouté après coup peut-être. Serait-ce par un éditeur ? On rencontre ce signe en bon nombre de lettres de Bossuet (Cf. *Études* du 5 juin 1898, p. 629, note 7).

3. M. Vivant était à Rome le correspondant de Pirot, peu discret, si l'on en juge par la lettre de Bossuet du 20 janvier 1698 : « Je croyois vous avoir mandé ce que vous me dites qu'on a écrit de M. de Cambray ; apparemment ce sera M. Pirot qui l'aura écrit à M. Vivant, à qui il communique tout. » (P. 49). Cf. la lettre du 29 avril 1697 (P. 87).

du cardinal, que l'abbé Phelipeaux admire dans la pièce dont il entend la lecture. Puis il raconte, sans nous dire s'il était en compagnie de l'abbé Bossuet, une autre entrevue avec le comte de Chamilli.

En ce même temps, poursuit son récit, j'accompagnai M. le comte de Chamilli à une chapelle papale qui se tenoit à Montecaval. Les generaux d'ordres y assistent. Mr de Chamilli ne voiant point le general des Jésuites, demanda au Pere Cloche[1], general des Dominicains, pourquoi celui des Jésuites n'assistoit pas aux chapelles. Le Pere Cloche lui répondit agréablement : Il n'y pourroit venir sans chasser tous les autres[2].

Phelipeaux ne pouvait manquer de recueillir l'agréable boutade, bien qu'il eût dû savoir quelque gré au P. Thyrse Gonzalez d'être un « adversaire de la probabilité ». Mais en s'associant trop ouvertement à des partis qui eussent pu déplaire au « Révérend Père », c'est-à-dire au P. de La Chaise, l'abbé Bossuet pouvait mettre en risque les calculs paternels. Aussi, de temps à autre, verrons-nous reparaître dans la correspondance d'Antoine des appels à la prudence, comme les lignes assez piquantes qui lui conseillent de faire en sorte que les Jésuites soient contents de lui, *sans manquer au reste*. Il était cependant difficile de faire à la fois les affaires de M. de Meaux et de ne pas donner quelque prise. Bossuet a dit quelque part qu'il n'était « d'au-

---

1. Sur le P. Cloche, souvent nommé ensuite, on lit, dans la lettre de Bossuet, 15 avril 1697 : « Je suis bien aise que cette lettre (sur le *Nodus prædestinationis* du card. Sfondrate) ait paru devant les yeux éclairés et favorables du R. P. Général des Jacobins. Tout ce que j'entends dire de ce Père me donne de la vénération pour lui, et je vous prie de lui demander son amitié pour moi » (P. 83). Cette amitié fut acquise, et Lachat ajoute ici cette note : « Le P. Cloche, qui fut très lié dans la suite avec Bossuet », qu'on lit déjà dans Lebel, t. XL, p. 302. Sur sa nomination voir ma Chronique de la Révocation de l'Édit de Nantes (*Bulletin de la Société d'histoire du protestantisme français*, déc. 1910), au 22 juin 1686. Cf. juin 1910, p. 354. Voir aussi plus bas, p. 118.

2. *Relation*, 1ᵉʳ P., p. 192.

cun parti ». Ce serait, en effet, une situation idéale. N'avoir pas été « partisan des Jésuites », ne lui inflige aucune note défavorable ; mais il serait temps peut-être de renoncer à la légende qui voudrait faire de lui un de leurs chauds amis, et prendre à la lettre sa péroraison du sermon de la Circoncision de l'année 1687. Le molinisme, qui, certes, loin d'être une hérésie, reste une opinion parfaitement libre, n'avait pas, il le faut bien reconnaître, de plus acharné et irréconciliable adversaire, et, sauf les précautions utiles à lui et aux siens, cette position théologique déteignait quelque peu sur ses sentiments à l'égard des personnes. L'histoire vraie est donc plus complexe et moins unie que les solutions simplistes adoptées d'ordinaire dans les panégyriques ou les polémiques. Au lieu de s'opposer mutuellement, entre tenants de l'une ou l'autre opinion, des textes vagues, il est plus sûr de s'en rapporter aux faits.

Les animosités d'autrefois sont assez refroidies pour qu'on puisse rechercher historiquement le véritable « intérieur » de Bossuet, et seuls redouteraient pour sa mémoire le contrôle de ces études de détail ceux qui croient la gloire de Bossuet attachée à une sorte d'impeccabilité de « surhomme », impossible à rencontrer chez un homme, si grand soit-il [1]. Il faut, d'ailleurs, n'avoir point

---

[1]. Il faut, quand on écrit sur ces événements de la vie de Bossuet, ce que l'auteur d'un livre remarquable sur Napoléon (lord Rosebery, *Napoléon ; la dernière phase*) a bien caractérisé, peut-être parce qu'il l'a pratiqué lui-même, ou du moins fort approché. L'admiration seule ne suffit pas, et le parti pris est funeste. Il faut une « impartialité sympathique » (*Op. cit.*, p. 279). Le génie incomparable de l'homme et de l'œuvre ne doivent pas empêcher l'analyse « impartiale », amenant à prononcer parfois des jugements, mais toujours motivés. Des commentaires à la façon des trois épithètes que Voltaire proposait sur les tragédies de Racine : *beau, harmonieux, sublime*, ne nous feront jamais entrer d'un pas dans l'étude de cette vie et de ce caractère de Bossuet, qu'il est pourtant intéressant de connaître tel qu'il est, non tel qu'on l'imagine. S

lu ni compris la correspondance de Bossuet avec son neveu, pour trouver dans la publication de celle d'Antoine beaucoup de « faits nouveaux ». Elle n'en éclairera pas moins d'un jour plus vif maints détails déjà connus ou soupçonnés, qui nous aideront à reconnaître des personnages vivants et agissants, et donnent la sensation du réel.

II. — L'ANNÉE 1697.

Il sera désormais aisé de suivre, à l'aide de la *Relation sur le Quiétisme*, les événements relatifs à cette affaire, dont Antoine parle dans ses lettres à son fils. Le livre second de l'ouvrage de Phelipeaux, s'arrêtant à la fin de l'année 1697, coïncide avec la correspondance du frère de Bossuet durant cette même année, ou, plus exactement, avec ce qui nous en reste.

X

Paris 7. de l'an 97.

Nous auons reçu ce matin uos lettres du 8 decembre. M. de M.

l'on fait le compte des Vies de Bossuet, comme lord Rosebery faisait le bilan des Mémoires écrits sur Napoléon, ne faut-il pas reconnaître qu'une histoire vraie de Bossuet n'a pas été écrite ? Les *Mémoires* de Ledieu, ainsi que son *Journal*, sont sujets à caution dans les deux sens. Burigny n'est pas un biographe. Bausset, bien informé, n'est cependant, par position, préjugés gallicans ou autres, qu'un panégyriste ; son *Histoire de Fénelon* ôte beaucoup de créance à son *Histoire de Bossuet*. Réaume a donné parfois les allures et la couleur des pamphlets à des pages boursouflées dans l'éloge comme dans le blâme, sincères, mais passionnées et incapables de « mise au point » historique. Donc, tous ces matériaux et mémoires, y compris les travaux de Floquet, peuvent être, sans témérité, assimilés aux écrits dont lord Rosebery disait : « Il existe une multitude de mémoires qui, çà et là, jettent une lueur sur la personnalité de Napoléon. Mais c'est une lueur passagère, car les écrivains sont, en général, des ennemis ou des adorateurs » (P. 280).

et M. le pres[ident] (Chasot) ne me laissent rien à vous dire [1] que les souhaits de uotre tante, de uotre frere, et de M. Millet. On espere touiours bien de la paix, On attend, dit-on, les passeports le 9, ou le 10. le roi n'\. a point uoulu du P[rince] d'or[ange], mais les hollandais et M. de Bauiere assurent de tout et on conuient, dit-on, de reconetre le p[rince] d'or[ange] par le dernier art[icle] du tr]aité[de paix [2], Mille baise mains à M. Phely[peaux]. M. de launai m'a dit que son filz l'abbé est reuenu depuis 15 jours, A ce que ie puis juger M. Vernothon [3] (?) n'est pas trop content de son filz ny celluicy du pere.

    Monsieur
   Monsieur l'abbé
    Bossuet
     à Rome.

Notre première édition, d'après les autographes de Meaux, nous forçait de passer du 7 janvier 1697 au 18 mars, avec le regret de constater une lacune des plus vraisemblables.

Le souhait que nous avons exprimé alors de voir retrouver les lettres égarées a été en partie exaucé. La *Revue Bossuet* du 25 décembre 1905 a publié les lettres inédites d'Antoine Bossuet, ou du moins les extraits relatifs au quiétisme qu'en avait faits M. Floquet, puisque des deux copies l'une intégrale, l'autre fragmentaire qu'il avait pri-

---

1. Nous n'avons plus, dans les lettres imprimées de Bossuet, celle de ce courrier du 7 janvier, et il n'y en a aucune conservée entre le 30 décembre 1696 et le 20 janvier suivant (Lachat, t. XXIX, p. 46-49). Il serait à souhaiter aussi qu'on pût retrouver, ce qui n'est guère probable, les lettres de M. Chasot à son cousin germain. La lettre de Bossuet, du 30 décembre, nous le montre comme chargé principalement des nouvelles (Voir Lachat, *ibid.*, p. 47).
2. Voir Dangeau, *Journal*, édit. 1856, t. VI, p. 52, 53, 55, 57, 72 et 73, 116. — Sourches, *Mémoires*, édit. Cosnac, t. V, p. 236, 241 sqq.
3. Un *Vernon* figure ailleurs parmi les correspondants de Bossuet (Lachat, t. XX. p. 588), mais il est impossible de lire *Vernon* dans l'autographe. Il s'agit d'un correspondant non identifié.

ses des quarante-deux lettres autographes ayant appartenu à la collection Villenave, la copie incomplète a été seule retrouvée [1]. Sans commenter ces lettres découvertes après coup et en nous bornant à les insérer à leur date, il nous a semblé opportun de leur donner la place qui leur revient dans la série chronologique de cette correspondance. C'est le seul remaniement que nous ayons fait subir à notre travail.

XI

Paris. 4 février 1697.

Je ne sais si M. de Meaux vous aura écrit aujourd'hui [2], au sujet d'un livre que M. l'archevêque de Cambray a fait imprimer en cette ville, en diligence et en secret, qui a été donné de sa part au roi et à toute la cour, en son absence, dès la semaine passée et qui porte pour titre : *Explication des Maximes des saints sur la vie intérieure.* On n'a pas attendu M. de Cambrai pour le distribuer, quoi qu'il doive être de retour au premier jour.

Voici le procédé qu'a eu M. de Cambrai à l'égard de M. De Meaux. Vous savez l'Ordonnance contenant 34 articles, que M. de Paris et M. de Meaux ont fait publier au sujet du quiétisme. M. de Meaux fit signer ces articles à M. de Cambrai, qui en étoit un peu enfariné. Par cette ordonnance M. de Meaux promet une explication. M. de Meaux l'ayant faite en donna le manuscrit à M. de Cambray pour l'approuver, il y a 3 ou 4 mois. M. de Cambray le garda plus de trois semaines, quoi qu'il se pût lire en un jour ou deux, et le rendit à M. de Meaux en s'excusant de l'approuver. On dit même que ce fut en disant qu'il ne pouvoit se résoudre à signer la condamnation de Mᵉ Guyon.

---

1. Voir l'Avertissement de M. Eugène Levesque, dans la *Revue Bossuet*, 25 déc. 1905, p. 120.
2. La lettre de Bossuet est du 3 février 1697 (Edit. Lachat, t. XXIX, p. 50. Note de M. Levesque, l. c., p. 121, n. 1.).

M. de Meaux en fit commencer l'impression, qui s'est continuée avec une grande lenteur ; et, avant qu'elle soit achevée, M. de Cambray fait paroistre le sien, non seulement sans l'avoir communiqué à M. de Meaux, mais sans luy en avoir dit un mot. Peut être en aura-t-on envoyé à Rome quelque exemplaire. C'est apparemment une réfutation indirecte du livre de M. de Meaux avant qu'il paroisse, et peut être une justification des sentimens de M⁰ Guyon. Je ne sais ce que M. de Meaux fera là-dessus. Il est prudent et modéré, et à moins qu'il ne nous [1] en écrive, ne témoignez rien de tout ce détail. La Cour et le public jugeront du bon ou du mauvais procédé des deux auteurs [2].

XII

Paris, 11 févr. 1697.

Le livre nouveau dont je vous ai parlé (*Explication des Maximes des Saints*) il y a huit jours attire un assez grand déchainement contre le prélat illustre qui en est l'auteur. Il a passé en cette ville, M. de Meaux y étant, sans le voir ; et il est à Versailles.

L'impression de celuy de M. de Meaux s'avance. Je lui ay dit que je ne vous en avois écrit sur le procédé que pour vous instruire seulement, mais que vous ne parlerez de rien que vous n'eussiez de ses nouvelles. Il est ici, et n'ira à Versailles de deux ou trois jours. M. de M. vous en dira davantage [3].

---

1. Je reproduis le texte de la *Revue Bossuet*, mais ne fallait-il pas lire *vous* ?
2. *Revue Bossuet*, ibid, p. 122.
3. *Revue Bossuet*, l. c, p. 121. L'éditeur des lettres d'Antoine ajoutait ici : « Dans la lettre du 11 février, l'évêque de Meaux fait allusion à la fin de cette lettre : « Mon frère m'a dit qu'il vous avoit mandé quelque chose du procédé de M. de Cambray et du livre qui a paru de lui depuis peu. »

XIII

Paris, 18 février 1697.

M. de Meaux revint hier de Versailles ; M. de Cambray l'y a vu. Il seroit trop long d'entrer en tout ce qu'ils se sont dit. Il suffit que vous sachiez que là, comme par tout Paris, la modération de M. de Meaux est louée et que le procédé et le livre de M. de Cambray sont blamés généralement, à la réserve de quelques adhérens particuliers, qui n'y entendent rien. Les théologiens, les directeurs et presque tous les gens de bien en sont scandalisés. Il n'y a que M⁰ Guyon et ses sectateurs qui sont ravis de voir leurs chimères autorisées par un archevêque de la sainte église. Ce sont des subtilités si alambiquées [1] que personne n'y peut atteindre. Il n'est pas que ce bel ouvrage ne soit à Rome. On n'y entend rien. C'est un jargon qui n'est que pour les gens de la profession mystique. Ce qui surprend les plus grossiers, c'est que l'auteur dans son avertissement, parlant des 34 articles, dont deux grands prélats, dit-il, font mention dans des ordonnances qu'ils ont données, déclare que son ouvrage ne tend qu'à expliquer leurs propositions avec plus d'étendue, et qu'il ait entrepris de donner au public cette explication à la barbe de ces deux grands prélats, sans la leur communiquer, quoiqu'il sut bien que l'un de ces deux prélats en eut promis une par son ordonnance, et en effet ce qu'il avoit promis étoit sous la presse, avant qu'on eût fait paroître ce bel ouvrage, et après avoir eu communication de celui qui étoit sous la presse, et qu'on n'aura que dans quinze jours ou environ. M. de Meaux a voulu, avant qu'il vît le jour que M. de Paris, M. l'évêque de Chartres, M. Tronson et quelques autres l'eussent exa-

---

1. « Ce n'est que propositions alambiquées », écrit aussi l'évêque de Meaux à son neveu, le 11 février 1697 (Edit. Lachat, XXIX, p. 52) (Note de M. Levesque, p. 122, n. 2). Il n'y a pas à s'étonner de cet accord, car il est évident qu'Antoine est surtout un écho, et à ce titre ses lettres complètent la correspondance de Bossuet avec son neveu, nous montrant les sentiments et les paroles de l'évêque traduites et interprétées par son frère.

miné. On verra si, sur les 34 articles que ces deux auteurs ont signés, ils seront d'accord dans l'explication que chacun d'eux en donne. Si on en parle, il n'y a qu'à observer la même modération qu'a [1] M. de Meaux [2].

XIV

Paris, XI mars 97.

Nous avons reçu vos lettres du 9 fév. M. de M. vous écrit. On vous envoie son livre (l'*Instruction sur les états d'oraison*) qui n'a pas encore été distribué à Versailles. Je voudrois bien qu'on y eut joint un exemplaire de celui de M. de Cambrai (*Maximes des Saints*) dans l'incertitude si vous aurez reçu celui que M. Ledieu vous a adressé par Marseille. Je ne doute pas que M. le Nonce n'en ait envoié à quelques uns et peut-être l'auteur lui-même et qu'on en ait adressé à M. le Card. de Janson ou à d'autres. On est toujours fort élevé contre. Il semble néantmoins que la cour (le P. de la Chaise) [3] (le cardinal de Bouillon) (les Jésuites) en parlent modestement (Mme de Maintenon) est déclarée ; (le Roi) est mal content et ne dit rien ou peu. Il y a de l'apparence que (les Jésuites) ont envoié à (Rome). C'est bien fait d'être réservé et d'écouter ; tout le monde a les yeux sur (M. de Meaux) et dans la vérité, sans (lui), on laisserait tout aller. Nous nous portons à l'ordinaire. Votre tante et votre frère vous embrassent.

Adresse : Monsieur l'abbé Bossuet à Rome [4].

La lettre du 18 mars [5] est la première dont l'historien

---

1. La *Revue Bossuet* porte : « qu'à M. de Meaux ». Le sens : que M. de Méaux a est plus vraisemblable.
2. *Revue Bossuet*, p. 122 et 123.
3. Les parenthèses indiquent les mots écrits en chiffres.
4. *Revue Bossuet*, 25 octobre 1904, p. 272, d'après l'autographe, grâce à une communication de MM. Pearson et Cie, de Londres. Les noms entre parenthèses sont ceux que remplaçaient des chiffres, que je n'ai pas reproduits.
5. M. Levesque fait remarquer avec raison qu'entre le 18 février et le

inconnu, signalé plus haut[1], ait préparé des extraits. C'étaient là, en effet, autant de « contributions » à l'histoire du Quiétisme, et nous verrons Antoine, très intéressé lui même à cette controverse, essayer de plaisanter, un peu lourdement du reste, sur l'effet que produit en lui le livre de l'évêque de Meaux dont l'apparition est signalée à cette date.

XV

P. (Paris) *18 mars 97.*

[[Je recu uendredi 15 de ce mois uotre lettre du 26. feu [rier]. Je l'envoié en meme tems a M. de M. qui m'auoit deià mandé qu'il auoit ce iour la meme presenté son liure au roi, que sa ma-[jes]té l'auoit reçu a merueille et lui en[2] auoit parlé assés long tems contre les nouueautés d'une maniere fort edifiante]].

Il arriue presentement de Uersailles, il a eu d'autres audiences du roi, il est accablé de monde, il m'a seulement dit qu'il alloit vous ecrire toutes choses. Je m'en remets à luj[3]. [[Il a fait une ample distribution à la Cour[4] Il n'i en a point encores de reliez pour la uille ; mais tous ceux qui l'ont vû le trouuent beau, net, docte, solide. Pour moi qui n'en ai encore lû que la preface et les trois premiers livres i'en suis si content et si touché que dez a present ie renonce pour iamais au quietisme et aux œuures < de ses > des sectateurs de cette doctrine alambiquée. M. de Cambraj est désolé on ne comprend pas qu'il ait pu faire ce beau liure qu'enfin on nous enuoie auiourd'hui et que uous aurés uû auant qu'il uous arriue, cependant c'est aprez auoir uû celluy de M. de M., Et il l'a fait debiter partout auec une confiance sans pareille]].

---

11 mars, date de la lettre publiée par la *Revue Bossuet* du 25 octobre 1904, Antoine Bossuet dut écrire le 25 février et le 4 mars.

1. Voir p. 41.
2. *En* semble signifier ici : *à cette occasion.*
3. Voir la lettre de Bossuet, du 18 mars (Lachat, t. XXIX, p. 63).
4. Voir le *Journal* de Dangeau, t. VI, p. 89.

M. de M. croit que uous ne deuéz guere differer a partir aprez M. le Card. de Janson, uous aurés eu asses de tems de uoir 24 [1] (le cardinal de Bouillon [2]) a qui uous ne uous ouurirés que comme il faut, uous aurés occasion de uoir encore S. S. (Sa Sainteté) en presentant la lettre [3] et le liure dont tout le monde ici sera tres satisfait. [[On donne par auance [4] de grandes louanges a (M. de M.) [5]]] votre frere est icj qui uous embrasse. J'en fais de meme de tout mon cœur. Je presse les tableaux [6]. Salut à M. Phelyp[eaux].

On a remarqué, sans doute, que les seuls endroits de cette lettre qui ne concernent point l'histoire générale du Quiétisme, sont laissés en dehors des doubles parenthèses, apparemment destinées à marquer les extraits à faire. Il faut douter cependant que Phelipeaux ait vu et remarqué cette phrase du début, nous apprenant que, dès le 15 mars, le roi recevait le livre des *Instructions sur les états d'Oraison*, et que, à la cour du moins, la distribution en était commencée et amplement faite par l'évêque.

Elle n'est point en accord avec ce qu'il écrit dans sa *Relation*, où on lit : « Le livre de M. de Meaux, intitulé *Instructions sur les états d'Oraison* parut au commencement d'avril de la même année (1697) [7]. »

---

1. Ici commence l'emploi des chiffres que nous n'avons pas à reproduire (Voir la clé dans Lachat, t. XXX, p. 591 *sqq.*).

2. Voir la confirmation dans le *Journal* de Dangeau, t. IV, p. 434; t. VI. p. 60, et dans le *Saint-Simon*, de Boislisle, t II, p. 413; t. IV, p. 73 *sqq.*

3. C'est la lettre de Bossuet au Pape, dont il parle à son neveu, chargé de la présenter avec le livre (Voir Lachat, t. XXIX, p. 47, 60 et 63 ; Lebel, t. XXVII, p. 47).

4. A comparer ce que dira Bossuet dans sa *Relation sur le Quiétisme* et ce que Fénelon, dans ses *Remarques sur la réponse*, retorquera assez finement (Éd. Lebel, t. XXX, p. 181).

5. L'autographe porte : *louanges a 634*.

6. Les portraits des princes pour le grand duc de Toscane. Cf. plus haut, p. 80, n. 1.

7. *Relation*, 1re partie, p. 231.

Le retour dont parle la lettre d'Antoine, et qui paraît avoir dû coïncider tout d'abord avec celui du cardinal de Janson, est donné dans la lettre de Bossuet, du 18 mars, comme une inspiration spontanée de l'abbé Bossuet :

> Nous approuvons beaucoup, lui écrit son oncle, la résolution que vous prenez de revenir aussitôt que vous aurez vu à Rome M. le cardinal de Bouillon. Il vous prépare toute sorte de bon accueil, et m'a même dit qu'il prétendoit bien que vous n'auriez point d'autre logis que le sien. Mais il faut demeurer dans votre train ordinaire, et seulement lui rendre fort assidûment vos respects. C'est bien fait aussi de faire votre voyage comme vous l'avez projeté et ne donner point de fatigue à M. le cardinal de Janson [1].

Ce projet de retour à petites journées, à la suite du cardinal, fut bientôt modifié. L'oncle dut rappeler à son neveu de songer à revenir ; il le fait le 31 mars :

> Voici le temps où il faudra que vous retourniez : un plus long séjour seroit interprété à oisiveté. Jusqu'ici tout va bien, mais il ne le faut pas gâter. J'ai besoin de vous et de M. Phelipeaux, et je compte que l'arrivée de M. le cardinal de Bouillon vous déterminera, sans attendre M. le cardinal de Janson. Vous aurez encore quelque chose à voir en Italie, et vous saurez bien prendre votre tour [2].

Et le 7 avril, plus pressant encore, Bossuet écrivait de Meaux, le jour de Pâques :

> Je n'ajoute rien à ce que je vous ai mandé de votre retour. Tous nos amis sont ici d'accord qu'il est temps d'y penser, et qu'un plus long séjour ne feroit pas bien ici [3].

Les lettres de rappel se font plus vives, et, le 22 avril, l'évêque insiste :

---

1. Lachat, t. XXIX, p. 63. — 2. *Ibid.*, p. 71. — 3. *Ibid.*, p. 73.

Songez au retour : un plus long séjour seroit mal interprété ici, et deviendroit une affaire. Jusqu'ici tout se prend bien [1].

Comme la lettre est datée de Paris, faut-il conclure que, non seulement l'opinion de son entourage de Meaux préoccupait Bossuet au sujet de l'effet produit par ce séjour prolongé de son neveu à Rome, et de l'influence qu'on en pouvait craindre sur leurs projets d'avenir, mais aussi la pensée du roi et de la cour ? Avec insistance toujours, la lettre du 19 mai, qui lui promet de le faire appuyer pour un indult en faveur de son abbaye de Savigny, réfute deux objections que l'abbé, dans une lettre qu'il n'a point jugé à propos de publier, opposait à son retour :

Il est de la dernière conséquence *pour vous et pour moi* que vous partiez à peu près en même temps que M. le cardinal de Janson avec M. Phelipeaux. Des deux difficultés que vous apportez pour différer votre départ, mon frère en lève une qui est celle de l'argent ; vous surmonterez celle du temps, comme M. le cardinal de Janson [2].

Le 3 juin, l'évêque de Meaux luttait encore :

Disposez-vous au retour le plus tôt que vous pourrez : vous en voyez toutes les raisons qui augmentent de jour en jour. Si vous avez des raisons nécessaires de prolonger durant quelque temps votre séjour à Rome sans affectation, j'ai prié M. Phelipeaux de ne vous pas quitter et je l'en prie encore [3].

Bossuet, on le voit, avait très loyalement et instamment demandé le retour de son neveu [4]. Mais à cette époque, ébranlé déjà sans doute, il songe à lui permettre de rester afin de négocier pour lui [5] ; il a soin pourtant de lui laisser pour guide son ancien précepteur. Nous verrons, d'ail-

---

1. Lachat, t. XXIX, p. 85. — 2. *Ibid.*, p. 92. — 3. *Ibid.*, p. 95.
4. Cf. plus bas, p. 104, 107 et 109.
5. C'est ce que confirme la *Relation* de Phelipeaux, Ire partie, p. 269.

leurs, en plus d'une occasion, Antoine rappeler son fils à la réserve et à la modération. Un mentor ne lui était donc pas inutile. Toutefois, le séjour prolongé était loin d'être absolument résolu, témoin ce rappel envoyé dans une lettre du 29 juillet :

> Nous attendons toujours votre retour, et il n'y a que les chaleurs qui vous puissent retarder [1].

Bossuet ajoute le même jour :

> Retenez M. Phelipeaux ; écoutez beaucoup à Rome [2].

Enfin la lettre écrite de Paris le 5 août, qui marque que Bossuet sait que le cardinal de Janson vient de quitter Rome, ne parle plus de retour [3] ; autorisé en haut lieu, l'évêque écrit, annonçant que le roi demande un jugement à Rome contre l'archevêque [4] :

> Je vous enverrai notre *Déclaration* par le prochain ordinaire ; je joindrai de temps en temps d'autres mémoires. Entendez bien la procédure. Madame de Maintenon m'écrit qu'il faut que vous que vous et M Phelypeaux soyez attentifs. Il faut parler avec modération comme j'ai marqué par mes précédentes [5].

C'est un mandat en règle, et de ce jour l'abbé Bossuet

---

1. Lachat, t. XXIX, p. 121. — 2. *Ibid.*
3. La cause assez peu connue du rappel de l'abbé Bossuet ne serait-elle pas ses relations avec les agents du défunt évêque de Pamiers, Caulet, adversaires de la régale ? Mme de Maintenon, écrivant au cardinal de Noailles, en 1701 ou 1703, y fait allusion (Cf. *Correspondance de Fénelon*, t. X, p. 55).
4. La lettre du roi, datée de Meudon, 26 juillet, était préparée de longue main, puisque la *Relation* de Phelipeaux signale au mois de juin, le mémoire d'où elle fut tirée (Voir *Relation*, 1re partie, p. 270 ; Lachat, t. XXIX, p. 17, 121, et Verlaque, *Mélanges historiques*, t. IV, p. 708).
5. Lachat, t. XXIX, p. 125.

et son compagnon sont les représentants officiels de l'évêque, autorisés cette fois par Mme de Maintenon, c'est-à-dire par le roi. La lettre du 12 août le déclare formellement :

J'ai parlé de vous faire demeurer à Rome avec M. Phelipeaux : le roi l'a fort approuvé, aussi bien que Madame de Maintenon. Vous tournerez votre lettre de manière que je la puisse faire voir à Sa Majesté ; vous saurez bien tourner le séjour de Rome et me dire ce qu'il faudra à part ; M. de Reims, M. de Paris et M. de Chartres le sauront.

Il n'y aura sur M. de Cambray qu'à parler sobrement et à prêter l'oreille.

A la fin de la même lettre Bossuet ajoute :

Nectes causas sur votre séjour, sans vous déclarer. Vous avez beaucoup à vous défier de M. le cardinal de Bouillon. Vous en avertirez M. Phelipeaux [1].

Il y avait beau temps, d'ailleurs, que celui-ci devait être prémuni par les avis déjà anciens de Bossuet à son neveu. Non seulement l'évêque lui avait rapporté un mot du nonce, défavorable au nouvel envoyé, et lui reprochant de croire « être cardinal (de Rome) plutôt que celui de son pays [2] », mais encore, dès le 29 avril 1697, au moment où il insistait encore sur la nécessité de rentrer en France, Bossuet mandait :

1. Lachat, t. XXIX, p. 127.
2. Lettre du 5 août 1697 : « M. le nonce est bien disposé pour moi, et contre M. de Cambray. Il n'est pas content du cardinal de Bouillon, croyant être cardinal plutôt que celui de son pays. » (*Ibid.*, p. 125). S'il est permis d'être sévère pour le cardinal de Bouillon qui, acceptant un mandat, le trahit quand il eût dû ou se démettre, ou jouer le rôle qu'il acceptait, on peut aussi trouver étrange que le nonce ait conçu un cardinal de l'Église romaine comme devant faire passer avant son « catholicisme » son esprit régional. Cette conception gallicane du cardinal ne semble point révolter Bossuet.

J'attends de vos nouvelles au sujet de la préparation de votre retour, à peu près dans le temps de celui de M. le cardinal de Janson. Vous pouvez aller jusque là mais pas plus loin...

Puis, parlant du cardinal de Bouillon, il écrivait :

Vous aurez beaucoup à vous en donner garde ; vous savez combien il est de mes amis [1].

L'ironie est transparente. D'ailleurs l'évêque de Meaux ne semble pas douter, dans une lettre commune à son neveu et à l'abbé Phelipeaux, que « le cardinal de Bouillon qui a de grandes liaisons politiques avec M. de Cambrai et ses amis, n'aille à Rome avec le dessein de le défendre [2] ».

Reprenons les lettres d'Antoine, d'après la série chronologique que les notes de M. Floquet ont permis de compléter.

XVI

Paris, 25 mars 1697.

Jamais livre, depuis l'Exposition de M. de Meaux, ni d'aucun autre par conséquent, sur les matières de religion, n'a été reçu avec un applaudissement plus universel à la cour et dans Paris, en Sorbonne et dans les paroisses, des prélats, des gens d'église, des gens du monde [3]. Vous n'avez rien vu de pareil dans la distri-

---

1. Lachat, t. XXIX, p. 83. — 2. *Ibid.*, p. 89.

3. L'impression produite par cet ouvrage fut en effet considérable. « Il fut reçu avec avidité et dévoré de même, dit Saint-Simon ; il n'y eut homme ni femme à la cour qui ne se fît un plaisir de le lire et qui ne se piquât de l'avoir lu : de sorte qu'il fit longtemps toutes les conversations de la cour et de la ville » (*Mémoires de Saint-Simon*, ed. de Boislisle, t. IV, p. 99 ; Cf. *Instruction sur les États d'Oraison*, second traité, publié par E. Levesque, in-8, Didot 1897, p. 11). (Note

bution de ses autres ouvrages contre les hérétiques, Jurieu et les autres. Tous les gens de bien en sont contents, et on est déchaîné de la même force contre M. de Cambray qu'on ne trouve ni théologien [1], ni sincère, quoique M. de Meaux soit à son égard, dans son procédé et dans son discours véritablement modéré et véritablement chrétien. Il est allé dans son diocese pendant que je reçois ici des acclamations de tous côtés.

Il est certain que M. de Cambray a demandé aux Jésuites protection pour le livre. On la lui a promise, et le P. de la Chaise a fait la même chose au cardinal de Janson. On sait déjà que le Roi lui a parlé fortement à lui-même, et il a fait écrire au même de sa part tout le contraire [2]. Depuis, les Jésuites qui agissent sous mains se sont modérés, au dehors.

Je laisse le reste à M. de Meaux. Il y en a qui disent qu'à Rome

---

de M. Levesque, *Revue Bossuet*, 25 déc. 1905, p. 123, n. 1.) — Il n'y a point à contester ces informations, mais il est utile de les compléter par d'autres témoignages contemporains qui expliquent cette faveur du livre de Bossuet et montrent que l'enthousiasme pour M. de Meaux et la passion contre Fénelon, qu'on voit ici dépeints comme universels, fut beaucoup moins unanime, témoin, par exemple ce qu'écrivait le marquis de Sourches, au 22 février 1697. Je l'ai cité au long dans mon *Histoire critique de la Prédication de Bourdaloue*, t. II, p. 850, n. 2, avec d'autres analogues telles que la lettre de D. Montfaucon à Mabillon. Cf. plus bas, p. 114.

Quant à la comparaison que fait ici maladroitement le frère de Bossuet entre le succès de ce livre et celui des écrits contre l'hérésie, elle n'est point à l'honneur du sens chrétien des admirateurs. Leur façon d'applaudir aux coups portés par un évêque contre un de ses confrères montre seulement que la malignité humaine trouve partout son compte.

1. Fénelon point théologien, voilà de quoi remettre au point la valeur des informations d'Antoine et la compétence des cercles qui prononçaient ces oracles ! (Cf. plus bas, p. 110, note 4). Mais il ne faut pas demander aux frères et amis des personnages engagés dans un procès l'impartialité ni la justice. C'est pourtant à l'aide des éléments passionnés fournis par les principaux intéressés qu'il est possible d'écrire l'histoire et de dégager la psychologie des hommes du temps passé.

2. Lettre de Bossuet à son neveu, du 24 mars 1697. Édit. Lachat, t. XXIX, p. 66-67. (Note de M. Levesque.) — Il n'est pas besoin d'avoir fréquenté beaucoup l'histoire du grand siècle pour découvrir dans la faveur prononcée du roi une des causes du succès du livre ; la phrase de Saint-Simon : « Il n'y eut homme ni femme à la cour... qui ne se *piquât de l'avoir lu* », est d'accord avec les mœurs des courtisans. Cf. plus bas, p. 241.

on n'aime pas les gens qui décident sur ces matières, parce qu'il n'y a qu'eux à qui il appartient de le faire. M. l'archevêque et M. Pirot avaient vu le livre [1]. Sans M. de Meaux il auroit peut-être passé sans qu'on y eût fait réflexion [2].

XVII

Paris, 1er avril 1697.

On dit que M. de Cambrai n'est pas à Versailles depuis quelques jours et qu'il est près de Paris [3], où il écrit. Si ce n'est pour se rétracter, il pourrait bien se barbouiller davantage. Le livre de M. de Meaux est de plus en plus recherché et approuvé.

Au mois d'avril 1697, auquel nous ramène cette lettre,

---

1. M. Pirot entendit la lecture du livre des Maximes, mais Fénelon ne lui laissa pas de copie (Note de M. Levesque). — Il faut corriger cette annotation par les affirmations de M. de Bausset racontant comment le livre de Fénelon fut lu d'abord par M. de Noailles, puis retouché, discuté avec l'aide de Pirot, qui déclara que le livre était tout d'or, parole qu'il eût voulu ensuite pour beaucoup n'avoir jamais dite. Voir Bausset, *Histoire de Fénelon* et surtout le texte même de Pirot, commenté par M. Ch. Urbain, *Revue d'Hist. littér. de la France*, 15 juillet 1896, p. 409-434.

2. Cette réflexion d'Antoine, conjecture assez plausible de ce qui se serait passé sans la vigilante animosité de Bossuet qui contraignit, de son aveu, les deux autres évêques à poursuivre l'affaire, est une de ces remarques qui laissent rêveur quiconque songe aux résultats pratiques de cette « querelle » du quiétisme. Le livre de Fénelon étant ce qu'il est, condamnable puisque condamné, du moins sous la pression impérieuse que racontent les lettres du temps, on se prend à demander, si, par sa nature, il aurait eu l'influence et les inconvénients que décrivait Bossuet déclarant qu'il y allait de toute la religion. Le péril de l'Église de France, le xviiie siècle en fait foi, était d'un tout autre côté. Unis contre l'ennemi commun, les jansénistes, pères de la future constitution civile et le philosophisme, les deux évêques eussent peut-être fait besogne plus utile et donné aux événements une direction plus salutaire. Mais ce sont là des questions insolubles, comme toutes celles où l'on se demande ce qui serait advenu si tel fait n'avait existé.

3. Chez M. de Malezieu. Lettre de Bossuet à son neveu, 31 mars 1697 Édit. Lachat, t. XXIX, p. 71.(Note de M. Levesque), *ibid.*, p. 26, note 3.

l'abbé Bossuet venait de faire un voyage à Naples, dont, nous l'avons vu, son père et son oncle ont parlé à plusieurs reprises dans leurs lettres ; il en est question encore dans les suivantes.

XVIII

Paris 8 auril 97.

Nous auons recu uos lettres du 19. en uoicj deux de M. de Meaux, la 1re n'arriua que le lendemain du depart du dernier courier et l'autre que ie uiens de receuoir auec celle pour M. Pheljp[eaux]. C'est reponse a uotre derniere, je n'ai manqué qu'un seul ordinaire a uous écrire depuis uotre retour de Naples[:] encore M. le Dieu se chargea-t-il de le faire, M. de M. s'est tiré en bonne santé de tous les seruices de la semaine sainte, il reuiendra mardi [.] [[Son liure est approuué de plus en plus et cellui de M. de Cambrai de plus en plus decrié, apparemment les choses n'en demeureront pas ou elles en sont.]]

Les trouppes partiront pour la campagne dix jours plutot qu'a l'ord]inai}re, M. le C[omte] de Tolose s'est[1]... pour estre fait lieutenant g[é]n[ér]al, les autres Princes n'iront pas[2]. La famille ici et a Mets se portent touiours de même, mad. fouc[auld] et uotre frere uous embrassent, mesd.[ames] du mont et de magni[3] sont touiours de meme, mad. de Pons[4] est à Paris.

Monsieur
Monsieur l'abbé
Bossuet a Rome

1. Mot omis ; il faut suppléer sans doute : *proposé.*
2. V. Dangeau, t. VI, p. 92, 115 ; Sourches, t. V, p. 256.
3. Mme du Mont est apparemment de la famille de la femme d'Antoine Bossuet, si même elle n'est pas la mère de celle-ci. Nous avons vu que Antoine avait épousé Renée-Madeleine de Gaurault du Mont (Cf. plus haut, p. 44 et pour Mme de Magin, p. 64).
4. Mme de Pont est sans doute Élisabeth Bossuet, seconde fille de François Bossuet ou Bossuet le riche, marié, dit Ledieu, à M. de Pont, maître des requêtes, fils de M. de Chavigny, secrétaire d'État (*Mémoires*,

XIX

Paris, 22 avril 1697[1].

L'audience dont je vous parlai par ma dernière[2] dura demi-heure. Le roi écouta et rien plus. Cependant M. de Meaux travaille sur le livre. Il trouve quantité de mauvaises choses. Les amis de M. de Cambray et luy-mesme ne savent où ils en sont. Il est de plus en plus décrié dans le public. On suppose qu'il a parlé et écrit dans les mesmes sentimens avant et depuis ses emplois et tout son procédé irrite. Il est encore plus mauvais que vous ne pouvez l'imaginer. Il mérite bien que Rome ne laisse pas le livre sans le bien noter. M. de Meaux attend nouvelle de votre audience du Pape[3].

M. l'abbé de Maulévrier[4] voudroit bien qu'on trouvât quelque ajustement en l'affaire de M. de Cambray. Mais cela n'est pas aisé à cause du grand éclat et de la distribution de près de 2000 exemplaires partout. On est bien scandalisé à la cour et à Paris.

p. 7. Cf. *Mercure galant*, nov. 1684, p. 283). Mme de Pont était la sœur de l'évêque de Troyes, François le Bouthillier de Chavigny, qui venait de se démettre en faveur de son neveu Denis-François. Bossuet écrivait le 15 avril à son neveu : « M. l'abbé de Chavigny est nommé à l'évêché de Troyes sur la démission de M. son oncle, qui se retire dans son séminaire et renonce au monde et à Paris, sans lever d'étendard. Mme de Pons est à Paris plus agréable que jamais » (Lachat, t. XXVIII, p. 105, t. XVIX, p. 84 ; Dangeau, t. VI, p. 102).

1. M Levesque a fait remarquer avec raison que l'allusion contenue au début de cette lettre du 22 avril ne se rapportant point à la lettre du 8, « Antoine a dû écrire le 15 une lettre perdue » (*Ibid.*, p. 124).

2. Sans doute une audience donnée par le roi à Fénelon (Note 5 de M. Levesque, *ibid.*, note 3). Il n'est guère possible de préciser l'information à l'aide de la *Relation* de Phelipeaux. Cf. 1re P. p. 222.

3. Lettre de Bossuet à son neveu, 22 avril 1697 (Edit. Lachat, t. XXIX, p. 84. (Note de Levesque, *ibid*, note).

4. Charles Andrault de Maulévrier-Langeron, aumônier du roi, fut mêlé à l'affaire du livre des *Maximes* (Correspondance de Fénelon, t. VII, 438 et *passim*). Note de M. Levesque, *ibid.*, note 5.) Cf. plus haut, p. 75, note 2. Il est possible aujourd'hui de renvoyer à l'excellent ou-

XX

Paris, 29 avril 1697.

M. de Meaux vous instruit de tout ce qui regarde M. de Cambray[1]. Le latin aura bien de la peine à couvrir les défauts du françois. Il me tarde bien que ce qu'on projette de faire en ce pays ici ne soit public[2]. Il y a eu une distribution épouvantable du livre de M. de Cambray. On n'a osé en faire une 2e édition, mais on a continué la première à l'infini, en sorte que tout le royaume en est plein. Il faut bien réparé le scandale qu'il a fait en langue vulgaire. Les soumissions qu'il s'avise de faire après cela au Pape ne répareront point ici le scandale, et je doute que sa fausse monnoie soit bien reçue.

XXI

Paris lundi 28. mai[3] *97*

[[uotre relation de florence et celle de M phelypeaux nous ont fait un tres grand plaisir ie ne sarois uous dire a quel point M. de

vrage de M. l'abbé Delplanque, *Fénelon et la doctrine de l'Amour pour d'après sa correspondance*, p. 45. Il est superflu de dire que M. de Maulevrier n'a jamais été curé de la paroisse de Saint-Sulpice, suivant l'affirmation étrange de M. le chanoine, depuis Mgr Delmont, dans son livre si mêlé : *Autour de Bossuet*. Longtemps je m'étais demandé d'où pouvait venir cette information. Tout simplement, je le crains, d'une lecture trop précipitée de l'édition et en outre de la connaissance imparfaite d'un sujet qui requiert une plus longue et patiente attention que la lecture ou l'analyse des deux volumes de M. Crouslé sur *Fénelon et Bossuet*.

1. Edit. Lachat, t. XXIX, p. 86 (Note de M. Levesque, p. 125, n° 1).
2. S'agit-il du rapport des évêques dont parlera la lettre du 10 juin ou du dessein déjà conçu de retirer le préceptorat à Fénelon.
3. Si la lettre est bien du lundi, c'est le 27 que Antoine aurait dû écrire. Le 28 était le mardi de la Pentecôte, et la lettre de Bossuet, du 26, est du jour même de la fête.

M. j a été sensible et a tout ce que M. le gr[and] duc luj a fait l'honneur de luj écrire sur son chapitre et sur le uotre et il est uraj que rien n'est plus honnete que ce qu'il a fait et ce qu'il mande.]] M. de M. a déia fait les uisites que uous luj aués recommandées a M l'enuoié[1] et a Mad[lle], il a écrit a liyourne (*sic* pour *Livourne*) et a florence [,] il montre uos relations a tous ses amis[2] il les a portées ce soir à uersailles et le roi pourroit bien en auoir sa part si peu qu'il luj fasse beau[3]. Il est fort content des presens que uous aués imaginés pour M. le gr[and] d[uc] et pour la princesse[.] il a déia mis les fers au feu[4] pour faire relier ses liures et auoir les portraits de nos trois princes, uous deués des complimens sur le mariage de mad[emois]elle de Croissi [.] on désarme a brest et a rochefort la plupart de nos vaisseaux uenus de la mediterannée, le P[rince] d'O[ange] est en Hollande, on ne tardera pas a ouurir par tout la campagne [.] on ne laisse pas d'auoir des negocians[5] qui sont aux écoutes sur la paix. il i en a qui croient qu'on l'auroit si nous uoulions relacher luxembourg [.] le roi a un peu la goute depuis qu'il s'est fait seigner et purger[.] uotre tante et uotre frere uous embrassent ils sont chacun en leur espece comme uous les aues laissés [.] is reçois des nouuelles de M Chasot ie lui en donne des uotres M de gergilanguet[6] uous ecrira [.] le reste du monde ua comme il alloit [.] conserués uous bien et que M. phel[ipeaux] en fasse autant.

1. Sans doute l'envoyé de Toscane, le marquis de Salviati. V. *Revue Bossuet*, juillet 1902, p. 133, n. 4.
2. Voir Lachat, t. XXIX, p. 88.
3. C'est-à-dire pour peu que le roi en fournisse l'occasion. Cf. l'expression : *donner beau jeu*, ou simplement : *donner beau* (*Dict. de l'Acad.*, 1694).
4. Mettre les fers au feu : travailler tout de bon à une affaire. *Ibid.*
5. Ce mot semble bien employé au sens de négociateur.
6. Jean-Joseph Languet de Gergy, né le 25 août 1677, à Dijon, ou son frère aîné, Jean-Baptiste, curé de Saint-Sulpice, à Paris, né en 1675. Sa place d'aumônier de la Dauphine avait dû mettre l'aîné en rapport avec Bossuet. Pour les deux frères, du reste, leur qualité de Dijonnais, surtout leur parenté avec Bossuet explique leur nom prononcé ici. (Voir *Bulletin trimestriel des Anciens Elèves de Saint-Sulpice*, 15 février 1900, p. 20. Le procureur général Denis Languet, leur père, était, par les Bretagne, cousin issu de germain de Bossuet.

Les lettres correspondant aux courriers des 6, 13 et 20 mai, a écrit M. Levesque, si jamais elles ont été écrites, manquent à la collection Villenave [1]. Il en est de même de la lettre du 3 juin.

XXII

Paris, 10 juin 1697.

M. de Meaux a une impatience extrême de votre retour, et je souhaite fort que vous vous régliez au plus tard sur le temps du départ de M. le cardinal de Janson. Vous aurez encore des tours à faire en revenant. Il ne faut pas laisser de prendre soin de votre santé et de celle de M. Philipeaux.

Les Prélats n'ont pas encore fini [2]. On veut donner tout le temps à M. de Cambray de revenir. Il ne demande que cela. M. de Meaux ne juge pas qu'il doive presser. C'est au Roi à régler. Cependant les amis de l'auteur qui sont à Rome retarderont de leur côté. On veut profiter du temps. La lettre au Pape sert du moins à cela. Je ne sais pas s'il y gagnera comme il le prétend.

Je vous mande tout afin que vous soyez d'autant plus circonspect sur le chapitre du cardinal [3]. Il y a tant de gens à contenter à Rome qu'il n'y a guères à faire pour les extrêmes.

J'ai toujours oublié de vous mander qu'on a fait à Paris des compliments à M. de Meaux sur la place du conseil qu'avoit M. de Metz [4]. Mais il n'est rien venu de la cour et la place n'est point venue qui feroit toujours honneur par le choix du prince.

---

1. *Revue Bossuet*, p. 125.
2. Il s'agit du rapport que M. de Noailles, Bossuet et l'évêque de Chartres devaient faire au Roi sur le livre des *Maximes*, et qui fut achevé le 17 juin, comme on le voit par la lettre de l'évêque de Meaux à son neveu, du même jour (Édit. Lachat, t. XXIX, 98.) (Note de M. Levesque, *ibid.*, p. 125).
3. Il s'agit du cardinal de Bouillon qui venait d'arriver à Rome (*ibid.*, p. 126).
4. L'abbé Bossuet en avait entendu parler à Rome même avant le 11 juin. Lettre de Bossuet à son neveu, 1ᵉʳ juillet 1697 (t. XXIX, p. 103.) (*Ibid.*) *Revue Bossuet*, juillet 1902, p. 133, V. le texte revisé (Cf. plus bas, p. 106).

Nous avons été bien aise que Sa Sainteté ait nommé le porteur de la lettre[1] dans le Bref, dont il lui plut d'honorer M. de Meaux.

XXIII

17 juin 1697.

Nous avons la lettre de M. de Cambray[2], comme vous avez vu. C'est toujours bien fait d'envoyer. On ne sait pas quand le livre latin viendra. Peut-être est-il fait?

M. de Meaux, étant ici, vous instruira mieux qu'un autre, de ce qu'il faut savoir.

M. de Cambrai met toujours tout en usage par *fas et nefas*, pour éloigner une décision précise et sauver son livre, s'il le peut sans flétrissure. Il dira tout ce qu'on voudra, sous prétexte d'explication, pourvu qu'on évite ce qui peut aller à rétractation, et qu'il demeure intact. Le texte se sauvera avec le temps par des équivoques, et ce ne sera en tout cas que la *partie inférieure* qui aura parlé[3]. Il est sûr pour tout homme de bon sens qu'il y a un venin caché. Il se laisse amuser. M. de Cambray est inépuisable en *faciendes*. Il n'y a que M. de Meaux qui tende à finir.

Les amis de M de Cambray répandent que la doctrine de M. de C. est sans reproche, et s'il y a des expressions qui paroissent fortes, des saints s'en sont servi de pareilles. Cela se répand partout. Mais les impressions que font ces discours s'évanouiront bien vite quand la réponse paroîtra : ce qui ne tardera pas à venir. Cependant le nonce va écrire aujourd'hui et à la huitaine il y aura une lettre du Pape[4].

---

1. « A dilecto filio Abbate Bossueto accepimus », dit ce Bref (*Ibid*)..
2. La lettre de Fénelon au Pape (Cf. lettre de Bossuet à son neveu, du 15 juin 1697, Édit. Lachat, XXIX, 98) (*Ibid.*, n. 4).
3. Allusion à l'expression employée par Fénelon dans le livre des *Maximes* [il fallait ajouter : et désavouée par lui] « La partie inférieure de J.-C. sur la croix ne communiquait pas à la supérieure son trouble involontaire » (*Ibid*, n° 5).
4. *Revue Bossuet*, l. c., p. 126.

XXIV

Paris, 1er juillet 1697[1].

Vos lettres du 11 juin nous ont appris qu'on avait parlé jusqu'à Rome de la place de conseiller d'état pour M. de Meaux. Cependant ce n'est que d'avant-hier que la chose est devenue vraie et que le Roi la lui donna[2].

Le ballot qui contient les quatre portraits pour Florence ont été mis (*sic*) dans un ballot que M. l'Envoyé y envoie, et qu'il adresse à son correspondant à Marseille[3]. Il n'est parti d'ici que du 22 juin. Voila ce que M. Soin nous en a dit[4]. Vous pouvez en donner avis à M. Dupré[5] à qui le ballot des portraits qui ne sont point roulés s'adresse, pour les présenter, ainsi que vous l'avez projeté avec M. Dupré. Je souhaite qu'il fasse plus de diligence que celui des livres.

M. de Cambray se tue (dit-on) à donner des explications, dont personne n'est content que ceux de sa cabale. Les prédicateurs et les curés dans leurs prônes commencent à déclamer contre les nouveautés et les chimères. Le curé de S.-Sulpice et le P. Séraphin[6] en ont déjà fait des leçons. Les choses ne vont ici en lon-

---

1. « Nous n'avons de lettre d'Antoine du 24 juin, dit M. Levesque : à cette date l'évêque de Meaux écrit de Paris à son neveu. Mais par le courrier du 1er juillet, deux lettres partent à l'adresse de l'abbé Bossuet, envoyées de Paris par son père et son oncle » (*Ibid.*, p. 127).

2. Samedi 29 juin. Cf. *Bossuet conseiller d'état ordinaire*, dans la *Revue Bossuet*, 25 juin 1905, p. 3 (Note de M. Levesque, p. 127, n° 1).

3. Voir plus haut, p. 80, n. 1, et 103, n. 1.

4. Sur Clément Souin, l'homme d'affaires de Bossuet, voir mon *Bossuet abbé de Saint-Lucien-lez-Beauvais*. Paris, Retaux, 1898, p. 64, et *Bossuet et Fénelon. L'édition de leur correspondance*. Paris. Leclerc, 1910, p. 63, note.

5. « Dupré, après avoir été résident à Strasbourg, à Genève, en 1680, à Mayence en 1688, à Mantoue, en 1693, vint à Florence près du Grand-Duc de Toscane en 1694 et y demeura jusqu'à sa mort en 1709 » (Note de M. Levesque, p. 127).

6. Le curé de Saint-Sulpice était M. de la Chétardye. Le P. Séraphin était un prédicateur franciscain de renom (Saint-Simon, édit. Boislisle, t. III, p. 78 (Note de M. Levesque, *ibid.*, n° 3). Sur le P. Séraphin et

gueur que pour donner le temps à M. de Cambray de se reconnoître. Mais il n'en fera rien. Tout se tourne de plus en plus contre luy.

Je ne vous parle point de ce que le Nonce a dit à M. de Meaux ; qu'il avoit écrit au Pape. Il vous le mande avec sa réserve ordinaire. Le second Livre qu'il a promis de donner est prêt [1] et sera plus beau que celuy qui fait tant de bruit.

XXV

Paris, 8 juillet 1697.

M. de Meaux prêta le serment et prit place mercredi [2]. Tout le conseil, toute la cour et tout Paris en ont témoigné de la joie.

Il avoit dit dans une rencontre à M. de Cambray qu'il luy devoit un compliment là-dessus. Il le vint faire en effet chez luy à Versailles. Je m'y trouvay avec un ou deux autres. Le compliment fut succinct, et la visite courte, mais honnête. M. de Meaux a été le chercher, mais ne le trouva pas.

A peine nous sommes-nous parlé depuis, mon frère et moy, à cause du grand nombre de visites qu'il a à recevoir et à rendre, et qu'il est déjà retourné à Versailles.

Hier, comme il partoit, il reçut un avis de M. l'archevêque que M. de Cambray luy avoit envoyé quelque nouvel éclaircissement. On verra bientôt ce que c'est. Il est temps de parler, car M. de C. tire cependant de grands avantages du silence des autres.

Il semble que vous ne demeuriez exprès que pour l'affaire de M. de Meaux. Enfin le monde a les yeux sur vous et les amis de M. de Meaux en disent ce qui leur plaît.

M. de Cambray ne cherche qu'à gagner du temps et cette lenteur est pour luy, quoi qu'on en dise. Le P. de la Chaise roule à

---

sa méthode facile de prédication à la capucine, ainsi que sur ses apostrophes à Fénelon encore abbé, accusé publiquement de dormir au sermon, voir mon *Histoire critique de la Prédication de Bourdaloue*, t. II, p. 842.

1. « *Instruction sur les états d'oraison*, second traité, p. XII-XV » (Levesque, *ibid.*, note 5.)

2. *Revue Bossuet*, 25 juin 1905, p. 3 (Levesque, *ibid.*, p. 127, n. 7).

l'ordinaire ; il a essayé ce que je vous ai mandé. Mais on ne voit point de suites.

Il court dans tout Paris des copies des lettres que M. de la Trappe et M. le C¹ Le Camus ont écrites à M. de Meaux [1] et un extrait de celle où vous luy rendez compte de votre audience du Pape [2].

XXVI

15 juillet 1697.

M. de Meaux vous écrit sans doute [3] qu'on verra bientôt une fin à l'affaire de M. de Cambray. Sans cette espérance on seroit allé plus vite. Voici la copie des lettres de M. l'abbé de la Trappe et un extrait de celle du Card¹ le Camus.

La réputation de M. de Meaux augmente de jour en jour. On ne doute point qu'il ne soit premier aumônier. On dit que M. de Cambray a fait voir qu'il n'étoit ni théologien, ni bon philosophe. Ses amis n'en rabattent rien du génie supérieur [4].

1. Lettre du mois de mars, et du 14 avril 1697 (Lachat, XXIX, 67, 75). Selon Ledieu, la lettre qui circulait était adressée par le cardinal Le Camus au curé de Saint-Jacques-du-Haut-Pas (Lachat, XXIX, 72). (Levesque, p. 128, n. 1 et 2). Sur l'autographe de Rancé la signature est ajoutée de la main de Bossuet.

2. Cet extrait ne pouvait courir que par suite du soin qu'avaient pris de le divulguer, soit le destinataire, soit l'auteur de la lettre, sinon l'un et l'autre.

3. Il écrivit en effet de Marly ce même jour (Lachat, XXIX, 113) (Levesque, *ibid.*, n. 3).

4. « Dans les *Mémoires* de Languet sur Mme de Maintenon, publiés en 1863, on lit cette curieuse appréciation de Fénelon comme théologien : « M. l'abbé de Fénelon avec tout l'esprit imaginable et tous les talens que la nature peut donner, manquait de théologie. Il avait négligé les études scolastiques de Sorbonne ; même il en avait conçu des mépris et s'en expliquait assez librement. Il reconnut dans la suite combien elles étaient nécessaires et il tâcha de réparer en lui ce défaut. Mais alors la philosophie, les belles lettres, l'éloquence, la métaphysique et les livres de piété avaient épuisé toute son application » (*Ibid.*, n. 4). J'ai dit plus haut, p. 98, n. 1, quel plaisant effet ces jugements, sous la plume d'Antoine surtout, produisent sur quiconque a suivi d'un peu près les discussions si serrées de Fénelon dans ses mandements contre le jansé-

XXVII

22 juillet 1697.

Je voudrois bien que les deux élections de Pologne manquassent [1]. Le Nonce de ce pays se moque d'autoriser une abjuration de l'électeur.

M. de Cambray fera peut-être à la fin comme luy. Il abjurera son livre d'aussi bonne foi que l'Electeur fait sa religion [2].

XXVIII

29 juillet 1697.

Le roy a écrit fortement au pape [3] et a parlé de même au Nonce, qui a fait la même chose. La lettre du Roy est adressée au cardinal de Bouillon. Il suffit que vous soyez instruit, sans rien témoigner. On remet à la huitaine de donner au Nonce l'écrit des Prélats pour le Pape. C'est M. de Noailles qui est cause de tant de remise. La cour s'en aperçoit. M. de Cambray aura bientôt une lettre pour se retirer M. de Meaux est circonspect [4]. Il est bien avec le Nonce qui voit la considération où il est partout.

Nous allons à la St Etienne entendre prêcher l'abbé Poncet [5], et revenir lundi. Il pourra arriver que vous aurez ordre de demeurer quelque temps où vous êtes [6].

---

nisme. Il faut donc croire qu'il avait réussi dans ses efforts pour « réparer » son défaut de théologie » !

1. Lettre de l'évêque de Meaux à son neveu, du 22 juillet. Lachat, t. XXIX, 116 (Note de M. Levesque, p. 129, n. 1).

2. *Revue Bossuet*, ibid., p. 129. Cf. plus bas, p. 122, n. 5.

3. La lettre du roi est écrite d'après le *Mémoire* rédigé par Bossuet, conseiller d'État (*Revue Bossuet*, 25 juin, 1905, p. 4-6). Levesque, l. c ; n. 2.

4. Malgré la circonspection de Bossuet, il n'est pas difficile de deviner comment Antoine est si bien informé de la future disgrâce de Fénelon.

5. Michel Poncet de La Rivière, prédicateur du roi, nommé en 1706 à l'évêché d'Angers (Levesque, *ibid.*, n. 3).

6. C'est le premier indice, dans la correspondance d'Antoine, de l'ordre

XXIX

Paris, 5 août 1697.

M. de Meaux m'a dit ce que vous lui mandez. Les trois évêques ne signèrent qu'aujourd'hui leurs Mémoires pour Rome [1]. On ne les remettra au Nonce que pour les envoyer à la huitaine. Cependant on assure que M. de Cambray est parti pour Flandres. Il avoit demandé la permission d'aller à Rome ; on ne l'a pas jugé à propos.

M. de Cambray est enragé contre M. de Meaux qui est d'une modération sans pareille. Il écrira le tout avec certitude.

Nous avons été à la St Etienne : c'est l'abbé Poncet qui nous a presché et qui a fort bien fait.

Je vous envoie la lettre, etc.

J'ai couché à Meaux dans l'appartement de M. Phelipeaux, que j'ai cru qui le voudroit bien et que je salue de tout mon cœur. Nous vous envoyons 8 exemplaires de la 2e édition [2].

XXX [3]

Paris 12 aoust 97.

J'ay reçu uotre lettre du 27 juillet [:] si M. le Card. de Janson trouue les portraits en passant a florence il en sera content, la gazette de Hollande dit que le Pape a reserué des chappeaux pour le roi Jaques [,] la pologne et la Sauoie, on ne le croit pas [.] je garde touiours Telai cocher il n'en uaut pas mieux de ne rien

---

que devait bientôt recevoir l'abbé Bossuet de demeurer à Rome comme agent officiel de son oncle. Cf. plus haut, p. 93 et suiv., et plus bas p. 111.

1. La *Déclaration des trois Évêques* ne fut signée que le 6 (Lachat, XXIX, 126, XIX, 507 (Levesque, l. c., p. 129, n. 1.)

2. « La 2e édition des États d'oraison, achevée le 25 mai 1697 ». *Ibid.*, p. 130.

3. L'autographe est à la bibliothèque du séminaire de Saint-Sulpice. L, a. n. s., 195 sur 134 millimètres.

faire, ie ne scai ce qu'on a donné au laquais ni ce qu'il est deuenu, il se retrouuera peut etre quand uous serés icj [,] En cet endroit je reçois uotre lettre que M. de M. qui reuient de Versailles m'apporte, du 3 de ce mois [[*Il vous mandera que le roi trouue fort bon que l'abbé Bossuet demeure à Rome pendant l'affaire de M. de Cambrai* [.] il doit si bien *faire qu'on ne puisse se douter de rien. le cardinal de Bouillon* ni aucun autre suivant ce que (*j'ai écrit*) il j a quinze jours ; *nous disons de notre côté que l'abbé ne se presse pas* [.] a ce qu'on voit par les *lettres que M. de Cambrai a écrit et qu'on vous* enuoie, *la Cour* en est fort scandalisé [e] *C'est d'un esprit dangereux et artificieux qui se prepare a tout euenement et ne cherche qu'a jeter de la poudre aux yeux des innocens* [.] Si (*j'étais*) *Pape J*en serois plus fâché *que du livre. Il* fait l'important et se mocque de [*Rome et de Paris*]][1] la famille se porte à l'ordinaire ma sœur est guerie de son heresipelle.

A Monsieur
Monsieur l'abbé bossuet
a Rome

La lettre de Bossuet, de la même date signale aussi la promotion des cardinaux. Après avoir parlé de la déception du nonce qui s'attendait à être nommé, Bossuet continue : « Il a eu une audience sur les chapeaux ; il y a été parlé de Pologne. » La possibilité d'obtenir le chapeau, sinon par la cour de France, ce dont, comme nous le verrons, désespérait l'entourage de Bossuet, au moins par l'entremise du roi Jacques II, ou par la Savoie, à cause de la duchesse de Bourgogne, explique l'intérêt que prenait Antoine aux promotions citées par sa lettre. Au reste, Bossuet désirait qu'on ne fît aucune démarche. Dès le 1er juillet. Il avait écrit à son neveu :

---

1. Cette partie de la lettre est à peu près entièrement en chiffres. On a mis en italique les mots traduits et entre parenthèses ceux qu'il a fallu modifier. Ainsi on lit dans l'original : « suivant qu'Antoine a écrit... Si Antoine était Pape, j'en serois, etc... » en est fort scandalisé » (V. Lachat, t. XXX, p. 590).

Le roi est fort content de moi : Madame de Maintenon est toujours de même, et je suis très bien auprès d'elle. Le nonce m'a dit très fortement qu'il me falloit faire cardinal et m'envoyer à Rome : quelques autres personnes parlent ici de la même manière... Nous espérons toujours votre retour au plus tôt : ne faites aucun mouvement pour moi au sujet du cardinalat [1].

D'ailleurs, il n'y comptait pas beaucoup, s'il en faut croire sa lettre, écrite de Marly quinze jours après :

Ni M. de Reims ni moi ne l'emporterons sur l'archevêque de Paris, dont la famille [2]... Ce n'est pas à moi qu'il convient de se donner du mouvement. Ma vraie grandeur est de soutenir mon caractère, d'édifier et de servir l'Église, etc. La parabole de saint Luc, XIV, 12 [3] est ma leçon. Je ne dois être ni remuant ni insensible

1. Lachat, t. XXIX, p. 104.
2. Les points de suspension sont dans l'autographe même de Bossuet revisé par Lachat (*ibid.*, p. 114), et la réticence est éloquente : on peut traduire : dont la famille (de Noailles) est appuyée en si haut lieu. Cependant malgré l'appui de Mme de Maintenon, ce ne fut que trois ans après, 21 juin 1700, que l'archevêque de Paris devint cardinal. En 1697, l'évêque d'Orléans, Pierre du Cambout de Coislin fut créé cardinal le 22 juillet. La lettre de Bossuet, du 5 août annonce la nouvelle (*Ibid.*, p. 123).
3. *Dicebat autem ei qui se invitaverat : Cum facis prandium aut caenam, noli vocare amicos tuos et divites : ne forte te et ipsi reinvitent et fiat tibi retributio.* C'est apparemment au verset 14 que voulait renvoyer Bossuet et aux mots : *retribuetur enim tibi in resurrectione iustorum*, texte qu'il invoque lorsqu'il explique à ses amis comment il ne veut pas faire de démarche. Ainsi relativement aux faveurs que laissait vacantes la mort de l'évêque de Metz, dont la place au grand conseil échut à Bossuet sans qu'il l'eût demandée (Lachat, t. XXIX, 1er juillet p. 103), Bossuet écrivait à l'évêque de Mirepoix : « M. de Metz est mort : on donne son évêché à M. l'abbé d'Auvergne, le cordon à M. de Paris, la charge de conseiller d'État à qui vous voudrez : je ne demanderai rien. *Retribuetur tibi in resurrectione iustorum* » (*Ibid.*, 18 mai p. 91). Le 4 mai 1698, il écrit à son neveu, faisant allusion à l'écrit qui devait paraître après sa mort sous le titre de *Justification des Réflexions morales* ; « Il n'est pas vrai, comme on l'a dit, que j'ai fait supprimer un ouvrage contre le *Problème*. Je vois bien ce qu'on veut dire. On a déguisé une vieille affaire de trois ans et qui n'étoit rien. Si l'on savoit tout, on verroit que je sers l'Église dans les choses qu'on ne sait pas, plus que dans celles qu'on sait. Cela soit dit

Cette attitude, plus humaine et plus vraie qu'une indifférence toujours suspecte d'affectation, est assez honorable à Bossuet pour qu'on regrette de ne la voir point partagée par les siens. Nous trouverons dans les lettres de son frère et de son neveu, à propos d'une nouvelle promotion espérée l'année suivante, les mesquines préoccupations auxquelles l'évêque de Meaux avait la grandeur de résister.

La lettre de Bossuet qui, nous l'avons vu, autorise l'abbé à séjourner à Rome, lui annonce le prochain départ de l'abbé de Chantérac et d'un autre agent de Fénelon dont le nom n'était pas encore connu (l'abbé de La Templerie)[1]. On voit donc que Bossuet avait une forte avance par rapport à l'archevêque de Cambrai, sur ce terrain des négociations à Rome, où les envoyés des deux prélats devaient intriguer à l'envi [2].

Le même jour, l'évêque de Meaux annonçait à l'abbé que Fénelon, dont il avait signalé, au courrier précédent, le retour dans son diocèse, par ordre du roi, allait utiliser cette situation ; il donnait donc à son neveu la conduite à suivre :

M. de Cambray a répandu une lettre sur sa retraite forcée qui lui prépare des apologies et des évasions. Il ne songe qu'à se donner un air plaintif et opprimé. Vous ne manquerez pas de bien remarquer les excuses qu'il se prépare, si on le condamne... Tout le monde trouve ces manières étranges et préparatoires au schisme. L'auteur en témoigne toutes les dispositions et rien ne l'en sau-

---

entre nous et pour nous seuls : *Retribuetur vobis in resurrectione iustorum* » (Lachat, t. XXX, p. 411).

1. Louis Guezet de la Templerie, prêtre du diocèse de Coutances, était depuis quinze ans dans le diocèse de Cambrai, y exerçant les fonctions de curé, quand Fénelon le choisit pour accompagner l'abbé de Chantérac à Rome. A son retour, il fut nommé chanoine titulaire de la cathédrale de Cambrai (*Lettres de Louis XIV au cardinal de Bouillon*, publiées par l'abbé V. Verlaque. *Mélanges historiques*, t. IV, p. 714, note 4).

2. Fénelon, *Correspondance*. Paris, Ferra. 1828, t. VIII, p. 50, 25 septembre 1697. Fénelon à Chantérac.

GRISELLE.

vera que de se voir, comme il sera, entièrement destitué de sectateurs[1]...

Ainsi les deux lettres du 12 août 1697, celle de Bossuet et celle de son frère, sont en plein accord. Est-il téméraire de se demander si ce « scandale » de la cour, cette opinion qui trouve « étranges et *préparatoires au schisme* » les manières de Fénelon, étaient bien le fait de « tout le monde »? Sourches, témoin peu passionné, semble nous donner la vraie note. Voici ses réflexions écrites le 6 août, après le départ de Fénelon et sa lettre au duc de Beauvillier à laquelle se rapporte le jugement des deux frères, vraiment ici juges et parties :

Le 6, on parloit beaucoup à la cour et à la ville du départ de l'archevêque de Cambrai pour son diocèse, et tout le monde vouloit qu'il fût disgracié, jusque-là qu'on disoit ouvertement que l'on détendoit son appartement de Versailles, mais la vérité étoit qu'il avoit demandé congé au Roi pour aller à Rome y soutenir son livre, et que le Roi le lui ayant refusé, il avoit pris le parti de s'en aller à Cambrai et d'envoyer son livre à Rome suivant la permission que le Roi lui en avoit accordée. Jamais affaire n'avoit fait autant de bruit que celle-là. L'évêque de Meaux, l'évêque de Chartres et l'archevêque de Paris avoient levé l'étendard contre l'archevêque de Cambrai ; une grande partie de la Sorbonne étoit contre lui ; d'un autre côté, il avoit pour lui tout le corps des Jésuites, celui des Cordeliers, celui des Jacobins et une grande partie des prêtres de l'Oratoire. Il se mêloit à cela beaucoup d'intrigues de la cour. Mais les plus sages étoient ceux qui ne se mêloient de rien, qui gémissoient devant Dieu de voir la division qui étoit entre de si grands prélats, et qui pourtant n'en n'étaient point *scandalisés*, sachant bien que cela n'était pas nouveau dans l'Église de Dieu, et qu'on y avoit autrefois vu une guerre pareille entre saint Epiphane et saint Jean Chrysostome[2].

1. Lachat, t. XXIX, p. 126.
2. Sourches, p. 320. Cf. dans mon *Histoire critique de la prédication de Bourdaloue*, t. II, p. 850, note 2, d'autres témoignages contemporains

On voit qu'aux yeux de Sourches, et sans doute de la majorité des courtisans, l'éclat du P. de La Rue, à son sermon du 25 mars, n'avait pas suffi à séparer la cause de Fénelon de celle des Jésuites. Il avait cependant noté l'incident, lui aussi :

> Ce jour-là, avait-il écrit, le P. de La Rue, jésuite, qui prêchoit le carême devant le Roi, parla fortement contre la doctrine des nouveaux mystiques, et l'on sut que tous les jésuites qui prêchoient dans les églises de Paris en avoient fait autant [1].

Il n'est pas très exact de mettre du parti de Fénelon tous les Cordeliers [2], malgré le mécontentement du P. Diaz, promoteur de la cause de la V. Marie d'Agréda, entravée et combattue par Bossuet [3], ni surtout les Jacobins, dont le général, le P. Cloche, était à Rome un des plus fermes appuis de l'abbé Bossuet [4]. Nombre d'Oratoriens aussi se séparaient avec éclat de Fénelon et témoignaient en faveur de Bossuet. On sait toutefois qu'un des alliés de Bossuet, l'archevêque de Reims, par sa campagne contre les « réguliers », devait indisposer beaucoup d'ordres et devenir un allié compromettant. Les intrigues et les questions de personnes qui compliquent cette affaire du Quiétisme, n'étaient donc pas seulement des intrigues de cour.

La note du marquis de Sourches est assez d'accord avec la déclaration envoyée de Cambrai au nonce par Fénelon, le 16 août, pour mériter quelque attention [5]. Il est plus commode et plus court de s'en référer à quelqu'un des

---

qui montrent l'opinion moins unanime que ne tend à faire croire la lecture de la seule correspondance de Bossuet.

1. Sourches, p. 255. Cf. Henri Chérot, *Autour de Bossuet*, p. 32.
2. Sourches généralise ici sans doute pour les Jésuites, comme pour les autres ordres.
3. Voir le pamphlet contre Bossuet publié par *Documents d'histoire*, juin 1910, p. 223 à 231.
4. Voir plus haut, p. 83.
5. *Correspondance de Fénelon*, t. VIII, p. 16.

nombreux ouvrages écrits sur la querelle du Quiétisme, que de prendre la peine de lire parallèlement les lettres et les ouvrages des deux rivaux. C'est cependant une des conditions de l'équité.

Nul ne contestera, à la lecture des lettres de Bossuet et de son frère, vivant reflet de leurs conversations, que Fénelon ait eu le droit d'écrire :

> M. de Meaux dit partout que mon livre est bien plus mauvais que ce que je dis, et que ce que je pense est encore bien plus mauvais que mon livre. Il dit que je suis un hérétique caché, qui dissimule pour couvrir son venin. Voilà les discours d'un prélat fort accrédité, qui fait le tendre et le compatissant pour moi [1]...
>
> Il faut, dit encore l'archevêque dans la même lettre, que j'aie été un visionnaire et un fanatique, de peur que M. de Meaux ne paroisse avoir eu trop de vivacité et de précipitation. Mais il ne réalisera jamais ce qui n'est rien ; il ne parviendra point à me faire hérétique malgré moi.

A plusieurs reprises, Fénelon se plaint, et c'était son droit, des interprétations données à sa lettre du 5 août.

> Ils disent, écrit-il le 1er septembre au duc de Beauvillier, que je ne veux pas me soumettre au Pape, parce que je dis que je veux lui demander les endroits de mon livre qui sont mauvais... Ai-je tort de souhaiter que si le Pape trouve dans mon livre quelque proposition qui ne soit pas assez correcte, il ait la bonté de la marquer en la condamnant, afin qu'on ne puisse pas faire tomber malignement la condamnation sur tout le reste de mon livre et me faire passer pour un homme qui a enseigné les impiétés horribles du Quiétisme [2] ?

Dans sa lettre du surlendemain, il écrit à l'abbé de Chantérac, parlant des Lettres pastorales alors en projet.

---

1. *Correspondance de Fénelon*, t. VIII, p. 21. Lettre du 16 août à l'abbé Quinot, qui s'était entremis près de l'évêque de Chartres.
2. *Ibid.*, p. 30.

Tâchez de faire agréer à Rome ces sortes d'instructions pour lever le scandale, en attendant la décision du Pape. Ces justifications de mon livre ne sont pas destinées à le défendre si le Pape le veut censurer, car j'y déclare que je le condamnerai aussi en ce cas ; mais elles peuvent servir à empêcher que tout le monde ne m'impute toutes les horreurs du Quiétisme, que mes confrères laissent entendre que je veux établir, quoique dans la vérité personne ne les ait condamnées plus rigoureusement que moi, et n'en ait plus d'horreur [1].

Ces accusations de fauteur d'hérésie, que Fénelon appelle une « équivoque grossière [2] », ne laissaient pas de faire leur effet dans le propre diocèse de Fénelon. Nous en avons pour garant Bossuet lui-même. Parlant des lettres de Fénelon (celle du 3 août) et de l'abbé de Chantérac (du mois de mars 1697) dans lesquelles il croit voir un moyen perfide d'intimider Rome, il écrit :

Prenez le contrepied et montrez que, quoi qu'on fasse, il n'y a rien à craindre d'un homme qui ne peut rien. Il est regardé dans son diocèse comme un hérétique, et dès qu'on verra quelque chose de Rome, dans Cambray surtout et dans les Pays-Bas, tout sera soulevé contre lui [3].

C'est le devoir et le droit de l'histoire de constater que Fénelon n'exagérait rien dans ses plaintes, et qu'il y avait lieu pour lui « d'empêcher que *son* troupeau ne *fût* scandalisé contre *lui* [4] ».

On voit donc qu'à cette époque, la lutte est engagée à fond, et c'est ce qui rend plus regrettables les lacunes de la correspondance d'Antoine avec son fils. Il en manquait

---

1. *Correspondance de Fénelon*, t. VIII, p. 34. 3 sept. à Chantérac.
2. Lettre à l'abbé de Chantérac, 18 sept. (*Correspondance*, t. VIII, p. 48).
3. Bossuet, lettre à son neveu, 2 septembre (Lachat, t. XXIX, p. 143).
4. Fénelon, *Correspondance*, ibid.

deux jusqu'au premier ordinaire de septembre et on a retrouvé, en effet, les extraits des lettres du 26 et du 29 août.

XXXI

Paris, 26 août 1697.

Voici une dépesche importante de M. de Meaux. M. de Meaux n'a pas encore voulu qu'on ait fait courir la Réponse à la lettre de M. de Cambray. On le fera peut-être ouvertement. Il est ennemi du moindre mystère [1].

XXXII

Paris, 29 août 1697.

M. de M. est allé passé la Nostre Dame dans son diocèse. Il demeurera une quinzaine à Germini.

Depuis le départ de M. de Cambray et les Mémoires envoyés à Rome, on parle moins du quiétisme. C'est de votre côté que nous doivent venir les nouvelles.

On dit que Rome a prononcé si favorablement pour les opinions du défunt cardinal Sfondrate que les amis de M. de Cambray n'en espèrent pas moins pour les siennes et que l'on ne l'ira pas condamner pour des opinions trop subtiles qu'il est prêt d'expliquer. M. de Meaux a d'amples Mémoires. L'archevêque de Paris doit publier une ordonnance contre le livre en attendant Rome, à ce qu'on dit. Il y a bien des Dames de la cour qui sont allées à Gaillon, aux bains et ailleurs. Le Roy est le mesme [2].

Aux mêmes dates, Bossuet continuait ses instructions à son neveu :

---

1. *Revue Bossuet*, l. c., p. 180. La conclusion est jolie, et l'on pourrait ajouter : même lorsqu'il publiait des réponses anonymes comme la *Lettre d'un docteur en théologie*, etc. Cf. plus bas, p. 125, n. 4.

2. *Ibid.*, p. 180.

Il n'est plus question, lui écrit-il dans la seconde, de ménager autrement M. de Cambray qu'en n'en parlant qu'autant qu'il sera nécessaire. Vous aurez... à me préparer une favorable attention sur tout ce que je pourrai envoyer par rapport aux dispositions de deçà. Insinuez à qui et quand vous le jugerez à propos, qu'il sera utile de deçà, pour y préparer la voie à la décision, de faire paroître des écrits forts, où l'on instruise le peuple de l'importance de la chose, toujours en marquant le respect convenable au Saint-Siège et l'attente de son jugement. Surtout il faudra faire voir que ce n'est point une pointille de dispute théologique, mais d'une erreur qui iroit, comme celle de Molinos, qui n'y est que déguisée, à la subversion du culte [1].

Bossuet, qui savait par expérience avec quelle rapidité Fénelon répondait aux écrits, mais qui surtout craignait que l'effet de l'appel au Saint-Siège, signé le samedi 4 août chez le nonce par l'archevêque avant sa retraite à Cambrai, ne fît imposer silence aux deux partis (il s'en montre souvent préoccupé), songe à faire agréer ses écrits futurs. Il n'en protestera pas moins qu'il ne publie rien que pour « répondre » à Fénelon. Convaincu comme il l'était qu'il y « allait de la religion », et peu sûr de l'attitude du Pape, dont il avait écrit, peu de temps auparavant : « Je crains que la tête du Pape ne soit pas trop bonne [2] », il éprouvait le besoin de préparer la voie à la décision. C'est le rôle des écrits qu'il annonce à son neveu dans ses lettres du 18 et du 26 août, soucieux aussi de diriger celui-ci dans la conduite à tenir vis-à-vis de l'abbé de Chantérac, de divers cardinaux, du cardinal de Bouillon en particulier, auquel il ne devra guère « faire confidence », sinon des choses « qui doivent nécessairement venir à sa connaissance [3] ».

L'évêque devait avoir bientôt lieu de se rassurer en apprenant par les lettres de son neveu que celui-ci se mouvait

---

1. Lachat, t. XXIX, 139. — 2. Lettre du 5 août, *ibid.*, p. 125.
3. Lettre du 26 août, p. 139.

à l'aise dans les intrigues et montrait un esprit très délié.

C'est bien l'opinion du récent biographe du futur évêque de Troyes. « L'abbé Bossuet, écrit M. E. Jovy, dans ce milieu ecclésiastique italien, semble s'être montré très remuant, très souple, très habile... Il déploie un sens politique très fin, une science théologique très alerte[1]. » Cependant, à ne juger l'abbé Bossuet que par sa correspondance, et même toute abstraction faite de son jansénisme, je crois devoir, sans le noircir autant que le cardinal de Bausset, lui laisser ce titre de « petit neveu d'un grand homme », dont l'a si bien marqué Joseph de Maistre. L'abbé Bossuet pouvait du reste aller de l'avant, sûr que son oncle était appuyé en haut lieu :

Vous pouvez croire, lui écrit Bossuet, que je ne fais rien sans la participation de la Cour. Dans la place où se trouve M. l'archevêque de Reims, vous voyez qu'on est obligé de le mettre dans notre concert[2].

Ces derniers mots en insinuent beaucoup, et ce devait être à regret que, à cause de sa place, Maurice Le Tellier, qui de tout temps jalousa Bossuet, était tenu au courant des négociations. Ce ne serait pas une raison cependant pour dédaigner les fragments inédits des lettres autographes de ce prélat à l'abbé Bossuet, dont il a été parlé[3]. Nous ne pouvons guère ici que les mentionner[4].

---

1. Cf. Ernest Jovy, dans sa *Biographie inédite de Jacques-Bénigne Bossuet, évêque de Troyes*. Vitry, Tavernier, 1901.
2. Lachat, *ibid.*, p. 139, de Juilly, 26 août. — 3. Cf. plus haut, p. 40.
4. Celle du 26 août 1697 n'est qu'incomplètement inédite. Le début, une page de la lettre originale, parce qu'il concernait l'affaire du Quiétisme, avait été imprimé par Deforis, qui avait eu soin d'omettre les nouvelles du temps qui forment la majeure partie de la lettre. Est-ce parce que l'extrait conservé ainsi (sans porter cependant comme d'autres fragments le titre *Extrait*) a semblé insignifiant aux éditeurs suivants, qu'on le cherche vainement, du moins à sa place, dans les éditions Lebel et Lachat ?

Les lettres de l'archevêque, qui contiennent peu de chose sur le Quiétisme, montrent seulement que Le Tellier omettait volontiers les occasions d'écrire à son agent de Rome, Dom Estiennot; elles ont l'avantage de suppléer, pour les petites nouvelles du temps, à l'absence de la lettre d'Antoine. Celle de Bossuet du 26 août, tout entière aux instructions à donner à son neveu, n'en contient aucune. Nous en retrouvons dans le billet daté du 2 septembre, envoyé à l'abbé par son père :

XXXIII

Paris 2 Sept. 97.

J'enuoié à Meaux la lettre que uous m'aués écrite par le courier de M. le card. de bouillon aussi tot que ie l'eu receüe, uoici le paquet qu'il[1] uient de m'enuoier. Il ne reuiendra que trois ou quatre iours aprez la notre dame, M. le Card. de Janson est attendu le 5. J'aurai l'honneur de le voir aussi tot pour lui faire les compliments de M. de M. et les miens sur les obligations que uous lui aués, ce qu'il y a icy de nouueau est que M. le P[rince] de Conty sur des nouuelles uenues de pologne doit estre parti ce soir pour j aller par dunkerque, ses gentilshommes et ses officiers partirent des hier en poste, le Cheuallier de Silleri[2] en est un qui en partant a déclaré son mariage auec Mlle bigot fait il y a enuiron un an [.] on tient la paix arretée et que Luxembourg et Strasbourg nous demeurent mais que nous rendons bien des places.

Au milieu de ces grandes nouuelles uous iugés bien qu'on laisse le quiétisme a repos, c'est a vous a faire son deuoir, l'enuoié sera bien tot (M. Phelipeaux n'est iamais entendu etre excepté d'aucun secret nous le regardons comme un ami tres capable d'aider par

---

1. *Il* c'est Bossuet, évidemment ; sa lettre du 2 septembre est datée de Germigny, mais il ne demeura guère à Meaux après la fête, car la lettre suivante à son neveu, du 9, est écrite de Paris.

2. Sur le chevalier de Sillery, v. *Saint-Simon*, t. I, p. 246, n. 3, t. IV, p. 195.

sa doctrine et par son conseil). Il court un bruit qu'on vendra toutes les charges de la maison de la princesse et que cela peut aller a quatre millions ¹, on dit aussi que le roi y repugne, nous uerrons qui l'emportera, M. de M. cependant se tranquillise ² a germini [;] M. Chasot est auec lui pour receuoir la grande et la petite abbesse de Soissons qui doiuent aller aussi s'y tranquilliser. M. de Reims i a eté deux iours, mad. la Chanceliere sa mere se meurt ³, ma sœur et votre frere uous embrassent. ie salue M. phelypeaux, galeran ⁴ s'en retourne auec la cour de pologne, on dit que M. l'electeur de Saxe commerce plus qu'on ne ueut et que sa maitresse qui ne le quitte point est meilleure catholique que mad. l'Electrice, cette affaire la peut aller assés loin ⁵.

           Monsieur
        Monsieur l'abbé
           Bossuet
            a Rome

---

1. Bossuet parle de ce projet dans la lettre du 2 : « On dit qu'on vendra toutes les charges de la maison de Mme de Bourgogne, et que celle de premier aumônier sera de 120 000 livres que je ne donnerai pas « (Lachat, t. XXIX, p. 142). Le 16, rien n'était fait encore, et il écrit de Paris : « Je revins samedi de Marli où il ne se fit rien pour les charges de la maison de la princesse. Je retourne demain à Versailles. »

2. *Tranquilliser (se)*, au sens de prendre son repos à la campagne, n'est pas admis dans le *Dictionnaire de l'Académie* de 1694. On y lit : « Tranquilliser, v. a. Rendre tranquille. Il n'a proprement d'usage qu'en parlant des humeurs du corps. Ce remède là est propre pour tranquilliser les humeurs, tranquilliser les esprits. »

3. La chancelière était Anne Turpin, veuve de Michel Le Tellier.

4. Sur Galleran, voir plus haut, p. 66, note 1 : *Saint-Simon*, t. IV, p. 186 et 489.

5. La conversion de l'électeur de Saxe, Frédéric-Auguste, semblait suspecte à Bossuet : « La conversion de M. l'électeur de Saxe, écrit-il au 22 juillet, paroît être une illusion. On dit néanmoins qu'il est appuyé du pape et que le nonce est déclaré contre nous... » (Lachat, t. XXIX, p. 116). Cf. dans *Saint-Simon*, t. IV, p. 188, les détails sur l'acharnement de l'électrice « zélée protestante », qui fit tout pour empêcher l'abjuration de son mari. — Christine-Eberhardine, fille aînée du margrave de Brandebourg-Barvith, née le 29 décembre 1671, avait épousé l'électeur de Saxe, le 22 janvier 1693 (*Ibid.*, note 1). Cf. *Appendice*, t. IX, p. 488, note 3, p. 491 et 499 où est citée la formule d'abjuration.

La lettre du 9 manquait. Elle vient d'être retrouvée à Reims. En effet les dernières et très heureuses découvertes faites à Reims par M. l'abbé Ch. Urbain, grâce au catalogue de la collection Tarbé[1], nous ont procuré quatre lettres d'Antoine Bossuet, dont il a eu l'obligeance de me réserver la primeur. Ces autographes inédits qu'il a transcrits conformément à l'original, conprennent la lettre qu'on va lire, et les trois dernières en date du frère de Bossuet, précédant de si près son décès. Rien ne saurait donc plus opportunément enrichir notre étude que cette contribution inédite, et je ne puis trop remercier, sans surprise d'ailleurs, mon excellent ami de compléter les recherches entreprises sur la curieuse correspondance d'Antoine Bossuet avec son fils.

XXXIV

P[aris] 9 sept. [16]97

M. le card. de Jansson arriua auant hier au soir en bonne santé, il a fait dire qu'on ne le uoioit pas, il a sû que ie l'ai cherché mais ie ne l'ai pas vû. Il fut hier dez le matin chez M. de la uieuille chez M. le card. d'estrée chez M. de Reims qui le mena l'apres diné à versailles et qui lui aura dit les dilligences que que i'ai fait pour M. de M[eaux] et pour moy afin de lui temoigner notre reconnessance, ie cherché tout de suitte M. l'abbé de la uieuille et l'aiant manqué ie uis M. son frere qui me dit de uos nouuelles et qu'il ne manqueroit pas d'entretenir M. de M. aussi tot qu'il seroit à paris. 3 (il) dit qu'il n'i auroit point de f (censure) 61 (contre) 55 (le livre) de 9 (M. de Cambrai mais 8 (qu'on) Z 13 (le) mettroit à l'index apparemment. 63 (M. de Meaux) arriue. 3 (il) 1 (vous) marque 8 (qu') il n'a pas reçu le nouueau chif. (chiffre) 18 (M. de Meaux) en est embarrassé ne pouuant entendre en p (la lettre) du 20 (P. de la Chaise). En attendant Z (on) se seruira de l'antien.

---

1. Récemment publié par M. L. Demaison, Paris, Plon-Nourrit, 1909, in-8.

M. de Reims est presentement auec 63 (M. de M.) Il uous a ecrit. Je n'ajoute rien. M. le p. de Conti auec l'escadre de Bart a trauersé les vaisseaux des anglois. Mad. la duchesse de la feuillade fut enterrée auant hier, uous deués quelque compliment la dessus, Votre tante, votre cousin uotre frere uous embrassent.

    A monsieur
    Monsieur l'abbé Bossuet
      au palais martiny (*sic* pour massimi)
     a Rome.

Cette première lettre n'exige point de commentaire. Tout au plus est-il opportun de signaler une fois de plus combien peu fortuit, au point de vue de la condamnation de Fénelon et du procès à poursuivre à Rome contre lui, avait été ce fameux voyage de curiosité entrepris par l'abbé Bossuet accompagné de son mentor, l'abbé Phelipeaux[1]. On voit que dès le retour du cardinal Janson, quittant son poste de Rome, on s'empressait auprès de lui, faisant agir toutes les influences, parmi lesquelles celle de l'archevêque de Reims ne fut jamais la moins active.

XXXV

Paris, 16 sept. 1697.

Nous avons reçu vos lettres du 27, qui tiennent bien un autre langage sur M. de Cambray que les abbés qui sont venus de Rome[2]. Ils voient bien que tout demeure ici dans la même situation et que ceux qui sont pour M. de Cambray n'osent parler qu'à basse note. Ils font pourtant courir le bruit que M. de Cambray a un plus puissant parti à Rome par le moyen de ses amis et qu'on y a mesme envoyé de l'argent.

---

1. Cf. plus haut, p. 36, n. 1.
2. L'Abbé de la Vieville, nommé dans la lettre du 9, est certainement un de ces compagnons de voyage du cardinal de Janson.

J'attends M. de Meaux à son retour de Marly et de St Cyr où M. l'év. de Blois fut sacré hier [1].

M. de Meaux arrive et s'en retourne demain à la Cour. Il est fort content de vous. Prenez bien garde à ce qu'on mandera de ce côté ici.

On attend une bonne censure [2].

XXXVI

Paris, 23 sept. 1697.

Il est sûr que les Jésuites sont pour le livre de M. de Cambray. Ils voudroient bien qu'il n'y eut point de censure ; et il ne faut pas douter que le cardinal de Bouillon ne soit toujours leur ami, et qu'il ne se porte à l'adoucissement. Je ne croy pas qu'on doive aller à un abandonnement sans mesure.

On est ici de plus en plus scandalisé contre M. de Cambrai. Il est à craindre qu'à Rome le temps ne lui soit favorable [3].

XXXVII

Paris, 30 septembre 1697.

On a fait courir sans la participation de M. de Meaux une réponse à la lettre de M. Cambrai à un ami [4]. Il en retranchera

---

1. Nicolas de Bertier, premier évêque de Blois (Note de M. Levesque, p. 131, n. 1.). C'est un ami des Noailles. Cf. plus haut, p. 12 à 14.
2. *Revue Bossuet*, l. c., p. 131.
3. *Ibid.* Si les lettres d'Antoine n'étaient un écho des conversations de son frère, il serait en quelque sorte tristement plaisant d'entendre l'ancien Intendant prononcer ses oracles sur l'urgence qu'il y a à mettre un terme aux audaces des jésuites. Il semble aussi, à l'en croire, que la « censure » enfin obtenue et par quels moyens ! de la fameuse « hérésie » de Fénelon ait dû être notablement profitable à l'Église. Pourtant l'historien garde le droit de se demander, même après l'événement, quel bien la foi a reçu en France de ce succès final de Bossuet.
4. « La *lettre de M. l'Arch. de Cambray à un ami* (le duc. de Beau-

quelque chose et la fera imprimer luy mesme bientôt avec un autre petit ouvrage, en attendant un autre plus étendu sur la matière [1].

XXXVIII

Paris, 7 oct. 1697.

M. d'Allemans [2] dit qu'il a vu en manuscrit un nouveau livre de M. de Cambrai sur la même matière et qu'il ne lui paraît pas meilleur que l'autre [3]. On ne doute pas du bon effet de la lettre du Roy. Mais c'est sur le fond que le procès doit rouler. Vous aurez ainsi bonne part à la censure, s'il y en a [4].

---

villier) est du 3 août. La réponse est du 17 août 1697 : *Lettre d'un docteur de théologie pour servir de réponse à la lettre de M. l'Arch. de Cambray à un ami.* Elle a été composée à Germigny, est « demeurée manuscrite et a peu couru, dit Ledieu, parce que l'auteur fit dans le mesme temps de plus longues réponses imprimées qui contenaient les raisons déduites en celle-cy. » (Levesque, *ibid.*, n. 2.) — C'était le droit strict de Bossuet de laisser courir ces réponses clandestines, mais cela cadre mal avec la phrase d'Antoine « sans la participation de M. de Meaux », et moins encore avec la fière déclaration de sa lettre du 26 août : « On le fera peut-être ouvertement. Il est ennemi du moindre mystère. » Mais on sait, dans la pratique, ce que fut et devint, au bonheur des occurrences, la devise évangélique que l'évêque de Meaux proclamait être la sienne : *Est, est, non, non.* Cf. mon *Histoire critique de la prédication de Bourdaloue*, t. II, p. 912. Ces remarques ont déplu à plusieurs, mais si l'on y a opposé des expressions de mauvaise humeur, je ne vois pas qu'on ait pu nier les faits ni réfuté les preuves.

1. *Ibid.*, p. 131
2. Voir dans la *Correspondance de Bossuet*, t. III, p. 367, une note sur d'Allemans.
3. « Peut-être l'*Instruction pastorale* qui ne parut que fin octobre (Lachat, XXIX, 196) ou les *Réponses de M. l'Arch. de Cambray à la déclaration... et à l'ouvrage de M. de Meaux intitulé Summa, avec la dissertation sur les oppositions véritables de M. de Meaux et de M. de Cambray*, qui parut en in-12 dès le début de l'année 1698 (*Revue Bossuet*, janv. 1901, p. 51). » (Note de M. Levesque, *l. c.*, p. 132, n. 1.).
4. *Ibid.*, p. 132.

XXXIX

Paris, 14ᵉ oct. 1697.

Je ne sçay ce que fait le Nonce. Mais pour le Roy il est toujours le mesme. On n'en sauroit douter à Rome, à moins que le ralentissement dont on fait courir le bruit très faussement ne vienne du côté du Card¹ de Bouillon ².

XL

† *Paris lundi 21. oct. 97*

J'ai recu uotre lettre du 1ᵉʳ de ce mois³ que j'enuoié a fon-[aineble]au a M. de M. pour sauoir s'il auoit recu celles que uous me mandés lui auoir écrites, et si la pension de 600 £ que M. le duc du Maine faisoit au ch[evali]er tartare étoit bonne⁴.

---

1. La copie de M. Floquet porte 17 ; mais ce doit être 14, jour du courrier de Rome. Il existe une lettre pour le courrier du 21 » (*Ibid.*, n. 2.).

2. *Ibid.*, p. 132.

3. Dans la lettre datée du 30 septembre, l'abbé disait à son oncle : « Je compte que cette lettre vous trouvera à Fontainebleau. Je vous prie d'envoyer le paquet inclus à mon père en toute diligence » (Lachat, t. XXIX, p. 163). Le roi avait quitté Versailles le jeudi 19 septembre et n'y rentra que le vendredi 25 (Dangeau, t. VI, p. 192 à 216). Bossuet écrit de Paris le 21 et 23 septembre ; de Meaux, le 29 ; de Fontainebleau, les 7, 14 et 21 octobre.

4. Sur le chevalier tartare, voir plus haut, p. 78, n. 3. La réponse tarda, car, le 26 novembre, l'abbé Bossuet écrit à son oncle : « Vous ne me mandes rien sur le chevalier tartare : en vérité, il fait pitié. Il craint que la parole qu'on lui a donnée de sa pension, tant qu'il sera en pays catholique, ne soit une chanson. Il faudroit une fois pour toutes qu'il sût à quoi s'en tenir, et qu'il n'eût pas tant de peine à se faire payer. J'avoue qu'il m'est ici extrêmement à charge, quoiqu'il soit fort modeste : je vous supplie de me mander précisément ce qu'il peut

Il me mande d'hier qu'il a reçu une de uos lettres de pareille datte mais non celle qui deuoit uenir par le courier extraord[inai]re et qu'a l'egard des 600 £ il croioit cela bon mais que pour en etre assuré il en ecriuoit a M. de Malezieu, ie n'ai cependant point oüi parler iusqu'ici de M. l'abbé Aubrj de Ponthieu qu'on dit qui n'est pas à paris, ie le (...)[1].

On ecrit en pologne du 1. que tout ua de mieux en mieux pour M. le p. de Contj.

Ma sœur et uotre frere vous embrassent, M. de M. et M. Chas[ot] uous auront ecrit sur ce qui peut auoir rapport à Joseph (lisez : à M. de Cambrai) et à la princesse[2], Mad. de Pons a bû auiourd'huj a uotre santé auec nous sous le nom de son ami solide et M. le Card. de Janson a mandé a mad. de fercourt qui etoit dans son uoisinage de beauuais tout ce qu'il nous a dit de bien de nous[3].

Monsieur
Monsieur l'abbé Bossuet
a rome

espérer. » (Lachat, *ibid.*, p. 230.) Cette instance est enfin exaucée le 17 décembre : « J'ai reçu votre lettre du 26, répond alors l'évêque. Je commencerai par le chevalier de La Grotte. Sa pension est assurée de deux cents écus, tant qu'il sera en pays de connoissance ; à mon retour, j'entrerai dans le détail » (*Ibid.*, p. 250). Sur son *ex voto* de 1701, voir la *Revue Fénelon*, sept. 1910, p. 89 et *Bulletin de la Société de l'Histoire de Paris*, 1910, 3ᵉ fasc., p. 170-171.

1. Mot illisible ; on déchiffrerait : justiffirai (?)

2. Joseph est un des noms donnés à Fénelon (Cf. Lachat, t. XXX, p. 593). Les mots *et à la princesse* qui sont ajoutés en interligne, bien qu'ils ne répondent pas à des expressions du chiffre de cette correspondance, incomplet du reste dans Lachat, pourraient bien avoir un sens caché. Peut-être s'agit-il simplement de la duchesse de Bourgogne, appelée « la princesse » jusqu'au jour du mariage (7 décembre 1697).

3. Mme de Fercourt, dont la terre était située dans le diocèse de Beauvais, était Marguerite Bossuet, fille de François Bossuet et de Marguerite de Beuverand, sœur d'Élisabeth Bossuet (Mme de Pont). Elle avait épousé d'abord « M. Mélian, maître des requêtes, fils de M. Mélian, procureur général du Parlement de Paris », puis M. Perrot de Fercourt, dont elle eut deux fils, le marquis et le chevalier de Fercourt. V. Ledieu, *Mémoires*, p. 7. Cf. plus haut, p. 77 et 82, n. 1. Cf. *Revue Bossuet*, 1902, p. 137.

XLI

28 oct. 1697.

On m'a assuré que M. de Cambray avoit donné charge d'opposer à Rome un approbation de M. de Meaux mise en tête d'un catéchisme de quelque auteur où seroit, à ce qu'on prétend, la même doctrine du livre de M. de Cambray [1].

On a apporté ici de la part de M. de Cambray à M. de Meaux une Instruction pastorale de M. l'archevêque de Cambray aux fidèles de son diocèse [2]. Il y a inséré les 34 articles d'Issy. Il affecte fort d'y soutenir que sa doctrine est dans les 34 articles [3].

XLII

4 nov. 1697.

Voicy [4] un exemplaire de l'Imprimé dont je vous ai parlé. On le trouve plus mauvais que le Livre. M. de Meaux vous instruit la-dessus [5]. On trouvera entre autres, deux belles échappatoires et dignes de l'esprit de l'auteur, pp. 33 et 34 ; et les approbations qu'il oppose à M. de Meaux et à M. de Paris. La dernière fois qu'il en parle (N° 106) de sa soumission au St-Siège est relative à ce qu'il écrit ailleurs, qui demande bien des conditions et enfin, que signifient tous ces tournoiemens et toutes ces subtilités, sinon que le livre qui en a besoin ne vaut rien ?

---

1. *Catéchisme spirituel de I. D. S. F. P.* (Jean de Sainte-Foy, prêtre), pseudonyme du P. Surin. Cf. *Revue Bossuet*, janvier 1903, p. 45) (Note de M. Levesque, *ibid.*, p. 132. n. 3).

2. L'Instruction pastorale, datée du 15 septembre 1697, mais qui ne parut qu'à la fin d'octobre (Lachat, XXIX, 196) (Note de M. Levesque, *ibid.*, n. 4).

3. *Ibid.*, p. 132.

4. Floquet remarque qu'au commencement de cette lettre, Antoine Bossuet apprend à son fils la nomination de l'évêque de Meaux comme premier aumônier de la Dauphine (Note de M. Levesque, l. c., p. 133, n. 1).

5. Lachat, XXIX, 202 (*Ibid.*, n. 2).

On dit que M. de Cambray rejette sur M. Pirot ce qui est dit au commencement de la p. xxxiv, mais celui-ci le dénie bien fortement[1].

Il a jusqu'à deux fois fait retirer les feuilles de cette ordonnance de chez trois imprimeurs qui y travailloient sous sa main ; et il a si bien fait que cette ordonnance qui est faite pour être publique, ne se trouve à présent, ni à Cambray, ni en cette ville, à la réserve des exemplaires qu'on a distribués à Paris chez les évêques qui y sont[2]. Si Rome ne censure bientôt, on sera bien scandalisé[3] à la cour et à Paris[4].

XLIII

11 nov. 1697.

On dit que M. de Cambrai a écrit une grande lettre au Roi, *bellissime* ; que c'est un duc de ses amis qui en a fait la lecture et qu'il y est fort parlé de Me de Maintenon. Si cela est, M. de M. vous le dira. On dit aussi qu'il y en a une pour M. de Paris. Les amis de M. de Cambrai ne sont pas contens du dernier livre qu'on vous a envoyé. S'il n'y a qu'une congrégation en huit jours, cela ira encore bien loin[5].

Avant l'ordinaire du 18 novembre, par lequel furent envoyées des lettres des deux frères, se place une seconde lettre de Maurice Le Tellier, dont seul Deforis a cité un fragment, et qu'on ne trouve pas à sa date, ni ailleurs, si je ne me trompe, dans les éditions Lebel et Lachat. Elle est du 10 novembre. Comme celle du 26 août, elle porte

---

1. Voir l'article déjà cité (p. 99, n. 1) de M. Ch. Urbain, *Revue d'histoire littéraire de la France*, p. 409.

2. Il faut se rappeler les difficultés que rencontrait Fénelon pour l'impression et la divulgation de ses répliques à Bossuet, et qu'après tout, il demeurait maître d'envoyer à qui il voulait son ouvrage.

3. Le « scandale » de la cour pouvait être aisément méprisé comme appartenant à l'espèce pharisaïque.

4. *Revue Bossuet*, 25 déc. 1905, p. 183. — 5. *Ibid.*

sur l'autographe des parenthèses enfermant la presque totalité de la lettre, bien que les premiers éditeurs l'aient donnée en entier. Tout porte donc à penser que ces signes ont été tracés par Deforis ou ses collaborateurs disposant, pour l'impression, de cette correspondance, à moins que ce ne soit l'abbé Bossuet lui-même, destinataire de ces lettres, qui prépara ainsi l'édition des lettres concernant le Quiétisme.

Comme les successeurs de Deforis n'ont pas cru la devoir conserver dans leurs éditions, il est bon de la publier ici d'après l'original.

† *de reims ce dimanche 10ᵉ nou. (1697)*[1].

[[Je receus monsieur hier au soir uostre lettre du 22 du mois passé qui m'apprend que M. de Cambray a fait remettre au St office la traduction latine de son liure, il ne s'agit point ce me semble de cette traduction, car il ne doit estre question que d'examiner si le liure dans son original qui est françois est bon]] ie uous remercie de tout mon cœur de la continuation de vos soins et ie vous asseure qu'on ne peut estre plus à vous que i'y suis. L'AR. DUC DE REIMS

M. l'abbé Bossuet [2].

La lettre d'Antoine, en date du 18 novembre, entre plus dans le vif de la question que ce simple billet, par lequel Le Tellier remercie l'abbé Bossuet de le tenir au courant du procès à chaque ordinaire.

XLV

Paris 18 no[vem]bre 97

M. pirot croiant trouuer M. de M.[3] étoit uenu m'apporter ces

---

1. Ce millésime a été ajouté d'une encre plus récente.
2. L'adresse porte : « a monsieur monsieur l'abbé Bossuet » (petit cachet rouge).
3. Bossuet, comme le dit la fin de la lettre, était à Versailles, et c'est

2 exemplaires de la part de M. de paris pour uous les enuoier par le courrier d'auiourd'hui. Je m'en suis chargé et pendant qu'il uous a écrit J'ai parcouru les marges ou ne trouuant que des citations du moien court, des torrens, etc.¹ aucunement du liure ni des Instructions de M. de C. ni de son Instruction, et qu'il sembleroit peut etre a Rome que l'ord[onnan]ce de M. de Paris n'etoit pas contre luj, il m'a dit que quoiqu on eut euité de le nommer Il j auoit des lignes entieres des liures de M. de Cambraj rapportées dans cette ord[onnan]ce et formellement contredites mais il les faut chercher n'étant pas en Italiques [.] en un mot M. de paris a été bien aise de ne pas le nommer quoique en effet l'ordonnance soit principalement contre luj sur tout parce qu'on l'examine a rome², cette ord[onnan[ce que M. Pirot ma laissé lire pendant que je l'ai laissé escrire ma paru forte et belle. Vous trouuerés deux autres exemplaires d'une lettre de M. de beaufort au sujet du frere Laurent³, voici le paquet de M. de M. et une lettre de M. Chasot qui est auec lui à Versailles.

---

de là que partent sa lettre de même date, et celles du 25 novembre, du 2 et 9 décembre (Lachat, t. XXIX, p. 216 sqq.).

1. Le *Moyen court* datait de 1685, les *Torrents* étaient encore manuscrits.

2. Cette révérence pour les décisions de Rome est vraiment admirable, et la prudence habile qui tourne la difficulté, digne de celle qu'on se plaît à donner comme un privilège de Fénelon. Ce n'était pas d'ailleurs l'avis de Bossuet, qui entendait mettre Rome en demeure de s'expliquer : « L'*Instruction* de M. de Paris est admirable ; mais il n'a pas trouvé à propos de la faire préciser contre ce qu'a dit en particulier M. de Cambray. Il n'a rien dit contre son *Instruction pastorale*, ni contre ses notes. Je suis convaincu qu'il faut que Rome voie par nos écrits la nécessité de parler... Ce que je ferai sera court » (Lettre du 22 déc., *ibid*, p. 256. Cf. plus bas, p. 146. n. 1).

3. « On fait grand bruit à Paris, écrivait Bossuet dès le 7 octobre, de deux livres envoyés à Rome de la part de M. de Cambray : l'un autorisé par M. de Paris, alors évêque de Châlons, c'est le livre du Frère Laurent, dont je crois que nous avons parlé ; l'autre s'appelle *les Fondements de la vie spirituelle*, approuvé de moi étant doyen de Metz, où l'on prétend que la nouvelle spiritualité est tout au long... » (Lachat, t. XXIX, p. 165). Bossuet répondant, dans sa préface, à l'*Instruction pastorale* de M. de Cambrai (section XII), à des objections tirées de Surin (*Catéchisme spirituel* dont il avait signé l'approbation), explique *les Fondements de la*

M. petit est content de votre procuration. J'espere que cela

vie spirituelle, et l'extrait des *Entretiens* du Frère Laurent qu'on lui oppose (Lebel, t. XXVIII, p. 704). Il y reviendra dans son écrit intitulé : *Les Passages éclaircis* (chap. xii ; Lebel, t. XXX, p. 351), pour écarter dédaigneusement cette autorité : « *Réponse*. Elle n'a qu'un mot : l'excès, l'exagération sortent partout dans les paroles de ce bon religieux... » La réplique était sommaire et paraissait décisive. Il n'en était pas moins embarrassant pour l'archevêque de Paris de voir soulever une sorte de réédition du *Problème*, opposant son approbation d'évêque de Châlons à l'insistance qu'il met à poursuivre un livre non moins, mais non plus exagéré. Bossuet le sentait vivement, car, dans sa *Correspondance*, le « Frère Laurent » revient souvent comme une préoccupation Le livre de ce carme déchaussé, peu exact dans ses expressions, mais que cependant on avait laissé courir, sans voir le « péril » où il mettait l'Église, lui tient à cœur. Il occupa aussi l'archevêque et sa famille, puisque M. de Beaufort fut chargé d'écrire une réponse fort vive, où Fénelon n'est pas ménagé, à la grande joie de Bossuet qui écrit, précisément au 18 novembre, ayant pris soin de faire envoyer par son frère la pièce dont parle celui-ci : « Je vous envoie une petite lettre de M. l'abbé de Beaufort à M. le maréchal de Noailles, sur le sujet du Frère Laurent, carme déchaussé. Vous verrez avec combien peu de ménagement un homme de l'archevêché et bien avoué de son patron, parle de M. de Cambray ». Bon exemple à suivre sans doute ; et, en effet, il ne s'agissait guère de garder des mesures avec un homme dont il est dit dans la même lettre de Bossuet : « Quoi qu'il dise et quelque beau semblant qu'il fasse, il n'a guère envie de se soumettre » (*Ibid.*, p. 217). Contre cet « hérétique obstiné », et d'autant plus dangereux qu'il parle d'obéir, que ne ferait pas Bossuet ? — Il y avait longtemps qu'il avait averti son neveu de l'objection possible à tirer du Frère Laurent. Dès le 14 octobre : « Souvenez-vous bien, écrit-il, de Frère Laurent, qu'on objecte à M. de Paris. Vous recevrez peut-être par cet ordinaire une lettre sur cela, qui est fort bien faite sous le nom de M. de Beaufort, et qu'on pourra faire courir, pour peu qu'on parle de ce livret » (*Ibid.*, p. 179). Mais on n'en parlait pas encore. Le 29 octobre, le neveu de Bossuet écrit : « Je n'ai pas encore entendu parler des livres que vous dites qu'on objecte à Paris : je ne sais ce que c'est que ce livre de Frère Laurent » (P. 199). L'abbé avait reçu la lettre du 7 ; le 27, Bossuet lui écrivait : « C'est M. le maréchal de Noailles qui m'a prié de vous envoyer la lettre sur le Frère Laurent : vous ne vous presserez pas » (P. 196). Le 5 novembre, l'abbé écrit : « Je n'ai pas entendu souffler de Frère Laurent : j'ai reçu la lettre de M. de Beaufort » (P. 287). Le 26 du même mois, il mande à son oncle : « L'écrit du Frère Laurent est tra-

finira [1]. Je paie les 4 000 £ comptant a M. Chuberé en retirant ses lettres [2]. Je n'ai pas manqué un ord[inai]re de vous ecrire.

Monsieur
Monsieur L'abbé
Bossuet
a rome

Cette dernière phrase nous fait connaître que les lacunes rencontrées dans la correspondance du frère de Bossuet ne sont pas dues à sa négligence à écrire, mais que beaucoup de lettres s'étaient égarées. Il en est ainsi de plusieurs des lettres, retrouvées en fragments dans les notes de Floquet.

duit : on n'en a pas encore parlé ici ; nous le tiendrons tout prêt en cas de besoin. Tout ce qui peut toucher M. de Paris m'est aussi cher qu'à vous. Je vous prie de l'en bien assurer..., etc. » (P. 230). Bossuet dit à son tour, le 2 décembre : « La lettre de M. de Beaufort, que je vous ai envoyée sur le Frère Laurent, est perçante. Vous connaissez M. de Beaufort, qui est l'homme de confiance de M. de Paris » (P. 232). C'est la *Lettre à Mgr le M. de M. de N*** pour servir à la justification du livre des Mœurs et Entretiens du Frère Laurent de la Résurrection;* par l'auteur du livre, prêtre du diocèse de Paris (1697, in-12 de 24 pages). Fénelon en parle dans sa lettre du 19 novembre, ainsi que d'une « lettre d'excuse » à lui écrite par l'abbé de Beaufort sur cette impression (t. VIII, p. 175) et l'abbé de Chantérac en accuse réception le 10 décembre : « Je ne me souviens point, écrit-il, d'avoir parlé de ce livre : du moins je suis certain de ne l'avoir fait voir à personne ; et peut-être pourroit-on bien croire, sans jugement téméraire, que ce n'est point tant l'épouvante de M. de Beaufort qui l'a obligé à écrire une si longue et si belle lettre, du soir au lendemain, que le désir de quelque autre personne de le faire expliquer publiquement, ou plutôt de s'expliquer lui-même contre le livre de M. de Cambrai » *Ibid.*, p. 241). Il écrit encore à Fénelon, le 14 décembre, que ceux qui lui ont envoyé cet écrit l'attribuent en partie à M. Boileau (un autre secrétaire de M. de Noailles) (*Ibid.*, p. 253).

1. Il s'agit sans doute du procès dont il a été déjà question plus haut p. 60.

2. Ou Chabert. Nous avons déjà rencontré ce nom d'un agent d'affaires. Cf. plus haut, p. 60, n. 1, et 76. Lachat imprime tantôt Chabéré, tantôt Chuberé (Cf. Lachat, t. XXX, p. 240 et 355-356).

XLV

25¹ nov. 1697.

M. de Meaux me mande que vous avez bien des affaires et que vous faites tout ce que vous pouvez de mieux en politique et en théologique.

Je crois qu'il vous envoie les endroits du liure de M. de Cambray rapportés sans les citer dans *l'Instruction*² qui a été envoyée par le précédent ordinaire.

On m'a assuré que M. de Cambray, sachant que les commissaires qui examinent étoient de divers ordres religieux, les avoit mandés, leur avoit parlé fort honnestement sur les manières qu'il auroit avec eux, qu'il les employeroit et se contenteroit des certificats des Supérieurs de chaque maison. et d'ailleurs que le Cardinal de Bouillon avoit dit que les évéques de France n'étoient pas bien instruits des manières de Rome et qu'en qualifiant les propositions, il pourroit bien arriver qu'à Rome on ne le feroit pas et de là qu'on ne fera point de censure contre le livre.

Il manque une lettre du 2 décembre³.

XLVI

9 déc. 1697

Bien des gens sont de plus en plus contents du livre de M. de Paris. D'autres murmurent qu'il ne nomme pas M. de Cambray, et n'entendent pas bien ce qu'il en dit p. 19, quoiqu'on voie bien

---

1. La copie Floquet porte 28 ; mais la comparaison avec la lettre de Bossuet du 25 (Lachat, XXIX, 221) montre qu'elle doit être du même jour, jour du courrier de Rome (Note de M. Levesque, l. c., p. 133, n. 3).

2. L'Instruction pastorale de l'Arch. de Paris, cf. Lachat, XXIX, 222, note 5 (Note de M. Levesque, *ibid.*, p. 134, note 1).

3. *Ibid.*, p. 134.

qu'en d'autres lieux M. de Cambray n'est pas ménagé, mais c'es sous cape.

Il court depuis six ou sept jours une pièce contre le livre, qui fait tant de bruit à Paris et à la cour, qu'on entend presque plus parler du reste. C'est une lettre imprimée on ne sait où, qui se distribue en paquets cachetés par un anonyme qui se dit Jésuite et bien avoué. On dit assez ouvertement que c'est le P. Daniel [1]. Elle est fort approuvée et écrite fort vivement. Je ne doute pas qu'elle ne coure à Rome comme à Paris, et que vous ne l'ayez pas.

... M. de Reims ne se pressera pas de rien dire. M. de Cambray et les Jésuites sont bien aises et n'en seront que mieux unis. On ne manquera pas de s'en prévaloir à Rome, autant qu'on le pourra. On dit depuis peu, plus que jamais qu'il n'y aura point de censure, et qu'on éludera comme pour Sfondrate. Ce seroit un grand malheur pour la religion et la vérité. Il est visible que quand M. de Cambrai a signé les articles, il avoit en vue d'éluder et de brouiller, surtout après avoir vu le livre de M. de Meaux qu'il n'a osé aprouver par un mauvais dessein. Sans quoi il eut été bien plus naturel d'entrer en explication sur les 34 articles avec les autres, avec lesquels il les avoit signés, que de donner au monde un livre si pernicieux. Mais il n'est que trop constant qu'il n'y a non plus d'honneur et de bonne foi dans tout ce procédé que de bonne doctrine et de sincérité dans ses livres [2].

XLVII

10 déc. 1697

Ne vous tourmentez pas pour m'écrire. Pourvu que l'affaire aille bien et que la censure aille bien, il faudra se consoler [3].

---

1. Le P. Sommervogel, *Bibliothèque de la Compagnie de Jésus*, n'attribue aucune lettre de ce genre au P. Daniel (Note de M. Lévesque, *ibid.*, p. 234, n. 2).

2. *Ibid.*, p. 134-135.

3. *Ibid.*, p. 135. « Nous ne trouvons pas de lettre pour le 23 décembre (et non *novembre*). Il n'y en a pas non plus de l'évêque de Meaux à son neveu pour la même date, » *ibid.* — La lettre du 23 est mentionnée dans la réponse du 14 janvier et partant fut envoyée. Voir plus bas, p. 143, n. 1.

La lettre du 30 rappelle le cher fils à un train plus modeste. Tout n'est donc pas pure invention des ennemis de Bossuet ou des amis de Fénelon dans les accusations de faste lancées contre l'abbé.

XLVIII

Paris, 30. dec. 97

M. de M. n'étant pas en cette uille samedi¹ quand ie recu uotre lettre du 10. *de ce mois*². J'enuoié a M. pirot un extrait du 1ᵉʳ article qui parle bien de l'ord[onnan]ce de M. de P[aris] a qui il l'enuoia sur le champ comme uous le uerrés par le billet ci ioint qu'il m'en ecriuit³, et J'envoié la lettre entiere a uersailles a

---

1. Le samedi, 28, Bossuet était sans doute à Versailles, d'où il écrit le 30 à son neveu sur cette lettre du 10. La lettre d'Antoine parle d'ailleurs de ce séjour.
2. Les mots en italiques, ici et plus bas, sont surajoutés en interligne dans l'original. Cf. *Revue Bossuet*, juillet 1902, p. 131.
3. Nous n'avons plus le billet de Bossuet à son frère sur ce sujet ; mais le contenu doit être à peu près ce que dit Bossuet dans la lettre à son neveu, de même date : « Mon frère vous aura marqué ce qu'il a fait dire à M. de Paris de votre part. Je suis bien aise que son *Instruction pastorale* plaise : sa gloire est la mienne » (Ceci est d'autant plus vrai que Bossuet l'avait revue et corrigée ; cf. Lachat, t. XXIX, p. 200, lettre de Bossuet à Noailles, 3 novembre 1697) « Nous sommes très unis, et vous me ferez plaisir de lui rendre bon compte, surtout de ce qui aura rapport à lui. Je n'ajoute rien de mes sentiments sur son *Instruction* ; je vous les ai déjà dits, et il est vrai qu'elle est excellente et très théologique » (*Ibid.*, p. 260). L'ordonnance avait été envoyée à Rome le 18 : « M. de Paris, écrivait Bossuet à cette date, doit envoyer aujourd'hui à Rome son *Instruction pastorale*. Il n'y nomme pas M. de Cambray, ni son livre ; mais en trente endroits il en rapporte des quatre et cinq lignes qu'il foudroie d'une étrange force » (*Ibid.*, p. 217). « Vous verrez par les remarques ci-jointes (Lachat les a mises en note de la lettre 178, p. 222, et non, comme il dit dans sa référence, 188) que M. l'archevêque de Paris, sans nommer M. de Cambrai, se déclare si ouvertement contre son livre, dont il signe en trente endroits des lignes entières, qu'il ne s'y peut rien ajouter. M. de Chartres n'a encore rien fait. L'*Instruction* de M. de Paris

M. de M. ou uous parliés des ports excessifs des lettres et paquets et de vos autres depenses qui ne sont pas moins excessiues a pro-

est très bien reçue, et il met M. de Cambray en pièces » (P. 232, lettre du 2 décembre à son neveu). (Cf. plus haut, p. 13, note 4). L'ordonnance est datée du 6 octobre, et l'abbé la reçut le 8 décembre : « Je reçus avant-hier, par le courrier, deux exemplaires de l'ordonnance de M. de Paris qui est digne de ce prélat... » Lettre du 10 décembre, *ibid.*, p. 243). L'abbé se félicite de la vigueur déployée par l'archevêque, et promet d'en écrire au moins au prochain ordinaire. C'est à sa lettre du 10 que répondent les lettres de Bossuet et de son frère, du 30 décembre. Bossuet avait donc réussi à animer pleinement Noailles et les théologiens ses rédacteurs. On n'en était plus au jour où l'archevêque de Paris mollissait, comme au 10 juin, et où Bossuet mandait à son neveu : « M. de Paris craint M. de Cambray et me craint également. Je le contrains ; car sans moi, tout iroit à l'abandon, et M. de Cambray l'emporterait » (*Ibid.*, p. 97). Fénelon était donc clairvoyant, et l'évêque de Meaux a mauvaise grâce d'écrire le 18 août : « Il y a une affectation à m'attaquer seul... » (*ibid.*, p. 132), et le 16 septembre : « M. de Cambray continue à semer partout que c'est moi seul qui remue la cabale qui est contre lui » (*Ibid.*, p. 152). A cette date, comme la déclaration collective ne suffisait pas à montrer l' « union des évêques », l'*Instruction* de Noailles est déjà résolue et Bossuet mande dans la même lettre : « M. de Paris donnera une instruction comme je vous ai mandé » (P. 151). Nous n'avons plus la lettre où Bossuet annonçait à son neveu l'instruction projetée, mais, dès le 1er août, l'évêque de Meaux la promet à son ami M. de Mirepoix : « M. de Paris fait un peu de peine : mais la patience vient à bout de tout. Tout sera fait pour lundi : le roi le désire. Après cela (il s'agit de la déclaration), M. de Paris s'expliquera par une Instruction, en attendant que Rome parle » (P. 122). Un confident de Bossuet, l'abbé Berryer, écrit à Rancé le 23 août : « M. de Paris doit écrire sur cette affaire, et M. de Meaux attend ce qu'il aura donné au public, pour faire imprimer le Mémoire qu'il a fait donner à M. de Cambray sur cette affaire, dans lequel il relève quarante-huit propositions, toutes hérétiques, erronées ou tendant à l'hérésie, qu'il a extraites du livre de cet archevêque » (P. 135). Pour cette *Instruction* si laborieusement obtenue et dans laquelle Bossuet revendiqua plus tard une part abondante (« c'est moi qui leur ai dit d'y mettre tout ce qu'il y a de bon ». Ledieu, *Journal*, t. I, p. 81), il était bien juste que Noailles fût comblé d'éloges : « Je ne trouve rien qu'à admirer dans votre Instruction. Elle est solide, elle est profonde, elle est correcte, elle est docte », etc. (*Ibid.*, p. 200). Phelipeaux est, on le conçoit, de même sentiment : « L'Instruction de M. de Paris est excellente, et fera ici un bon

portion ¹ [.] ie lui ait mandé que ie uous auois fait tenir plus de (cent) livres ² outre les (trois cents livres) pour les tableaux et le reuenu de uotre abbaie, il me uient d'enuoier son paquet *pour uous* sans me faire aucune reponce, a la uerité uotre depence ua trop loin uous n'etes pas paié pour faire les honneurs de la nation

effet, écrit-il le 10 décembre » (P. 249). « Rien n'est plus solide, poursuit-il, le 17. Il y condamne ouvertement l'erreur et l'*auteur* de l'erreur : elle fera un effet merveilleux. On s'en est servi pour montrer la nécessité de remédier au plus tôt à une erreur qui se répandoit en tant d'endroits » P. 254, 258) La consigne donnée par l'abbé Bossuet, le 5 novembre, était donc suivie : « On ne saurait trop, en France, éclater contre le livre de M. de Cambrai : ils se mènent ici beaucoup par réputation ou par crainte » (P. 207). L'abbé de Chantérac dit sur cette Instruction, dans la lettre du 10 décembre 1697 : « Sa manière d'écrire ne me paroît pas plus forte ou plus insinuante que celle de M. de Meaux ; mais je crains toujours qu'ils ne persuadent par là qu'un livre contre lequel un grand prélat aussi modéré que M. de Paris continue à écrire, pour en arrêter les erreurs et les mauvaises suites, ne soit en effet dangereux, et ne porte du trouble dans l'Église, si on ne le défend pas ; et j'avoue que M. de Paris me fait plus de peur que M. de Meaux » (Lettre à l'abbé de Langeron, t. VIII, p. 244). Fénelon est plus rigoureux encore : « Pour l'*Instruction pastorale* de M. de Paris, elle paroît douce et modeste, et elle a plus de venin que toute la véhémence de M. de Meaux. Il me mêle avec Molinos et Mme Guyon, pour faire un tout de nos paroles... M. de Paris s'est livré à MM. Boileau et Duguet, auteurs de cette célèbre lettre sur Jansénius, que vous avez vue il y a plus d'un an : ils l'ont composée ensemble » (Lettre à l'abbé de Chantérac, 7 janvier 1698. Voir aussi la lettre de même date au Nonce, t. VIII, p. 318-320).

1. Dès le 26 novembre, l'abbé Bossuet essaie la plaisanterie sur le coût des ports de livres : « J'ai reçu l'ordonnance de M. de Cambray ; jamais ordonnance n'a coûté si cher; huit écus de port, c'est bien payer, je ne puis m'empêcher de le dire, une aussi méchante pièce » (*Ibid.*, p. 229). « Il ne faut point, répond Bossuet à la lettre du 10 décembre, adressée à son frère et que nous n'avons pas, vous embarrasser des ports, ni des frais pour les copistes, et autres de cette nature : n'y épargnez rien, et en m'envoyant le mémoire, j'y satisferai sur le champ. J'entrerai aussi très volontiers dans les moyens de vous faire subsister, vous et M. Phelipeaux ; il convient en toutes manières que ce soit honorablement, et même il ne faut point se dégrader, mais il me semble aussi que vous l'avez pris d'un ton un peu haut, et que vous devez le baisser un peu sans qu'il y paraisse » (Lachat, t. XXIX, p. 263, lettre du 30 déc.)

2. Ces chiffres sont écrits en abrégé X^e tt et IIIe tt.

en ce pais la, aucun autre de uotre condition n'en a tant fait. M. Phelypeaux ne s'etonneroit pas comment uous j aués fourni s'il sauoit tout ce que uous avés retranché, prenés y garde et menagés uous insensiblement sans qu'on s'en apperçoiue, M. Chasot uous écrit [;] ma sœur et uotre frere uous embrassent et moi aussi [;] uous trouueres dans les nouuelles a la main[1] que M. l'abbé Girard est eueque de toul[2], et M. de toul archeu. de bourdeaux contre la destination que j'en auois faite a M. l'abbé de la tremouille[3] que ie uous prie de faire souuenir que ie suis son seruiteur tres ob. [éissant].

M. l'abbé Bossuet
rome

1. Les *Nouvelles à la main* étaient en grand usage à cette époque et on les joignait souvent aux lettres pour n'avoir pas à transcrire les nouvelles (V. *Histoire critique de la prédication de Bourdaloue*, t. III, p. 461.

2. Antoine Girard de la Bornat, de Clermont, en Auvergne, docteur de Sorbonne le 29 août 1680, nommé à Toul le 24 décembre 1697, puis en avril suivant à Poitiers, prit possession de ce siège le 18 décembre 1698. Il y mourut à quarante-six ans, le 2 mars 1702. L'évêque de Toul, Bissy, le futur successeur de Bossuet, ayant décliné l'archevêché de Bordeaux, Girard fut destiné à l'évêché de Boulogne, combinaison qui échoua encore (Voir plus bas p. 149, n. 1 la lettre du 3 février 1698). On lit au *Journal* de Dangeau, le mardi 24 décembre 1697 : « Le roi a donné... l'archevêché de Bordeaux à l'évêque de Toul, fils de Bissy, chevalier de l'ordre ; l'évêché de Toul à l'abbé Girard, autrefois précepteur de M. le comte de Toulouse. » Dangeau, t. VI, p. 253). L'abbé Girard est donné par Ledieu, dans les « Notes inédites » que j'ai publiées en 1898, comme « un ami particulier de Bossuet » (*Revue des sciences ecclésiastiques*, octobre 1899, et *Quelques documents sur Bossuet*, p. 20, note 1. — Le 1ᵉʳ février 1698, Dangeau écrit : « M. l'évêque de Toul a remercié le roi de l'archevêché de Bordeaux, qu'il lui avait voulu donner ; il n'a pas cru qu'il y eût des raisons suffisantes pour la translation ; on a fort loué et fort approuvé son procédé. » V. l'addition de Saint-Simon. « M. l'abbé Girard qui avait été nommé à l'évêché de Toul a été nommé évêque de Boulogne » (*Ibid.*, p. 286). V. *Revue Bossuet*, juil. 1902, p. 136-137.

3. Joseph-Emmanuel de la Trémouille, fils de Louis, duc de Noirmoutiers, auditeur de Rote, et chargé des affaires de France à Rome, fut élevé au cardinalat en 1706, nommé évêque de Bayeux en 1716, sacré par le pape Clément XI, et sans avoir pris possession, sinon par procureur, du siège de Bayeux, transféré à Cambrai en 1748, à la mort du

Cette dernière lettre de l'année 1697, sans doute à cause des préoccupations pécuniaires qu'elle reflète, s'occupe peu en somme de l'affaire du Quiétisme[1]. Il n'en sera plus ainsi dans les suivantes, et durant l'année 1698, nous verrons Antoine entrer de plus en plus dans le travail des écrits échangés entre son frère et Fénelon, et se passionner davantage pour le fond du débat.

III. — L'ANNÉE 1698

Le reste de la correspondance, très incomplète, d'Antoine avec son fils tient presque entière dans cette année 1698, sa dernière lettre étant du 19 janvier 1699. Sa mort, survenue peu de jours après, ne lui permit pas de voir

---

cardinal d'Estrées. qui ne reçut jamais ses bulles ; il y fut ainsi le successeur immédiat de Fénelon. Il était à Rome depuis quelque temps, et Bossuet avait écrit à son sujet le 10 juin 1697, à son neveu : « Vous devez bien prendre garde à qui vous parlerez. Je crois M. l'abbé de la Trémouille et les siens gens d'honneur, mais faire sa cour est une grande tentation » (Lachat, t. XXIX, p. 97. Cf. p. 279. Lettre de l'abbé, 14 janvier 1698). On avait parlé à Rome d'un évêché pour l'abbé de la Trémouille, peut-être sur les nouvelles envoyées par Antoine dans la lettre dont il parle ici et qui nous manque. L'abbé Bossuet, dans sa lettre du 14 janvier 1698, y fait allusion. Après un mot sur les bruits d'assassinat qui circulaient sur son compte. et dont nous verrons ailleurs la genèse : « Il est bon que vous sachiez que tout le monde ici me veut tant de mal, que plusieurs Éminences m'ont fait et fait faire des compliments, sur ce qu'elles souhaitent que si M. l'abbé de la Trémouille est placé, je sois auditeur de Rote. Je sais ce que je dois répondre là-dessus. Les jésuites et M. le cardinal de Bouillon ne laissent pas de l'appréhender » (Lachat, t. XXIX, p. 279).

1. Il faut avouer pourtant que dans cette « guerre », les dépenses eurent aussi leur rôle, et j'ai cité ailleurs le mot de l'homme d'affaires de Bossuet, Souin, se réjouissant de voir paraître enfin le décret de condamnation, terminant cette lutte, et en donnant la raison topique : « J'espère que la dépense va bientôt finir par là. Si cela avoit encore continué du temps je n'aurois pu y fournir » (*Bossuet abbé de Saint-Lucien*, p. 36 ; *Revue Bossuet*, avril 1900, p. 82).

la fin de ce long procès. Il est impossible de donner aux lettres qui vont suivre leur commentaire complet. Le nombre, comme la variété des sujets qu'elles touchent, obligerait à procéder par monographies pour reconstituer les diverses « questions historiques » qui ont compliqué et parfois envenimé les phases de l'affaire du Quiétisme [1]. Il serait déjà trop long de remettre en leur cadre, en les rapprochant des lettres de Bossuet et de l'ouvrage de Phelipeaux, les nombreux passages où il est question de la condamnation des *Maximes des Saints*. Comment, à plus forte raison, exposer, même en passant, les épisodes greffés, pour ainsi parler, sur cette lutte, et auxquels sont faites de fréquentes allusions dans la correspondance d'Antoine ? Le seul texte des lettres importe donc ici, ainsi que les notes de nature à l'éclairer. L'occasion naîtra sans doute d'y revenir pour tirer parti des renseignements dont il enrichit l'histoire, encore à faire [2], de cette longue querelle.

1. Parmi les épisodes saillants rattachés au séjour de l'abbé Bossuet à Rome, outre le « problème » de son aventure personnelle et des bruits fâcheux qui entravèrent sa carrière, il faut signaler l'affaire de la condamnation du livre du cardinal Sfondrats, les incidents soulevés par l'archevêque de Reims à propos de thèses soutenues par les Jésuites, les efforts prodigués pour rattacher au protestantisme les erreurs de Fénelon et, par là, le compromettre avec les calvinistes de Hollande, enfin et surtout la piquante affaire du « cardinalat de Bossuet ». A ces monographies destinées à éclairer ce qu'on peut nommer les dessous politiques de la condamnation du Quiétisme, les lettres d'Antoine apportent leur contribution, mais ce n'est pas en les publiant qu'on peut entreprendre ces chapitres complexes, sous peine d'étendre démesurément le travail et d'introduire quelque confusion. Quand la copie diplomatique de ces autographes inédits aura été soumise au public, ce sera l'heure de les faire servir à l'histoire du Quiétisme.

2. Ce n'est pas, croyons-nous, manquer à l'équité, tout en reconnaissant le loyal effort de M. Crouslé dans son travail sur Fénelon, de déclarer que là n'est pas et ne pouvait être le dernier mot sur la question. Le débat n'est pas, du reste, si simple qu'il se puisse terminer par le verdict un peu sommaire qui décharge l'une des parties au profit, ou mieux, au préjudice de l'autre. Il y a mainte autre chose que le quié-

Les lettres perdues du mois de janvier ont été, en partie du moins, conservées par Floquet. Les voici d'après la *Revue Bossuet*.

XLIX

6 janv. 1698.

M. de Meaux[1] ou M. de Chasot vous aura mandé en quels termes le Roy a parlé de M. de Meaux au sujet de la prétention qu'avoit M. Dangeau, chevalier d'honneur, de prêter le serment avant lui. M. de Vieuville, Me des requêtes, qui a acheté la charge de secrétaire des commandememts de Mme de Bourgogne et qui lit les actes des serments, m'a dit que le Roy l'ayant mandé pour recevoir ses ordres là-dessus, lui ordonna de commencer par M. de Meaux, en disant qu'il falloit donner la préférence au mérite si distingué de M. de Meaux. Et il ajouta que le Roy l'avoit répété plus d'une fois et en termes plus forts.

Les amis de M. de Cambray disent toujours qu'il n'y aura pas de censure. Mais les savans et les gens instruits croient qu'on ne sauroit empêcher de censurer le livre ou des propositions particulières extraites du livre sans porter coup à la religion et au culte qui y est établi[2].

Je ne m'alarme pas pour une saignée et quelque petit ressen-

---

timent en cause dans le procès du Quiétisme. Les panégyristes, comme les adversaires de l'ouvrage de Crouslé, lui feraient tort s'ils jugeaient qu'il ait jamais tenu cette histoire pour définitif.

1. Lachat, t. XXIX, p. 276. Elle nous signale la lettre d'Antoine datée du 23 décembre 1697, non encore retrouvée. Là aussi cf. plus haut, p. 136, n. 3, l'abbé parle des bruits d'assassinat qu'on fait courir sur son compte. Je me borne à renvoyer au travail que j'ai publié sur l'*Aventure de l'abbé Bossuet à Rome*. Mâcon, 1900, in-8.

2. Il n'est point superflu de noter le galimatias fort peu intelligible de cette phrase. Mais Floquet a-t-il exactement transcrit ou Antoine entendait-il la question et les questions qu'il tranche si résolument? Comme écho des conversations familiales dans ce milieu intéressant qu'il trahit, ses lettres ne sont pas moins précieuses que celles de l'abbé de Chantérac à Fénelon ; il n'y a point à se demander de quel côté est la dignité.

timent de fièvre. Mais c'est un avertissement pour modérer votre activité et vos sollicitations[1].

L

17 janvier 1698.

On mande de bien des côtés que le Livre de M. de Cambray aura bien de la peine à se tirer d'affaire à Rome.

Il manque une lettre du 20 janvier.

LI

27 janvier 1698.

M. de Meaux est allé à Versailles parler au Roy sur les deux examinateurs que l'on met avec les autres[2]. C'est une nouvelle charge et de nouveaux embarras pour vous. Les amis de M. de Cambrai espèrent toujours d'empêcher la censure et prennent le Pape pour franc innocent[3].

LII

† *Paris 3. feurier 98.*

Nous auons receu uos lettres du 14. M. de M[eaux] et M. Cha-

---

1. Lettre de l'abbé Bossuet à son oncle, du 31 décembre 1697 (*Ibid.*, Lachat, XXIX, 264) (Note de M. Levesque, p. 135, n. 2). Cette référence aurait quelque besoin d'être complétée, mais ce serait toute l'histoire de « l'aventure de l'abbé Bossuet à Rome qu'il faudrait recommencer et je me borne à renvoyer à mon travail sur la matière. Les lettres des 10, 17 et 24 février que Floquet, nous ne saurons jamais pourquoi, a omis de nous conserver, auraient peut-être apporté quelque éclaircissement à ce problème.
2. Lettre de Bossuet à son neveu, 20 janv. 1698. Lachat, XXIX, 280 (*Revue Bossuet*, p. 136, n. 1).
3. *Ibid.*, p. 135-136.

sot et moi Ils sont a uersailles j'attens leur lettres. [[*Vous* leur [mandez] qu'on parle d'assassinat, c'est bien fait de s'en moquer et de ne pas laisser d'être sur ses gardes au pais ou uous etes. *On* m'a mesme voulu faire [entendre] (?) sans le dire, que *vous* (aviez) [1] été attaqué la nuit [;] vous nous l'auriés mandé [2], ce qu'il j a de certain, c'est que *vous* (êtes) ueillé de prez et que (s') il arrivoit quelque chose *les jésuites* et le *Père de la Chaise* même ne (vous) menageroient nulle part, *le cardinal de Bouillon* a repos de ce coté la.

Je crois que le secret de l'affaire du *livre de M. de Cambrai* est renfermé entre ceux que *vous* (avez) nommé, il leur en peut échapper quelque chose qui se mande ici, tant j a que nos *ennemis* disent touiours sourdement qu'il n'i aura point de censure [3] et qu'on s'en tiendra aux explications et soumissions generalles.

Monsieur de Meaux pourroit bien donner un mémoire (au) nonce (?) *pour le Pape* [4] [,] qui avancera [,] par ce courrier ou

---

1. Cette lettre, comme la plupart des suivantes, comporte un bon nombre de chiffres qu'il a fallu traduire. Ainsi qu'il a été fait déjà, les caractères italiques signalent les mots écrits en chiffres, et les parenthèses avertissent des modifications. L'autographe portait, par exemple : « 1. leur mande qu'on parle... voulu faire sans le dire 8.32 auoit été attaqué... ce qu'il j a de certain 5.8.1. est ueillé », etc.

2. Ce raisonnement d'Antoine pourrait bien pécher par la base. L'enquête annoncée plus haut, par la confrontation des dates et des lettres assez embarrassées de l'abbé Bossuet, amène plutôt à conclure que celui-ci, peut-être pour cause, ne se hâta guère d'avouer l'incident. Il a quelque peine à rendre compte de son retard à « mander » les bruits répandus sur cette attaque vraie ou prétendue.

3. Il y aura lieu de compléter la clef donnée par Lachat à la fin de cette correspondance de Bossuet. On rencontre ici plusieurs signes absents de ses tableaux ou qu'il a certainement oubliés ; par exemple, il publie dans une lettre du 9 septembre 1697, de Bossuet à son neveu : « Qu'un abbé... lui avoit dit que C. n'alloit pas à F., mais à quelque chose de moins » (Lachat, t. XXIX, p. 149). Il faut lire évidemment que « *l'affaire* n'alloit point à *une censure* », etc. Ici, le manuscrit porte : *le secret de l'affaire du 55. est renfermé entre ceux que 1. a nommé... tant y a 8 nos 53, disent touiours sourdement qu'il n'i aura point de f.* — 53 est absent des clefs établies, et 52 y signifie *ami*. Du reste, l'idée appelle ici nos *ennemis*, ce que confirmera une lettre déchiffrée par Dom Coniac. Cf. p. 194, n. 4.

4. Autographe : « Un mémoire à 23.60.21. » — Les clefs connues ne donnent pas le sens de chiffre 23, mais 22 y désigne le nonce.

GRISELLE.

par le prochain¹. Prenes soin de uotre santé, ie recommande a Mʳ phelyp[eaux] le meme soin de la sienne, celle de mad. foucault

1. Le mémoire était préparé de longue date, puisque, le 28 janvier, l'évêque avait écrit à son neveu : « Je viens de chez le roi, tout va bien pour l'affaire générale. J'ai fait un mémoire dont on me doit rendre réponse dans deux jours : il est capable d'acheminer les affaires » (Lachat, t. XXIX, p. 289). Le 15 février, Bossuet mandait à son neveu : « J'enverrai, par le premier ordinaire, un Mémoire que le roi donnera demain à M. le nonce : on a eu de bonnes raisons pour ne le pas envoyer plus tôt. Ce mémoire dira tout ce qu'il faut » (*Ibid.*, p. 310). Il s'agit du *Mémoire remis par le Roi entre les mains du nonce, pour être envoyé à Rome, et porter le Pape à accélérer la condamnation du livre de M. de Cambrai*. Il a été publié dans la correspondance, après la lettre de Bossuet à son neveu, du 17 février (Lebel, t. XLI, p. 68 ; Lachat, t. XXIX, p. 312). — Cf. *Lettres de Louis XIV au cardinal de Bouillon*, lettre XIII, du 14 février ; *Documents inédits, Mélanges hist.*, t. IV. Imp. nat., 1882 in-4, p. 719. — Bossuet en écrit, dans cette lettre : « Le Roi manda M. le nonce exprès dimanche (c'était la veille, 16 février), afin qu'il envoyât dès le lendemain, de la part de Sa Majesté, le mémoire dont je vous fais passer copie. Le Roi s'est expliqué fortement » (*Ibid.*, p. 311). La lettre d'Antoine dit clairement, ce dont personne ne doutait, de quelle plume s'était servi le roi, pour « s'expliquer fortement » et « presser la condamnation » ; ce qui n'empêche pas Bossuet, dans la même lettre, de se plaindre des « cabales réunies » et du « coup de partie » qu'est, à son avis, la nouvelle déclaration des examinateurs. De même, à en croire le *Mémoire* : « Si les évêques de France publient d'autres écrits contre les livres de l'archevêque de Cambrai, ce n'est point pour l'instruction du procès à Rome, mais seulement pour l'instruction de leurs peuples », etc. (*Ibid.*, p. 313). Sans doute, il importait d'éviter de paraître prévenir ou influencer le jugement de Rome (Cf. plus haut, p. 132, note 2). Mais comment ne pas relever la contradiction entre les écrits publics de l'évêque de Meaux, et ceux de l'intimité ? Il avait positivement avoué, dans la lettre du 27 octobre précédent, que le but, qu'il s'efforcera ensuite de réduire à l'instruction des peuples, était au moins double et comprenait « la préparation du jugement ». « ... Ce qui nous oblige à instruire le peuple, *et à préparer les voies au jugement qu'on attend* » (Lachat, t. XXIX, p. 195). Il était prudent, on le conçoit, de répudier cette seconde raison, dans les conversations avec le nonce, dont rend compte la lettre du 10 mars 1698 : « Nous n'avons pas le dessein d'écrire beaucoup, mais seulement de petits livres latins, ce qui nous est nécessaire, non seulement pour l'Italie, mais encore pour les Pays-Bas, etc... C'est faire tort à Rome, que de

et de uotre frere est de meme et la mienne aussi grace sa dieu. Je ne uous laisserai pas manquer d'argent mais uoiés ou les croire qu'elle ait besoin de nos instructions pour juger... » (*Ibid.*, p. 339). Le vrai sens nous est donné cependant par les pressants appels de l'abbé Bossuet et de son compagnon de Rome : « Vous ne sauriez tous trois (l'évêque de Chartres et l'archevêque de Paris) trop parler, trop écrire, trop faire de bruit, s'il m'est permis de parler ainsi » (L'abbé Bossuet, lettre du 4 février 1698, Lachat, t. XXIX, p. 303). « J'attends la *Préface* avec impatience : l'écrit latin fait à cette heure un bon effet ; ce qui est en françois n'en produit pas un pareil à beaucoup près. M. de Cambrai a envoyé ici son *Instruction pastorale* traduite en latin » (*Ibid.*, lettre du 25 février. p. 323. Cf. la lettre de Phelipeaux du 4 mars, p. 331). A mainte reprise, l'abbé Bossuet révèle candidement la position véritable. Il indique à son oncle la besogne urgente : « Il est bon aussi que vous sachiez qu'une des choses qui fera ici le plus de tort à M. de Cambrai, c'est qu'on s'imagine qu'il est cartésien, et qu'il préfère cette philosophie à la commune : cela gendarme ici quelques-uns des principaux examinateurs contre lui. Au reste, il n'est pas nécessaire que vous mettiez votre nom à cet ouvrage. Il ne faut même l'imprimer que pour ce pays-ci, vous réservant à faire imprimer le français quand il vous plaira... Encore une fois n'hésitez pas à faire imprimer tout ce que nous vous demandons pour ce pays-ci... » (Lettre du 12 novembre 1697, Lachat, t. XXIX, p. 212. Cf. 11 mars 1698, p. 348). « Les ouvrages latins sont essentiels pour les cardinaux. » — La réponse de Bossuet est du 2 décembre : « On va travailler à l'impression que vous souhaitez » (*Ibid.*, p. 232). Il dira encore, le 28 avril suivant : « On ne fera plus rien qu'on ne mette en latin et en françois » (*Ibid.*, p. 403). Bossuet entra donc pleinement dans les vues de ses correspondants de Rome et ne renonça jamais à « préparer les voies au jugement » (Cf. lettre du 29 septembre 1697) : « Je fais imprimer pour vous, mais non pas divulguer ici, l'écrit latin intitulé : *Summa doctrinæ* » (Lachat, t. XXIX, p. 161). Mais il recommandait, comme nous l'avons déjà dit, de ne pas *paraître* anticiper sur la décision qu'il pressait : « Vous aurez, en voyant M. le cardinal Spada, à lui expliquer les motifs des deux écrits que vous lui rendrez... et à me préparer une favorable attention sur tout ce que je pourrai envoyer par rapport aux dispositions de deçà, etc. » (Cf. plus haut, p. 119. Lettre à son neveu, 26 août 1697, Lachat, t. XXIX, p. 139). Rien de plus formel enfin que cette phrase, écrite par Bossuet le 18 octobre 1698. « Il n'y a qu'à dire que nos écrits ne font rien au jugement du livre accusé *et que nous les publions uniquement pour l'instruction du peuple* » (Lachat, t. XXX, p. 48). Le neveu remplissait son mandat, témoin la relation de son audience du 16 mars : « Je fus

choses uont 17 mille liures de guerin¹ et ce que uous aués touché de moj².

Je fus hier moi meme sauoir l'état de la santé de M. le Card^{al} de Janson. Je parlé a un valet de chambre qui uous connoit et qui me dit que S. E. auoit recu de uos nouuelles. J'y viens encores demain. Il n'a plus de fieure. Il se porte de mieux en mieux.³

encore bien aise de le prévenir (le Pape) sur les écrits que vous et les évêques de France jugez à propos d'opposer aux nouvelles illusions de M. de Cambrai... je lui en dis toutes les raisons *par rapport à la France* » (Lachat, t. XXIX, p. 355, lettre du 18 mars 1698). Que de divergences analogues, suivant la couleur du correspondant ! Une lettre de Bossuet à son intime ami, l'évêque de Mirepoix, où il se défend d'avoir porté la cause au Saint-Office (3 septembre 1697), c'est-à-dire recouru à un tribunal supérieur (Lachat, t. XXIX, p. 148), est instructive, comparée avec la lettre au cardinal d'Aguirre, du 6 avril 1698. « C'est donc, Monseigneur, pour empêcher ce mal de gagner que nous écrivons. Mais à Dieu ne plaise que nous donnions nos écrits comme des préjugés. Nous reconnoissons dans la chaire de saint Pierre le dépôt inviolable de la foi... Je me tiens assuré que ce qui sortira de ce siège sera le meilleur », etc. » (*Ibid.*, p. 373). Est-ce absolument la même pensée qui se fait jour, dans cette lettre confidentielle à son neveu, du 24 février précédent, où percent des craintes vives sur l'issue de l'affaire : « La vérité est, que si Rome ne fait pas quelque chose digne d'elle et les cardinaux de leur réputation, ce sera un scandale épouvantable... » (Cf. Lettre du 7 juillet 1698, *Ibid.*, t. XXIX, p. 319). Ne faisons donc pas à Fénelon le tort de ne relever que dans ses lettres seules ce qu'on nomme « bénignement » des contradictions. L'histoire est l'histoire, et non un plaidoyer pour une cause épousée d'avance d'après des « préjugés » de seconde main.

1. Cf. plus haut, p. 60 et 80, Lettre IX, p. 617. Guérin était à Lyon, comme on voit dans une lettre de l'abbé à son oncle, 30 septembre 1697. Lachat, t. XXIX, p. 164. On lit *Guenin* dans *Revue Bossuet*, 25 octobre 1903, p. 223. Cf. plus bas, p. 225, n. 1.

2. On a déjà vu quelque chose des inquiétudes de l'abbé Bossuet à ce sujet (Voir plus haut, p. 140). Cf. la lettre à Bossuet, du 21 janvier 1698, contenant une apologie de ses dépenses (Lachat, XXIX, t. 285) et la réponse de son oncle, au 9 février : « Modérez-vous dans votre dépense, mais ne vous dégradez pas. Vous savez tout ce que je suis obligé de faire, l'argent comptant est fort rare » (*Ibid.*, p. 305).

3. Nous avons vu (plus haut, p. 68, à propos de la lettre V, pourquoi Antoine s'intéressait à ce point à la santé de M. de Beauvais, et comment l'abbé Bossuet, qui avait vu à Rome le cardinal, comptait sur

M. l'Eu. de Toul. a refusé l'archeuesché de Bourdeaux[1] et l'on a donné celui de Boulogne a M. l'ab. Gerard[2], ainsi Bourdeaux est vacant. Je le souhaitte a M. l'ab. de Noirmoutier[3].

Monsieur
Monsieur l'abbé bossuet
a Rome.

Entre cette lettre et celle du 6 mai suivant, la correspondance d'Antoine est muette, sauf par les extraits vraiment trop sommaires de M. Floquet : ils serviront du

---

sa protection pour son avenir. — Sur l'indisposition de l'évêque de Beauvais, voyez la lettre de Bossuet à son neveu, du 15 février 1698 : « Vous avez été en péril de perdre un bon ami. M. le cardinal de Janson a été fort malade d'un fâcheux rhume. On l'a saigné trois fois de ma connoissance, et il devoit l'être une quatrième fois si le mal avoit pressé : il est à présent, Dieu merci, hors de péril. Le roi et toute la cour en ont été fort en peine » (Lachat, t. XXIX, p. 310).

1. Il s'agit de M. de Bissy, futur cardinal et successeur de Bossuet à Meaux. Saint-Simon, dans une addition au *Journal* de Dangeau (t. VI p. 253) a pris soin d'envenimer les motifs de son refus et de tout attribuer à une ambition hypocrite. On sait quel fond il faut faire sur les appréciations de Saint-Simon. Si « certaine école voit rouge, dès qu'il s'agit de jansénisme », comme l'insinuait naguère un critique moins au courant du xviie et du xviiie siècle que des choses de l'émigration et du premier Empire (Cf. *Correspondant*, 25 janvier 1902, de Lanzac de Laborie, *Une apologie du cardinal Dubois*, p. 349), Saint-Simon, pour le moins, poussait au noir lorsqu'il s'agissait d'antijansénistes. Au reste, il le faut avouer, Bissy n'agit guère d'une façon noble en certaine circonstance que révèle une lettre de Bossuet à son neveu (27 octobre 1697, Lachat, t. XXIX, p. 196). Il semble avoir trahi la confiance de Fénelon, ce pourquoi il n'encourut aucun blâme de la part de Bossuet : « On est étonné, écrit celui-ci, parlant de l'archevêque de Cambrai et de son ordonnance pastorale, du soin qu'il prend de cacher une ordonnance qui doit être publique... Un évêque savant auquel il l'a communiquée, m'a fait savoir qu'elle étoit pire que le livre : l'évêque de Toul. »

2. Girard, Cf. plus haut, p 140, note 2.

3. C'est le futur cardinal de la Trémouille (Cf. plus haut, p. 140, note 3). L'abbé Bossuet avait aussi sans doute des raisons de souhaiter la promotion de l'abbé de Noirmoutiers, s'il espérait, comme l'insinue sa lettre du 14 janvier, sa place d'auditeur de rote (Cf. *Ibid.*).

moins à numéroter les lettres dont l'existence a été contatée. Rendons pour cela la p arole à la *Revue Bossuet*.

LIII

10 fév. 1698.

M. Floquet ne la donne pas ici, sans doute parce qu'elle n'avait rien de particulier sur ce sujet, ou parce qu'il en voulait mettre le contenu dans une autre partie de son histoire. Il se contente de mettre : *Relative à la scène nocturne prétendue*.

LIV

17 fév. 1698.

M. A. Floquet n'en reproduit rien non plus, sans doute pour la même raison. Il note seulement : « Bruits de cette rencontre nocturne[1]. »

LV

24 fév. 1698.

Même objet [1].

M. Eugène Levesque, toujours indulgent au neveu du grand homme, en faveur de son oncle, s'est abstenu de souligner ces titres significatifs des lettres disparues, qui pourtant n'étaient pas si fort étrangères qu'on le veut bien dire à la campagne antiquiétiste. Il m'est permis du moins, après avoir essayé de débrouiller vainement cet incident obscur, de déplorer que M. Amable Floquet, qui fait un peu porter aujourd'hui à son héros la peine de ses admirations trop aveugles et partiales, nous ait privé de récits intéressants sur l'aventure, plus ou moins « prétendue », dont il était question dans ces trois lettres. Au reste, même

---

1. *Revue Bossuet*, p. 136.

dans les extraits conservés, du mois de mars, il demeure de quoi embarrasser les apologistes trop dévoués du triste mandataire de l'évêque de Meaux et l'inquiétude paternelle y perce assez vivement pour que, comme il le dira, le 10 mars, « ce soit une pure fable, et qu'il n'y ait pas quelque fondement à ce mauvais conte. » Donnons ces textes, si incomplets, mais suggestifs cependant.

LVI

3 mars 1698.

M. de Meaux a présenté son dernier livre[1] ce matin au Roy à Versailles. On vous l'enverra.

On parle toujours de votre affaire. Le Cardinal de Janson et le Cardinal d'Estrées ont assuré M. de Meaux qu'on ne leur en mande rien[2].

Nous attendons de vous ce qui en est.

Nous espérons une bonne censure. Elle seroit meilleure si elle étoit prompte.

LVII

10 mars 1698.

Les bruits viennent de tant d'endroits qu'il est difficile que ce

---

1. Le livre intitulé : *Divers écrits ou mémoires*, etc., achevé le 22 février 1698 (Note de la *Revue Bossuet*, p. 136).

2. Note de la *Revue Bossuet*, p. 137. Lachat, XXIX, 327. Voir plus bas, p. 147. — Cette dernière référence renvoie à la lettre du cardinal de Forbin-Janson à l'abbé Bossuet, du 24 mars, qui est un « bon témoignage » donné à distance d'après « la connaissance » du païs « où réside l'incriminé », la bonne conduite qu'il a tenue au temps où Janson était à Rome et les élogieuses lettres qu'il a reçues de « Geory, du P. Peyre, de l'abbé Pighius et du théatin Du Buc. » Mais dans cette même lettre le cardinal déclare qu'on ne lui a rien mandé de Rome sur cette aventure : les lettres alléguées seraient antérieures, et en tout cas, ne traitent pas le sujet. Il avait eu des nouvelles le 3 février. Cf. *supra*, p. 148.

soit une pure fable et qu'il n'y ait pas quelque fondement à ce mauvais conte. On écrit de Rome à Dijon. Vous avez vu ce qu'on mande à M. de Chasot qu'on écrit à M. de Metz de tous côtés. Vous savez que c'est le P. de la Chaise qui l'a dit au Roy. Tout ce qui s'en débite vient des Jésuites et du Card. de Bouillon.

M. Phelipeaux n'en dit rien du tout. Cela est trop discret : je voudrois bien savoir ce qui en est précisément[1].

Les amis de M. de Cambray chantent presque victoire. Il faut écrire sobrement sur les sentiments du Pape et des cardinaux, à moins de savoir de bonne part[2]. On ne laisse pas de bien espérer sur ce que vous en dites.

Je joins aux nouvelles à la main la *Gazette de Hollande*, où vous verrez dans l'article de Paris, ce qui se dit des dispositions de Rome par M. de Cambray[3].

On a tout dit à votre tante, qui nous presse de vous faire revenir promptement, de peur des accidents. Rien n'a jamais été si répandu. Le nonce, M. le C. de Janson, et le C. d'Estrées disent toujours qu'on ne leur mande rien[4].

---

1. Phelipeaux, mécontent du peu d'attentions qu'on eut ensuite pour lui, ne fut pas toujours aussi discret ; car la plus forte présomption qui demeure à la charge de l'abbé, vient précisément des paroles de son ancien mentor. Ce qui est plus sûr encore, c'est qu'on n'a jamais « bien pu savoir ce qui en est précisément ».

2. Ces appels à la modération qu'on voudrait plus nombreux sous la plume de Bossuet, et dont on chargeait sans doute le père, soucieux, comme il était naturel, de l'avenir de son fils, ne laissent pas d'être éloquents. Mais l'abbé, en dépit du secret rigoureux, juré et imposé à tous ceux qui trempaient dans l'affaire, fut toujours exactement informé. Lui et Phelipeaux s'en vantent, les imprudents, car ce n'est pas le plus beau côté de cette histoire.

3. Si c'est bien le texte, et s'il ne faut pas lire : *pour*, c'est nettement une de ces accusations dont l'abbé fut si prodigue, de prêter à Fénelon des insertions dans la *Gazette de Hollande* ; du reste la lettre du 17 mars confirme le texte *par*. J'ai montré combien il avait tremblé d'y voir « affichée » son aventure et comment il avait demandé lui aussi son communiqué élogieux, que j'ai cité. *Aventure de l'Abbé Bossuet*, p. 89 et suiv.

4. Cette assertion répétée des cardinaux en question rend singulièrement sceptique sur ce silence de leurs correspondants à cet égard ; ils étaient donc seuls à ne rien entendre d'un bruit si répandu.

LVIII

17 mars 1698.

J'envoyai votre paquet à Meaux[1]. Il me renvoiera votre lettre pour m'instruire de ce qui vous regarde. Après le bruit universel que cela a fait, cette affaire est devenue à mon égard la principale.

Quant au Livre, la cabale se fortifie de plus en plus ; elle est attentive à tout et se prévaut des longueurs de Rome. C'est quelque chose que les conférences soient doublées et qu'il ait deux cardinaux à la tête, doctes et bien intentionnés.

Vous avez vu le soin que leurs amis prennent de mettre les nouvelles publiques de leur côté et les Gazettes de Hollande.

Vous verrez par la ci-jointe comment ils donnent sur l'abbé Boileau, ami de M. Bontemps, qui prêche à Saint-Roch. Il a prêché une fois ou deux contre le Livre. Ils le veulent tourner en ridicule pour empêcher les autres prédicateurs d'en parler[2]. Les Jésuites qui parlent avec plus de réserve[3] disent que tout le bruit qu'on fait ne va qu'à une question de nom sur quoi on ne veut pas s'entendre. Les dernières pièces de M. de Meaux paroissent bien fortes : il y en a assez ; il ne faut plus entrer en disputes. Il semble qu'il ne faut plus que réduire et décider. On ne sauroit s'imaginer combien la religion souffre de tenir les esprits flottants et incertains. Je suis las de toutes ces longueurs[4].

---

1. Lettre du 25 février (*Revue Bossuet*, p. 137, n. 2).

2. Quel dommage que cette « ci-jointe » racontant les exploits et les mésaventures de la station de Saint-Roch ne nous soit pas conservée ! Elle ajouterait un chapitre aux procédés des antiféneloniens si portés à se servir de la chaire pour appuyer leur campagne.

3. Que devait-il en être des autres ?

4. Le bon apôtre, soucieux de la religion et fatigué d'attendre que celui qui la perd soit enfin confondu ! Mais Antoine n'est qu'un écho,
ce titre, plus intéressant encore.

LIX

24 mars 1698.

M. de Meaux me mande qu'il a fait un mémoire sur cette affaire pour Mᵉ de Maintenon et le Roy [1].

Vous n'avez plus rien à mander là dessus que ce qui se pourra dire et faire de nouveau. Le reste s'en ira comme il est venu. On dit dans le monde que ce sont les amis de M. de Cambray qui vous veulent chasser de Rome.

Portez-vous bien, et M. Phelipeaux que j'embrasse, et prenez patience jusqu'au bout. Ayez bon courage et redoublez de force et de sagesse.

On m'a dit que le gazetier à la main avoit parlé deux fois de l'histoire dans ses gazettes. La famille vous salue. Je mande à M. Chasot de ne se plus mettre en peine de tous ces contes. Il suffit de traiter tous ces bruits de fables.

LX

Paris, 31 mars 1698.

Je ne vous dirai rien de l'effet qu'a eu à la cour ce que vous avez fait passer par les mains de MM. de Meaux et de Paris, et ce que M. de Paris a écrit par la même voie. Vous le saurez d'ailleurs. Mais M. l'abbé Renaudot a pris soin d'avertir M. de Meaux, et même d'envoyer des extraits de lettres écrites de Rome du 4 de ce mois, au Nonce, au card. de Janson, au card. d'Estrées par M. Vaini, Giorri, abbé de la Trémoille et quelques autres où on traite les mauvais bruits qui avaient alarmé, de fausseté et de malignité si étrange, et où on parle de vous avec tant d'éloges sur les affaires dont vous vous mêlez et sur votre conduite que je ne doute pas qu'on ne soit bien désabusé, et que le mal qu'on a voulu faire ne retombe sur les auteurs.

---

1. *Revue Bossuet*, 25 octobre 1903, p. 223 (Note de la *Revue Bossuet*, p. 138). La référence doit être inexacte, car rien ne répond, à l'endroit cité, au mémoire de Bossuet.

Tous ces MM. sont bien intentionnés. M. de Paris de même ; et je ne doute pas que M. de Torcy ne soit de même. Cela ne vous doit rendre que plus circonspect et retenu à l'égard de tout le monde, même du card. de B[ouillon][1] et des jésuites. M. de Meaux me mande que M. l'abbé Renaudot en use très bien de tout côté et que vous lui avez beaucoup d'obligation. Je l'ai remercié. M. l'abbé de la Trémoille semble ne pas douter de la censure.

LXI

Paris, 7 avril 1698.

J'ai été comme vous sur la gazette de Hollande, je tremblois à chaque fois qu'on me l'apportoit. Mais depuis quinze jours que j'ai vu tout ce qu'on a mandé de Rome et tous les bruits tombés, comme s'il n'en avoit point été parlé, et passant pour une pure calomnie, je me suis rassuré et je crois que cela ne viendra plus. Il est trop tard pour s'en aviser : c'est toujours bien fait de prévenir.

M. de Meaux me mande qu'il en écrit à M. de Reims, qui sait comment on s'y prend[2] et qui me fera savoir de ses nouvelles là dessus.

Je ne doute pas que M. de Meaux ne vous envoie copie d'une lettre que M⁰ de Maintenon luy a écrite pour servir de réponse à [vous] et à luy[3] A tout hazard je vous en envoie une.

Les trois lettres de M. de Cambray à M. de Paris[4] sont ici fort publiques, et il me paroit que ses amis et ceux des jésuites et M. le card. de Bouillon parlent avec plus de confiance que jamais,

---

1. La *Revue Bossuet* imprime *Bourbon*.
2. Pour faire faire une insertion, car, pour suppléer ici au commentaire absent de la *Revue Bossuet*, il s'agit du dessein conçu par l'abbé et communiqué à son oncle, de faire démentir les faux bruits. Cf. *L'aventure de l'abbé Bossuet*, p. 89 et suiv.
3. On lit : *nous*, dans la *Revue Bossuet* ; n'est-ce pas une faute de lecture ?
4. Dans le catalogue des livres, lettres, etc. recueil dressé de la main de Ledieu et publié par la *Revue Bossuet*, janvier 1901, on lit : « Dans le caresme de 1698 on reçut à Paris trois lettres françoises de M. de Cambray à M. de Paris sur son instruction du 27 octobre 1697 et une quatrième lettre sur l'addition faite à cette instruction réimprimée, in-12 » (p. 51).

même depuis l'augmentation des deux cardinaux, qu'on ne décidera rien à Rome contre luy. Cela joint à ce que vous me mandez que vous craignez, me fait douter plus que jamais d'un bon succès.

M. Phelipeaux sera aussi fâché que vous si les choses ne vont pas bien. Je ne puis croire qu'on laisse le livre comme il est. Je voudrois que nos évêques l'eussent défendu dans leurs diocèses. Ils valent bien des examinateurs de Rome [1] On n'en voit que trop les désordres ; il vaudroit mieux ôter la clôture aux convents.

Je suis fort aise de votre audience. Ne pourriez-vous point luy faire et luy lire quelque Mémoire sur la matière qui n'enfonçât pas, mais qui touchât [2].

LXII

14 avril 1698.

Le monde croit qu'on a assez écrit contre M. de Cambray. Il n'y a plus qu'à le ramener à son livre qu'il veut faire perdre de vue, en embarrassant à cause des propositions qui y sont et dont il voit bien qu'au pied de la lettre il ne peut éviter la censure, surtout en ce pays ici où on le connoit, et le fond de sa créance qui ne va qu'à autoriser celle de M⁰ Guyon qu'il n'a pu même encore se résoudre de condamner expressément et de qui les pernicieux livrets ont grand cours dans son diocese.

Le silence de Rome est mortel [3]. On a assez contesté sur les citations et les explications forcées. Tout cela ne sauroit rendre bon le texte d'un livre que tout le monde a trouvé si mauvais, dès qu'il a paru, et qui a de si étranges conséquences. Toutes les per-

1. Voilà certainement des échos de propos entendus ; on n'est trahi que par les siens.
2. *Revue Bossuet*, p. 139. — Le conseil est plein de saveur : toucher le pape, sans trop entrer dans la matière, que sans doute il n'entendait pas, comme insinuent charitablement ailleurs les amusants correspondants, c'était le secret toujours cherché.
3. Vous verrez qu'à force de vivre dans l'orbite du « Père de l'Église » célébré par La Bruyère, Antoine s'imaginera qu'avec son frère, il sauve l'Église, compromise par le silence ou la lenteur du pape.

sonnes de piété en sont scandalisées. Je ne souhaite rien tant qu'un changement de Pape [1].

On dit que le card. de Bouillon est maître de faire dire ce qu'il veut dans les gazettes par Berg-op-Zoom et qu'il ne faut rien prévenir, tout étant détruit jusqu'à la racine [2].

Je suis ravi qu'on soit content de la Préface. Il ne faut point prendre le change avec M. de Cambray.

LXIII

Paris, 21 avril 1698.

Nous avons reçu vos lettres du 1er de ce mois. Je me suis volontiers désabusé des mauvais bruits ; mais je ne laisse pas de craindre que ces inventeurs n'en demeurent pas là et ne cherchent de forger quelques nouvelles machines contre vous. Il faut si bien faire qu'ils n'aient point de prise : vous ne manquerez pas à être sur vos gardes. Le card. de Bouillon a mandé ici, il y a déjà bien du temps, que les examinateurs avoient été partagés et que c'étoit pour cela qu'on avoit ajouté deux cardinaux.

Rien n'est plus commun que d'entendre dire que Rome ne fera rien ; et il y a en ce pays ici bien plus de gens pour M. de Cambray que d'autres, même à la cour où le commun du monde est pour celui qui adoucit la sévérité de la religion et *qui tollit peccata mundi* [3], qui retranche les bonnes œuvres [4], et établit un fanatisme par où chacun se puisse faire heureux à sa mode.

1. Ce souhait d'un « changement de pape » a décidément hanté l'entourage de l'évêque de Meaux.
2. C'est toujours la préoccupation des insertions, possibles dans les lardons de Hollande, de récits de l'« aventure » de l'abbé ; et le pauvre père en demeure occupé dans la lettre suivante, avouant piteusement qu'il ne croit plus rien des bruits, mais qu'il craint qu'on en forge encore.
3. L'allusion à la dévotion aisée est encore un écho significatif. Voilà Fénelon passé probabiliste ; mais du moins l'aveu, dénué d'artifice, constate que M. de Meaux n'a pas pour lui, comme il a sans cesse persisté à le faire entendre, « la ville et la cour » soulevés pourtant, à l'en croire, contre ce livre trouvé si mauvais, et, pensons-nous, surtout jugé singulièrement ennuyeux et sec.
4. On croit rêver d'entendre accuser Fénelon de « supprimer les

Voilà où les longueurs qu'ont apporté par deçà les prélats et qu'on apporte là bas¹ mettent les choses. Aussi voit-on M. de Cambray parler plus haut que jamais, et ses amis. C'est luy qu'il semble qui devienne l'agresseur par ses nouvelles lettres. Il prétend par son savoir faire mettre à bout la théologie et si on ne se dépêche de l'abattre² il deviendra le plus fort. A la cour et à la ville on fait déclarer ouvertement le C. de Bouillon et les jésuites.

Cela vous doit faire renouveler de force. Quand il n'y auroit de dans le livre le trouble involontaire³ que le card. de Bouillon ne desavoue pas qui ne soit mauvais, il ne sauroit éviter la censure, quand même on prendroit pour bon ce qu'il dit pour se moquer des gens que ce n'est pas lui qui l'y a mis, étant ce qu'il y a encore de plus net et de plus criant.

LXIV

Paris, 28 avril 1698.

Les amis de M. de Cambray se savent bon gré d'avoir si bien fait qu'ils ont engagé Rome à nommer publiquement des examinateurs et à mettre leur affaire en procès par écrit et par là en de grandes longueurs, pendant lesquelles M. de Cambray se donne carrière par infinité d'écrits. Il devient l'agresseur, impose au public par ses déclamations et met de son côté les foibles et les

---

bonnes œuvres », comme si sa doctrine du pur amour n'exigeait pas une si surhumaine « perfection » que M. Delplanque a pu le prendre en défaillances fréquentes de cet idéal, et lui reprocher presque de ne l'avoir pas toujours pratiqué.

1. Vous voyez bien que Rome ne sait que perdre la religion ; les évêques amis de M. Meaux n'auraient pas tant tergiversé à donner une décision dogmatique.
2. Il est grand temps et il y a vrai péril en la demeure ! Tous ces commentaires des lettres et de la conduite de Bossuet, donnés par son bonhomme de frère seraient amusants s'ils n'étaient si tristes. Vraiment les répliques parfois vives et indignées de Fénelon accablent moins l'évêque de Meaux que l'admiration fraternelle s'étalant sottement dans ces billets.
3. Voir plus haut, p. 105, note 3.

ignorants qui sont le plus grand nombre, et qui croient qu'il n'y a rien à redire dans ses livres puisqu'on tarde tant à prononcer Ils pretendent avoir pour eux les cardinaux espagnols, outre l'ambassadeur sans compter les jésuites, le C. de Bouillon et plusieurs autres. M. de Meaux ne laisse pas de bien espérer, se fondant sur la bonne cause et sur vos soins. Il voit bien que vous avez besoin d'un grand flegme dans les sollicitations et de modérer beaucoup votre vivacité naturelle. Il en a bien besoin pour luimême, ayant affaire à des gens foibles qui lui donnent bien de l'exercice [1].

Il faut placer ici le fragment inédit d'une lettre de Maurice Le Tellier, du 5 mai, dont les premiers éditeurs n'ont publié que les phrases relatives à l'aventure de l'abbé Bossuet et aux incidents du procès des *Maximes des Saints* :

A Versailles, Lundi 5e may 1698.

Vostre lettre du 15e du mois passé m'a esté rendue auec le billet cy ioint que uous m'auez adressé dans vostre pacquet, l'affaire dont on vous parle dans ce billet a été rapportée chez moi il y a plus de deux mois, je signay pour lors un arrest interlocutoire par lequel il est ordonné que les informations faites de part et d'autre en prouence seront raportées, ie n'ay pas entendu depuis parler de cette affaire, lorsqu'elle reuiendra deuant moy j'auray toute l'attention que vous pouuez desirer pour faire à la sœur de la Croix [2] le plaisir que la iustice me permettra.

1. *Revue Bossuet*, l. c., p. 140.
2. Les détails d'ordre privé dont traite ce billet expliquent pourquoi les Bénédictins n'en ont cité que les passages enfermés par eux, sur l'autographe, entre des crochets, figurés ici par les doubles parenthèses (Cf. éd. Deforis, t. XIV, p. 196). Plus gratuitement encore les éditions Lebel, Lachat, Guérin, etc., ont supprimé de cette lettre même ce que les premiers éditeurs en avaient gardé, et il n'en reste plus trace chez eux. — Cette sœur de la Croix est sans doute la religieuse dont il est question à plusieurs reprises dans la correspondance d'Antoine (Cf. plus haut, p. 63; lettre III, 2 juillet 1696; lettre IV, 9 juillet, *ibid.*, p. 66).

[[Vous debuez auoir p[rese]ntement l'esprit tout à fait en repos sur le sujet de la calomnie qu'on auoit pris en gré de respandre contre vous; i'ay leu ce que M. vostre oncle uous a enuoyé par ou vous aurez veu que l'affront qu'on vouloit vous faire est retombé sur vos accusateurs : ie m'en resiouis de tout mon cœur auec uous.]]

ie partiray d'auiourd'huy en huict iours pour m'en aller à reims, ie compte d'y demeurer iusques à la fin du mois d'aoust parce que i'ay beaucoup d'affaires dans mon diocese principallement sur la frontiere ou ie n'ay peü aller pendant la guerre, ie seray obligé d'y faire un tour : [[ie vous supplie de me faire l'amitié de me mander dorenauant en droiture des nouuelles de l'affaire de M. de Cambray, affin que i'en sois plustost informé. les lettres que ce prelat a escrittes a M. l'ar. de Paris et a M. de Meaux monstrent partout la corde. ces deux prelats trauaillent actuellement a des reponses qui le chargeront de confusion.]] On ne peut estre plus a vous que j'y suis

L'AR. DUC DE REIMS

La lettre d'Antoine touche de plus près encore aux questions du Quiétisme, comme en témoigne la place des parenthèses, disposées sans doute par un des Bénédictins éditeurs de la correspondance de Bossuet, en vue d'extraits à publier.

LXV

Paris 6 may 98

[[On dit que c'est chez *les Jésuites* que le livre de M. de Cambrai [1] a été mis en latin auec la lettre de soumission (au) *Pape*. M. de

---

1. Les parties chiffrées ont été traduites en interlignes par Dom Coniac. Le manuscrit porte, par exemple, : « On dit que c'est chez 13.56.8.55 a été mis... de soumission à 21 ; 9 ne scait... 18 redige... » Les chiffres 9, désignant *Fénelon*, et 18, signifiant *Bossuet*, manquent dans les clefs publiées par Lachat.

Cambrai ne sçait de quel côté tourner, *il* écrit, donne des explication a sa mode qui ne contentent point, *Le roi et Mme de Maintenon* sont instruits de tout [;] les choses sont arrestées [;] *M. de Meaux* redige, *vous* (sçavez) les points g[é]n[ér]aux, on commancera par communiquer a *M. de Cambrai* et suiuant ce qui arriuera on pourra *écrire a Rome.* car deux des prelats qui ont part aux propositions dont il est parlé dans l'auertissement ne s'en veullent pas tenir a l'explication de leur principes qu'on pretend donner avec plus d'etendue dans les articles urais, ie ne dis rien de plus, *Vous êtes* informé d'ailleurs, on est fort content de ce que *vous* (faites)[1] et du compte (que *vous* rendez), Il est important dans cette conioncture d'etre bien instruit de part et d'autre [;] plus les ... sont embarrassés plus ils usent de tous les moiens *pour* sortir du mauuais pas.]]

Je recois encore une lettre de M. St priest sur le suiet du Benefice dont ie vous ai écrit qu'il dit etre dans leur maison depuis soix[an]te ans[2], le sieur Guérin me faisant reponce sur l'auis que ie lui auois donné et qui deuoit uenir de luj me demande des éclaircissemens inutiles en me marquant que le deffunt abbé etoit de ses amis [.] ie lui mande que ie ne doute pas que M. de Cha-

---

1. Autographe : « ... de ce que fait 32 ». — La phrase d'Antoine n'est pas énigmatique, lorsqu'on se rappelle les fréquentes déclarations de Bossuet. Chaque fois qu'il a eu à défendre la *Déclaration des trois évêques*, que ses adversaires présentaient comme un jugement anticipé et prévenant celui de Rome, il a parlé dans le même sens (Cf. la fin de la lettre du 30 décembre 1697, à son neveu : « Les bons Pères Minimes ont mandé ici, etc. » (Lachat, t. XXIX, p. 261). L'Avertissement mis en tête des *Maximes des Saints* contenait cette phrase : « Deux grands prélats ont donné au public trente-quatre propositions qui contiennent en substance toute la doctrine des voyes interieures ; et je ne prétends dans cet Ouvrage qu'en expliquer les principes avec plus d'etenduë. »

2. Cf. Dangeau, t. III, p. 455. « Le roi, écrivait-il le lundi 24 décembre 1691, a donné à l'abbé Bossuet, neveu de l'évêque de Meaux, l'abbaye de Savigny, près de Lyon, qui vaut aussi 8 000 livres de rente ; elle étoit vacante par la mort de l'abbé Dalbon : il y avoit cent quatre-vingt-dix ans qu'elle etoit dans la maison de MM. d'Albon. » Le bénéfice dont il est question ici dépendrait-il de Savigny ? On voit que la longue possession était invoquée comme argument par les bénéficiaires, et leur semblait constituer un droit.

GRISELLE.

teauneuf ne fasse ce qu'il faut [,] qu'il ne l'en sollicite et qu'il ne vous donne auis de tout [1].

J'enuoié par un exprez uendredi uos dernieres lettres du 16 auril a M. de Meaux. Il fait l'usage qu'il faut de ce que *vous* lui (mandez) touchant *le pape et le roi*. M. de Rheims attend auec sa patience naturelle [2] la réponse sur Sfondrat [3].

Le laquais n'est pas malheureux d'être sorti d'intrigue comme

---

1. Il s'agit apparemment dans ce paragraphe de démêlés relatifs à l'abbaye de Savigny conférée à l'abbé Bossuet en 1691, grâce à l'intervention de Mmes de Luynes (Cf. plus haut, p. 49 et p. 50, note 2). Le nom de l'abbé de Châteauneuf se rencontre dans la correspondance de l'abbé Bossuet avec son oncle et on y voit son titre officiel : « M. de Chateauneuf, mon grand vicaire, pour les bénéfices de mon abbaye », etc. (Lettre du 7 avril 1699, t. XXX, p. 371). Ces détails d'affaires de famille et de procès sont trop obscurs pour qu'on en puisse reconstituer l'histoire.

2. La patience de Le Tellier n'allait pas loin, comme le rappelle la lettre si connue de Mme de Sévigné sur son carrosse renversé par un cavalier, renversé d'abord lui-même, mais échappant à la vengeance et aux cris irrités de l'archevêque grand seigneur (Cf. lettre du 5 février 1674, t. III, p. 401). Les satires du temps lui conseillaient de « se défaire »

De *son* ton de Sarmate et *ses* airs de corsaire.

(Cf. *Correspondance de Quesnel*, publiée par Mme A. Le Roy (Paris, Perrin, 1900, in-8, t. II, p. 12).

3. L'affaire, laissée ensuite prudemment en suspens, de la condamnation de ce cardinal, coupable d'avoir combattu les « libertés gallicanes », mériterait une de ces monographies qu'il vaut la peine de tirer des lettres trop peu connues de Bossuet. Elles sont pleines de faits instructifs et, même sans aucune recherche de l'inédit, sont de nature à montrer bien du nouveau dans ce siècle qu'on croit si bien connaître, et dont l'histoire religieuse est si complexe, pour ne point dire si peu débrouillée encore. M. l'abbé Charles Urbain en a touché quelque chose dans son intéressant essai intitulé : *la Défense de la déclaration de 1682* (*Bulletin du Bibliophile*, 15 février 1902, p. 52 et suiv.). Rien ne serait plus instructif que de relever l'histoire de cette campagne essayée, puis abandonnée de peur de nuire au succès de la condamnation de Fénelon. La lecture attentive des lettres de Bossuet à son neveu, et à son confident, M. de Mirepoix, permettrait de la restituer. Le rôle de l'archevêque de Reims y est notable.

il a fait [1], les portraits sont acheués des trois princes et de la princesse [;] on les apportera demain a ma sœur [;] aprez quoi on les emballera pour les faire partir, M. l'enuoié de Florence est uenu < de > par ordre de M. le grand duc rendre à M. de M. une lettre de remerciement tres obligeante sur le liure que M de M lui auoit enuoié, il demanda des nouuelles des portraits [2].

M. le M[al] de Catinat qui etoit nommé pour commander sur la moselle ua commander en flandres et part pour Cambrai, le roi aura prez de deux cent mille homme en ce pais la

Le Pr[ince] d'orange manquant d'argent a fait porter a la monnoie (toute) la vaisselle d'argent de son dr(essoir?) on l'attend bientot aux pais bas [.] La famille est en bonne santé (et) vous embrasse sur tout ma (sœur) et votre frère, uoici la lettre d(e M. de M[eaux] [3].

A Monsieur
Monsieur l'abbé Bossuet
a rome

Bossuet parle souvent de la « bonne humeur [4] » que conserve toujours Antoine, au milieu même des accès de goutte, signalés de temps en temps dans ses lettres. Cet enjouement du père de l'abbé Bossuet ne pouvait manquer de se traduire. Sa lettre du 12 mai va du reste nous édifier sur le ton de sa plaisanterie.

---

1. Faut-il voir quelque sens caché dans la phrase sur le laquais ? Ce serait en tout cas un passage qui aurait échappé à la sagacité de Dom Coniac et des premiers éditeurs marquant entre crochets, en vue de citations, les parties de cette lettre relatives au procès de Rome. Il s'agit probablement de quelque détail regardant la vie privée de Bossuet et de l'escapade d'un valet, le même sans doute dont parle la lettre du 12 août 1697 (Cf. plus haut, p. 111, lettre xxx. Cf. plus bas, p. 168, lettre LXVII).

2. Sur les relations avec la Toscane et les portraits exécutés en faveur du grand-duc, voir plus haut, p. 80, note 1, et p. 106.

3. Les mots, mis en italiques et entre parenthèses dans cette phrase, sont conjecturés ; une déchirure de la lettre autographe a fait disparaître le texte.

4. Cf. Lettre du 16 juin 1698 : « Mon frère a toujours la goutte ... du reste sa bonne humeur ne s'altère jamais » (Lachat, t. XXIX, p. 446).

LXVI

Paris lundi 12. mai 98

[J'ai] receu vos lettres du 22. auril[1] prenes au pied de la lettre ce que ie uous ai mandé sur uotre lettre a M[m]ᵉ de foix[2] ie ne l'ai point uû et si elle auoit été dans uotre paquet au lieu de celle pour M pirot et que ie n'eusse pas crû qu'il eut eté a propos de la rendre ie uous l'aurois mandé [.] M. de M. a qui i'ai dit quelque chose de ce que uous m'en ecriués croiant que uous auriés mis cette lettre dans son paquet au lieu du mien m'a dit que cette dame dont M. Le Boisseau m'a tant uanté autrefois le merite auoit reçu une de uos lettres et parloit fort bien sur ce qui uous regardoit, on l'en a assuré, mais comptés que les bons sufrages sont de M. le nonce et de Mʳˢ les cardinaux. C'est a uous auoir comment cette lettre que vous avés crû m'adresser est paruenüe à la dame.

[[Nos trois eveques[3] ne preparent pas poires molles mais de vraies bombes a M. de Cambraj pour repondre a toutes les pieces qu'il fait courir par tout [;] ils uous en ecriront et assure-

---

1. Il faut lire, dans la correspondance de l'abbé Bossuet, sa lettre à son oncle de même date (Lachat, t. XXIX, p. 399-401). La fin est pleine des préoccupations sur le cardinalat de Bossuet, et il est probable que la lettre perdue à Antoine traitait le même sujet, ce qui explique comment toute la fin de celle-ci roule sur les chances possibles d'obtenir le chapeau. Le premier mot de cette lettre a disparu, l'autographe étant écorné par une déchirure.

2. Mme de Foix, la mère ou la sœur du jeune comte assisté par Bossuet durant l'Avent de 1665 (Lebarq, t. IV, p. 592 et *Hist. crit. de la prédication de Bossuet*, p. 220 ; Ledieu, *Mémoires*, p. 93), semble avoir reçu cette lettre que l'abbé lui croyait avoir envoyée par l'intermédiaire d'Antoine. Cf. plus bas, p. 193, n. 4. Comme il paraît être question d'une sollicitation de témoignage en sa faveur à propos de son aventure de Rome, j'en ai parlé plus au long dans l'exposé de cet incident, p. 77, note 1 (Cf. Lettre de l'abbé Bossuet, 12 juillet 1698, Lachat, XXIX, p. 494).

3. Bossuet, Noailles et Godet des Marais, les signataires de la *Déclaration des trois évêques* à laquelle Fénelon avait répondu. Conçoit-on la « perversité » de Fénelon qui avait l'audace de se défendre ! *Inde iræ*.

ment on uerra l'auteur et le liure plus decriés que iamais, et si la cabale l'emportoit à rome cela feroit grand tort a la relligion et a l'autorité du S*t* Siege ¹ car tous les bons catholiques uerront que le fond de toutes ces nouueautés est un pur quietisme ; ceux qui penetrent le plus les consciences s'en apperçoiuent bien ² Il ne faut point du tout s'attendre que *M. de Meaux* puisse tirer aucun secours de *la cour* touchant *le chapeau de cardinal* ³ *On* honore [,] *on admire M. de Meaux* ⁴ [:] sans lui *M. de Cambrai* auroit tout [;] cela est certain [;] mais *il faut compter qu'un grand coup regardera touiours M. de Paris*, uniquement. Ainsi *il faut pour lui d'autre monnoie* [;] *il n'i a rien a faire* [.] *Il est raui* [.] *On* a pourtant de notre tems un *cardinal* du propre mouuement, *le Pape qui nous porte dans* ses antrailles deuroit bien mettre *M. de Meaux* iusqu'in petto ⁵ [.] *il* n'aurait pas grand chemin a *faire*]] La goute

1. C'est là un beau zèle pour l'autorité du Siège apostolique. Nous avons déjà rencontré des phrases analogues chez Bossuet et son neveu Cf. plus haut, p. 146, note 1. et plus bas, p. 177 ; cf. aussi Lachat, t. XXIX, p. 369). « La religion et l'État sont à présent à Rome en péril évident » (Lettre du 1ᵉʳ avril 1698 à son oncle). Nous savons pourtant que si Rome s'était permis de renvoyer sans condamnation l'évêque de Cambrai, on était décidé à aviser en France, et Fénelon le savait (Cf. Œuvres, t. XXX, p. 255, lettre à l'abbé de Chantérac, 8 décembre 1697).

2. Ici encore Antoine est évidemment un écho, et ce n'est pas lui qui pouvait être au courant des « consciences » envahies par le quiétisme.

3. La liste publiée par Lachat (t. XXX, p. 590 et suiv. Tableau II) marque comme signifié par *zéro* : l'abbé d'Auvergne. C'est, il le faut craindre, une des méprises ordinaires de cet éditeur. Dom Coniac, qui a déchiffré en grande partie la lettre d'Antoine, a écrit au-dessus de *zéro* : « le chapeau de cardinal », et avec raison. Comme l'abbé d'Auvergne était l'un des compétiteurs redoutés par l'abbé Bossuet pour le chapeau qu'il souhaitait à son oncle, l'erreur de Lachat pourrait avoir là sa source. Lui qui regardé rarement d'assez près, aura pris « le Pirée pour un homme ».

4. Autographe : « Z admire Bazile sans lui la Bruiere auroit tout... mais... un grand coup regardera touiours Anselme, uniquement. »

5. L'épaisseur de cette plaisanterie repose sur une allusion à la parole bienveillante du pape, dans l'audience que l'abbé Bossuet avait reçue le jour où il alla présenter l'*Instruction sur les états d'Oraison*. Il l'avait rapportée dans sa lettre du 9 avril 1697. On y lit : « Elle (Sa Sainteté) me répéta tout ce qu'elle avoit dit à M. le cardinal de Janson, que vous

m'a repris uiolemment mais uous uoiés bien par ces niaiseries qu'elle me laisse ecrire en chifre qu'elle s'est fort radoucie. La planche [1] acquittera uotre lettre de 15 c[ents] £ que uous avés tirés accause qu'on ne uous a permis d'en tirer ailleurs que six cent, il n i a point de danger de faire sentir dans l'occasion combien c'est peu et de prier de considerer le seiour et les frais et de trouuer bon que uous ne tardiés pas a tirer quelque somme plus considérable

[[*Le cardinal de Bouillon* prétend *qu'il* sera encore plus fort parmi *les cardinaux qu'il* n'a été auprez des autres, *il ne faut pas se* fâcher des longueurs de ce pais ici accause des lenteurs de ce qui uient de cellui cy, Je ne scai comme *M. de Meaux* n'j perd pas patience [;] outre de ce qu'il fait de son chef [,] *il faut qu'il fasse* aller tout le reste tant à *la cour que les évêques* et tour [2]... cela iroit à rien si *vous* n'[étiez] pas la pour le faire valloir auec *M. Phelipeaux.*]]

Monsieur
Monsieur L abbé Bossuet
a Rome

LXVII

† *Paris 19. maj 98*

J'ai reçu uotre lettre du 29. auril et enuoié a Meaux le paquet de meme date. J'attens la reponce pour j ioindre celle-cj, la goute

êtes le premier évêque de l'Église et le soutien de la religion en toute occasion... Il me répéta cinq ou six fois : Nous le portons dans notre cœur. C'est la même expression dont il se servit après avec moi, en parlant de moi » (Lachat, t. XXIX, p. 74). Cette dernière phrase où s'étale naïvement la vanité satisfaite du neveu, retire du prix au témoignage, où l'on aimerait à voir un éloge exceptionnel en faveur de l'évêque de Meaux. En tous cas, l'expression *in visceribus* ou *intra viscera* est évidemment l'occasion de ce jeu de mots, d'un goût plus que douteux.

1. Sans doute le nom d'un des nombreux agents d'affaires qui figurent dans ces lettres d'Antoine.

2. Les derniers mots de cette lettre sont écrits transversalement en marge du verso de la première page ; la déchirure qui a enlevé le *J'ai* initial a fait disparaître aussi quelques mots.

n'est plus que foiblesse mais ie ne saurois paruenir à mettre les pieds a terre

M. de M. assure que la lettre de *Mme de Maintenon*[1] dit uraj sur les dispositions (du) *Roi* [;] ie uoudrois bien comme *vous* en uoir la confirmation par des effets. *Il* faut espérer *que* cela viendra auec un bon succes, c'est touiours bien fait d'être sur uos gardes.

[[plus uous mandés que les choses auancent du coté des examinateurs, et l'otat ou est *le pape* plus mon impatience redouble pour voir paretre ce que vous avés uû de *M. de Paris* et ce que promet *M. de Chartres*[2], uous aurez sans doute etc bien content de la reponse aux quatre lettres [;] la relation *qu'on* enuoiera peut etre par le premier ord[inai]re sera accablante *contre M. de Cam-*

---

1. On verra plus amplement ailleurs l'histoire de cette lettre de Mme de Maintenon; elle est du 3 avril et répond à une lettre de Bossuet du 29 mars, suggérée par le neveu, pour conjurer le péril que courait son avenir au bruit de ses aventures réelles ou prétendues à Rome. Sans doute l'abbé avait écrit à son père, dans une lettre qui nous manque, son désir de voir des assurances effectives de l'estime que le roi disait avoir gardée de lui, en dépit de ces rumeurs fâcheuses : « Il n'y a que quelque chose de la part du roi, qui me puisse consoler du tort qu'on m'a fait en France », écrivait-il à son oncle le 1er avril 1698 (Lachat, t. XXIX, p. 371, Cf. 17 avril p. 390). Le 29 avril, il recevait les bonnes paroles que Mme de Maintenon lui faisait transmettre, mais « le moindre grain de mil » l'eût satisfait davantage; aussi aux remerciements s'ajoute ce *desideratum*, le même sans doute auquel s'associe de si grand cœur son père, dans la lettre du 19 mai : « Vous ne laissez pas de connoître, écrit-il à son oncle, combien il seroit avantageux, et à vous et à moi-même, qu'on vît, s'il y a moyen, par quelque preuve publique, que le roi n'est pas mécontent de moi » (*Ibid.*, p. 408). Le roi fit la sourde oreille ; aucun bénéfice ne vint consoler l'abbé de ses déboires, et il n'eut, en dédommagement des refus constants opposés aux demandes de Bossuet le sollicitant comme coadjuteur avec future succession ou offrant de démissionner en sa faveur, que l'abbaye de Saint-Lucien. Les instances du P. de la Chaize, comme je l'ai montré ailleurs, la lui obtinrent après la mort de l'évêque de Meaux (V. *Bossuet, abbé de Saint-Lucien-les-Beauvais*, p. 109, et *Revue Bossuet*, 25 juillet 1902, p. 147). Cf. *L'Aventure de l'Abbé Bossuet*, p. 13.

2. Autographe « ... paroitre ce que uous auos uû d'Anselme et ce que promet pelée. » On sait que *Anselme* (parfois St Anselme) et *Pélée* sont les noms de guerre qui dans cette clef de la correspondance de Bossuet sur le Quiétisme, désignent l'archevêque de Paris et l'évêque de Chartres.

brai, c'est tout autre chose que la premiere, les trois pieces latines feront encores fort bien a l'egard des uniuersités de flandres et de *Rome* même ¹]]

aprez uous auoir mandé que l'affaire du prieuré n'auoit été trouué bonne ni pour M. Millet qui est de plus en plus extrauagant, ni *pour* [les] relligieux et ne pouuant rien faire negocier par l'abbé de Maleurier ² que uous m'auiés indiqué et que nous ne uoions plus etant tout (*à M. de Cambrai* ³) ie ne uous en parle plus parce que ie n'j suis rien [.] On uous attend toujours [.] Nous n'auons pas encore uû uos lettres de change de 15 c[ents] et de 7 c[ents] [livres].

On se porte bien a mets [;] Mr le degeniri (?) et de fontaine y sont retournés sans avoir iusqu'ici obtenu la moindre pension [.] ma sœur et uotre frere uous embrassent [.] M de M ne se porta iamais mieux et ne fut iamais de meilleure humeur qu'il est.

Le laquais arriue de Meaux qui n'apporte point de lettres de

---

1. On le voit, les protestations déclarant, pour la galerie, que les nouveaux écrits n'ont d'autre but que d'« instruire les peuples », ne répondent guère aux pensées secrètes trahies par cette correspondance intime.

2. Sur l'abbé de Maulevrier, agent général du clergé, voir plus haut, p. 101, note 4.

3. Autographe : « étant tout *Bruière* ». Le nom de La Bruyère déguise en divers endroits celui de Fénelon. Lachat, qui l'a fait figurer dans sa liste des pseudonymes (t. XXX, p. 594), ne s'est pas aperçu, dans une lettre de Bossuet à son neveu, par lui revisée sur l'autographe, qu'il transcrivait un nom de guerre ; il l'a maintenu, par un curieux contresens. On lit dans cette lettre du 29 avril 1697 : « Celui qui fit les réflexions que je vous ai mandées par ma précédente en faveur du pauvre défunt La Bruyère, est le cardinal de Bouillon » (T. XXIX, p. 87). — Si cet éditeur, si rigoureux pour les autres et infatué de ses prétendus mérites, avait travaillé moins matériellement et avec plus d'intelligence, il aurait vu, en se reportant aux lettres des 15 et 22 avril 1697 (p 83. 84, 85), qu'il s'agissait, non de La Bruyère, mais de Fénelon, qu'une conversation d'un homme haut placé, qu'il nomme ensuite (le card. de Bouillon) avait présenté comme un homme à ménager. Bossuet déclare tenir ces détails de Mme de Maintenon elle-même. Du reste, un peu de réflexion excluait ici La Bruyère. Une fois de plus on le voit, Lachat, privé du secours des devanciers qu'il dénigre tant, n'est pas heureux. Cf. *Revue Bossuet*, 1902, p. 134, n. 8 ; 1905, p. 43.

M. de M. mais en uoici de M le dieu pour uous et pour M phelyp[eaux] que je salue de tout mon cœur.

A monsieur
Monsieur l'abbé
Bossuet
a Rome.

Les phases de la controverse auxquelles fait allusion la lettre d'Antoine sont aisées à suivre dans les lettres de Bossuet de la même époque. Les traités latins, *Schola in tuto*, *Mystici in tuto*, et *Quietismus redivivus*, étaient promis depuis quelque temps à l'abbé et répondaient au programme indiqué par lui. Son oncle lui écrivait le 28 avril :

Vous aurez, si je puis, par l'ordinaire prochain le *Schola in tuto* qui résoudra beaucoup de choses. Mais je propose de faire le dernier effort de l'esprit au *Quietismus redivivus*, et de n'omettre rien de ce que vous m'avez marqué dans vos précédentes [1].

C'était aussi l'abbé Bossuet qui avait insisté pour avoir un écrit de l'évêque de Chartres [2] ; aussi Bossuet s'empresse-t-il de lui annoncer une lettre de Godet des Marais :

---

1. Lachat, t. XXIX, p. 403. Cf. lettre du 14 avril, p. 386. L'abbé réclame instamment le *Mystici in tuto*, dans sa lettre du 6 avril, p. 378; car Bossuet l'avait promis dès le 31 mars : « Je ferai partir par l'ordinaire prochain le premier écrit latin. Je vous ai mandé le dessein des deux autres, qui iront coup sur coup et je prétends que le dernier emportera la pièce » (T. XXIX, p. 365). Cf. 17 mars 1698 (*Ibid.*, p. 350). Cf. Phelipeaux, *Relation*, IIe part., p. 84.

2. « Il seroit aussi nécessaire d'avoir quelque témoignage de M. de Chartres » (Lettre du 8 avril, Lachat, t. XXIX, p. 382). Le 24 avril surtout, il insiste : « Le silence de M. de Chartres donne occasion de dire qu'il n'est plus contre M. de Cambrai », etc. (*Ibid.*, p. 400). A quoi l'évêque de Meaux répond, le 12 mai : « Ne craignez rien de M. de Chartres ; il est toujours le même par rapport à M. de Cambrai, j'attends une lettre de lui, qui vous expliquera ses sentiments. Il est plus vif que jamais, et il voit plus clairement le péril extrême de l'Église dans le quiétisme renouvelé. » (*Ibid.*, p. 412). C'est à la fin de cette même lettre que Bossuet annonce le billet en blanc de M. de Chartres.

Voilà la lettre de M. de Chartres, il parle assez nettement. Vous la pouvez supposer écrite à vous-même ou en faire le dessus à qui vous voudrez¹.

Il est donc probable que la suscription imprimée dans les éditions « *De M. Godet des Marais, etc., à M. l'abbé Bossuet* », n'est pas, sur l'autographe, de la main de l'évêque de Chartres. Mais ces procédés étaient habituels dans la polémique du temps, moins délicat qu'on ne le suppose d'ordinaire².

C'est le lieu d'insérer ici la lettre de l'archevêque de Reims à l'abbé Bossuet que M. l'abbé Urbain a donnée à la *Revue Bossuet* en 1903 :

LETTRE INÉDITE DE L'ARCHEVÊQUE DE REIMS A L'ABBÉ BOSSUET.
L'ORIGINAL A GENÈVE.

De Reims, 19 mai 1698

Je reçus avant hier en cette ville votre lettre du 29 du mois passé qui m'apprend que le livre de M. de Cambray devoit sortir

---

On trouve cette lettre de Godet des Marais, censée écrite à l'abbé Bossuet, à la page 414 de ce même tome XXIX de Lachat.

1. Lachat, t. XXIX, p. 413.
2. Ces manières d'agir ne sont le monopole ni de Bossuet ni de Fénelon. Celui-ci écrit à son agent, l'abbé de Chantérac, le 14 janvier 1698 : « Je vous envoie encore quatre lettres pour des cardinaux, en blanc. Vous les remplirez, s'il vous plaît, suivant que vous trouverez le style de chaque lettre plus convenable à quelqu'un d'entre eux » (*Œuvres*, éd. Lebel, 1828, t. XXX, p. 333). Cf. 18 décembre 1697, p. 212 ; 10 février 1698 ; p. 596 ; 19 février 1698, p. 417. Il y a néanmoins une légère différence en faveur de ce second exemple. Fénelon, après tout, ne livre à la discrétion de son agent que ce qu'il a écrit lui-même : l'abbé Bossuet est autorisé à feindre avoir reçu, ou à expédier à un tiers une lettre de l'évêque de Chartres. Si celui-ci avait pu connaître ce qu'a écrit de lui l'abbé Bossuet, le 22 avril précédent, lorsqu'il avoue à son oncle qu'il craint de le voir cardinal à son détriment (Lachat, t. XXIX, p. 401), il eût été moins flatté de témoigner à Bossuet tant de déférence.

le lendemain des mains des examinateurs ; j'espère que l'affaire ira plus vite devant Mrs les cardinaux et que par conséquent elle sera terminée dans la fin de ce mois. Je vous conjure de m'informer exactement de tout ce qui se passera sur cette affaire. Je suis en cette ville de jeudi dernier ; j'y demeurerai jusques à la fin de ce mois, après quoi j'irai travailler en différents endroits de mon diocèse. Une quatrième fille de M. le duc de Noailles va épouser M. le marquis de la Vallière, gouverneur du Bourbonnois. Mme la princesse de Conty lui donne sa terre de Vaujours et le roi lui donne une place de Menin de Monseigneur le Dauphin avec une pension de douze mille francs ; la dot de la demoiselle est de cinquante mille écus. Mlle de Chateau Thierry, nièce de M. le Cardinal de Bouillon, va épouser M. de Montbazon, fils aîné de M. le Prince de Guymené. On me mande de Paris que les articles de ce mariage dont on parloit depuis longtemps ont été signés depuis mon départ et que Mme de Bouillon en recevoit les compliments. Je suis toujours entièrement à vous.

L'AR. DUC DE REIMS [1].

Les Bénédictins avaient marqué dans les lettres d'Antoine, des 12 et 19 mai, les passages intéressant le procès de Rome. Aucun signe ne figure sur la lettre du 3 juin, tout entière sur la question.

LXVIII

† *Paris 3 juin 98.*

Nous auons reçu vos lettres du 13 maj uoici la reponse qui arriue de meaux [2] [;] il (Bossuet) a enuoyé sa relation à la *cour qui l'approuue* en retranchant quelque chose qui j estoit dit de *Mme de Maintenon* : les faits seront touiours les memes de la dame et de

---

1. *Revue Bossuet*, 1903, p. 217.
2. V. Lachat, t. XXIX, p. 434. Meaux, 2 juin 1698. Bossuet ne donne aucun détail sur les retouches demandées à sa *Relation* : « Ma Relation est à la cour, dit-il sommairement : elle sera foudroyante » (P. 434).

l'archeueque mais *M. de Meaux* retouchera le reste qui sera adouci et rendu plus simple [.] on est ici de plus en plus content de la reponse de M. de Paris, tout ceux qui ont tant applaudi aux lettres de M. de C. sont étonnés de uoir le changement que cette reponce et celle de M. de M. font dans tous les esprits [;] que sera ce quand la relation de *M. de Chartres* et celle de *M. de Meaux* paroitront, iauois mandé *qu'on uous* [envoyât (?)] en attendant copie de la uie de cette folle et du mémoire de (?)[1] mais on dit que *uous* l'(auez) il y a quinze iours ou trois semaines [.] J'espère que uous aurés dans peu les deux relations dans les formes [.] on dit ici que les examinateurs ont acheué [,] qu'il j en a cinq pour M. de C. et que des cinq autres trois sont d'avis de censurer par proposition et d'autres a censurer le liure en g[é]nér]al, Il m'a paru de bonnes dispositions dans uotre derniere, ie ne suis pas surpris que des quietistes mis au S^t office et les autres circonstances ne de concerte *le cardinal de Bouillon* [.] il ne tiendra pas a moi de *le roi* enuoie par un courier exprez quantité d'exemplaires que tous nos imprimés pour en faire partout *Rome* de grandes et promptes distributions quand de ne seroit que pour mieux marquer *qu'on* prend ici l'affaire auec plus de chaleur que iamais [;] ce seroit un bon compressoir pour *le pape* et *les cardinaux* [;] si uous iugés que cela soit bon a quelque chose proposés le, *les amis de M. de Cambrai* commencent à dire *que le liure de M. de Cambrai* court risque de ne pas euitter une *censure*. J'ecris

---

1. Le mot *envoyât*, appelé par le contexte, mais oublié par Antoine, paraît devoir être suppléé. Quant aux signes qui suivent le mot *mémoire*, à la fin de cette même phrase, c'est-à-dire 13.6, ils sont malaisés à traduire, car si 13 signifie évidemment, d'après la clé ; *le* ou *les*, le chiffre 6 n'y figure qu'avec le sens de *nous* ou comme équivalent de la lettre *d*. Le sens indiquerait qu'il s'agit de la déclaration du P. Lacombe, ou de la lettre à Mme de Maintenon, que Bossuet s'était empressé de faire passer à son neveu, qui la reçut le 23 mai (Phelipeaux, II, 86). Depuis plus d'un mois en effet la préoccupation avait été de ce côté. Le jour même où Bossuet avait annoncé les écrits latins qui précédèrent la Relation, son but était nettement formulé : « Je travaille à faire qu'on prouve par actes la liaison du P. Lacombe, de Mme Guyon et de M. de Cambrai. Il faut espérer qu'à cette fois la tour de Babel et le mystère de la confusion sera détruit » (Lettre du 17 mars 1698, Lachat, t. XXIX, p. 350).

de uos nouuelles à M. Chasot [;] Votre tante et uotre frere uous embrassent.

J'ecris pour uous à mets [1].

A Monsieur
Monsieur L'abbé
Bossuet
a Rome

Les heureuses « dispositions » dont parle la lettre d'Antoine, c'est-à-dire la nouvelle de l'arrestation de plusieurs quiétistes à Rome [2], intéressaient au plus haut point la cause, telle que la voulait présenter Bossuet, désireux de montrer « le grand péril de l'Église » si l'on tardait à frapper Fénelon. Les procès quiétistes à Rome étaient donc d'excellents « coups de partie », aussi bien que le « compressoir » royal. « Le roi le veut » semblait être l'*ultima ratio*, celle qu'on avait donnée comme le motif suprême aux calvinistes que la révocation de l'édit de Nantes devait « réunir », sauf à les instruire et persuader ensuite. La volonté du roi, clairement connue du pape et des cardinaux, ne pouvait, aux yeux d'Antoine, laisser place à aucun subterfuge. Sa lettre se passe donc de commentaire.

L'effet qu'il attendait de l'envoi d'un courrier apportant officiellement les écrits de son frère, ne suffisait point cependant à l'empressement de son cher fils. Celui-ci demande davantage à l'évêque de Meaux, dans la lettre même du 13 mai, dont la réponse passait par les mains d'Antoine. Un procédé plus sûr encore pour formuler nettement la censure de Fénelon, c'était de l'envoyer toute faite. Aussi l'abbé écrit-il à son oncle, le 13 mai 1698.

---

1. Ces mots sont ajoutés sur l'adresse, à l'extérieur de la lettre.
2. Sur les arrestations des quiétistes, voir le post-scriptum de la lettre de Phelipeaux du 29 avril 1698 (Lachat, t. XXIX, p. 407) et celle du 27 mai (*Ibid.*, p. 430).

Il m'étoit venu en pensée de vous proposer de travailler dans cette vue (d'une définition solennelle), et par rapport à la doctrine de Molinos, des Quiétistes et de M. de Cambrai, de dresser des articles de doctrine, en forme de canon ou autrement... Je trouverois, par le moyen du cardinal Casanate, des facilités de proposer votre travail que je tiendrois secret, et que l'on pourroit adopter ici. Cela leur épargneroit certainement bien de la peine, et ils en auroient beaucoup certainement de faire mieux... Je parle de cette vue en général à M. l'archevêque de Paris, vous lui communiquerez le reste : il faut là dessus un grand secret [1].

La réponse de l'évêque ne tarda pas, et, par retour du courrier, à cette proposition qui lui parvint vers le 2 juin, il répondit en sa lettre datée de ce jour-là.

Je penserai sérieusement à la vue que vous me proposez touchant les articles de doctrine ; vous en aurez bientôt des nouvelles [2].

Ce n'est pas le lieu de suivre cette négociation entamée avec celui que Bossuet, après le triomphe, proclamera le « grand Casanate [3] ». Les lettres d'Antoine nous ramènent à une action parallèle du roi, déterminé à montrer, par des effets, par « un coup », selon l'expression du frère de Bossuet, que c'est une condamnation qu'il attend.

Il s'agit de la fameuse disgrâce de Fénelon, privé du traitement et du titre de précepteur, et surtout du départ des sous-précepteurs et gentilshommes au service du duc de Bourgogne. Les lettres de l'abbé Bossuet ont souvent occasion de montrer qu'il en tira bon parti. Rien ne lui pouvait donc être plus agréable que cette nouvelle, comme

---

1. Lachat, t. XXIX, p. 419. — 2. *Ibid.*, p. 434.
3. Lachat, t. XXX, p. 366. 6 avril 1699. Cf. lettre du 23 mars 1699 à son neveu : « Le cardinal Casanate et le cardinal Panciatici sont vraiment des hommes divins ». *Ibid.*, p. 336. Cf. 2 mars 1699; p. 279 ; 30 mars, p. 348.

je l'ai montré ailleurs [1], et son père avait grande hâte de l'en informer.

LXIX

† P. [Paris] *16 iuin 98.*

Nous auons recu uos lettres du 27 maj. M. de M. me uient de laisser sa reponce ci iointe en retournant ce soir a uersailles ou il n'a pas été depuis cinq ou six semaines.

[[la reponce de M. de P[aris] sur les faits et celle de M. de M. sur la doctrine ont desabusé bien du monde, mais le coup du roi tombé sur les quatre congediés a etourdi tout le parti, il est certain que les appointemens de precepteur ont été raiés et que le roi lui a fait deffendre d'en prendre la qualité, les congediez sont cassés aux gages avec deffences de reuenir a la cour sans ordre exprez, d'ailleurs on interroge le P. la Combe et mad. guion, et on fait le procez dans les formes au parlement de dijon au curé de Seurre accusé de quietisme et qui s'est sauué [2] [.] il ne manque plus qu'une bonne censure pour les renverser, uous pouues apprendre du P. minime correspondant de *M. de Paris* [3] surement ce qui regarde le P. la Combe et m[adam]e g[uyon] On menace *M. de Paris* d'une replique de M. de C. qui dit qu'il y a de son coté des faits et des lettres [.] j'espere que uous aurés par le prochain courier l'ord[onnan]ce pastoralle nouuelle de M. de Castres [4] et un nouuel [écrit] de *M. de Meaux* uous aués uû l'échantillon [;] ce sera une nouuelle scene, c'en a esté une bien considerable que que la lecture faite par ordre en pleine congregation sur la copie que vous aués donnée [5].

1. V. *l'Aventure de l'abbé Bossuet à Rome*, p. 55 et suiv. Cf. Phelipeaux, II° part., p. 102.
2. Cf. Henri Chérot, *Autour de Bossuet; Episodes du Quiétisme en Bourgogne*, p. 12 et suiv.
3. C'est le P. Roslet, bien connu par ses intrigues. Bossuet se sert de lui, et son neveu restera en correspondance suivie avec ce personnage.
4. C'était, depuis 1693, Augustin de Maupeou, transféré à Auch en 1705 (Gams, *Sertes episcoporum*, 1873, p. 531).
. Il s'agit de la lettre de Fénelon à Mme de Maintenon « lue en

On ne cesse de s'etonner du personnage que *fait le cardinal de Bouillon* a l'egard *du roi*, ce *que lui* qui ua droit (au) *pape* par le nonce ou par ailleurs le doit facher (sic), *les jésuites* n'en pensent pas moins, *ie suis* bien aise de uoir la confiance auec laquelle *vous* (écrivez), *uous (faites)* bien de rendre compte a *M de Paris* qui a (mots illisibles)[1] a son minime, et *qui est* aussi fort content de vous]].

Je m'imagine que les nouueaux courtisans tirés de l'uniuersité ne uous sont pas inconnus non plus qu'a M. Phylip[eaux]

ie ne scay a quoi il tient que les lettres que uous aués tirées sur nous ne nous ont pas encores eté presentées, ie ne sais si ce n'est pas accause qu'on parle de diminution sur les effets [.] si ie sauois quel est le correspondant entre les mains de qui elles peuuent etre ie le ferois auertir, uous me mandés par uotre derniere que uous ecriués a M. de M. sur la meme matiere [;] il ne m'en a rien dit [.] quand uous serés pressé uous pourrés tirer sur nous [,] comme vous avés fait [,] par moitié, [[continués de bien agir et faites touiours paroitre de la moderation et de la prudence Ie ne doute pas que ce ne soit en agissant ainsi que uous uous etes acquis de la creance a la cour ou uqus estes, c'est bien fait et auoir tous les menagemens raisonnables auec *le cardinal de Bouillon*]] V[ot]re tante et v[ot]re frere uous embrassent, ie donne de uos nouuelles a mets [3].

Les sentiments du père étaient à l'unisson de ceux du fils, et sans apporter guère de faits inconnus, les lettres d'Antoine font lire dans la pensée de tous les membres

pleine congrégation ». Chantérac à Fénelon, 31 mai 1698, t. XXX, p. 141. Cf. Lachat, t. XXIX, p. 436 et 449, lettre de l'abbé Bossuet, 3 juin et de Bossuet, 23 juin 1698. Cf. Phelipeaux, II° part., p. 86, 93 et suiv.

1. Il faut peut-être lire : « qui a une pareille confiance à son minime... »

2. Les nouveaux élus, « tirés de l'université », étaient Vittement et Nicolas Le Febvre (Cf. plus bas, p. 242, n. 1). Bossuet dit avoir présenté au roi le premier, qui s'était fait connaître par une harangue au Roi sur la paix et une autre à l'évêque de Meaux, conservateur des privilèges, contre le Quiétisme (8 juin 1698, Lachat, t. XXIX, p. 439).

3. Sans suscription ni adresse.

de la famille. N'y saisit-on pas sur le vif les espérances et les craintes qui agitaient l'entourage intime de Bossuet? Rien n'est plus suggestif à cet égard que la lettre du 23 juin, soit sur l'affaire de Fénelon, soit sur la question agitée alors du cardinalat de l'évêque de Meaux.

LXX

† P. [Paris] *23 iuin 98*

M. de M. alla hier a uersailles : il en reuient ce soir < ie > en l'attendant ie uous dirai que nous auons reçu uos lettres du 3. de ce mois [[quelque humiliés que soient les *amis de M. de Cambrai* en ce pais ici [,] ils ne laissent pas d'esperer qu'ils feront tant par leur sauoir faire et par les protestations de *M. de Cambrai qu'il* en seroit quitte pour etre mis a l'Index, un surcis, un corrigatur ou quelque autre prononciation fort legere dont nous ne serions nullement contens par deça [.] nous nous attendons a quelque chose de plus ferme et de plus digne de ce pontificat et du S^t siege [;] si non ie uous assure et je dis tres serieusement que dez le lendemain d'une semblable decision plus que des trois quard du roiaume [,] moines [,] moinesses, etc. seront quietistes a la molinos sans façon et qu'il ne sera plus possible d'j remedier. Le roi ne flechira point [;] cela fera sauuer les dehors a bien des gens mais au dedans tout sera gasté.

M. de M. arriue [,] *M. de Chartres* entre en meme tems [;] uous aurés par ce courier leurs derniers *liures*. C'est un furieux coup *contre M. de Cambrai* [.] apres cela *Rome* ne doit pas mollir, et s'il en alloit autrement ce seroit un grand scandale, il faudroit qu'on ne connut pas le mal au point qu'il est [.] *M. de Meaux* ne *me* dit rien de ce qui *vous* regarde *pour* de l'argent, dans le besoin il faut tirer comme *on* a mandé. (Je n'entens point parler des lettres de change)

Vous (pouvez) tenir pour certain au sujet (du) *chapeau de cardinal qu'il* n'j a aucun secours a attendre du côté de *la cour* et qu'a moins que *l'affaire* uienne de bonne vollio de la part (du) *pape* [,] il n'j a rien a *faire* [;] *M. de Paris* y penserait volontiers pour lui[1] et *le cardinal de Bouillon* aimeroit mieux tout autre chose *que M. de Meaux* [;] on a des exemples[2] *si le St Pere* uouloit en sa faueur soulager sa poitrine, cela euiteroit toute concurrence et *Rome* se feroit honneur [;] mais nous *nous* en passeront (sic) et ne *nous* uanteront pas d'j auoir pensé. *Pour M. de Chartres*, le public n'y songe pas, on se porte bien a mets et a Paris.

A Monsieur
Monsieur l'abbé Bossuet
a Rome

En attendant une étude plus ample sur cette question du cardinalat escompté dans l'entourage de Bossuet, cette lettre nous révèle les espérances que caressait le frère de l'évêque. Il est impossible aussi de commenter comme elles le méritent les lettres suivantes ; mais leur intérêt est de refléter les impressions produites par la *Relation*, dont l'évêque de Meaux s'était promis un effet foudroyant. Son grand succès à la cour a été décrit par une lettre bien connue que Mme de Maintenon envoya à son cher neveu et confident, l'archevêque de Paris, le 29 juin 1698[3], mais surtout par la correspondance de la médisante Palatine, seconde femme de Monsieur[4]. Les chants de triomphe du frère de Bossuet n'ont pas besoin d'être

---

1. L'autographe porte : « 75 j penseroit uolontiers 60 St Anselme ». 75 et Anselme (ou St Anselme) désignent l'archevêque de Paris.

2. C'est-à-dire : Il y a des exemples de promotions de cardinaux, par *motu proprio* du pape, *in petto*, en dehors des nominations demandées par les couronnes. Cf. plus haut. p. 165, l. 5. On a vu que parmi les chances qu'offrait cette promotion par les couronnes, Antoine ne remarquait d'espoir d'aboutir que par le roi d'Angleterre ou la Savoie (duchesse de Bourgogne). Voir plus haut, p. 111.

3. Les éditeurs de Versailles, suivis en cela par Lachat, en ont cité un fragment comme explication de la lettre où Bossuet lui-même apprend à son neveu, de Marly, le 30. « le prodigieux effet » de son livre. « M. de Cambrai est souverainement décrié », etc. (Lebel, t. XXI, p. 282 ; Lachat, t. XXIX, p. 465).

4. *Correspondance de Madame*, éd. Jaeglé, 2ᵉ éd. 1890. t. I, p. 173-176.

expliqués et complètent la lecture des lettres mêmes écrites par l'évêque à cette date.

LXXI

Paris 3o iuin 98 [1].

[[nous auons recu vos lettres du 10. uoici la reponse que M. de M. nous fait de marli ou on lui donne de l'encens plus qu'il n'en peut porter sur sa relation, il ne l'auoit pas encores debitée quand on uous l'enuoia il j a huit iours, depuis qu'on l'a uûe iamais piece n'a eu tant d'applaudissement et n'a fait tant de bruit, on la trouue honteuse et assommante contre M. de C. la lettre pastorale de M. de Chartres fait encores merueille par les uariations qu'elle contient [.] de l'humeur que sont ceux qui ont entrepris de sauuer le liure a quelque prix que ce soit, ils n'en seront pas plus echaufés a trauerser et a eloigner la decision, M. de M. me renuoie cette gazette pour uous la faire tenir [2], personne ne doute qu'elle ne soit de la façon des quiétistes [;] uous y uerrez que si on uenoit a quelque legere cond[amnati]on du liure il faudroit décanoniser bien des saints et que le pape ne le feroit que pour reconnoitre ce que le roi fait a sa considération sur les affaires de pologne, on saura plutot a *Rome* qu'a *Paris* comment M. de *Cambrai* receura toutes nos pancartes.

Il n'a point encore paru de lettres de change.

Le pape ne hatera t il point d'aller les examinateurs [?] les deux *cardinaux* qui se sont retirés du *Saint Office* ne feront-ils

---

1. Cette lettre avait été marquée d'un astérisque, probablement par Dom Coniac, de la main de qui sont les traductions du chiffre et les parenthèses en manière de crochets, enfermant les passages saillants.

2. V. plus bas, p. 191. Bossuet écrit même jour : « Vous verrez par le lardon de la gazette de Hollande, que je mets dans ce paquet, ce que M. de Cambrai fait débiter en Hollande. C'est un jésuite nommé Doucin qui envoie les mémoires » (Lachat, t. XXIX, p. 467). Ce « lardon » est extrait du *Mercure historique*, imprimé à La Haye. Je reviendrai ailleurs plus à fond sur cette participation affirmée par Bossuet de la part de Fénelon aux gazettes de Hollande.

point entendre leurs sentimens en particulier (au) *Pape* et aux autres [?].

M. le dieu dit que uous auiés bien remarqué sans qu'il uous l'ait remarqué nj a M. Phelip[eaux] un petit mot aiouté au penultieme feuillet recto de la relation dans les 5o. derniers exemplaires qui n'estoit pas dans les 1ers [.] C'est [:] quoique sacrilege[.] il j a des gens assez delicats pour aimer mieux dans le feuillet precedent montanus au lieu de montan pour euiter une espece d'equiuoque [1], tout marli depuis le sceptre iusqu'a la houlette lit et relit la relation, tout paris en fait de mesme, les malins aioutent que *Mme Guyon qui* a été fort belle a les plus belles mains et la plus [belle] peau [2] qui se puisse[,] qu'elle n'a pas 5o [ans] et est en bon point. Ils tirent de la telles consequences qu'il leur plaît sans respecter le caracteres [,] mais nous ne sommes pas assés malins pour en rien penser ni en rien dire,

on dit que *le cardinal de Bouillon* et *les jésuites* ont des amis par[ticuli]ers parmi *les cardinaux qui* soutiendront iusques au bout[;] tous sont surpris *qu'on est* si partagé sur le 1er article.

Nous attendons ce que le sacriste [3] et l'archeveque du Uatican auront fait la seance d'aprez uotre derniere lettre]] mille baise

---

1. Les mots « quoique sacrilège » se trouvent dans l'édition Lebel (t. XXIX, p. 651). Leur absence fera reconnaître, dans l'édition princeps, les exemplaires de premier tirage qui ne contenaient pas cette incise. L'exemplaire de la Bibliothèque nationale (D 19 061) est du second tirage corrigé, et on y lit les mots en question, p. 148, ligne 28 : « La pure concupiscence, qui est, quoique sacrilège, la préparation à la justice ». Cf. la lettre de Bossuet à son neveu, 16 juin 1698, attirant l'attention sur cette proposition (Lachat, t. XXIX, p. 446). La phrase sur Montan (*ibid.*, p. 649) est la fameuse allusion : « si cette Priscille n'a pas trouvé son Montan pour la défendre ». La délicatesse de ceux qui ne voyaient que l'équivoque matérielle du mot *Montan* et *montant*, indique à quelles subtilités descendait le purisme, mais aussi combien le sens moral était moins en éveil, puisqu'on ne trouvait là que ce *quiproquo* à blâmer.

2. Le manuscrit porte par inadvertance, « la plus plus peau qui se puisse ».

3. Il s'agit du sacriste (Le Drou) favorable à Fénelon, et, ainsi que l'archevêque de Chieti, devenu, à cause de cela, la bête noire de l'abbé Bossuet.

mains à M. Phelyp[eaux] tout se porte bien meme M. Chasot de qui je recois une lettre du 27.

Les nouuelles à la main sont bien mauuaises mais on dit que uous en uoulé[1].

A Monsieur
Monsieur l'abbé Bossuet
a Rome.

Est-il pas besoin d'être « partisan de Fénelon », comme deviennent, au regard de certaine critique, tous ceux qui ne professent point que Bossuet fut en tout et toujours « irréprochable », pour s'indigner des « équivoques » auxquelles Antoine Bossuet feint de ne se point associer? Puisqu'il déclare ne vouloir point compter parmi les « malins » qui tiraient, contre l'honneur de l'archevêque de Cambrai, les conséquences dont il parle, tenons-nous au texte de ses lettres, sauf à en laisser le jugement au lecteur.

LXXII

Paris 14 juillet 98

Voici un gros paquet de M. de Germiny d'ou il ne reuiendra que dans huit iours et ou ie lui enuoierai en diligence vos lettres du prochain ord[inai]re qui arriuera uendredi, elles nous apprendront que uous aurés reçu les derniers ecrits de M. de Chartres[2] et de M. de M. si le dernier a a rome l'effet qu'il a eu dans tout ce roiaume [,] il passera notre attente, personne n'ose tenir depuis pour M. de C. sur tout *les jésuites* [;] il ne s'y faut pourtant fier que de bonne sorte et il n'en faut etre que plus agissant et plus sur ses gardes [.] Le P. Gaillard il n'j a que trois iours dit dans ma chambre a M. de M. que le celebre P. la Combe qui a eté si bon et si parfait quiétiste et qui a si long tems filé le pur amour

---

1. Cette ligne a été ajoutée par Antoine sur l'enveloppe extérieure et près de l'adresse, probablement après la lettre fermée.
2. « Le même jour (mercredi 9 juillet), nous reçumes la lettre pastorale de M. de Chartres... » (Phelipeaux, *Relation*, IIe part., p. 112).

auec Mad. guion a eu un commerce continuel de lettres auec Molinos iusqu'a la fin c'est le P fabri qui l'a decouuert molinos uiuant[1] [;] en sorte que pour euiter une contradiction uisible il faut reuoquer la censure contre molinos a rome ou y condamner M. de Cambraj qui a donné un si beau liure pour soutenir mad. g[uyon] et c'est un de ses premiers cheualliers, il ne paroit rien encore de sa part pour repondre aux derniers ecrits des trois eueques et ie crois que s'il a a le faire, il le fera paroitre a rome plutot que partout ailleurs, on dit que son pur amour qu'il preche tant fait de grands progrès dans son dioceze et aux enuirons, le mal est deuenu bien grand par les longueurs de notre cour et ira bien uittes si on ne se presse de l'arrester, la cabale met toute son esperance dans les grandes chaleurs de l'été et le grand age du pape [;] ie ne dis que ce qui est public et g[é]n[ér]al uous apprendres le particulier s'il y en a par *M. de Meaux* et *M. de Paris*, ie crois que ce seul (nom ?) d'*ambassadeur* ne fait point de deplaisir *a M. le cardinal de Bouillon*[2] on fait bien de mander touiours les dispositions ou il est et les jésuites de Rome. Je commence a

---

1. A ces affirmations s'oppose l'*Apologie* du P. Lacombe publiée dans la *Revue Fénelon*, décembre 1910, p. 163.

2. Cette phrase est obscure. L'autographe porte : « Je crois que ce seul d'ambassadeur ne fait point de déplaisir à M. » Ces allusions sont sans doute relatives à l'envoi à Rome de M. de Monaco, mais comment la pensée de se voir supplanté par un ambassadeur en titre eût-elle pu « plaire » au cardinal ? Y a-t-il là le pendant d'une phrase assez obscure d'une autre lettre, où Antoine insinue quelle mortification ce doit être pour le chargé d'affaires de voir le roi correspondre directement avec le Pape et le nonce et sans passer par lui ? Le sens général est apparemment le mécontentement de la conduite du cardinal. C'est ainsi que, dans la lettre du 20 juillet, Bossuet écrira : Il y a longtemps que nous prêchons à la cour qu'il faut rendre le ministre garant des événements ; mais il y a là dedans un mystère que je ne conçois pas ». Sur la question de cette ambassade, voyez la lettre de l'abbé Bossuet du 26 août 1698 (Lachat, t. XXIX, p. 553) et, pour entendre l'autre son, celle de l'abbé de Chantérac, du 23 août (Lebel, t. XXXI, p. 374). Il est certain, en tout cas, que la disgrâce du cardinal de Bouillon, dont les causes furent complexes, dut offrir satisfaction aux anciens adversaires de Fénelon. Les dépêches de l'abbé Renaudot au cardinal de Noailles, envoyées de Rome en 1701, sont instructives à ce sujet. Elles vaudront la peine d'être publiées dans la *Revue Fénelon*.

aller infirme chez ma sœur de mon pied [;] elle est toujours de meme et uotre frere nous uous embrassons tous et M. Phelyp[eaux] uotre dernier est du 24 iuin.

Monsieur l'intendant de Lion est a Paris [,] il étoit bien edifié du liure de l'amour pur [,] mais la derniere relation le tient dans un grand etonnement [;] il ueut etre a Lyon pour uotre retour[1].

A Monsieur
Monsieur l'abbé Bossuet
a Rome

Les diverses lettres d'Antoine le montrent tout entier au procès du Quiétisme, et persuadé, comme son frère, « que l'Église est en grand péril[2] ».

LXXIII

Paris 21 juillet entre 10. et 11 du soir (98)[3]

M. de M. ne fait que d'arriuer[4]. Il m'a dit que sa dépesche étoit preste et ample et qu'il n'auoit qu'a cacheter [;] pour moi je n'ai rien a uous dire [[On assure qu'il y a une maniere d'abiuration du liure par sept personnes plus ou moins, ducs[,] duchesses, abbés, etc.[5].

---

1. L'intendant de Lyon ainsi « converti » par la *Relation* était Henri-François-Lambert d'Herbigny (de novembre 1694 au mois d'août 1701) (A. de Boislisle, *Corresp. des contrôleurs généraux*, t. I, p. 647).
2. Bossuet avait écrit à son neveu le 20 avril 1698 : « Ce seroit le plus grand scandale qui pût arriver dans l'Église, si Rome, je ne dis pas approuvoit le livre, car on sait bien que cela ne se peut, mais biaisoit et mollissoit pour peu que ce fût, dans une affaire où il ne s'agit de rien moins que du rétablissement du quiétisme, et de l'entière subversion de la Religion » (Lachat, t. XXIX. p. 395).
3. Le millésime 98 a été ajouté de la main de Dom Coniac.
4. De Meaux, d'où est datée la lettre de Bossuet à son neveu, écrite le 20 et terminée par une sorte de *post-criptum* ajouté à Paris, le lendemain dès l'arrivée (Lachat, t. XXIX, p. 507-508).
5. Le billet, en date du 21, donne les mêmes nouvelles, mais sans les garantir : « J'arrive et je n'apprends rien de nouveau qui soit certain. On parle de plusieurs ducs et duchesses, qui, depuis ma *Relation*,

Il ni a [à] attendre que ce qu'il plaira a rome de faire pour le bien de la religion et l'honneur du St siege, mais si on ne se presse l'église en soufrira, on dit que les moines sont touiours portés pour le liur.

Je croiois que uo s auriés recu la relation [1] et uous n'en mandés rien du 1 juillet, uous en aurons l'auis uendredi, receués les embrassades de ma soe et de mon fils auec les miennes pour uous et pour M. Phelyp[eaux].

Monsieur
Monsieur
l'abbé Bossuet
a rôme

Une lettre de l'abbé Bossuet, en date du 29 juillet, énumère tous les arguments prodigués par lui pour convaincre le cardinal Nerli de la nécessité d'une condamnation particulière ; on y lit, entre autres choses fort suggestives :

> Je lui ai fait sentir l'obligation où étoit le saint Siege, consulté par le roi et les évêques, de s'expliquer autrement, lui alléguant la parole sollennelle que le Pape en avoit donnée. Je lui ai représenté la honte dont se couvriroit le saint siege par un pareil jugement, *la nécessité où seroient les évêques de France de faire ce que le saint Siège* déclareroit par là ne pouvoir ou ne vouloir pas exécuter [2]...

ont abjuré, non seulement Mme Guyon, mais encore M. de Cambrai. Cela étoit en branle avant mon départ pour Meaux » (*Ibid.*, p. 508). C'est à cette *abjuration* que se rapporte la lettre de l'abbé de Chantérac à Fénelon, en date du 9 août 1698 : « Je vois toujours davantage, dans les visites que je rends aux cardinaux, quelles profondes impressions avaient faites sur les esprits la *Réponse* de M. de Paris et la *Relation* de M. de Meaux, soutenues par ce terrible éclat qu'on vient de faire contre vous, et ce semble même attestées par mille choses qu'on fait dire au roi là-dessus, et *par ces abjurations qu'on publie* du P. La Chaise, et de MM. les ducs de Beauvilliers et de Chevreuse. » *Œuvres*, t. XXXI, p. 231 : Cf. lettre du 23 août, p. 370. — V. Aussi Phelipeaux, II. P. p. 117 et 119.

1. Elle arriva seulement le 16 juillet (Phelipeaux, II° part., p. 115).
2. Lachat, t. XXIX, p. 523. La lettre de Bossuet, en date du 14

L'abbé y signale l'effet produit par les « abjurations » dont avait parlé la lettre de son père, et les conclusions sont toujours du même ordre, indiquant l'opportunité de l'intimidation pour obtenir de haute lutte cette censure ardemment souhaitée :

> L'abjuration des ducs et duchesses est ici publique. Il n'est pas à propos que la France fasse aucune censure ; il est trop tard et cela gâteroit tout ; mais il est bon de le faire craindre [1].

Cette façon d'attendre la décision pontificale cadre à merveille avec l'idée que se faisait Antoine de cette autorité doctrinale, et avec ses préventions d'excellent parlementaire contre l'« infalibilité » dont il se raille bien volontiers, témoin cette lettre du 4 août :

LXXIV

Paris 4. Aoust 98.

Uous uerrés par le paquet de M. de M. que nous auons reçu uos lettres du 15 iuillet[;] nous uoudrions bien que les examinateurs pussent finir au commencement de sept[embre] mais il faut se defier de quelques nouueaux tours de la façon de *M. le cardinal de Bouillon* et (des) *jésuites*. On trouue pourtant ici que la chose est bien eclaircie et cette grande reputation de *M. de Cambrai* qui

---

juillet, parle nettement d'une « menace » de ce genre de la part de l'archevêque, Noailles et dont on attendait l'effet : « Il faudra voir aussi ce que produiront les lettres de l'archevêque de Paris, dans lesquelles il déclare qu'il parlera, si Rome tarde trop » (*Ibid.*, p. 499). Phelipeaux dit (mercredi 22 juillet) : « On sçut aussi qu'en France on ne pouvoit plus soutenir les longueurs de Rome, et que si l'affaire ne finissoit bientôt, on pourroit bien prendre des mesures pour se passer de sa décision, en faisant condamner le *livre* par le Clergé ou par la Sorbonne. On ne manqua pas de répandre confidemment cette nouvelle », etc. (P. 119. Cf. p. 122 et 123).

1. Lachat, t. XXIX, p. 521.

eblouissoit tant de gens [1] est bien gastée, ie ne scay si *le cardinal de Bouillon* et les adherens applaudiront aussi hautement a ceux des consultans qui sont *contre* le *liure* qu'ils l'ont faite (*sic*) *pour* ceux qui le fauorisent, un abbé qu'on nomme ce me semble

---

1. Là, en effet, avait porté l'effort. Quoi de plus décisif à cet égard que le texte même des correspondants ? « J'écris fortement à M. de Paris pour l'éclaircissement des faits, mandait le neveu, et avoir des preuves de la liaison de M. de Cambrai avec Mme Guyon au moins et savoir comment il répond ; mais il faut des pièces authentiques et originales. Comptez que cela est décisif en ce pays et rien n'y pourra résister : cela est même nécessaire dans la circonstance du partage des examinateurs... » (22 avril 1698, Lachat, t. XXIX, p. 399 ; cf. lettres du même, 8 et 17 avril, p. 384 et 392). A la lettre du 8, l'évêque répond, le 28 avril : « Le P. Lacombe... est à Vincennes où on le doit interroger... On a sa Déclaration où il avoue toutes les pratiques de Molinos... Il ne reste plus qu'à faire voir la liaison avec M. de Cambrai : nous la prouverons, par actes, *et je suis chargé d'en faire la relation*, qui paroîtra au plus tôt où je citerai le roi et Mme de Maintenon, comme témoins sur tous les faits » (*Ibid.*, p. 403). V. la lettre de l'abbé de Bossuet, 27 mai (*ibid.*, p. 431), et celle du 3 juin, où on lit : « L'usage que j'ai fait de la lettre que vous m'avez envoyée de M. de Cambrai à Mme de Maintenon, ne pouvoit être plus à propos... Cela étoit absolument nécessaire dans ces circonstances, où il falloit faire impression avant qu'on entendît parler les examinateurs comme on a fait depuis.. Ce sont de ces choses qui font ici une grande sensation et qui décrient, comme il convient, la mauvaise cause » (*Ibid.*, p. 436). Le 10 juin, l'abbé rend compte de l'audience durant laquelle il a lu ces pièces au Pape, et il conclut : « M. de Cambrai commence à être connu, sa réputation est perdue et le seroit à moins. On commence à le regarder comme un homme très dangereux ; on ne comprend pas qu'il reste précepteur ; on en est scandalisé (scandale de faibles ou de pharisiens ?) Si, par hasard, on avoit des faits particuliers de Mme Guyon, de M. de Cambrai et de la cabale, qu'on ne voulût publier, il faudroit le montrer à M. le nonce, et me les envoyer seulement pour le Pape... Ces sortes de pièces sont excellentes pour fortifier le Pape, qui en a toujours besoin » (*Ibid.*, p. 441). Bossuet répond à la lettre du 3 juin : « Le principal est qu'on connoisse deux choses ; l'une, que le roi est implacable sur M. de Cambrai : ce qu'il a fait dans la maison des princes en est la preuve. Assurez-vous qu'il n'y a point de retour ; ce que nous imprimons ici aux yeux de la cour en est une confirmation. Quoi qu'il arrive et quand même on molliroit à Rome... on n'en agira pas ici moins fortement... » (Lettre du 23 juin, *ibid.*, p. 449). Le 7 juillet, rendant compte à son neveu de la « manifeste bénédiction »

M. raguenet¹ qui est auprez de M. le C[ardin]al de Bouillon mande qu'on est content de nous a rome, *il dit que le pape consulte les uniuersités et de tout coté et que l'infabilité uiendra aussi tost par la que par le S^t esprit, uous aurez bientot en forme* les trois traittés latins. on fera l'admonition que nous auez uûe qui m'a paru bien nette et bien a propos a l'egard des auis qui ont eté (enuo[yés]) ouuerts²[;] uous aurés bien tot une traduction

que sa *Relation* a reçue de Dieu, l'évêque de Meaux s'effraye quelque peu des conséquences : « Je suis assuré qu'il (le nonce) a su et vu en grande partie ce qui s'est passé à Paris et à la cour, où le déchainement contre M. de Cambrai est si grand, qu'il est à craindre que l'indignation n'aille trop loin, et ne fasse perdre le respect à beaucoup de gens » (*Ibid.*, p. 487). Donc, l'obstacle de la réputation de Fénelon était abattu, à tel point même que certains en voulaient à Bossuet d'avoir « eu recours » à Rome, comme il dit l'avoir fait dans cette même lettre, lui qui ailleurs proteste que ce fut le fait de Fénelon seul (Cf. lettre de Bossuet à son neveu, 4 août 1698, p. 523).

1. L'abbé Raguenet, né à Rouen en 1660, avait suivi, à Rome le cardinal de Bouillon. Il est surtout connu par sa *Vie de Turenne*. Son livre intitulé *Description des Monuments de Rome*, qui lui valut le titre de citoyen romain, dont il se montra très fier, eut, s'il en faut croire une « réclame » du *Mercure galant*, une spéciale approbation de Bossuet : « Son livre ne fait que paroistre, écrivait au mois d'août 1700 le nouvelliste. Cependant, il m'est déjà tombé entre les mains deux lettres par l'une desquelles j'ay vû que Mr l'Evêque de Meaux, que tout le monde connoist pour l'un des plus sçavants Prelats du Royaume, avoit admiré la variété et la noblesse des expressions qui se trouvent dans cet ouvrage... » (*Mercure galant*, août 1700, p. 105 et 106).

2. Le dernier des trois traités : *Quietismus redivivus*, n'était pas encore parvenu à l'abbé Bossuet qui, le 12 juillet, en accusant réception des dernières feuilles de la *Relation*, ajoute : « Nous attendons le *Quietismus redivivus* » (*Ibid.*, p. 496, cf. 15 juillet, *ibid.*, p. 501 ; Phelipeaux, lettre du 22 juillet, p. 512). Le 28 juillet, Bossuet la promet encore et en envoie la préface (p. 515). Le 4 août, Phelipeaux l'appelle encore de ses vœux (p. 527) et, le 12, l'abbé Bossuet (p. 536). Sa lettre du 19 n'en signale que les premières feuilles (p. 542). Cf. les lettres de Bossuet des 10, 13, 17 août annonçant les envois (p. 532, 537, 540). L'*Admonitio* dont parle la lettre d'Antoine, n'est point, malgré la ressemblance de titre, la préface du *Quietismus redivivus*, appelée *Admonitio prævia* (Lebel, t. XXIX. p. 365), mais la pièce intitulée *Admonitio generalis ad animarum directores*, publiée à la suite de la lettre du 30 juin (Lebel, t. XLI, p. 284 ; Lachat, t. XXIX, 467).

latine et italienne de la relation qui est au gré de tous la piece decisiue du procez [1].

Le grand camp prez de Compiegne qui deuoit s'ouurir le 18 de ce mois est différé. jusqu'au 29. a cause de la recolte [.] On ne parle que de l'afaire de M. le grand prieur auec M. le P[rince] de Conty, elle a commencé en iouant a l'umbre a Meudon [;] un iour aprez dans le parc de meudon meme [,] le premier fit un espece d'appel au Prince, le roj qui le sçut par Monseigneur refusa de uoir le grand prieur qui s'étoit présenté et lui manda de uoir M. de Ponchartrain qui lui diroit ses ordres qui furent de se rendre a la bastille [et] ce qu'il fit le meme iour sur le soir. Le roi dit a M. le p[rince] de Conty l'ordre qu'il auoit donné, M. le duc de Vendôme qui etoit a Anet pour sa santé, Il fit toute sorte de soumissions a tous les princes du sang et en part[iculi]er a M. le p[rince] de Conti qui a demandé la liberté du grand prieur auec M. de Uendome, le roi dit au Prince qu'il etoit bien aise de les uoir ensemble et qu'il fut content et que c'etait a lui a faire le reste, M. du Maine et M. le P[rince] de Tholoze a qui M. le grand prieur uoulut aller tournerent tout court a M. le P[rince] de Conty [,] toute la france en a fait de meme [;] on ne sçait encore quand le prisonnier sortira [2].

[1]. Sur la version italienne due à l'abbé Regnier des Marais, cf. lettres de Bossuet, 28 juillet, 10 et 13 août 1698 (Lachat. t. XXIX, p. 515, 531, 537) et plus bas, p. 190 la lettre d'Antoine du 11 août. Cette traduction, dont le privilège accordé à Bossuet est du 25 septembre 1697, pour divers écrits, (Cf. plus bas, p. 204, n. 2.) porte l'achevé d'imprimer du 20 septembre 1698. In-8 de 150 pages (Bibl. nat., D 19 093). Les expressions d'Antoine sont exactes ; ce sont bien là — quoique Bossuet ait affirmé le contraire (lettre du 3 mars 1698, p. 328 : « nous écrivons pour l'instruction non du procès, mais des peuples ») — des « pièces du procès », et non des écrits pour conjurer le scandale des peuples. Des écrits latins et italiens, c'était ce qu'avait réclamé Phelipeaux, et qu'avait formellement promis l'évêque : « en faire en latin, parce qu'on les demande à Rome et en Flandre, les faire courts et décisifs » (Lettre à Renaudot, 7 avril 1698, p. 380). La version italienne fut lue par le Pape « avec beaucoup de plaisir ». (Phelipeaux, IIe part., p. 147).

[2]. Cette querelle des deux princes, suivie d'une provocation le lendemain, a été racontée au long par Saint-Simon (*Mémoires*, éd. de Boislisle, t. V, p. 313-316) et par le marquis de Sourches (t. VI, p. 49, etc). V. aussi la lettre de Madame, datée de Saint-Cloud, 31 juillet : « Depuis

M. l'abé Boutard[1] m'a remis ces quatre exemplaires pour uous les enuoier de la part de M. de M.

Nous aurons bien tot M. Chasot qui passe par n[ot]re d[am]e de Soissons, ma sœur et uotre frere uous embrassent

A Monsieur
Monsieur l'abbé Bossuet a rome.

Les nouvelles des incidents notables de la cour, que les lettres d'Antoine communiquent à l'abbé Bossuet, montrent que leur correspondance n'était pas confinée dans les seuls événements du procès contre les *Maximes des Saints*. Nous avons déjà remarqué, par les réponses d'Antoine, que l'abbé réclamait les « nouvelles à la main », si défectueuses fussent-elles.

Il est constant toutefois que ce qui l'y intéressait davantage était ce que disaient les feuilles publiques de la marche de cette grave affaire. Nous avons la preuve dans la lettre suivante :

LXXV

Paris, XI aoust 98.

J'ai reçu uotre lettre du 22 Juillet. Je souhaite que la fluxion qui uous a empesché de m'écrire de uotre main s'en soit allée aussi uitte que uous auiés cru qu'elle feroit[2].

---

trois jours il y a grand vacarme à la cour. Dimanche dernier... à Meudon... » (Ed. Jaeglé, t. I, p. 176).

1. Sur l'abbé Boutard, le *Poète des Bourbons* (1664-1729), v. *Revue Bossuet*, avril 1900, p. 103, note 1, et Lebeuf, *Histoire de Paris* (Paris, Féchoz, 1883, t. III, p. 12, 124, 204 et 235). Son ode sur Marly, de 1698, fut présentée au roi par Bossuet et traduite par Perrault. Élisabeth-Sophie Chéron, morte en 1711, auteur d'un portrait excellent de Bourdaloue, avait traduit en 1669 sa description de Trianon, et l'abbé du Jarry mit en vers français, en 1703, son ode sur Meudon.

2. V. la lettre de même date dictée par l'abbé Bossuet : « J'ai une fluxion dans la tête qui m'a pris ce matin. Ce que j'ai est moins que rien . je sens bien que demain, je serai dans mon état normal » (Lachat, t. XXIX, p. 512).

[[On imprime ici une uersion italienne de la relation de la façon de l'abbé regnier que uous aurés bien tôt, si uous l'auiez preuenue par une autre, tant mieux.

en uérité il seroit bien important que pendant que les examinateurs discoureront les choses se disposassent a une decision au uatican = tenés pour certain que ie ferai tenir les quinze cent liures au Sr guerin pour acquitter pareille somme que uous auez tiré sur lui J'ai mandé a M. de Meaux qu'il donnast ordre aux XII c[ents] £ il m'a mandé qu'il le feroit.

ie n'ai pas oüi parler de l'assemblée extraord[inai]re du Clergé dont parlent les nouuelles a la main d'aujourd'hui, mais si cela arriuoit et que *Rome* n'eut encores rien décidé sur le *liure de M. de Cambrai* on pouroit faire des deffences en attendant ou prendre la dessus quelque resolution prouisionnelle et *Rome* en seroit peut etre faché[e], portés uous bien

i'ai raié dans ces nouuelles l'article impertinent qui regarde M. du Mont, ne le faites pas uoir.

A Monsieur
Monsieur l'abbé Bossuet a Rome

Ce serait grand hasard de retrouver les « nouvelles à la main » de cette date, qui nous pourraient renseigner sur l'article relatif à M. du Mont [1] ; mais ce sont là des affaires privées peu intéressantes pour l'histoire du Quiétisme. Il est plus piquant de rencontrer dans le *Mercure* de Hollande l'explication de la phrase des « nouvelles à la main » qui fait allusion à l'Assemblée du Clergé. On y voit que les menaces souvent insinuées [2] pour presser Rome par la crainte de voir les évêques de France « réduits » à prendre de leur chef une décision doctrinale, n'étaient pas telle-

---

1. Hyacinthe de Gaureaul seigneur du Mont. On a vu (p. 44) que le frère de Bossuet, Antoine, avait épousé Renée-Madeleine de Gaurault du Mont. Voir sur cet honnête pourvoyeur des plaisirs du Dauphin les *Mémoires de Saint-Simon*, t. XXI, p. 70. Il figure dans l'assistance aux funérailles de Bossuet à Meaux. Voir Ledieu, *Journal*, t. III, p. 129.

2. Cf. la lettre de l'abbé Bossuet énumérant les arguments présentés au cardinal Nerli (plus haut, p. 185).

ment des propos en l'air. Nul ne croira qu'un partisan de Fénelon ait fait insérer ce mémoire[1], qu'on trouve au *Mercure historique* publié à La Haye en juillet 1698 :

... La Cour de France entrevoit bien tout cela (les difficultés pour Rome d'une décision qui, selon l'auteur calviniste, lui ferait condamner des saints canonisés) aussi assure-t-on que se méfiant des subterfuges de celle de Rome, et d'une espece de cabale qui s'y est formée en faveur de M. de Cambrai, elle a déjà pris des mesures pour voir la fin de cette affaire. Et les pénétratifs disent là dessus que l'assemblée Générale du Clergé de France qui a été convoquée extraordinairement au mois d'octobre prochain, l'est bien moins pour délibérer sur les moyens d'affermir la Conversion des Nouveaux Réunis et de pourvoir aux nécessitez des Catholiques Refugiez de la grand'Bretagne, que pour faire comprendre au S. Siège que s'il differe plus longtemps a donner une décision qu'on a bien voulu lui demander, on peut s'en passer fort bien et faire decider cette affaire dans un Concile National. Ce procédé seroit un peu violent sans doute, mais il ne seroit pas sans exemple[2].

L'intention de ceux qui inséraient ces réflexions du *Mercure* de Hollande était-elle de desservir ou d'aider Fénelon ? Nous n'avons pas ici à résoudre cette question[3].

---

1. Il était au moins bien conforme aux nouvelles de France que Phelipeaux insinue avoir été « répandues confidemment », à Rome, par Roslet entre autres, et non sans effet (Cf. *Relation*, p. 123).
2. *Mercure historique et politique*, La Haye, 1698, t. II, p. 254.
3. Il y aura lieu, pour l'ensemble des *gazettes* de Hollande, de rechercher jusqu'à quel point sont vraisemblables les fréquentes accusations de Bossuet et de son neveu, affirmant que Fénelon et ses partisans font insérer tout ce qu'ils veulent dans les feuilles calvinistes. — La vérité semble être que les gazetiers recevaient de toutes mains et se montraient disposés à insérer pour ou contre les deux adversaires tout ce qui leur paraissait devoir intéresser leurs lecteurs, et surtout désagréable au catholicisme. Leurs griefs personnels contre Bossuet, adversaire du protestantisme et auteur de l'*Histoire des Variations*, ne sont pas pour rien dans leur attitude et leur soin de donner aux nouvelles un air défavorable à l'évêque de Meaux. Cf. plus haut, p. 179.

L'article, en tous cas, éclaire et explique la lettre d'Antoine, du 18, et celle aussi du 13, qu'a retrouvée à Genève M. l'abbé Urbain.

LXXVI

Paris, 13 août [16]98

M. l'abbé de Madot[1] prit hier matin la peine de m'apporter lui-même votre lettre du 29 juillet, et me recommanda de ne pas dire par quelle voie je l'avois reçue. J'envoie en même temps celles qui y étoient jointes à Meaux et à Reims, et mande à M. de M[eaux] s'il vouloit écrire par le courrier extraordinaire et vous envoyer quelque chose, il n'y avoit point de temps à perdre. Dans l'incertitude si sa réponse viendra à temps, j'envoie toujours celle-ci à M. de Madot, à qui j'envoierai le reste aussitôt que je l'aurai ; je l'attends à toute heure.

Je suis très aise de la bonne disposition où les choses sont et du bon effet de la *Relation*. On a beau tourner la doctrine, se taire des faits de Mme Guyon, comme *ex facto jus*, et si on ne décide en particulier sur certains points principaux, M. de Cambrai éludera tout, comme on voit bien qu'il le sait faire.

Vos lettres de change seront acquittées.

La lettre de M. de Meaux arrive avec une pour Mme de Maintenon, qu'il me mande d'envoyer par un exprès qui est déjà parti. Il rend compte du contenu en votre dernière, quoiqu'il ne doute pas que M. de Paris ne l'ait déjà fait.

Il me mande aussi d'envoyer par ce courier, s'il se peut, des *Quietismus redivivus*. J'envoie chez Anisson pour voir s'il y en a de prêts ; mais en attendant, j'envoie sa lettre et la mienne.

J'envoie en même temps un assez gros paquet de ces livres avec un billet à M. de Madot pour envoyer le plus qu'il pourra de ces livres, que vous ferez relier. M. de Mauroi arrive de Versailles où il assure qu'il n'y a rien de nouveau, sinon que le roi a

---

1. Sur l'Abbé de Madot, futur évêque de Belley et son frère, le courrier extraordinaire qui annonça la condamnation de Fénelon, voir plus bas, p. 222, note 3. Cf. *Revue Bossuet*, 25 octobre 1903, p. 225 à 234.

pris médecine. Je ne sais si vous savais que le mariage de M. de
Mauroi avec Mlle Le Maire est enfin déclaré dites-le à M. Phelippeaux[1].

LXXVII

P[aris] 18 Aoust 98

Le courier extraord[inai]re[2] n'arriua a *Paris que* ieudi 14e au
soir et jestois parti le matin auec M. Bazin[3] pour aller auec
M. Bazin et uotre frere en sa terre de bandeuille qui est a dix
lieues d'ici, le lendemain au soir on m'y apporta *le* paquet du 4[4]
ie ne fis que l'ouurir fort legerement et l'envoiai en dilligence a
cheual toute la nuit par l'archer auec ordre de prendre la poste,
il fit si bien qu'il le rendit à M. *de Meaux* entre six et sept heures
du matin, le Jour meme l'archer reuint à Paris [;] uotre paquet
pour M. de Paris et la piece latine[5] lui furent remises, a mon

---

1. *Revue Bossuet*, 25 oct. 1903, p. 217, publiée par M. l'abbé Charles
Urbain, d'après l'original, à Genève.
2. La lettre de l'archevêque de Paris à l'abbé Bossuet, du 18 août,
parle d'une lettre reçue par le moyen de ce courrier extraordinaire, et
remise par l'abbé Madot, frère du genthilhomme à qui s'intéressait l'abbé
Bossuet. (Cf. Lachat, t. XXIX. p. 541. V. aussi la lettre du même, du
11 août, et celles de Bossuet, du 13 et du 17, p. 532, 536, 539).
3. Autographe : « avec + Bazin... »
4. On lit dans la lettre de Bossuet du 17 août : « J'ai reçu votre
lettre du 12 du mois dernier par le courrier de M. le cardinal de Bouillon, celle du 22 écrite d'une autre main (la lettre dictée à cause de la
fluxion, cf. plus haut, p. 189, note 2), celle que madame de Foix m'a
fait tenir et celle de votre courrier extraordinaire du 4 de ce mois ».(Cf.
Lachat, t. XXIX, p. 539). Nous avons bien une lettre de l'abbé Phelipeaux en date du 4, mais celle de l'abbé Bossuet ne nous a pas été conservée. Serait-ce à dessein ? Il paraît, d'après la réponse de son père,
qu'il y était question de nouveaux incidents relatifs à ses vieilles avantures du mois de décembre précédent et dont Antoine parle en termes
assez énigmatiques. Du reste, dans la lettre du 12 à son oncle (*ibid.*,
p. 536). l'abbé dit un mot du duc Cesarini, mêlé à cette affaire. Cf.
L'*Avanture de l'Abbé Bossuet*, p. 26 et 77, note 1.
5. La lettre de l'archevêque de Paris, du 18 août, nous donne l'explication : « Elle est arrivée, dit-il en parlant de la lettre du 4, aussi bien

arriuée ie trouue une lettre de M. de Meaux qui m'en donnoit auis, J'enuoié querir *le* courier, *il* me compta ce qui l'auoit retardé a turin et a Lion, une chaise qu'il auoit prise a Lion qui se rompit en chemin, etc. *Il* loge chez un de ses freres, il ne peut s'empescher de uoir ses amis et Mad. la duchesse de (?)[2] de qui il est connu, *il* ne parlera de *vous* en aucune manière, il ne s'impatientera pas, il verra *M. de Meaux* demain au soir a son retour et apres que *M. de Meaux* et *M. de Paris* auront causé, *il* ira a *la cour* et en suitte on fixera le Jour du depart *pour Rome*]].

M. de M. saura de (?)[3] si on aura dit quelque chose de vous et s'il sçait *que* le cardinal de Bouillon ait rien écrit [;] si cela n'est pas *il* ne parlera *que pour* conetre ce *qu'on* peut sauoir et preuoir *contre* tout ce qui poura uenir de *M. le cardinal de Bouillon* et (des) *jésuites*.

Je ne vous [crois] pas assez mal auisé pour auoir donné lieu par aucun endroit a renouueller ce *qui* s'est dit que la cour et le monde auoit une grande disposition a croire [,] en sorte que la moindre circonstance qui viendroit par (votre) fait[4] rendroit le mal irréparable [;] il est bien aisé d'en juger par *les* puissans *ennemis* qu'on se met sur les brachs [.] Il ne faut pas s'imaginer qu'une verité dans ces sortes d'*affaires*, quand le domestique depuis le (?)[4] de grands *ennemis* et tout le public a les yeux dessus, il ne faut point se flater. cela n'est pas possible et *on* en a pour sa vie[5].

---

que la belle pièce que vous m'envoyez ». C'est la réponse de Fénelon, que M. de Noailles trouve naturellement des plus faibles (*ibid.*, p. 541).

1. Le nom est représenté par un signe ressemblant à un *i*, et qu'on ne rencontre pas dans les clés.

2. Même remarque : le signe est ici une croix suivie d'un 6 ; serait-ce une déformation de 26, chiffre de Mme de Maintenon ? Dans le doute, je préfère laisser subsister la lacune et ne point insérer dans le texte cette interprétation incertaine.

3. Autographe : « viendroit par le fait de 32... »

4. L'autographe porte : « depuis le 15 ». Ce chiffre est absent des listes, et Dom Coniac, qui a traduit une bonne partie des endroits chiffrés, a, sans doute, renoncé à identifier ce *15*. Par contre, il a remplacé à deux reprises par *ennemis* le chiffre 53, inconnu dans les listes de Lachat. C'est une confirmation certaine de l'hypothèse émise plus haut (Cf. p. 145, note 3).

5. C'est l'expression, à peu près, qu'avait employée l'abbé lui-même,

Je ne suis point surpris qu'il j ait des espions en campagne [;] il j a long temps que je scay que c'est un moien que M. de Cambraj ne manque pas de mettre en vsage¹ c'est fort bien fait de garder son homme en l'obseruant de fort prez si ce n'est *qu'on* trouuat moien de le mettre en surté et *qu'il* pût seruir a confondre *les ennemis* de pratiquer de mauuaises uois quand au 15 de la 10 (sic ?) ², a regarder l'*affaire* par rapport au monde il y a in-

---

qui ne s'était pas fait illusion sur les conséquences probables de ces bruits infamants : « Je ne saurais assez vous prier, vous et vos amis, écrivait-il à son oncle, le 18 mars, de publier la fausseté de ce qui me regarde, homme ou femme. Je vous prie de ne pas oublier Monseigneur le Dauphin : il est très dangereux qu'il ne prenne des impressions qui dureraient *autant que la vie* » (Lachat, t. XXIX, p. 26, 357). Bossuet avait aussi insisté déjà sur l'urgente nécessité de n'offrir aucun prétexte aux propos malveillants. Il avait mandé à son neveu, le 24 février, en lui affirmant qu'il le tenait pour justifié : « Cependant, vous voyez bien que vous ne sauriez trop vous rendre en toutes choses irrépréhensible » (P 319). Le 17 mars suivant, il lui disait encore : « Vous voyez ; faites comme dites : nul ressentiment, mais les mettre au pis, et leur ôter tout prétexte » (*Ibid.*, p. 350). Après ces avertissements, Antoine pouvait écrire à son fils, qu'il le croyait « trop avisé » pour avoir commis quelque imprudence. (V. plus bas, p. 200, dans la lettre du 25 août, une nouvelle insistance du même genre).

1. Admettons, si l'on veut, le fait. Il n'en est pas moins étrange d'entendre Antoine s'en scandaliser, alors qu'on lit dans la lettre de l'abbé, répondant ainsi d'avance à un conseil de son oncle : « Aussitôt que le grand vicaire (l'abbé de Chantérac) sera arrivé, il aura un espion, et nous serons instruits » (Lettre du 3 septembre à son oncle). V. la lettre de Bossuet, du 16 septembre 1697 : « On a nouvelle que M de Chantérac est parti de Toulon ; nous aurons besoin d'être instruit de ses démarches, surtout des explications qu'il pourroit porter » (Lachat, t. XXIX, p. 29, 147 et 150). Comment lire, sans un sourire ironique, dans les lettres de Bossuet et de son neveu, ce mot de « cabale » employé sans cesse pour qualifier tout ce que font en faveur de Fénelon ses partisans, lorsque ces mêmes notes intimes se plaignant de la « cabale », nous révèlent les contremines si laborieusement suivies par l'agent très retors que fut le neveu de Bossuet? (Cf. E. Griselle, *Épisodes de la campagne antiquiétiste*, p. 11 et suiv. *Revue d'hist. et de littérature religieuses*, sept.-oct. 1902, p. 394).

2. Ici encore reparaissent les chiffres demeurés illisibles même à Dom Coniac. On devine ici le conseil de gagner à sa cause l'espion prétendu

térêt en intrigant d'être *pour vous* a moins de *la* perdre mais si on pouuoit *faire qu'il* decouurit ou publiquement [ou] a *un ami* de ce que *le cardinal de Bouillon* a tenté auprez de lui pour *faire* sortir de Rome [1] il ne seroit peut-être pas inutile, il faudroit connoitre l'affaire...[2] *pour en juger.*

Quant a (M)[3] Giori auprez de qui on *vous* a brouillé *il* ne faut

---

chargé de procurer le départ de Rome de l'abbé Bossuet, manœuvre qu'il dénonce à plusieurs reprises comme le plus ardent désir de ses adversaires (Cf. Lachat, t. XXIX, p. 408, 542; lettres des 29 avril et 19 août 1698. Cf. Bossuet à son neveu, 24 février 1698, p. 319).

1. Une lettre de l'abbé Bossuet, restée elle-même énigmatique, parle des démarches tentées par le cardinal de Bouillon (c'était sa « bête »), près du duc Sforza Cesarini, pour obtenir contre lui un témoignage permettant de l'écarter de Rome. Apparemment, c'est au même incident que fait allusion la lettre d'Antoine. Le courrier extraordinaire était chargé de porter cette lettre très secrète du 4 août et d'en rapporter la réponse (Cf. Lachat, t. XXIX, p. 542, lettre du 19 août; cf. p. 536, lettre du 12 août).

2. Les points représentent encore une nouvelle inconnue. L'autographe porte : « Il faudroit connoitre C i i ». Dom Coniac a déchiffré, pour le signe C : *l'affaire* ; mais le double *i*, ou peut-être 11 (car on sait que le chiffre 1 était pointé dans les copies du temps) ne donne ici aucun sens plausible. Il ne figure point dans la clé ; *i i* n'y signifie que « courrier ». Faut-il lire : « l'affaire du courrier », et supposer que la lenteur de celui-ci et ses excuses sur les retards subis à Turin et à Lyon semblaient louches à Antoine ? Antoine est porté comme son fils à imaginer partout des manœuvres des agents de Fénelon. Ainsi, dès qu'un envoi de livres tarde à parvenir, il crie à la persécution : c'était oublier que l'archevêque de Cambrai qui, à les entendre, « inonde le monde de ses écrits », n'avait ni la liberté de les faire imprimer, ni le droit de les introduire en France. Le compte des ballots des opuscules de Fénelon saisis par ordre du roi n'est pas à faire (Cf. Bossuet à l'archevêque de Paris, 2 juillet 1698, p. 480). L'évêque de Meaux eût dû savoir à qui s'en prendre de la difficulté de se procurer certaines réponses de sa partie.

3. L'autographe porte : « Quant a † Giori... » Cette croix paraît décidément suppléer l'M. — C'était un précieux auxiliaire que Giori ; on conçoit l'inquiétude de le perdre (Cf. Lachat, t. XXIX, p. 306. Lettre de Bossuet à ce prélat, 10 février 1698 et les lettres de l'abbé signalant son zèle près du pape, par exemple : 28 janvier, p. 294 ; 25 mars p. 360 ; 27 mai, p. 431; de Noailles, 16 juin, p. 448 etc.). Sur la difficulté à laquelle il est ici fait allusion, on ne trouve dans les lettres de l'abbé que cette seule phrase, dans une lettre du 8 juillet à son oncle :

rien oublier pour retablir la confiance et pour confirmer ses amis [;] si *le roi* enuoie un ambassadeur comme on le dit le cardinal de Bouillon n'en sera plus consideré.

On a dit ici *que l'affaire contre le livre* se menoit a *Rome* auec bien de l'esprit mais que c'estoit l'intérêt qui estoit le grand mobile dans cette *cour* et que c'estoit par la *qu'on* auoit gagné l'é de...¹ et le sacriste, ie ne scay quelle sorte d'intérêt.

[[en attendant les nouuelles a la main Je uous enuoie avec le paquet de M. de M. vne liste des benefices distribués a la notre dame² et un memoire des accusations faites au parlement [de] diion contre le curé de Seurre³ chez qui mad. guion a été souuent et meme elle y a demeuré auec le P. la Combe, et de l'arrest qui porte sa condamnation à etre brulé, est bon pour lui (*sic*) c'est que c'est par contumace, il se sauua aussi tot qu'il sçût qu'il

« Il y a un mois que je n'ai vu M. Giori. Entre nous, mais n'en dites rien, c'est un homme un peu extraordinaire, quoiqu'avec beaucoup d'esprit.. » (Lachat, t. XXIX, p. 491). Son oncle lui répondit le 24 août : « M. le cardinal d'Estrées m'a dit que Mgr Giori n'avait rien contre vous, mais que comme vous voyiez souvent M. le cardinal de Bouillon qu'il n'aime pas, il avait eu quelque défiance de vous. Ce cardinal m'a *assuré* qu'il avait écrit à ce prélat d'une manière à lever tous ses soupçons. Souvenez-vous que c'est un homme qu'il faut ménager » (Lachat, t. XXIX, p. 551).

1. Le chiffre resté obscur représente sans doute l'archevêque de Chieti, Rodolovic, comme on le peut conjecturer par le voisinage avec le sacriste Le Drou. Pour ces deux personnages, restés fidèles à Fénelon, il a fallu en effet trouver des raisons pour attribuer leur vote à un contrat. On a dit que l'archevêque de Chieti espérait le cardinalat, qu'il obtint du reste, et que Le Drou visait l'évêché de Liège. Mais que n'ont pas dit l'abbé Bossuet dans ses lettres et Phelipeaux dans sa *Relation* (v. IIe part., p. 22) pour expliquer comment Fénelon obtenait des partisans ? C'est toujours à leurs yeux uniquement affaire de « cabale ».

2. Dangeau (t. VI, p. 397 énumère ces bénéfices, dont le principal est l'archevêché de Besançon donné « au neveu du défunt archevêque, frère de MM. de Gramont ». Apparemment, l'abbé Bossuet attendait avec anxiété les époques régulières de ces distributions, dans l'espoir, toujours déçu, qu'un « témoignage public » de l'estime royale ferait taire les rumeurs désobligeantes et l'accréditerait officiellement.

3. Phelipeaux (*Relation*, p. 135) a déclaré avoir reçu ces pièces le 3 septembre. L'arrêt qu'il reproduit est du 13 août 1698 (Cf. Lachat, t. XXIX, p. 580).

étoit decretté. nous aurons une copie de l'arrest, voilà comme tous les parlemens traiteront en france ces mauuais et suspects catholiques. tous les gens de bien crient contre les euesques et le clergé qui ne les exterminent pas partout dans leur dioceses. Il paroit dans les tribunaux des juges seculiers de memes dispositions qu'au parlement de Dijon.]]

A Monsieur
Monsieur l'abbé Bossuet

L'attention à suivre les événements de Dijon et le procès du curé de Seurre confirme les remarques déjà faites sur les préoccupations de Bossuet à cet égard [1]. Une partie de cette lettre répond vraisemblablement à la lettre perdue du 4 août, dont le contenu avait été jugé de nature à motiver l'envoi d'un courrier extraordinaire. Comme on ne rencontre à cette époque aucune phase notable dans la marche du procès de Fénelon [2], cette lettre absente semble avoir roulé principalement sur les inquiétudes causées à l'abbé par de nouveaux chefs d'accusation relatifs à sa conduite. Le ton de la réponse justifie cette conjecture.

Cette anxiété paternelle sur les graves et irréparables inconvénients qu'il y aurait à prêter le moindre flanc à de nouvelles accusations, pourrait bien donner quelque corps aux soupçons qui n'ont guère cessé de planer sur la conduite de l'abbé Bossuet. Quelle que soit d'ailleurs la solution adoptée sur ces points obscurs de son séjour à Rome [3],

---

1. V. H. Chérot, *Autour de Bossuet* (*Études* du 5 décembre 1900, p. 624 et in-8 de 113 pages, Paris, Retaux, 1901 ; v. surtout p. 17 et suiv.).

2. La lettre de Phelipeaux, de même date, non plus que sa *Relation*, ne signale rien d'extraordinaire ; il est possible néanmoins que le seul désir d'envoyer à Bossuet et à l'archevêque de Paris la réponse de Fénelon à celui-ci, qu'ils ont eu tant de peine à trouver et ont copiée en une nuit, ait été l'occasion ou le motif principal de cet envoi. Il faut pourtant tenir quelque compte de l'insistance d'Antoine sur ce sujet personnel et spécial à son fils.

3. Même après l'étude entreprise *ex professo* sur cet incident obscur, mais réduite à dessein aux lettres très authentiques de l'accusé et de son

l'attention persistante de Louis XIV à l'écarter ensuite de l'épiscopat procéderait moins, ce semble, des « impressions » qu'ont dû laisser les accusations de ce genre, que des fréquentations, bien plus graves aux yeux du roi, de réfugiés comme Charlas, Daurat, Maille et autres antirégaliens notoires[1]. En faveur auprès du pape, ces hommes ne pouvaient que porter malheur à l'abbé dans l'esprit de Louis XIV, et pour se ménager leur concours, on dirait volontiers qu'il s'est sacrifié et a joué son avenir. Probablement, il ne soupçonnait pas ce danger, auquel son oncle n'eût pas consenti à l'exposer.

La lettre qui suit va reprendre de plus hautes questions et rentrer dans le vif du procès ; on y trouve une analyse de la réponse de Fénelon à la *Relation sur le Quiétisme*.

LXXVIII

† *Paris 25 Aoust 98*

M. de M. alla samedi a uersailles apres auoir vu M. de P. qui j alla aussi hier au soir, Je lui ai donné un memoire touchant uotre courier a qui j'ai fait donner 360. [livres] pour quelques

---

oncle, il est malaisé de prononcer pour ou contre l'abbé Bossuet, faute de preuves expresses. Les présomptions demeurent peu favorables. Elles seraient terriblement appuyées par la lettre de Du Vaucel, en date du 4 septembre 1700, dont l'autographe se conserve à l'archevêché de Malines et a été publié, pour la première fois, par l'abbé Bouix (*Revue des sciences ecclésiastiques*, 1865, t. II, p. 125). A la suite de plaintes contre Bossuet, qui n'a pas ménagé les jansénistes (à les entendre), qui « se perd de réputation » et « abandonne sa dénonciation contre le *Nodus* (livre de Sfondrate) », l'agent de la secte écrit à Quesnel : « On le soupçonne d'avoir trop de passion pour l'avancement de son neveu, *dont la conduite n'a pas été ici des plus édifiantes* ». Même à tenir compte de la mauvaise humeur du témoin, sa parole reste accablante, et témoigne de bien peu de reconnaissance pour les efforts déployés par l'abbé Bossuet en faveur des amis. On n'est jamais trahi que par les siens.

1. Cf. *L'Aventure de l'Abbé Bossuet*, p. 13.

emplettes qu'il ueut faire pour lui, M. de M. ne m'a rien dit sur son chapitre, Il reuiendra demain et dira ce qu'il en ueut faire [[vous apprendros par la lettre ci jointe et celle de M. Chasot qui est auec lui que la reponse en françois de M. de C. est toute publique [;] il en a fait faire partout de tres grandes distributions, Je n'ai fait que la parcourir; j'i trouue partout le meme esprit sur les faits qu'il a vu ou sur la doctrine, c'est un procureur qui chicane pour donner de fausses couleurs à un mauuais procez [.] Il ne ueut qu'ébloüir et montrer de l'esprit aux despens de la uérité et de la bonne foi, si peu qu'on ueuille se donner la peine d<e> i regarder un peu de prez et repasser sur la relation on uerra le foible et le faux par tout [.] c'est...[1] l'eueque de geneue qui lui a fait estimer mad. g[uion] en lui parlant de sa mauuaise doctrine et du P. la Combe, il tourne pour lui iusqu'aux lettres de M. de la trappe, Il a eu des approbations de M. de Paris et de M. de Chartres C'est M. de M. qui a uoulu le sacrer et qui a fait une grande dissertation pour en auoir l'honneur [2], quand il a fait son liure il prend Dieu a temoin qu'il n'auoit point uu ses ecrits, il auoit bien autre chose a faire auprès des princes [.] mais M. de Chartres qui auoit pris soin de rapprocher les torrens de M[adam]e guion des (écrits de M. de Cambrai)[3] ne lui auroit pas laissé ignorer ce bel endroit de la doctrine de cette dame, Il raille fort ingenieusement de prescille (sic) et de son montant, tout y est grand serieux et sincere, je ne lui ueux opposer que les lettres et les memoires de sa main dont parle la relation [.] Il a la mine de faire faire le proces a M. de M. < de M. > po[ur] auoir reuelé sa confession si celle q[ui][1] a faite dans son memoire ne sauue le confesseur, cette derniere pièce lui ote toute créance parmi les honnestes gens [.] il ne laisse pas de trouuer du monde qui se

---

1. Mots illisibles.

2. Cette partie de la défense de Fénelon ne manque pas au moins d'une bonne preuve, c'est-à-dire la citation d'une lettre de Bossuet, qu'il sera opportun, dans la future édition des *Lettres de Bossuet*, de placer à sa date, en la détachant de l'ouvrage de Fénelon qui seul nous en a conservé un fragment. V. *Réponse à la Relation sur le Quiétisme*, chap. IV (édit. de Saint-Sulpice. Lyon, Périsse, 1843, in-4, t. II, p. 26).

3. La parenthèse est purement conjecturale. L'autographe porte : « des 95 », ce qui n'offre aucun sens d'après les clés usuelles où 95 désigne seulement *Alfaro*.

paient de sa fausse monnoie [.] les gazettes d'hollande n'ont point parlé de votre histoire mais je uous envoie un extrait d'un nouueau gazetier qu'i s'est eleué depuis cette année mais cet imprimé[1] que j'ai est uenu si tard qu'il est tombé auec le conte]] ma sœur et uotre frere uous embrassent.

L'aveu est à recueillir, qui nous montre la réponse de Fénelon trouvant quelque crédit. Il est vrai, comme l'affirme la lettre suivante, que les amis de Bossuet attribuent cet effet au prestige de l'esprit, cet esprit « jusqu'à faire peur »[2], que, faute peut-être de discuter les faits avec patience et impartialité, on accorde plus libéralement à l'archevêque de Cambrai que le bénéfice de la bonne foi.

LXXIX

Paris 1ʳᵉ sept[embre] 98

[[Nous avons recu uos lettres du 12 et du 19 aoust, uoici la reponce que M. de M. uous fait[3], il me mande de retarder encores de quelques iours le retour du courier[3], il uous portera le plus d'exemplaires qu'on poura de la traduction italienne de la relation, et des trois traittés latins[4], peut etre y auroit il quelque memoire

---

1. Il n'est guère possible d'identifier cette gazette qui, hors de Hollande, en France, probablement, commença à paraître en 1698, et semble, d'après cette phrase, avoir rappelé tardivement quelque chose des aventures de l'abbé à Rome. Quel peut être cet imprimé ?
2. Bossuet, à la fin de l'*Avertissement sur les signatures des docteurs*, p. 16 des *Passages éclaircis*, édition originale.
3. Il s'agit du courrier dont parle la lettre du 18 août. V. plus haut, p. 193.
4. L'abbé Bossuet avait insisté pour avoir en nombre la *Relation* : « Vous ne pouvez nous envoyer trop d'exemplaires de votre *Relation*, qu'il faut donner ici à tout le monde, tout le monde étant capable des faits. La traduction latine et italienne fera des merveilles. Il faudroit ne pas perdre de temps, car ce qui est en françois ne fait pas ici tout l'effet qu'on pourroit désirer : il me semble vous l'avoir mandé positivement, il y a bien longtemps... Le *Mystici* et le *Schola in tuto* ont fait un effet

sur le proiet qu'il fait pour repondre a la derniere reponse de M. de C. sur cette relation, Ie ne doute pas qu'il (M. de C.)[1] l'ait rendüe publique a present a rome comme elle l'est a paris[2], les habiles et les sages qui ont vû ce qui s'est fait de part et d'autre sur la matiere trouuent que M. de C. ne fait qu'imposer redire et auancer hardiment et de mauuaise foi le contraire de ce que les 3 Eueques et lui même ont dit sur les faits, les Esprits superficiels qui ne s'attachent qu'a ce qu'ils ont sous les yeux se laissent ébloüir par les tours d'esprit de l'auteur, par ses deguisemens et ses artifices, c'est pour ceux la qui sont pour le dernier qui parle que l'on conseille a M. de M. de faire une courte replique sur certains faits principaux [.] M. Pirot denie formellement auoir[3] dit ce qu'on lui fait dire que le liure de M. de C. etoit tout d'or[4] il m'a dit aussi que si M. l'archeuesque de P. repondoit a la reponce que uous lui auies enuoiee en latin, ce ne seroit que par des notes courtes en marge.

il n'a point paru a *M. de Meaux* qu'il y ait rien de nouueau a *la cour* sur (votre) chapitre, si bien *qu'on n'a rien dit la dessus. Si vous* (étiez) bien assuré *que le cardinal de Bouillon* eut entrepris

admirable. Le *Quietismus redivivus* n'en fera pas moins » (Lachat, t. XXIX, p. 500-501, 15 juillet 1698).

1. La parenthèse est ajoutée en interligne par Antoine pour empêcher toute équivoque.

2. D'après la lettre de l'abbé Bossuet, le 2 septembre 1698 arriva à Rome la seconde édition de cette réponse (Lachat, t. XXIX, p. 571. Cf., p. 531, la lettre de Bossuet du 10 août).

3. Autographe : « auoit... »

4. Le propos est attribué à Pirot dans la *Relation d'une conversation entre MM. les Docteurs de la Sorbonne, au dîner de la doctorerie de M. l'abbé de Fève*, avril 1698 (Fénelon, *Correspondance*, t. VIII, p. 552-555). Ce qui est incontestable, c'est qu'il n'avait pas vu dans le livre les maximes condamnables, poursuivies et dénoncées ensuite par Bossuet, et l'avait pour le moins jugé inoffensif. Pirot d'ailleurs a montré dans sa vie plus d'une complaisance, témoin sa conduite lors de l'enregistrement de l'avis de la Sorbonne sur les propositions de 1682. Il joua dans cette affaire un rôle assez ambigu , les oppositions des docteurs qui refusèrent de signer ses procès-verbaux peu fidèles l'ont convaincu d'une dextérité peu enviable à satisfaire les puissants du jour (V. *Mémoires* de Joseph Grandet, *Histoire du Séminaire d'Angers*, publiée par E. Letourneau, Angers, 1893, in-8, t. II, p. 290 et suiv.)

de le faire il j faudroit prendre garde, le mieux est de s'asseurer de soi même et sur sa propre conduite [1]]].

ma sœur et uotre frere uous embrassent et M. phelipeaux comme ie fais.

A la même date que cette lettre d'Antoine, partait de Reims un mot de l'archevêque, publié en partie par les éditeurs [2]. C'est la lettre qui commence par les mots : « J'ay leû et releû la responce de M. de Cambray a la relation de M. de Meaux. » Le passage publié l'est exactement, mais avant la phrase finale, après les mots : « Je vous conjure de m'en envoyer par la poste un exemplaire », à la suite desquels les Bénédictins avaient tracé le crochet indiquant l'extrait à faire imprimer, venait ce paragraphe resté inédit [3] :

ie vous prie de lire ma presente lettre a dom Estiennot [.] le roy est d'hier a compiegne ie n'iray point voir le camp, i'en ay tant veû que ie ne suis point tenté d'aller a celuy cy, la cour sera si grosse qu'on ne pourra pas s'y tourner [.] ie me rendray a paris le 14 de ce mois pour me trouuer a Versailles a la descente du carosse du roy (*mots illisibles et barrés*) S. M. y reuiendra le 21 ou le 22 de ce mois

ie suis touiours entierement a vous
L AR.DUC DE REIMS

La lettre d'Antoine, en date du 15 septembre, nous in-

---

1. On voit que les recommandations ne manquent pas à l'abbé Bossuet et ses inquiétudes sont loin d'être dissipées.

2. V. Deforis. t. XIV, p. 418 ; Lebel. t. XL, p. 426 ; Lachat, t. XXIX, p. 570 et avant eux, Phelipeaux qui la cite dans la *Relation*. p. 141, sous le titre très exact d'*Extrait d'une lettre*, etc., et dit qu'elle arriva le jeudi 18 septembre.

3. Les éditeurs ont rejeté en queue de la lettre et légèrement modifié le lieu et la date ainsi exprimés dans l'original :

a reims ce premier septembre
Lundi matin *1698.*

dique que Bossuet était à ce camp de Compiègne, dédaigné par l'archevêque de Reims.

LXXX

Paris lundi 15 sep[tembre] 98

Nous auons reçu uos lettres du 26 aoust [;] uoici la reponce que uous j fait M. de M. du camp deuant Compiegne. M. Chasot est allé à la guerre. Il s'est jetté dans la place qui ne laissera pas d'etre prise demain.

[[Il y a plus de trois semaines que la reponce de M. de C. a la relation que uous n'auiés pas a rome le 26 aoust[1]. est ici toute publique. Il fait encores distribuer depuis hier trois nouuelles lettres sous le titre de reponce a celle de M. de M. aux quatre précédentes lettres[2]. On ne les a pas apportées a M. de M. qui pouroit bien n'i auoir pas repondu si tôt mais il ne tardera pas a le faire a celle a la relation[3] comme plus importante sur les faits.

1. L'abbé Bossuet mande dans sa lettre du 26 août à son oncle : « On commence à faire voir ici en secret la *Réponse à la Relation du Quiétisme* : elle est très sûrement arrivée imprimée en françois, etc. » (Lachat, t. XXIX, p. 556). Cf. Lettre de l'abbé de Chantérac (23 août), t. IX, p. 368, où l'on voit qu'à cette date l'agent de Fénelon n'a pas encore reçu cette *Réponse* qu'il réclame avec insistance. L'accusé de réception du paquet se trouve dans la lettre du 30 août (*Ibid.*, p. 392). Toutefois, d'après Phelipeaux (p. 132), il aurait couru d'abord une première édition, supprimée ensuite ou remaniée.

2. V. Phelipeaux, II° part., p. 144 : « Le dimanche 28 septembre on fit, à Sainte-Marie-Majeure, la translation du corps de Pie V. L'abbé de Chantérac distribua trois lettres en réponse à celle de M. de Meaux ». C'était pour répliquer au livre de Bossuet intitulé : *Réponse de Mgr l'évêque de Meaux à quatre lettres de Mgr l'archevêque de Cambrai*. Paris, Anisson, 80 p. in-8. Ce livre de Bossuet avait été « achevé d'imprimer le 31 mai 1697 » (*sic* pour 1698). Il arriva à Rome le 12 juin (Phelipeaux, II° part., p. 97) Bibl. nat., D 19061. Il faut noter que cet ouvrage porte le privilège général donné à Bossuet, pour huit ans, d'imprimer *Divers écrits ou mémoires* latins et françois sur le livre intitulé : *Explication des Maximes des Saints*, privilège en date du 25 septembre 1697, ce qui cadre mal avec l'achevé d'imprimer.

3. C'est l'ouvrage ayant pour titre : *Remarques sur la Réponse de Mgr*

On s'étonne de plus en plus du chapitre de l'estime qu'a eu l'auteur pour M⁰ g[uyon]. Il y a bien des gens qui croient qu'il se departiroit plutôt de son liure que de cette estime et qu'il aimera mieux passer pour fanatique que pour un homme capable de donner pour sublime et estimable a toute la cour, une femme dont il connoissoit les extrauagances et qu'il n'estimoit pas lui meme, ce seroit trop ouuertement se declarer fourbe et trompeur. On dit que l'affaire a rome ne sera pas finie a pâques, cela seroit facheux pour rome meme et pour la religion. Est-il possible qu'on se hate si peu.

Le roi ne reuiendra pas a uersailles que le 24 de ce mois, M. de M. fera de mesme [.]

On croit que si M. de Paris repond ce ne sera que par des notes en marge de la reponse latine que lui a faite M. de C.

Votre tante et uotre frere uous embrassent [;] nous auons ici mad. de magni [1], et ses deux aisnées qui sont grandes belles et bien [faites] et qui uous embrassent aussi.

Aux deux lettres du 22 septembre et du 5 octobre, nous trouvons un nouvel écho du trop fameux panégyrique de saint Bernard, prêché par le P. de la Rue, et dont le texte exact a été si heureusement signalé [2] par le P. Chérot.

LXXXI

Paris, 22 sept. 198 (sic)

Vos lettres du 2 [3] de ce mois m'ajant paru de consequence ie

---

l'archevêque de Cambrai, à la Relation sur le Quiétisme par Messire Jacques-Bénigne Bossuet, etc. Paris, Anisson (in-8, 239 p., achevé d'imprimer 18 octobre 1698). La relation que défendait cette réponse, achevée d'imprimer le 31 mai 1698, n'avait que 148 pages in-8.

1. Cette dame, amie ou parente des *Bossuet*, a déjà été nommée par Antoine dans sa lettre du 8 avril 1697 (Cf. plus haut, p. 100).

2. H. Chérot, *Autour de Bossuet*, p. 76 et suiv., et, plus haut, p. 115. La nouvelle de ce sermon parvint à Rome le 11 septembre (Phelipeaux, p. 139).

3. L'autographe porte : « Vos lettres du 22. » C'est un lapsus qui s'explique, Antoine étant « influencé » par la date qu'il vient d'écrire.

les enuoié tout la nuit[1] a Compiegne par un expres a cheual aussi tot que ie les eu recûes qui fut uendredi soir 19, parce que la cour en devoit partir auiourd'hui 22 comme elle a fait pour chantillj ou elle couche et y sejourne demain pour etre mercredi a uersailles.

[[M. de Meaux sera le meme iour a Germiny par une autre route. Il a été un peu pressé pour repondre [;] il suffit de sauoir que uotre conduite est approuuée a l'egard (du) *Pape* [,] de *M. le cardinal de Bouillon* et des *cardinaux*.

On fait courir ici toute sorte de bruits [:] les uns ueullent *que l'ambassadeur n'aille a Rome* qu'au printems [;] les autres *que le roi* ait destiné *M. de Paris* et nommé *pour le* premier *chapeau*.

M. de Meaux ne trouue rien ni de fort ni de urai ni dans la reponse a la relation ni dans les trois lettres qu'on a distribuées depuis.

M. l'abbé Madot m'a fait voir de son...[2] de meme date que *la vôtre* et dont il a enuoié copie *a M. de Meaux* ou il mande la meme chose *que vous* sur les dispositions de *Rome* pour cette *affaire*.

Les Jésuites desapprouvent fort le sermon de St bernard du p de la rüe *contre (le livre de M. de Cambrai)*[3] *et ils* n'en parlent a *Paris* qu'en cachette. nous nous portons bien par deça M. Chasot est allé faire des cources depuis le camp. Je salue M. Phelipeaux.

L'ordinaire suivant donnait à l'abbé Bossuet des nouvelles de la réponse de Bossuet en cours d'impression.

---

1. C'est-à-dire : la nuit même, en pleine nuit.
2. Ne faut-il pas supposer : « m'a fait voir de son *frère*, une lettre de même date que la vôtre » ? L'autographe porte : « m'a fait voir de son 17 de meme date que 14.15. » Le chiffre 17 ne représente, dans les clés, que M. de Chartres ; ce qu'il n'est point possible d'appliquer ici. Il est assez vraisemblable que l'abbé Madot ait reçu des lettres de son frère, aidé à Rome par l'abbé Bossuet, et lui servant d'auxiliaire. La lettre du 18 octobre inviterait à le supposer.
3. C'est Dom Coniac qui a déchiffré les mots mis entre parenthèses.

LXXXII

Paris, 29 sept. 98.

[[Nous auons reçu uos lettres du 9 [;] M. de M. arriue de germini [;] c'est a lui a uous faire reponse et a M. Chasot qui est reuenu auec lui. Je ne les ai uû qu'un moment l'un et l'autre [;] il est tard [;] ils sont allé uous écrire, uous aués deia appris par les lettres de M. de M. de quelle maniere le roi est détrompé ; il connoit tous les iours de mieux en mieux combien l'esprit de *M. de Cambrai* est dangereux et de quoi lui et sa cabale seroient capables s'ils n'étoient renuersés

la replique de M. de M. commence a etre mise sous la presse. Il faut bien 8 ou 10 jours pour acheuer apres quoi *uous* l'(aurez) en dilligence par (un courrier extraordinaire)[1]. Les amis de M. de Cámbrai uoudroient bien persuader ici que le liure ne sera pas censuré, qu'on renonce a ses interpretations sur cinq ou six choses persuadé qu'on est a rome des bonnes intentions de l'auteur. Je crois que les plus zélés de ses amis qui sont en ce pais la n'oseroient le penser ainsi[.] continués a uous bien porter [;] votre tante et uotre frere uous embrassent.

LXXXIII

Paris lundi soir, le 5 oct. (98)[2]

[[M. l'abbé de Madot nous auertit qu'un courier extraord[inai]re va partir Ie me sers de cette occasion pour uous enuoyer une co-

---

1. L'autographe porte : « par 51.11 » (ou ii). Dom Coniac a écrit, au bas de la lettre, avec renvoi à ce passage impossible à lire à l'aide des chiffres connus : « Je crois qu'il faut lire : *un courrier extraordinaire.* » Cette conjecture est fortifiée par le début de la lettre suivante, et surtout par le texte de Phelipeaux : « Le vendredi 19 octobre nous reçûmes *par un courrier exprès* les remarques de M. de Meaux sur la réponse à la déclaration (sic pour Relation). Le lendemain, l'abbé Bossuet la présenta au Pape... » (*Relation*, p. 148).

2. Millésime ajouté de la main de Dom Coniac.

pie fort peu correcte du sermon du p. de la rüe aux feuillans le Iour de St bernard [1]. Il a fait du bruit a paris et c'est un Jésuite qui paroit n'etre pas du meme auis que ceux de rôme, M. de M. n'a pas encore acheué sa replique a M. de C. qu'on pourra uous enuoyer dans 7 ou 8 jours (un courier extraordinaire) [2].

L'*ambassadeur ne* sera ici qu'au retour du uoiage de fon[taineble]*u* c'est a dire que tout sera fait a *Rome* auant qu'il j soit, *le cardinal de Bouillon* aura beau jeu si on ni pouruoit, ce que uous auez fait dont *le cardinal de Bouillon* a prit copie est fort bien, Il est approuué à *la cour* [3] comme a Rome.

Nous auons uos lettres du 16.

gallerand [4] a grande enuie de paruenir a être sec[retai]re de l'ambassadeur nous uous embrassons tous.

a Monsieur
    monsieur l'abbé Bossuet, a Rome.

Les lettres de l'abbé Bossuet, en date des 2, 9 et 16 septembre donnent les détails nécessaires à l'intelligence de cette réponse. Elles exposent l'effet produit à Rome par l'écrit remis au cardinal de Bouillon. Il s'agit du *Mémoire* imprimé dans les éditions à la suite de la lettre du 2 septembre, qui en explique longuement le but et la portée [5].

---

1. Cette copie fut portée à Frascati par l'abbé Bossuet le 26 octobre. « L'abé Bossuet avait porté la copie du sermon du Père La Rue. L'abé Berthet, ecclésiastique du Cardinal, en fit la lecture aux Pères Charonier et Sardis qui entrèrent dans un tel emportement qu'ils scandalisèrent toute la compagnie » (Phelipeaux, II° part., p. 147).

2. Même chiffre et même note de Dom Coniac que pour la lettre précédente.

3. « Il » est évidemment employé ici, en un sens impersonnel et neutre, pour : *cela, ce que vous avez fait.*

4. Sur Galeran, voir plus haut, p. 66, note 1, 122 et plus bas, p. 232, n. 1.

5. V. Lachat, t. XXIX, p. 574, 584 et t. XXX, p. 5. Cette pièce porte pour titre : *Mémoire que M. le cardinal de Bouillon a souhaité que M. l'abbé Bossuet lui donnât, signé de lui, sur les représentations et les demandes qu'il avait faites au Pape.* La crainte de voir « étrangler » la conclusion de l'affaire, au risque de n'obtenir qu'une condamnation trop générale de Fénelon, et « peu digne du Saint-Siège », mais aussi de se

Dès le 21 septembre, Bossuet envoyait à son neveu ses félicitations pour cette démarche, qui avait le mérite d'atténuer tout ce qui eût pu sembler, de la part des évêques, une menace de se passer de Rome, tout en préparant une « décision... précise et... honorable pour le Saint-Siège [1] ». D'ailleurs, le négociateur songeait vraiment à tout, puisqu'il écrivait à son oncle :

Il ne sera, pas mauvais de préparer le nonce à insinuer ici qu'en finissant cette affaire il sera bon que le Saint Siége loue le zèle et le procédé des évêques [2].

Son zèle n'avait donc pas besoin d'être excité. Ne serait-ce pas d'ailleurs sur ses instances que son oncle, sitôt qu'il eut achevé sa réponse, se hâta de rejoindre la cour, alors à Fontainebleau, comme nous l'apprend la lettre d'Antoine du 13 octobre. Le 23 septembre, son neveu lui avait écrit :

Si j'apprens par vos lettres que vous alliez à Fontainebleau, je vous y adresserai les miennes en droiture, pour que vous les ayez plus tôt. Il seroit bon que vous ne quittassiez plus la cour ; les moments sont précieux ; un mot fait plus que cent lettres [3].

Le prochain séjour de Bossuet à Fontainebleau devait être annoncé à l'abbé par la lettre de son père.

---

voir accusé de retarder la solution, domine dans ce mémoire. Cf. Phelipeaux, II⁰ part., p. 134.

1. Lachat, t. XXIX, p. 575. Cf. les mêmes expressions dans la *Relation* de Phelipeaux à propos de l'audience du 18 mai 1698 (II⁰ part., p. 85).

2. Lettre du 9 septembre (Lachat, XXIX. p. 586). Bossuet, ses amis consultés, trouva la précaution dangereuse : « Nous ne sommes pas d'avis ici de rien faire insinuer sur la mention qu'on pourra faire du clergé de France dans le décret, de peur qu'on ne nous dise des choses *quæ invidiæ forent*. Il faut être fort délicat là dessus par rapport au saint Office » (Lettre du 5 octobre, Lachat, t. XXX, p. 29).

3. Lachat, t. XXX, p. 15.

LXXXIV

Paris lundi 13 octobre 98

Je ne reçu qu'hier au soir vos lettres du 27. M. de M. n'auoit pas encores son paquet quand il uous a écrit la lettre ci-jointe [1]. Il l'aura reçu aujourd'hui.

M. l'abbé de Madot m'auoit dit qu'il auoit des v[ot]re[s] du 30 sept. par un courier extraord[inai]re de M. le card. de Boüillon a la cour[;] ne pourriés uous point uous seruir quelque fois de pareille voie par l'entremise de son frere ou autrement.

[[M. de M. ne tardera pas d'aller a font[aineble]au [;] son liure ne sera acheué d'imprimer de deux ou trois iours au plutôt [;] apres quoi le courier partira. Il sera un bon tiers plus gros que la relation [;][2] c'est un contredit exact ou on ne feint euiter de bien faire [plus] d'une repetition pour repondre aux objections [;] mais il est d'une grande force. Je suis bien aise que uous sojjé content de uotre audience [,] ne doutant pas que SS. ne le soit de uous]].

M. Chasot qui est auec M. de M. ne uous ecrira pas aujourdhuj. Il est occupé auec M. et Mad. d'heruard[2] qui sont a germini.

M. Guillaume...[3] du roi [,] de bonne et antienne famille noble de dijon demande auec instance une place de relligieux qu'on lui a dit qui etoit vaccante dans votre abbaï· pour son filz, don Claude Guillaume, relligieux Profez de S^t benoist de l'antienne obseruance, prieur de Cragni en Charollois. Il est agé de 25 ans clerc du diocese de...[4].

---

1. Ce doit être la lettre du 12 octobre, datée de Germigny, qui témoigne d'une certaine inquiétude au sujet de ce retard. Bossuet écrivit le lendemain, 13 octobre, une seconde lettre, après réception du courrier attardé. Cette réponse passa aussi par Paris. Elle rassure l'abbé Bossuet sur l'intention de ne plus quitter la cour (Lachat, t. XXX, p. 37 et 38).

2. Sur Herwart, Seigneur de Bois-le-Vicomte, etc., voir l'appendice IX du tome II de la *Correspondance de Bossuet*, p. 503-512 et ma *Chronique de la Révocation de l'Edit. de Nantes*, parue au *Bulletin de la Société d'Hist. du Protestantisme français*, nov.-déc. 1907, p. 565, n. 2.

3. Ici un mot abrégé illisible. On lit *sar du roi*, ce qui ne suppose guère l'abréviation de *secrétaire* ni *conseiller*. C'est le rôle de l'histoire locale d'identifier ce personnage, lié d'amitié avec Antoine Bossuet.

4. Le mot a été omis.

Je ne scay s'il a d'autres ordres mais il a dessein de se faire prestre bien tot.

Sa famille est de tout temps amie de la notre et le pere est mon ami part[iculi]er. Je uous prie de lui accorder ce qu'il demande si les choses j sont disposées [;] le filz est un homme d'esprit et de tres bonnes mœurs.

J'ay mandé a M. Guerin de preuenir M. vo[tre] grand Vicaire [1] pour ne pas nommer sans sauoir uotre intention sans s'exposer neanmoins a uous laisser preuenir ni surprendre et que led[it] S[ieu]r Guerin vous fasse sauoir s'il j a une vaccance[,] le nom et toute l'instruction necessaire, suiuant son auis vous donneres les ordres que vous jugeres a propos

A Monsieur
Monsieur L'abbé
Bossuet au palais
Massimi
a Rome [2]

De la même date que cette lettre, s'en rencontre une de l'archevêque de Reims, partiellement publiée dans les éditions [3], mais à compléter fortement, en ce qui concerne les nouvelles étrangères au procès du Quiétisme.

il [Bossuet] m'a dit deuant que de partir pour Meaux qu'il vous en adresseroit a rome plusieurs exemplaires [4] par un courier ex_traordinaire dez que cette impression sera acheuée

1. C'était, nous l'avons vu plus haut, (p. 162, note 1) l'abbé de Chateauneuf.
2. C'est la seconde des adresses rencontrées dans cette correspondance qui nous indique le domicile à Rome de l'abbé Bossuet. Cf. plus haut, p. 124 et plus bas, p. 216, 219 et 220. L'adresse extérieure portait aussi ces mots, indiquant, sans doute, la taxe à percevoir : *Deub* (dû) de Paris, 31 (trente et un sols sans doute).
3. Deforis, t. XIV, p. 513 ; Lebel, t. XLI, p. 523 ; Lachat, t. XXX, p. 39. C'est la lettre commençant par les mots : « J'ay receu monsieur vostre lettre du 23... » Après la fin de phrase se terminant par : *va paroistre*, se fermait le crochet indiquant, dans la pensée de Dom Coniac, le passage à publier. Le reste, consistant en nouvelles du temps, a été omis. Nous ne donnons ici que la partie inédite. L'autographe porte, en tête : « A fontainebleau Lundy matin 13e oct. 1698 ».
4. Il s'agit de la réponse intitulée *Remarque sur la Réponse*, etc.

Mademoiselle fut hier fiancée dans le cabinet du roy par M le card. de Coislin [.] M le duc d'Elbeuf est porteur de la procuration de M le duc de Lorraine, ce mariage sera fait aujourd'huy dans la chapelle de S. M. ou ie m'en vas descendre pour y assister.

Madame la duchesse de Lorraine ua aujourd'huy a paris ou monsieur et madame la menent [.] elle en partira ieudy dans les carosses du roy seruye par la maison de S. M. Mad[ame]e la princesse de Lislebonne la conduit, elle sera a bar samedy 25 de ce mois et elle y trouuera M le duc de Lorraine.

Le roy et la reine d'Angleterre sont icy de mercredy dernier, leurs Majestés y demeureront iusques au 24 de ce mois, le roy nostre maistre ne retournera a versailles que le 12e novembre. iamais la cour n'a esté si grosse qu'elle l'est icy, il y fait un temps admirable.

ie vous prie de dire a d[om] Estiennot que la lettre du 23 du mois passé m'a aussy esté rendu auec ce qui l'accompagnoit, et de luy faire lire celle cy qui seruira s'il vous plaist de responce à la sienne, ie suis tout a vous

L'AR. DUC DE REIMS

La *Revue Bossuet* a publié une lettre d'Antoine, du 17 octobre, dont le texte est suggestif.

LXXXV

Paris, 17 octobre [16]98, vendredi

Vous reverrez enfin le sieur Mauriss[eran][1] M. de M[eaux] n'a pas jugé à propos de parler encore au roi pour sa course. S'il se fait quelque chose de ce côté-là, on ne lui fera point de tort. J'ai demandé à M. Soin un mémoire de ce qu'il lui a donné pour vous l'envoyer. On lui a donné près de douze cents livres en cette ville sans ce qu'il avoit reçu de vous. Cela ne s'est pas passé entre eux tout à un mot. Le sieur Maurisseran doit être content, on ne donne pour la course d'ici à Rome ordinairement que mille à onze cents livres.

1. Ce nom est celui du courrier. Cf. plus bas, p. 218 et 225.

Vous serez content du livret[1]. Je ne doute point du succès. Le caractère de M. de Cambrai y est au naturel. M. de Meaux répond parfaitement à tout.

Ce qui règne partout est visiblement que M. de Cambrai n'a fait le livre des *Maximes des saints* que pour défendre et soutenir ceux de Mme Guyon et de Molinos, dont vous avez vu par un journal des protestants de Hollande ou d'Angleterre qu'il étoit soupçonné d'être sectateur[2].

De sermon du P. de la Rue, jésuite, que je vous ai envoyé, est mal copié. Il en a fait un autre, aux Carmes déchaussés, le jour de sainte Thérèse, que tout le monde dit qui est incomparablement plus fort sur la même matière. Votre frère a été à tous les deux.

On m'a dit qu'un minime revenu de Rome depuis peu et qui y a demeuré plus d'un an, disoit que sans la France, on croit que le livre de M. de Cambrai auroit passé à Rome. Il a nommé, entre autres zélés pour le parti, un M. l'abbé Boucher, à qui on a promis un canonicat de Cambrai.

Il y a longtemps que je vous garde un paquet pour vous; sans cette occasion, j'aurois attendu votre retour. J'en ai brûlé cinq ou six autres; je connois la main.

Je vous envoierois les deux lettres pastorales de M. de Cambrai contre la dernière lettre pastorale de M. de Chartres, si je ne croyois que vous les avez. En tous cas, tenez pour certain qu'elles sont foibles. On dit que M. de Chartres répond, et que M. de Paris a envoyé à Rome il y a quelque temps sa réponse, par notes brèves, en marge de l'écrit latin que vous avez envoyé. Je ne sais s'il les a fait voir à M. de Meaux. Ce sont toujours trois réponses et trois évêques contre un qui est en tout faux et dangereux.

M. de Meaux, non plus que M. Chasot ne m'ont point envoyé de lettres pour vous. Ils sont occupés à faire les honneurs à Mme

---

1. Les *Remarques sur la Réponse de M. l'Archevêque de Cambray à la Relation sur le Quiétisme* (Note de la *Revue Bossuet*).

2. Sur cette perfide insinuation et les « preuves » dont elle s'étayait, il faut lire la page vengeresse de M. l'abbé Henri Bremond dans son beau livre *Apologie pour Fénelon*, Paris, Perrin, 1910. Voir surtout, p. 287 et suiv. et *Documents d'Histoire*, juin 1910, p. 291 et septembre, p. 457.

la duchesse de Lorraine qu'on appelle tout court Madame Royale M. de Meaux tint hier son synode et va demain faire une religieuse à Faremoutiers où le P. de la Pose prêchera [1].

Anisson vous envoiera un mémoire de la quantité des exemplaires ; ce sera environ cent. J'ai mandé à M. de M[eaux] qu'il avoit acccoutumé d'écrire à S. S. et à M. le cardinal Spada, il me semble. Vous y suppléerez s'il est besoin. Votre tante et votre frere vous embrassent. Ne manquez pas de nous entretenir dans les bonnes grâces de l'abbé Phylippeaux. Portez-vous bien tous deux ; finissez bien vos affaires et revenez en bonne santé.

Il me semble que l'on avoit dit que vous aviez fait partir des tableaux, et plus je n'en ai plus ouï parler.

M. de Meaux sera lundi à la cour pour donner son dernier livre au roi.

Depuis ma lettre écrite, M. Souin m'assure qu'il a payé au courrier, outre 360 livres à son arrivée 60 louis d'or présentement compris les 100 livres mentionnées au premier article de cette lettre, qui font 840 ; ce qui fait, avec ce que vous avez fourni à Rome, 1450. C'est payer grassement ; ainsi ne donnez plus rien. On lui a fait espérer si le roi paye et qu'il donne davantage de lui rendre raison sur cela. Cependant ne lui donnez rien et remettez à ce que nous vous mandons. On a payé les valises ; il porte cent exemplaires, sans ce qu'on vous envoiera par la diligence de Lyon qui arrivera par le prochain ordinaire.

17 oct., à une heure après midi [2].

On verra, par la lettre du 18, que Bossuet avait été retenu par les incidents de ce mariage et par son synode. Mais les affaires du Quiétisme n'en figureront pas moins assidûment dans chacune des lettres d'Antoine jusqu'au terme de cette correspondance, brusquement interrompue par sa dernière maladie, au début de l'année 1699.

A mesure que le procès se déroulait à Rome, Antoine prenait une part plus vive aux débats. Son ardeur pour le

---

1. Cf. Lachat, t. XXVIII, p. 530, et E. Griselle, *De Munere pastorali Bossuet*, p. 111 (Note de la *Revue Bossuet*).

2. *Revue Bossuet*, 1903, p. 220.

succès de la cause de son frère fait de lui un témoin attentif, quelque peu passionné, mais d'autant plus intéressant à consulter, que l'évêque de Meaux, débordé par la besogne, se sert de lui pour transmettre à son neveu ce qu'il n'a point le loisir d'écrire lui-même. Par là, ses lettres offrent un supplément d'information non méprisable. Celle du 18 octobre nous montre Bossuet occupé de sa réponse au dernier ouvrage de Fénelon [1] et soigneux de signaler à son représentant à Rome les *errata* à corriger dans ce livre, enfin prêt à expédier.

LXXXVI

Paris, Samedi 18 octobre (98) [2].

Il me fachoit fort de faire partir le courier sans aucune lettre ni Instruction de M. de M. apres l'auoir gardé si long tems mais M. de M. qui auoit a tenir son sinode(,) a receuoir mad. roialle de Lorraine, etc. ma fait ecrire par M. Chasot et par M. le dieu et tant pressé de le faire partir quand le liure seroit prest, qu'il est enfin monté à cheual ce matin à six heures auec 100 liure et d'un autre côté [[je reçois une lettre d'hier de M. de M. par la poste, par laquelle il me mande qu'il m'enuoirra demain des lettres *pour le Pape, le cardinal* Spada et (*vous*)]], a tout hazard pouuant arriuer que le courier s'arrestera en chemin j'addresse celle ci a M. <paget> rouillé [3] a qui j'ecris a lion et le prie de s'en faire informer et au pis aller de vous enuoier la presente par le premier courier.

1. Ce sont les *Remarques sur la Réponse* de Fénelon sur la *Relation*, dont il a été question plus haut, p. 204, note 3.
2. Le millésime a été ajouté de la main de dom Coniac.
3. Nous avons déjà rencontré le nom de Rouillé, de Lyon, parent des Bossuet peut-être, et en tout cas leur intermediaire à Lyon. Cf. la lettre d'Antoine, du 2 juillet 1696, qui parle aussi des Rouillé de Paris, maîtres des requêtes (Voir plus haut, p. 62, 64 et 75). Le mot Rouillé est sur l'autographe en surcharge, au-dessus du mot *Paget*, nom d'un autre correspondant sans doute, écrit d'abord, puis supprimé.

M. de M. me mande de uous auertir qu'en marge des deux pages (113 et 114)[1] qu'il ne cotte pas mais que uous trouuerés en lisant et qui font le meme feuillet Il j a (cop. (sic) p. 180)[2] en citant la derniere reponse de M. de C. et que cette reponse n'a que 170 pages [3], il dit que cela sera aisé à corriger à la main, mais il ne marque pas la datte qu'il faudra mettre au lieu de 180, ce n'est pas un grand mal, a cela prez je crois qu'on sera parfaitement content du reste, a l'égard des *lettres* [4] qu'on promet uous sauré bien les faire esperer et dire qu'elles ont été retardées par megarde [.] est il vrai que les examinateurs aient été partagés jusqu'à la fin et que ceux qui sont pour M. de Cambrai aient été de meme auis iusqu'a ce iour.

    A Monsieur
    Monsieur l'abbé
     Bossuet au palais
     massimi à Rome

Cette lettre n'eût-elle que le mérite de nous fournir la date exacte du départ des *Remarques sur la Réponse à la Relation*, il y aurait lieu de la relever. On possédait cette date par conjecture, puisque, le jour même (18 octobre), Bossuet écrivait à son neveu : « Le courrier que nous

---

1. Les deux pages indiquées sont écrites en marge dans un renvoi marqué au texte par une croix.
2. Ne faudrait-il pas lire *rep.* (réponse), sinon *cap.*, (chapitre)? Quoi qu'il en soit, il s'agit d'une rectification dans la référence, « la date »; comme parle Antoine, c'est-à-dire l'indication de la page exacte, qu'un lapsus a fait indiquer à un chiffre supérieur à celui des pages du livre allégué. La faute existe en effet (art. 7, n° 39), à la page 114 de l'édition princeps (Bibl. nat. D, 19061). Au reste, les éditeurs modernes n'ont point laissé subsister cette erreur. L'édition Lebel (t. XXX, p. 80) corrige : Rep. chap. III, p. 80.
3. Je n'ai pu rencontrer l'édition princeps du livre de Fénelon. L'exemplaire de la Bibliothèque nationale (D, 19074) est une seconde édition, de Bruxelles, revue et corrigée. Elle a 192 pages, et le passage visé par Bossuet s'y trouve à la page 89.
4. Le chiffre, lu par Dom Coniac, est ici un P majuscule. Il figure dans le tableau édité par Lachat, t. XXX.

dépêchons exprès pour porter ma réponse à celle de M. de Cambrai sur la *Relation*, doit être parti de ce matin¹ ».

Nous avons désormais une certitude, et surtout, par les lettres qui vont suivre, le récit des lenteurs retardant cette expédition. La fin de la lettre d'Antoine marque aussi les préoccupations des adversaires de Fénelon au sujet du partage des examinateurs. C'était, en effet, le grand motif de confiance de l'abbé de Chantérac. Puisque les juges accrédités se répartissaient ainsi, l'hérésie n'était donc pas si formelle, ou, du moins, si facile à préciser. Là, par suite, devait être la crainte de la partie adverse, et ce qui l'eût atténuée eût été de constater que cet accord était le fait de quelque brigue par laquelle on eût gagné à la cause suspecte des partisans autrefois d'un autre sentiment.

Aucune préoccupation dogmatique ne se rencontre dans la lettre écrite par Antoine deux jours après cet avis de l'envoi du dernier livre. Elle est toute aux questions d'intérêt, et relative uniquement aux difficultés suscitées au courrier extraordinaire, qui a bien la mine d'avoir exploité ceux qui l'envoyaient. Aussi, en tête, une main, où je crois bien reconnaître celle de Phelipeaux, a tracé en grosses lettres : *Rien à prendre*. Pour la *Relation sur le Quiétisme*, en effet, si les lettres d'Antoine et de son fils lui ont été communiquées, comme il est assez probable, la lettre du 20 octobre ne présentait qu'un mince intérêt. Il n'en va pas de même si l'on tient à juger des efforts et des dépenses que coûtèrent à Bossuet et aux siens le procès engagé contre Fénelon en cour de Rome.

---

1. Lachat, t. XXX, p. 47. — La lettre de Bossuet contenait un mémoire latin adressé à son neveu, retardé lui aussi par le « passage de Mme la duchesse de Lorraine ». Ce mémoire est dans l'édition Lachat, p. 49-51.

LXXXVII

Paris, 20 oct. 98 lundi soir.

J'en auois agi assés honnestement auec le S^r maurisseran pour en vser bien auec nous.

Cependant il nous fait un tres vilain tour, Il ne tint qu'à lui de partir vendredi apres diné, on lui remit deux pacquets [:] vn pesant 40 liures pour son postillon et l'autre de dix liures pour lui. Il promit de partir le lendemain de tres grand matin et de faire bonne diligence en sorte qu'il seroit à Rome en sept ou huit jours, je ne fus pas peu surpris hier dimanche quand son frere m'apporta une lettre de lui dattée du meme jour de son [depart] de paris samedi, de font[aineble]^{au} a neuf heures du soir ou il dit qu'il n'a pû aller plus loin accause des difficultés que les maitres de poste lui ont faites de lui fournir des cheuaux pour porter auec le postillon ce furieux paquet qui n'est de 40 liuvres[,] qu'il auoit fait un alte (halte) à font[aineble]^{au} qu'il ne laisseroit pas de continuer le lendemain mais que ce ne pouuoit etre qu'en prenant un troisieme cheual pour le pacquet ce qui augmenteroit les frais de sa course considérablement, sur quoi il me prioit de donner ordre qu'on lui fit raison à lion ou il attendroit, j'ai prit de son frère son addresse a lion Et le Sr anisson s'est chargé d'écrire a son correspondant d'accomoder tout auec cet homme de maniere qu'en dechargeant le pacquet ou autrement il l'obligea[t] de passer outre mais compté que c'est un misérable capable par mesquinerie de s'en être allé samedi à font[aineble]^{au} par le coche et qui aura augmenté sa charge de bien d'autres paquets que les notres, Je connus son allure en ce qu'apres auoir pris pressamment (*sic*) du Sr Soüin 50. Louis d'or pour partir il dit a La Planche qu'il ne partiroit pas qu'on ne lui donna iusqu'a 2 000 ; il mit de l'eau dans son vin[.] Il me vint prier de faire augmenter Je lui fis encore donner dix louis [;] Il parut content et vous voyez le nouueau tour qu'il nous fait, Il me tarde bien que vous ayez ses paquets Il auoit deja mit onze iours a venir au lieu de sept qu'i vous auoit promit Il me fit dire l'histoire qu'on l'auoit arresté à turin, a lion, qu'il auoit pris un chaize qui s'etoit rompue et qu'il auoit fallu paier et d'autres sornettes.

J'aj enuoié a M. de M. la lettre que uous auiés fait mettre dans le paquet de M. le nonce il l'aura reçue ce soir, il pourra demain vous écrire de fontainebleau.

Monsieur l'abbé
Bossuet au palais Massimi
a Rome.

Phelipeaux, si c'est bien lui qui nota d'un dédaigneux *rien à prendre* cette lettre du 20 octobre, a perdu cependant une occasion de nous montrer par là quelles difficultés rencontrait le prompt envoi des divers écrits par lesquels Bossuet entendait répondre à chacune des réponses de sa partie. En ce qui regarde l'expédition à Rome des *Remarques sur la Réponse*, la lettre ainsi délibérément écartée n'était donc pas à dédaigner[1].

1. L'ordre des dates invite à en placer ici une de Bossuet lui-même, écrite à Pirot, le 25 octobre, de Fontainebleau. Les éditeurs de Versailles l'avaient donnée (t. XLI, p. 549) à peu près exactement. Lachat (t. XXX, p. 58) la donne d'après eux. Il eût pu la vérifier à Meaux sur l'autographe. Elle est relative à l'affaire des signatures obtenues en Sorbonne contre le livre des *Maximes* et qu'on eût pu tourner en sujet de mécontentement de Rome contre Bossuet et l'archevêque de Paris, sous prétexte de jugement porté sur un livre alors déféré au jugement du Saint-Siège, ainsi prévenu. Voici les quelques variantes à relever sur l'autographe en ce moment au grand séminaire de Meaux (carton E, 139, n. 4, don de M. Gallard à Mgr Allou) : « L'affaire se tourne tres bien (et non tourne tres bien) ; le liure fait ici un grand effet. » Les premiers éditeurs ont remplacé le livre par son titre : « La réponse a M. de Cambrai fait ici », etc. Ils ont supprimé enfin la signature, et rejeté, comme d'ordinaire ils le font, la date et le lieu d'envoi, à la fin de la lettre. L'autographe porte en outre cette suscription : « M: Pirot », puis, de la main de Bossuet, en quatrième page, cette adresse :

A monsieur
Monsieur l'abbé pirot chanc[eli]^{er}
de l'eglise et de l'université de Paris
vicaire gnal de mgr l'archevesque en
Sorbone   a Paris
(Cachet.)

La lettre du courrier suivant, en date du 27 octobre, a davantage attiré l'attention de l'annotateur et non sans raison. Il y a mis entre crochets, sans doute pour les extraire ou les publier, les passages où la marche du procès est signalée.

LXXXVIII

P[aris] 27 oct. 98

[[j'ai reçu votre lettre du 7, le succez des remarques passe s'il se peut celui de la relation. Je crois que *le nonce* et *le roi* feront bien Je me reiouis de v[ot]re bonne santé et de celle du pape Et ie me remets pour tout le surplus a ce que vous manderont de la cour M. de M. et M. Ch[asot], tout le monde dit que M. de M. est un grand personnage et fait un beau rolle [:] c'est a uous a couronner l'œuure]] dieu le ueiulle et que uous uous mettiés par une sage conduite en Etat d'en tirer auantage, M. de M. sera uendredi a meaux et dez le lundi suiuant il se rendrà a font[aineble]au jusqu'au 13 du prochain que le roi reuient à Versailles.

M. guerin me mande qu'il n'est mort personne a Sauigni [1].

On uous mandera de lion des nouuelles de notre courier (et) de sa cource. Il ne sera peut estre pas encores arriué à rome. Il partit de paris le 18, le lendemain il prit la peine d'aller a nemours [;] il s'est associé auec un autre courier qu'on dit qui ua aussi a rome pour menager les frais ce qu'il m'auoit promit de ne pas faire de peur d'être retardé et ils auoient prit un quatrieme cheual pour porter les paquets des deux couriers, je voudrois bien qu'ils fissent plus de dilligence que nous n'auons sujet de nous j attendre M. de M. est bien faché de ce retardement, nous nous portons bien.

A Monsieur
Monsieur l'abbé Bossuet
Au Palais Massimi
a Rome

---

1. C'est une réponse à la lettre de sollicitation qui demandait à l'abbé de vouloir bien assurer une place, s'il y en avait quelqu'une vacante, au fils d'un ami de son père, le sieur Guillaume, de Dijon (Cf. plus haut, p. 210).

Le mécontentement d'Antoine au sujet du malencontreux courrier et de ses lenteurs éclate encore dans l'ordinaire suivant, à la date du 3 novembre. Ces détails ont trouvé indifférent l'annotateur déjà signalé. Il a laissé en dehors de ses parenthèses les plaintes intarissables qui remplissent la première page de cette lettre et n'a noté à conserver qu'un passage relatif à la nomination de Fleury à l'évêché de Fréjus. On sait que Bossuet eut à s'entremettre dans cette affaire, mais elle s'éloigne trop de la question du Quiétisme pour être ici exposée.

LXXXIX

Paris 3. no[vem]bre 98

Voici la reponce de M. de M. a votre lettre du 14 du passé.
Le frere d'Anisson lui mande de lion qu'il a sçu que ce chien de courier que uous nous auiés tant mandé de traitter en honnete homme et qui etoit parti d'ici le XI oct[obre] de grand matin, auoit passé a lion le 21 auec un chirurgien ou autre domestique de M. le card.al de Boüillon et qu'ils auoient à eux deux un postillon chargé de toutes leurs hardes et pacquets sans voir les marchands chez qui il m'auoit mandé de font[aineble]au de lui ecrire, a ce compte la il aura fait belle dilligence pourueu qu'il n'y ait rien de pis, il uous fera de belles histoires comme il me fit ici a son arriuée. c'est un franc frippon qui meriteroit bien d'etre chatié Il m'auoit prié de uous le recommander et qu'il auoit de bonnes lettres de recommandations de Mrs les card. d'estree et de Bezancon (sic)[1], voila ce que j'en puis dire de plus doux

[[vous seré bien aise d'apprendre que M. l'abbé de Fleuri, aumonier du roi est nommé a l'euesché de freius Il i a une portion reseruée à l'antien Eueque Et le jeune a l'euesché de Seez, ainsi voila cette grande affaire accomodée [2].

1. Ne serait-ce pas un *lapsus* pour Janson ?
2. Sur l'affaire de l'évêché de Fréjus existe une délibération de Bossuet consulté par le roi sur la conduite à tenir devant l'opposition de l'ancien évêque, Luc d'Aquin, démissionnaire en 1697, mais prétendant

la derniere reponce de M. de M. est encore bien plus applaudi que la relation]]

nous nous allons enfin separer M. Milet[1] et moi auant qu'ils soit huit [jours] Il m'est deuenu insupportable par ses procédés et ses extrauagances Je lui dis en deux mots il j a environ 15. jours sans autre raison, qu'a la maniere dont nous uiuions ensemble il uoioit bien que nous ne pourrions pas j durer davantage et qu'en attendant le proces je lui donnerois 400 £ par an, on dit qu'il ueut se retirer a la campagne, il écrit a M. de M. qui ne lui fera point de reporse, c'est un mauuais esprit capable d'abuser de tout, Je ne me plains de rien mais il scait bien comme il en a usé, s'il s'auise de uous ecrire contentez uous [le plus tard que vous pourrés][2] de mander a M. Chasot qui lui fera [dire] (sans témoigner que je uous en aye rien mandé) que vous en etes faché mais que me connoissant il faut qu'il ait bien manqué à ce qu'il me doit pour m'avoir obligé d'en uenir la, enfin dites peu et sec, ne demandés point de raison Il faut supposer que je n'en manque pas et en effet vous connoitrez un jour qu'il j en a de reste.

M. l'abbé de Madot[3] nous fait voir quelquefois des lettres bien

que le sacre de son neveu et successeur (Louis d'Aquin, transféré à Séez le 1ᵉʳ novembre 1698) et celui de Fleury n'étaient point légitimes (Lachat, t. XXVII, p. 86-90, 1ᵉʳ août 1698. Cf. Saint-Simon (1699) éd. de Boislisle, t. VI, p. 42-52). André-Hercule de Fleury, né à Lodève en 1653, nommé à Fréjus le 1ᵉʳ novembre 1698, fut sacré le 22 du même mois.

1. Sur M. Millet, plus haut, p. 55, 59, 64, etc. et les diverses lettres d'Antoine où ce nom est fréquemment cité. Le procès, de nature inconnue, qui semble pendant entre ce personnage et Antoine, est signalé dans la lettre du 3 décembre 1696 (*ibid.*, p. 77) comme devant être différé jusqu'au retour de l'abbé Bossuet.

2. Les mots entre crochets sont en surcharge et surajoutés par Antoine.

3. L'abbé François de Madot, le futur évêque de Belley (1705), puis de Châlons-sur-Saône (1712), un des appelants contre la Bulle *Unigenitus*, comme tant d'amis ou disciples de Bossuet, a déjà été nommé dans cette correspondance et l'on sait le rôle de son frère, réfugié à Rome, puis en Toscane, à la suite d'un duel qui l'avait obligé de quitter son pays (Cf. haut plus, p. 192, n. 1 et 193, 206, 210). Peut-être cette dernière circonstance portait Antoine à recommander à son fils la prudence. Nous l'avons entendu souhaiter tout à l'heure, dans la lettre du 27 octobre, de voir celui-ci se mettre, « par une sage conduite, en état de tirer avantage » du succès de sa négociation à Rome. Ce n'était donc pas opportun de

instructiues de M. son frere qui est tout de (sic) disposé a le seruir de son mieux mais dans cette circonstance il est bon d'agir auec reserue de peur de nuire plutôt que de seruir.

[[on parle ici comme chacun l'entend des signatures par[ticuli]eres des docteurs, M. de C tache dit-on d'en auoir Je ne crois pas que ce soit dans ce pais ici ou il est fort decrié sur la doctrine et sur tous ses mauuais artifices.]]

Je crois que M. de Chartres ecrira quelque chose On dit qu'il a quelque bonne piece a mettre au jour[1] [.] personne n'a uu par deça ce que M. de P. a repondu et qu'il a enuoié a rome qu'on ose douter qui fasse bien et tot M. de M. m'enuoie sa lettre ouuerte.

    A Monsieur
   Monsieur l'abbé Bossuet
     a Rome.

Entre cette lettre intéressante sur l'accueil fait à la dernière réponse de Bossuet, et celle du 1ᵉʳ décembre nous racontant la fin des aventures du courrier chargé de porter le livre à Rome, se place le dernier des billets de l'archevêque de Reims à l'abbé Bossuet, inédit, dont les œuvres de Bossuet, depuis Deforis, ne nous donnent même pas le court passage relatif au Quiétisme, marqué par les premiers éditeurs comme extrait à signaler. Voici ce bref remerciement contenant quelques nouvelles de la cour :

      A paris 25 nou. 1698
       mardy matin

Je dois response monsieur a deux de vos lettres dont la derniere est du 4 de ce mois, ie vous rends milles graces de la continuation

---

se trop commettre avec les personnes mal en cour près du roi, comme le pouvait être un réfugié. Bossuet, cependant, dans la lettre même de ce courrier, celle qu'il fit passer ouverte à son frère, se montre disposé à servir Madot par ses recommandations auprès du grand-duc : « Je serai d'autant plus ravi, poursuit-il, de servir ce gentilhomme qu'il a un frère ecclésiastique que j'estime fort, et qui nous a communiqué plusieurs de ses lettres qui sont d'un homme habile et bien instruit » (Lachat, t. XXX, p. 77).

1. Cf. plus haut, p. 213.

de vostre souuenir, [[vous m'asseurez par cettre derniere lettre, que dans la fin de cette presente année l'affaire de M. de Cambray finira glorieusement pour le St Siege et pour l'eglise de france dieu le veuille c'est une honte qu'ell' ayt duré si longtemps.]]

M. de Meaux doit arriuer de Meaux ce soir en cette ville.

Le roy a donné au baron de breteüil la charge d'introducteur des ambassadeurs vacante depuis quelque temps par la mort du feu boneüil a la charge de payer quarante milles escus aux heritiers du defunt pour satisfaire au breuet de retenue de pareille somme qu'il auoit sur sa charge. S. M. en done un des 20 milles escus au baron de breteuil.

Le roy est dieu mercy dans la plus parfaite santé ou j'aye jamais veu S. M. ie uous embrasse de tout mon cœur

L'AR. DUC DE REIMS

A Monsieur
Monsieur L'abbé bossuet.

Cette réponse à une lettre de l'abbé Bossuet datée du 4 novembre reflète, on le voit, l'espoir d'une prompte solution. Dans sa lettre du même jour à son oncle, l'abbé n'est point aussi explicite, et de fait le procès devait traîner quelque temps. Le 31 octobre seulement était arrivé à Rome le ballot des *Remarques sur la Réponse à la Relation*[1], porté par le courrier dont Antoine fut si mécontent. A cette date apparemment, l'abbé Bossuet n'avait point reçu la lettre de son père, destinée à le prémunir contre les « histoires » par lesquelles ce messager devait essayer d'expliquer son retard. « Il est arrivé, écrit l'abbé à son oncle, deux jours plus tard qu'il n'auroit fait, par des raisons qu'il m'a dites et dont il m'a apporté de bonnes preuves[2]. »

Tel n'est pas le ton de la lettre écrite par Antoine, le

---

[1] « Le vendredi 31 octobre, nous reçûmes par un courrier exprès des remarques de M. de Meaux sur la réponse à la déclaration (*sic*). Le lendemain, l'Abé Bossuet la presenta au pape » (Phelipeaux, *Relation*, II, p. 148).

[2] Lachat, t. XXX, p. 42.

1er décembre, en apprenant la date à laquelle s'est faite l'entrée à Rome du courrier Maurisseran.

CX

Paris 1er decembre 98

le courrier de rome n'arriua qu'hier si tard qu'on n'a enuoié uotre paquet a M. de M. a uersailles que ce matin a son leuer, uoici sa reponce a uotre lettre du XI. no[vem]bre

Je n'ai rien a dire sur Maurisseran sinon qu'il a tout suiet d'etre pleinement satisfait et nous de l'etre tres mal de lui [;] il ne laissera pas de se plaindre et il n'il a point de tours de souplesse qu'il ne fasse et d'histoire qu'il ne suppose pour tirer encore quelques pistolles

C'est un plaisant courrier d'aller en 19. iours et de faire uoir qu'il faut un cheval exprez pour un paquet du poids de 40 liures.

C'est au contraire pour (mot illisible, dont le sens paraît être : économiser, profiter) en se joignant a un autre pour n'auoir qu'un postillon a deux couriers.

Je n'ai point encore de lettre de Mr guenin[1], je satisferai a ce que vous me mandé, M. de M. comptoit de fournir 2 000 :

[[Je suis tres satisfait d'un sermon qu'a fait aujourd'hui aux

---

[1]. A ce personnage se rapporte ce qu'on lit dans l'addition à une lettre de l'abbé Bossuet à son oncle, 11 novembre 1698, publiée par Lachat, XX, p. 87 et suiv. et complétée par M. l'abbé Urbain, dans la *Revue Bossuet*, ainsi qu'il suit : « J'oubliois de vous mander que j'ai tiré aujourd'hui une lettre de change sur Guenin, mon homme d'affaires à Lyon, de quatre mille quatre cents livres, dont il paiera de l'argent qu'il a pu ramasser pour moi la somme de deux mille trois cents livres. Reste deux mille cents livres, dont je vous supplie de vouloir bien faire payer quinze cents livres. Je prie mon père d'acquitter le reste et j'ordonne à Guénin de s'adresser à mon père pour cela. Si cela n'est pas payé exactement, on protestera ma lettre de change et je ne pourrai plus trouver ici un écu quand j'en aurai à faire. J'en écris à mon père » (*Revue Bossuet*, 1903, p. 223). Cf. plus haut, p. 148. n. 1. Souin avait raison de trouver la condamnation de Fénelon onéreuse pour les finances de Bossuet. Cf. mon *Bossuet abbé de Saint-Lucien*, p. 33, plus haut, p. 141, n. 1 et plus bas, p. 258, n. 3.

barnabites M. l'abbé de Madot c'etoit le panegyrique de St Eloy Eueque de Noion, Il l'a fait comme par[ticuli]^{er} et comme Eueque un grand homme et un grand saint, tout son auditoire qui a été fort ample a été fort content de son discours qui a été fort beau, bien soutenu, par tout cretien, moral Edifiant. Il a bien de l'esprit et du merite, une bonne action et bien uiue.

Il m'a fait uoir apres son sermon la lettre qu'il a reçu de rome de M. son fr[ere]

On ueut icy que M. de C s'attende a etre condamné auec beaucoup d'eloge et qu'il a prit le dessus pretendant et en suitte reuenir a la cour c'est un Eueque qui me la dit mais uous en tiendrés relique [1] M. de M. uous en mande [2]]

M. Chasot est auec luj [;] mad. foucauld et votre sœur [3] uous embrassent on veut aussi a paris que la bulle de decision soit ici a Noel 1er j'aurais bien gré a S. S.

Monsieur
Monsieur l'abbé Bossuet
a Rome [4].

---

1. L'expression « vous en tiendrez relique », avec le sens ironique qu'elle a évidemment ici, signifie sans doute : « vous en ferez le cas que la chose mérite ». Furetière dit, dans son *Dictionnaire* (au mot *reliques*) : « On dit proverbialement d'un homme qui fait grand état de quelque chose, qu'il en fait une *relique* : Il garde sa femme comme une relique » (Ed. de la Haye, 1725).

2. D'après la teneur de cette phrase on pourrait croire que la lettre de Bossuet du même jour traite la question de ces espérances caressées par Fénelon d'une heureuse issue de son procès et de la possibilité de reprendre faveur à la cour. On ne voit rien de semblable cependant, à moins qu'Antoine n'ait voulu parler de cette phrase : « Vous ne sauriez trop répéter à leurs Eminences et au Pape dans l'occasion, que si l'on mollit le moins du monde, on aura, au lieu d'un homme soumis, un ostentateur, un triomphateur et un *insultateur* » (Lachat, t. XXX, p. 119). Ce sont au moins, le dernier mot surtout, des expressions à recueillir pour le Lexique de la langue de Bossuet.

3. Cette sœur de l'abbé, nommée Marie, née en 1655, morte en 1737 à 82 ans (Cf. *Dossiers bleus* de la Bibliothèque nationale) et dont personne n'avait parlé, a été signalée par M. l'abbé Urbain. Voir *Documents d'Histoire*, juin 1910, p. 258, note 2.

4. En dernière page, sur la feuille restée blanche du recto, au carré de droite formé par les plis de la lettre, on lit ce détail de ménage :

Antoine ne devait point voir paraître « la bulle (ou plutôt le bref) de décision » qu'il appelle ici de ses vœux. Sa lettre du 23 décembre, celle qui vient immédiatement après celle du 1er, dans le recueil incomplet de Meaux, manifeste d'ailleurs quelques inquiétudes sur l'issue de l'affaire et se reprend à craindre que Fénelon ne soit épargné.

XCI

Paris 23. dec. 1698

On n'a apporté que ce matin vostre lettre du 3 entre 9 et 10. J'ai enuoié en meme temps uostre paquet à meaux ou est M. de M. Je ne scai si uous pourez auoir reponce par cet ordinaire.

[[toutes les longueurs qu'on apporte a rome a l'examen du liure ne s'accorde pas mal auec les bruits que l'on fait courir ici qu'il ne sera pas condamné et que la plupart des examinateurs sont eux-memes quietistes [.] un honneste homme qui a de bonnes correspondances a rome etc. parloit tantot dans ces termes en bonne compagnie et cela est assez repandu, on dit que toutes ces explications quelque finesse que M. de Cambray i puisse entendre or (*sic*, pour *hors*) ce qu'il j peut auoir de malin dans sa doctrine, il a ici assez de partisans, on dit qu'a rome c'est surtout autre chose et c'est de ce pais la qu'on le mande.]]

M. Chasot est a Meaux Il a donné ordre qu'on m'apportat en son absence des nouvelles à la main [;] elles sont assez mauuaises [;] il n'y coute qu'un écu par mois, gardés uous bien de les donner pour bonnes

voici vne liste des ministres que le roi enuoie chez les Etrangers outre M. de Tallard, bon repaux et le marquis d'harcourt [;] vous j trouueres M. de Gergi ce dernier deuoit passer en Angleterre pour uoyager mais M. de Harlay m'a dit qu'il n'iroit pas, ma sœur, votre frere etc vous embrassent et M. phelyp[eaux]

Monsieur
Monsieur l'abbé Bossuet a Rome.

« Vous recevrez par ce meme courier un pacquet de deux paires de bas dont le port est payé jusqu'a lion ».

Nous avons constaté déjà que les nouvelles à la main, même sujettes à contrôle, entraient comme un élément d'intérêt dans la correspondance du père avec son fils, et que M. Chasot avait le soin de pourvoir à ces informations[1].

La source des nouvelles arrivànt à Rome par l'entremise d'Antoine devait bientôt tarir. Le début de sa lettre du 29 décembre, la dernière de l'année 1698, indique que la maladie l'avait frappé. Les questions de finances y ont leur place, mais surtout le souci de la réussite de ce procès dont il ne devait pas connaître le dénouement.

XCII

P[aris] lundj 29 decembre 98

Apres m'estre remis a des mains etrangeres pendant les deux dernieres ordinaires[2] pour uous donner des nouuelles d'une assés forte incommodité qui m'etoit suruenue, il est tems que ie uous assure moi-meme qu'elle est passée, il m'en coute deux grandes saignées etc. il m'en reste assés de foiblesse mais a cela prez j'en suis quitte dieu mercy

M. Soüin a donné 1 200 £ au courier de M. le grand duc qui a apporté vos lettres du 10. de ce mois et qui s'en retourne a sa comodité ; vous deuéz etre satisfait de l'effet de cette depesche

---

1. Cf. plus haut, p. 181, note 1. — La liste des ambassadeurs n'intéresse que l'histoire générale et on la connaît par ailleurs. Peut-être faut-il plus attentivement recueillir le prix d'abonnement à ces feuilles de nouvelles controuvées : un écu par mois. Mince détail, mais moins facile à trouver qu'on ne jugerait au premier abord. C'est de ces mille riens imperceptibles que se fait l'histoire des mœurs et coutumes, si malaisée à reconstituer à deux ou trois siècles de distance.

2. Comment entendre ceci à la rigueur ? *Le courrier immédiatement précédent, celui du 23, avait emporté une lettre autographe d'Antoine Bossuet, celle qu'on vient de lire. Sa remarque porte sans doute sur les ordinaires des 8 et 15 de ce mois de décembre, non représentés dans cette correspondance. En tout cas, l'écriture des deux dernières lettres conservées est notablement plus défectueuse et trahit une main de malade.*

puisque sur l'aduis, *le roi* a enuoi un courier en dilligence auec des lettres tres pressantes pour faire auancer rome.

(mot illisible) ie reçois presentement par les mains de Mʳ l'abbé renaudot vos lettres du 16 uenüs par un extraordʳᵉ a M. de Torcy et que M. de M. receura demain matin a Meaux ou il apprendra bien d'autres (mot illisible) Je n'ai pas eu le loisir de la decouper. Je demande seulement a M. Chasot qui est aupres de luj [et] a M. de M. que M. lui fera uoir a son loisir la lettre pour qui vous m'écriuiez au sujet des deux mille ecus, qu'il ne faut pas vous abandonner et que ie contribuerai uolontiers a l'avance qu'il vous en faut faire. J'aurai soin de faire fermer le paquet pour M. Noblet demain matin, Il est trop tard presentement [.] M. de Paris aura apparemment le sien que je n'ai pas vû, M. de M. ne doit reuenir que samedi, si uotre derniere lettre ne le fait auancer, prenné de nouuelles forces [.] les dispositions sont bonnes par deça et il n'est pas possible de croire que M. le Cardinal de Bouillon [1] tienne tete contre *le roi* et que *le pape* se relasche.

On auoit asseuré que l'archeu. de Chieti [2] s'etoit dedi de son vœu aux pied de SS. et condamné le liure mais uous n'en dittes rien ou je ne l'ai pas vû [.] soiés plus modéré et plus circonspect en tout que jamais [.] je vous embrasse de tout mon cœur

A Monsieur
Monsieur l'abbé Bossuet a Rome

---

1. L'autographe porte que 24 tienne… contre 34.
2. Sur l'archevêque de Chieti, cf. plus haut, p. 180, et sur cet incident du vœu favorable désavoué devant le pape, Lachat, t. XXX, p. 188, lettre du 8 janvier 1699. On y voit cependant plutôt que l'abbé Bossuet est toujours mécontent de l'archevêque, qu'il accuse au contraire d'avoir changé en vœu favorable sa première désapprobation : « Si le roi continue à parler fortement au nonce sur les cabales… sur l'archevêque de Chieti, qui d'abord avoit fait un vœu contre le livre, et que le P. Alfaro aussi bien que la cabale ont fait ensuite changer, en lui inspirant des vues de politique, cela fera des merveilles ». Phelipeaux (*Relation*, IIᵉ partie, p. 151) parle plutôt dans le sens d'Antoine : « Le même jour (jeudi 13 novembre) je vis M. Giori a qui le cardinal Nerli avoit mandé que Rodolovic viendroit le voir au retour de la campagne, qu'il avoit dessin de rétracter son vœu, craignant que cela ne lui nuist dans l'esprit du Pape et ne l'empêchat d'être cardinal » (Phelipeaux, *Relation*, IIᵉ partie).

Les trois dernières lettres, écrites au début de l'année 1699, dont la découverte est due aux diligentes investigations de M. l'abbé Urbain, couronnent cette série de lettres d'un père à son fils, si précieuses par leur destinataire et par les matières traitées, surtout lorsqu'on se souvient que le bonhomme Antoine, pas si bonhomme du reste, en qualité de frère et commensal de Bossuet, commente et complète les lettres de celui-ci à son neveu. Témoin, et parfois indiscret écho de ce qui se disait à table et dans l'intimité, il apporte à l'histoire de la condamnation de Fénelon maint document instructif et fournit à la psychologie des personnages en vedette des observations de tout premier ordre.

XCIII

Paris lundi 5. de l'an 1699.

ma santé est meilleure ! cette humeur maligne de goute qui m'a tant tourmenté dans les membranes de la poitrine est enfin descendüe au pied et les douleurs meme sont supportables et ne m'empeschent pas de dormir.

Nous n'auons point reçu de uos lettres depuis celles du 16. dec.bre dont je uous mandé la reception par l'ord[dinai]re d'il i a hui jours, nous n'auons meme rien sû precisement du contenu en la depesche que ce meme extraordre du 16 at apportée de 24[1]. J'ai seulement sû qu'on l'auoit renuoié le 3o. Je croiois qu'il pouuoit vous porter une reponse que M. de M. uous auoit faite a votre lettre du 16. mais elle arriua trop tard a uersailles d'ou on me la renvoia uous la trouuerés ci jointe auec une autre de ce Jourd'hui et une de M. Chasot qui vient de partir auec lui pour Versailles.

J'ai pressé pour vous faire tenir l'argent que uous demandés. J'auois meme proposé a M. de M. de donner ordre de tirer de M. Schuberé une lettre de credit des 6ooo *(sic)* compris le change dont j'offrois d'en fournir deux mille, mais depuis qu'ils sont partis M. Soüin m'est venu dire de uous donner auis qu'en attendant

---

1. Le chiffre 24 désigne le card. de Bouillon. Cf. plus bas, p. 283.

M. Souberé (sic) ne manqueroit pas de mander à son correspondant de uous paier deux mille liures, si uous etes pressé du reste, Je crois que uous pouués le prendre du meme correspondant et tirer sur M. de Meaux mais ne le faites que dans le besoin, pour mon contingent il sera bien paié. J'ai paié à M. Souberé 480 ₶ pour le change des 4000. que je vous fis tenir il i a quelque tems. Mad. Foucauld et uotre frere uous embrassent, l'on ueut ici qu'il j ait neuf propositions cond[am]née (sic) et declaré le reste du liure non approuué, d'autres disent que le G[e]n[er] al des 56[1] fait vaciller SS. nous attendons une fin. Caraffa adresse ses lettres à 24, mais il en a donné des copies à 22 [2].

Adresse, d une autre main : A Monsieur
          Monsieur Labbé
          Bossuet
          A Rome.

XCIV

Paris 12 Janvier 99

nous auons reçu uos lettres du 23 dec. M. de M. qui étoit à Marli en reuint samedi, et aiant sû qu'il etoit uenu un courier extraord.re de M. le card. de bouillon il retourna hier à uersailles pour en apprendre des nouvelles plus precises. Il a auec lui M. Chasot ils uous en manderont.

on est fort etonné en ce pais ici aprez toutes les esperances dont on s'etoit flaté d'une prompte et fauorable decision de rome, de ne savoir plus ou l'on en est ni pour le tems ni pour le fond, on a uu que dans le st office il i auoit deux ou trois articles g[e]n[er]aux decidés sans retour et par des incidens qui paroissent de pures chicanes il semble que tout soit renuersé et qu'il n'i ait plus rien du tout de fait quoiqu'on ne nomme que M. le card. de bouill. et deux autres qui trauersent et que le grand nombre soit de l'autre coté.

---

1. Bien que la lettre ne soit pas déchiffrée, il n'est point malaisé de traduire ici 56, chiffre ordinaire d'ailleurs désignant les jésuites.
2. Le chiffre étant mal formé, on pourrait lire aussi bien 23.

on croioit que ce seroit l'arch. de Kieti (sic) qui seroit card. au lieu de celui de Florence et que le 1er est bien faché d'auoir été pour M. de C.

Il court un livre in 12 de 12 petites pages intitulé Préjugés decisifs de M. de C. contre M. de Meaux. Il n'i a que cinq art^{les}. Ce n'est rien a qui y regardera de prez l'auteur ne fait a son ord^{re} que repeter, deguiser et eblouir. Il tire un grand auantage des cinq grands consulteurs qui i ont été pour lui. Molinos et ses liures qui auoient eu bien d'autres approbateurs n'ont pas laissé d'etre condamnés. Uous aurés M. Gallerand[1] à la suitte de M. le P. de Monaco qui est encores ici et qu'on ne croit pas qui puisse etre a rome auant paques. Je uous ai ecrit sur l'argent que uous demandés.

ma santé se raccomode ma soeur et uotre frere uous embrassent. J'en fais autant à M. Phelyp. (Phelipeaux)

Z (On) dit que vous seul de françois n'aués pas été inuité par M. de C. de bouil. à la cérémonie du jour de la Ste luce et 8 24 (que le card. de bouillon) triomphe de tous les retardemens, Il i a ici bien des gens qui offrent de parier qu'il n'i aura pas point de decision ou qu'elle sera foible.

63 (M. de Meaux) donnera encores quelque coup de patte. Il est fort content du compte 8 32 (que vous) lui rendez de la derniere audience.

D'une autre main : A Monsieur
Monsieur l'abbé Bossüet
a Rome.

XCV

Paris 19 janv. 99

Nous reçùmes hier uos lettres du 30 decembre M. de M. est fort aise du second iour accordé par le Pape pour trauailler a l'examen du liure. Auant que les lettres du roi du 23 aient été reçùes on pretend que le roi a écrit en termes si forts sur cette

---

1. Voir plus haut, p. 66, note 12, 122, et 208, note 4.

affaire[1] que les amis de M. de C. n'auront plus de sujet de publier qu'on le menage encores a la cour et s'ils veulent des effets pour les mieux desabuser S. M. raia enfin[2] mardj dernier sur l'etat de t a M. de C. la qualité de precepteur et ses appointemens et disposa de son logement, ce qu'il n'auoit pas encores fait, c'est a dire qu'il n'i a plus de lieu de se flater qu'il i puisse jamais auoir aucune ressource, on dit qu'il j a des amis indiscrets de deliciano (du cardinal de Bouillon) qui disent qu'il n'a pas oublié qu'on lui auoit fait perdre l'eueché de liege. Je ne le crois pas, mais de la maniere que le 24 (le card. de Bouillon) agit, il faut qu'il ait quelqu'autre chose fortement dans l'esprit. Nous ne laissons pas de bien esperer de la conclusion et meme que ce sera plutot qu'on ne pense, M. de M. a les derniers ecrits de M. de C. Il redouble ses expressions et ses hauteurs a mesure qu'il fait voir que les raisons lui manquent, M. de M. n'en fait nul cas et n'a nulle énuie de repondre, et s'il le fait ce sera bien tot et d'une maniere courte et forte. M. de C. se dedit deia de lui meme de ce qu'il a uoulu faire voir de sa confession reuelée et repond bien foiblement sur tout les faits g[e]n[er]aux, on voit bien que ses protecteurs mettent toutes leurs ressurces a eloigner mais oseront ils le faire ouvertement a l'auenir ?

30 (L'ambassadeur) ne doit partir qu'a la fin de ce mois.

vous devés presentement etre a repos sur l'argent, la resolution est prise, ne laissés pas de presser pour l'exécution.

Z. (on) dit que c'est le P. Charonnier qui chante tout ce qui excite 56 (les Jésuites) et fournit tous les memoires a Chirardin (au card. de Bouillon). Je me porte assés bien jusqu'a une nouuelle reprise. Il ni a guere de bonne ressource a mon age votre tante et votre frère vous embrassent.

A Monsieur
Monsieur L'abbé Bossuet
a Rome.

Cette dernière lettre du frère de Bossuet précéda de peu « la nouvelle reprise » qu'il redoutait. Du moins eut-

1. Bossuet ne pouvait manquer de connattre, et pour cause, la force de ces termes de la lettre royale.
2. Voilà un petit mot éloquent. soupir de soulagement et de triomphe.

il avant de mourir, la triste joie, si avidement espérée, de la disgrâce définitive de Fénelon et ce ne sont pas les plus beaux côtés de cette affaire de considérer les sentiments assez misérables qui agitaient l'entourage immédiat de l'évêque de Meaux. C'est sur ce peu honorable accent de triomphe que s'arrête, inopinément interrompue par l'issue fatale d'une maladie qu'Antoine croyait conjurée, la série des lettres à son fils. L'épilogue naturel serait le récit de sa mort, et une sorte de portrait de sa physionomie tel que le pourraient fournir les lettres de Bossuet à son neveu, lui annonçant ce malheur et les diverses lettres de condoléances que l'évêque de Meaux et l'abbé Bossuet reçurent à l'occasion de ce deuil. On les peut lire à loisir dans les éditions, et surtout dans l'introduction à la biographie de Jacques-Bénigne, évêque de Troyes, où M. E. Jovy les a heureusement groupées [1].

Malgré l'intérêt de la lettre du 2 février 1699, écrite presque au lendemain de la mort, « oraison funèbre toute spontanée et toute cordiale [2] », qui, en manifestant les regrets fraternels de Bossuet, fait le plus bel éloge d'Antoine, ce n'est point là que se rencontre pour l'historien le meilleur de l'attention à diriger vers cette figure originale. La part quelque peu passionnée prise, comme il était naturel, par le frère de Bossuet, au procès dans lequel celui-ci luttait de toutes ses forces pour la vraie doctrine donne plus d'ampleur au sujet. Il y aura lieu d'y emprunter maint témoignage.

Aussi valait-il la peine, malgré l'ennui, pour ne point dire l'agacement qu'en éprouve plus d'un lecteur, de publier d'abord la copie officielle et diplomatique de ces autographes longtemps délaissés, dispersés déjà en partie, exposés

---

1. *Une Biographie inédite de Jacques-Bénigne Bossuet, évêque de Troyes.* (V. plus haut, p. 120, n. 1) p. 12 sqq. et 24 ; Cf. Lachat, t. XXX, p. 232 sqq.
2. Jovy, p. 14.

enfin, comme tous les documents originaux, à une destruction complète [1]. Désormais il sera possible de les faire entrer dans l'histoire, si complexe et obscure encore, du long procès engagé autour des *Maximes des Saints*. L'âpreté de la lutte, de part et d'autre, a eu l'inconvénient d'entraîner presque toujours les historiens à prendre parti, et à en tirer, à leur avantage et pour la cause épousée, les textes et les documents, ou parfois, comme il est arrivé pour ceux-ci, à les tenir dans l'ombre comme pièces négligeables ou fâcheuses. Nous n'avons nul souci d'une critique assez étroite pour regretter de voir exhumés des documents qui, somme toute, appartiennent à l'histoire impartiale.

[1]. Je ne puis que répéter à ce propos la déclaration du regretté G. Depping sur la reproduction intégrale des documents nouveaux. Déjà je l'ai prise à mon compte à l'occasion de la publication de lettres autographes de Bossuet (v. *Revue Bossuet*, 25 janvier 1900) et je ne vois aucune raison de rien changer à cette manière de voir : « Ceux qui exhument des documents inédits, écrivait-il, et qui les copient avec l'intention de les mettre au jour, devraient bien en respecter la forme non moins que le fond, c'est à ceux qui viennent ensuite à en modifier l'orthographe, s'ils le jugent nécessaire, pour la commodité de leurs lecteurs. Au moins le texte primitif est là qui subsiste pour faire loi » (*La Princesse Palatine*, *Revue bleue*, 13 août 1898, p. 200).

NOTES D'UN CONTEMPORAIN SUR LA LUTTE DE BOSSUET CONTRE LE QUIÉTISME[1]

Auquel des familiers de Bossuet devons-nous le Mémoire, ou plutôt les notes détachées, dont le manuscrit, après des vicissitudes ignorées, est venu prendre place dans la bibliothèque du collège Sainte-Hélène à Lyon? Ni les caractères intrinsèques, bien que certains traits rappellent la manière de Ledieu, ni l'écriture du fragment photographié que M. J.-B. Roy a bien voulu annexer à la copie de son précieux document, ne permettent de répondre avec certitude. Est-ce l'abbé Phelipeaux, préparant sa relation du Quiétisme, est-ce Treuvé, le théologal de Meaux, est-ce l'abbé Pérau[2], travaillant sur des notes anciennes, peut-être sur le mémoire perdu auquel Ledieu fait plus d'une fois allusion[3], est-ce quelque autre inconnu qui a ramassé ces détails, non ignorés pour la plupart, mais conservant l'impression et la saveur d'une relation contemporaine rédigée

---

1. Ce document a paru dans la *Revue Bossuet* du 25 juillet 1903, p. 155-171.

2. Sur l'abbé Pérau, voir au tome I du *Journal de Ledieu*, p. 220. Le manuscrit n'est pas de son écriture; les divers endroits où Ledieu renvoie à son mémoire sur la matière suppose traités par lui des points qui sont à peine effleurés dans le manuscrit de Sainte-Hélène, ou même ne s'y trouvent pas.

3. Voir en particulier dans Ledieu la note de la page 220 et la page 282.

dans l'entourage même de Bossuet[1]? Le problème se pose. Il est malaisé de le résoudre et superflu même de l'essayer[2]. D'ailleurs le nom de l'auteur importera peu à qui cherche surtout des faits et des dates. Dates et faits sont à recueillir avidement, pourvu qu'on les contrôle par les écrits authentiques et vraiment classiques, les lettres de Bossuet, de Fénelon et de leurs amis.

Ce serait l'objet d'un travail de longue haleine. Pour aller au plus pressé, et de peur de perdre ces fragments, si l'on attend trop à les mettre en œuvre, il vaut mieux imprimer tel quel ce mémoire assez informe d'un ami de l'évêque de Meaux, d'un de ses admirateurs passionnés, et donc souvent injuste pour quiconque est, à ses yeux, adversaire de son héros, ou commet le tort impardonnable de ne vouloir point condamner Fénelon avant le pape, puisque Bossuet a déjà porté la sentence.

Le parti pris même de l'auteur anonyme des observations sur l'affaire de M. l'archevêque de Cambrai est assez visible pour dispenser d'un commentaire perpétuel remettant au point les événements quelquefois déformés. Quelques notes suffiront, et le mieux sera de laisser la parole à ce contemporain. Si inconnu et obscur soit-il, il paraît avoir été bien placé pour relater certains traits, certaines paroles qui évidemment ne peuvent être de son invention. Echo partial, il n'est pas moins instructif pour qui

---

[1]. Plusieurs réparties de Bossuet, citées par l'auteur anonyme cadrent parfaitement avec des paroles analogues rapportées par le *Journal* de Ledieu. Il serait fâcheux que le futur historien de Bossuet ignorât des pièces de ce genre. Bien que ce mémoire ait dû passer sous les yeux des premiers biographes, et que la plupart des traits ne soient point nouveaux, il en est qui n'ont point assez marqué dans les biographies déjà faites. Ne fût-ce que pour être discutées, certaines anecdotes ont besoin d'être mises en lumière.

[2]. Les ressemblances avec le *Mémoire de l'abbé Ledieu* publié depuis par la *Revue Bossuet*, suppl. n° VII, p. 19 à 56, précisent un peu les données du problème.

sait l'écouter et rien n'est à dédaigner de tout ce qui contribue à peindre les grands hommes ou leur entourage.

OBSERVATIONS
SUR L'AFFAIRE DE L'ARCHEVÊQUE DE CAMBRAI

ARTICLES D'ISSI [1]. — Il n'y avait que 33 articles d'Issi signés le 10 mars 1695. Ce fut M. de Noailles, évêque de Châlons et depuis cardinal [2], qui ajouta de sa main le 34º. Cet exemplaire étoit chez M. de Meaux.

JÉSUITES POUR LA CONDUITE DE M. DE CAMBRAI. — Les Jésuites ont pris hautement à Rome le parti de M. de Cambrai et en France secrètement.

Le père Lombard, Jésuite, prêchant à Meaux le carême 1699, après la condamnation, dit qu'ils étaient demeurés neutres. M. de Meaux lui demanda si les Pères auroient trouvé bon qu'on fût demeuré neutre sur le Jansénisme après la Bulle d'Innocent X [3].

---

1. Les titres sont en marge dans le manuscrit, par manière de manchettes.
2. Il dut y avoir quelque mise en œuvre postérieure à la date de rédaction du mémoire, 7 décembre 1699, indiquée plus loin, puisqu'on signale ici la promotion de Noailles au cardinalat (21 juin 1700) comme un fait accompli. Noter que cette date est celle même du *Mémoire* de Ledieu. Cf. *Revue Bossuet*, l. c., p. 20 et 56.
3. Ici est précisément la différence et le sophisme. Il semble bien que le P. Lombart, tout en parlant après la condamnation de Fénelon, explique la conduite de ses confrères pendant les débats et leur neutralité en attendant la décision de Rome. Celle de Bossuet, portée depuis

Au commencement de l'affaire, ils vantaient le livre de M. de Cambrai Fénelon et le conseillaient. L'abbé de Soubise, passant à Jouarre, dit qu'il ne seroit jamais condamné.

Le père Le Valois, confesseur des Princes, Supérieur de Saint-Louis, répétoit partout qu'il falloit attendre le jugement du pape[1].

Le Père Lecomte, confesseur de la duchesse de Bourgogne, assuroit que M. de Cambrai n'avoit jamais entendu les propositions de son livre dans le sens condamné; il y trouvoit des correctifs qui le fixent à un bon sens.

Le cardinal d'Aguirre l'a dit des Jésuites en général dans l'écrit intitulé: *Calumnia dispuncta, seu epistola familiaris Cleandri super memoriali nuper porrecto, hispano idiomate, ad regem catholicum a P. Johanne de Palosa, Soc. Jes.* Coloniae, apud Petrum Marteau, 1698 », et finit ainsi : « Dilinguae, 25 Junii 1698. On y voit plusieurs reproches faits aux Révérends pères par ce cardinal qui étoit alors à Rome et qui prenoit un nom étranger. Il dit à la page 8: *Labes quietismi Gallias pervadit: urgent pro absolutione Jesuitae ut hac arte auctoritate cadant summi viri qui pro ejus condemnatione ex zelo catholicæ veritatis institerunt*[2].

---

longtemps, ne pouvait suffire à tirer les amis de Fénelon de leur position expectante ; car pour envelopper l'archevêque de Cambrai dans la condamnation antérieure de Molinos, il fallait quelque passion, ce qui ne manqua point, il le faut avouer, à ses adversaires.

1. On ne voit pas ce que pouvait avoir d'hérétique ni de répréhensible cette attitude du P. Le Valois et des jésuites. L'ami de Bossuet, auteur de ce mémoire, trahit donc ses préjugés.

2. Bien que l'esprit général de ce Mémoire fasse songer à Treuvé, il ne serait pas impossible que les notes aient été préparées soit par Ledieu, soit par Phélipeaux. En tout cas, les rapprochements avec la *Relation* de celui-ci sont au moins à indiquer. On lit dans sa première partie, à la page 224 : « M. de Cambrai ne manqua pas d'envoyer à Rome, à M. le cardinal de Janson, son livre aussitôt qu'il fut publié, et l'accompagna d'une lettre d'honnêteté. Le soir de l'arrivée du

Une preuve décisif (sic) de l'attachement de la société à
M. de Cambrai, c'est ce que fit le P. de la Chaise. Il donna

> courrier, il m'en fit lire quelques articles en présence de l'Abé Vivant,
> son théologien, de l'Abé Pequini et de quelques autres Italiens. Les uns
> le regardèrent comme très dangereux, et les autres comme très inutile.
> Pequini, avec sa vivacité ordinaire, fit cesser la dispute, en disant
> au cardinal : « Monseigneur, pourquoi perdre le temps à lire un livre
> qui ne contient que les illusions de Molinos ? » Le cardinal en témoigna
> beaucoup de mépris, et s'informa de moi de ce que c'étoit que M. de
> Cambrai qu'il ne connoissoit que légèrement. Je l'instruisis de tout ce
> qui s'étoit passé en France dans le temps que j'y étois, et son mépris
> redoubla pour le livre et pour l'auteur » (Au moins voici un aveu
> dépouillé d'artifice. Bossuet avait des agents plus zélés qu'habiles à
> déguiser leur passion. Les moins clairvoyants eussent vu les mobiles
> qui animaient Phelipeaux et l'abbé Bossuet. Janson, malgré le « mépris »
> qu'il est ici censé professer, dut faire son profit de cette entrevue) « Par
> le courrier suivant le P. de la Chaise lui écrivit comme de la part du
> Roi, pour le prier de protéger le livre dont la doctrine étoit excellente,
> quoiqu'elle fût fort improuvée par la cabale des Jansénistes... Le lende-
> main, je voulus parler au cardinal du livre, sur le même ton. Mais il
> me rebuta fort en disant que le livre étoit estimé en France, et qu'on ne
> s'étoit soulevé contre l'auteur que par jalousie. Surpris d'un si subit
> changement, j'en demandai la cause à l'Abé Vivant, qui me dit con-
> fidemment que le P. de la Chaise, par ordre du Roi, avoit recommandé
> au cardinal les intérêts de M. de Cambrai. Il partit un courrier extra-
> ordinaire et le cardinal manda dans sa dépêche, que suivant l'ordre
> du Roi qu'il avoit reçu par lu P. de la Chaise il prendroit un soin
> particulier de protéger le livre de M. de Cambray. Le Roi ayant lu
> la dépêche, fut étonné d'un tel procédé, il manda le P. de la Chaise
> et lui fit de violens reproches de ce qu'il avoit écrit de sa part sans
> aucun ordre ; le bon Père s'excusa comme il put, et M. de Torci,
> secrétaire d'état, dans la dépêche suivante, désavoua l'ordre donné par
> ce Père, et manda au cardinal que l'intention du Roi n'étoit point
> qu'il protégeât un livre qui avoit excité un si grand scandale dans
> tout le royaume. Le cardinal reprit ses premiers sentiments. Comme
> il étoit un fidèle ministre, je vis bien qu'il n'avoit d'autre règle que
> la volonté de son prince » (p. 224) L'obéissance de jugement de ce
> fidèle ministre est plus nettement indiquée, et pour cause apparemment,
> dans la *Relation* de Phelipeaux que dans notre manuscrit, mais l'un des
> récits éclaire l'autre. Sur l'incident du P. de la Chaize, voir *Lettres de
> Louis XIV au cardinal de Bouillon*, publiées par l'abbé Verlaque, *Docu-
> ments inédits sur l'histoire de France, Mélanges historiques*, t. IV, p. 703.

à ce Prélat une lettre de recommandation de la part du roi lorsqu'il envoya à Rome le 1er exemplaire de ces (sic) Maximes des saints pour le cardinal de Janson. Le Roi en fut averti et fit donner un contre-ordre par le marquis de Torcy. M. Philippeaux (Jean Phelipeaux, l'abbé qui servit de mentor à l'abbé Bossuet durant son voyage à Rome et écrivit plus tard la *Relation sur le Quiétisme*) qui étoit alors en liaison avec ce cardinal s'en aperçut, parce qu'ayant souffert quelque temps qu'on se moquât à sa table du galimatias de ce livre, il en fit l'éloge pendant quelques jours, puis laissa son propre théologien, M. Vivant, s'en moquer en toute liberté avec plus de liberté.

CONSTERNATION DE LA NOMINATION DE M. DE FÉNELON. — La nomination de l'abbé de Fénelon à Cambrai jeta ses amis dans la consternation ; ils prirent cela pour un honnête exil ; car ils le destinoient à Paris et au ministère. On sait cela de l'abbé Lefèvre [1] qui étoit auprès du prince.

M. l'abbé de Fénelon ne négligeoit rien pour se maintenir en cour et faire valoir ses sentiments par Mme de la Maisonfort. Il était lié intimement avec Mme de Maintenon. Lui et l'abbé Langeron faisoient des caresses à tout le monde. Il alloit souvent chez M. Moreau [2], premier valet de chambre de M. le duc de Bourgogne, qui vivoit honorablement, et à la table duquel se trouvoient bien des seigneurs.

L'ABBÉ FLEURY. — On cacha ces menées à l'abbé Fleury, auquel il auroit eu honte de les découvrir. On le traitoit de bonhomme, de simplait (sic) allant son chemin devant

---

La lettre du roi au card. de Bouillon est de Versailles, 5 mai 1697 ; la réponse du 16 mai, écrite de Marseille. Voir *ibid.*, p. 704, note 2, la lettre au cardinal de Janson, datée du 15 mars et identique, et la réponse de celui-ci, du 9 avril. Cf. plus haut, p. 98.

1. Sur l'abbé Lefèvre, voir plus haut, p. 177, note 2 et E. Griselle *L'Aventure de l'Abbé Bossuet*, p. 73 et suiv.

2. Voir ma brochure : *Bossuet et Fénelon, L'Édition de leur correspondance*, Paris, H. Leclerc, 1910, in-8 de 109 p., p. 13, note 3.

lui et incapable d'entendre ces matières. On le traitoit d'antiquaire qu'on consultoit sur le droit, sur l'histoire, sur Cicéron et Virgile. M. de Fénelon en avoit souvent besoin pour ses leçons. M. l'abbé de Fleury eut peine à condamner M. de Cambrai. Il cherchoit à l'excuser, et vouloit trouver dans ses *Maximes* la même doctrine que dans M. de Meaux, *son ancien ami, à qui il devoit tout*; il en regardoit l'auteur comme un homme apostolique[1].

1. Voir *Correspondance de M. de Saint-Fonds et du président Dugas*, publiée... par William Poidebard, à Lyon, 1900, t. I, p. 7 et suiv. Il est opportun de citer intégralement le témoignage de Fleury sur cette affaire, tel que nous l'a relaté son ami et admirateur, M. de Saint-Fonts. Tamizey de Larroque, à qui ces pages avait été « mystérieusement » communiquées, avait eu soin de les publier dans la *Revue d'Histoire littéraire de la France*, 15 juillet 1897, p. 444 et 455. « Je m'entretins un jour fort longtemps avec M. l'abbé Fleury sur le grand démêlé de Fénelon et de Bossuet. Voici quelques-unes des choses qu'il m'a dites et qui me paroissent dignes de remarque. M. Fleury s'est toujours également conservé dans le cœur de ces deux prélats, et quelque brouillés qu'ils fussent entre eux, ils n'ont jamais été moins ses amis. Il les voyoit tous les deux ; tous les deux lui faisoient présent des ouvrages qu'ils écrivoient l'un contre l'autre. Il n'a employé, j'en suis sûr, pour conserver l'amitié de ces deux illustres rivaux, d'autre adresse que sa simplicité et sa candeur. Il m'a avoué lui-même que la chose étoit difficile et il n'étoit point étonné que j'en parus surpris. Je lui demandai l'origine de ce grand démêlé et il m'attesta qu'il n'en avoit rien su jusqu'à la publication du livre des *Maximes des Saints*. Il étoit étroitement uni à M. de Cambrai et toutefois ce prélat garda toujours à son égard un secret étonnant sur ce chapitre. Apparemment, lui dis-je, il ne vous croyoit pas assez mystique. Peut-être, reprit-il, mais quoi qu'il en soit, je n'ai rien su de ses relations avec Mme Guyon. [du sujet de ses conférences avec M. de Meaux chez M. Tronson (car pour les conférences, je savois qu'on en faisoit) de son dessein pour son livre, jusqu'à l'impression de ce même livre. Je n'ignorois pourtant pas que M. de Meaux (écrivoit) sur les états d'oraison ; car il ne s'en cachoit nullement.] (*) M. Fleury m'a dit qu'il étoit convaincu que M. de Cambrai

(*) Le passage enfermé entre crochets ne figure pas dans l'édition Poidebard et il est malheureusement assez ordinaire à cet ouvrage de tronquer, sans en avertir, les pages, arbitrairement choisies du reste, de ce précieux manuscrit de M. de Saint-Fonds. Si l'on renonçait à en tout

PEINES DE M. DE MEAUX. — On sait que M. de Meaux a beaucoup écrit contre M. de Cambrai, mais on ne sait pas toute la peine et tout le courage dont il a eu besoin pour persuader M. de Chartres et M. de Paris. Le prétexte de la piété les attachoit à ce prélat. La société de Saint-Sul-

n'avoit jamais eu d'erreur dans le cœur. Sa soumission sincère et absolue l'a bien fait connoitre.

Ce seroit peut-être une chose ridicule de dire que ces deux grands prélats s'accordoient dans le fond et ne se disputoient que pour ne pas s'entendre. En voici pourtant une preuve qui paroît certaine. Un jour M. l'abbé Fleury s'avisa d'écrire une douzaine de propositions sur l'amour de Dieu ; il les porta à M. de Cambrai, et M. de Cambrai lui dit après les avoir lues : « Voilà ce que je pense ; je ne dis rien davantage et si je suis hérétique, vous l'êtes aussy ». Il les porta ensuite à M. de Meaux et M. de Meaux n'y trouva aucune erreur. M. de Meaux demandoit une conférence avec M. de Cambrai, et M. de Cambrai la refusa. « Je ne reconnois pas, disoit-il, M. de Meaux pour mon juge ». Mais la vraie raison de son refus, c'est qu'il craignoit que M. de Meaux ne tourna (sic) et ne publia (sic) cette conférence à son avantage. Au contraire M. de Cambrai vouloit convenir de principes avec M. de Meaux ; il chargea même M. Fleury de lui en présenter de sa part ; mais M. de Meaux (*) ne voulut jamais les recevoir. Je crois même qu'il refusa de les lire.

En parlant à cœur ouvert avec M. l'abbé Fleury, il m'a avoué qu'il croyoit qu'il y avoit eu un peu de passion (**) dans la conduite de M. de Meaux. Ce grand homme avoit à la vérité les meilleures intentions du monde, et l'on seroit coupable sans doute de penser autrement d'un prélat si pieux. Mais il ne se peut faire qu'il n'ait été (***) séduit lui-même par sa propre passion.

Pourquoi tant écrire ? Pourquoi ne pas se contenter d'avoir dénoncé le livre des Maximes ? Pourquoi avoir dit hautement à Marly que M. de Cambrai était autant hérétique que Luther ? Pourquoi tant de sollicita-s

publier, encore eût-on dû marquer par des points de suspension les lacunes laissées de propos délibéré. Le correspondant anonyme de Tamizey de Larroque avait été plus fidèle.

(*) Ed. Poidebard ; mais il ne voulut...
(**) Un peu de passion ! C'est un charitable euphémisme (Note de Tamizey de Larroque).
(***) Éd. Tamizey : mais il se peut faire qu'il ait été. Notez que cette lecture erronée est nettement contredite par le texte Poidebard, autrement vif.

pice lui avoit gagné M. de Chartres. M. de Paris étoit de longue main lié à M. de Fénelon à cause de Mme de Maintenon. Il le voyoit <tous les dimanches>[1] à l'hôtel de Chevreuse quand il étoit à Versailles, où cet abbé faisoit aux dames de Chevreuse, de Beauvilliers (sic), de Mortemare (sic) une conférence spirituelle les dimanches.

Mme de la Maisonfort. — Mme de la Maisonfort, amie particulière de M. de Cambrai l'étoit fort de Mme de Maintenon. Elle lui avoit plu lorsqu'elle lui amena vers 1686, deux jeunes sœurs pour être reçues à Saint-Cyr et elle l'y retint : elle n'avoit guère que vingt ans. C'étoit une chanoinesse de Poussé (sic), près de Nancy, au diocèse de Toul, où on faisoit preuve de noblesse comme à Remiremont, Epinal et Boussière (sic) du même diocèse. Elle eut bientôt toute autorité dans la maison, avec Mme de Brinon qui en étoit supérieure. Elle eut bien de la peine quand M. de Meaux lui retint les lettres que lui avoit écrites M. de Cambrai[2].

tions à Rome ? M. Fleury m'a assuré que sans les sollicitations et du roi et de M. de Meaux, jamais le livre de M. de Cambray n'auroit été condamné, et il ne s'en falloit presque de rien (ce sont des personnes même du parti de M. de Meaux qui l'on dit à M. Fleury) que la chose ne fût pas. Le pape d'aujourd'hui (*) estoit entièrement pour M. de Cambray ; la cour de Rome estoit même fâchée de ces sollicitations si pressantes de la France.

1. Mots biffés dans le manuscrit.
2. On lit dans la *Relation* de Phelipeaux : « Sur la fin de la même année 1698, Madame de la Maison-Fort arriva à Paris. Elle étoit native de Berry, d'une ancienne et noble famille. Son père, étant en Lorraine à l'arrière ban, lui obtint par le moyen d'un de ses amis, une place chez les chanoinesses de Poussay, près de Nancy, au diocèse de Toul, où l'on ne reçoit que des demoiselles faisant preuve de noblesse. Elle y fut con-

(*) Clément XI (1700-1721). Un peu plus loin (p. 429 du même tome) cette assertion est ainsi confirmée : « On rapporte du pape, alors cardinal (cardinal Albani) ce mot qui paroit fort bon ; *Archiepiscopus Cameracensis peccavit excessu amoris erga Deum ; episcopus Galliæ defectu caritatis erga proximum* » (Note de Tamizey de Larroque).

AUTRES PERSONNES QU'ON TENTE INUTILEMENT: M. DE COUR. — Il fit tout pour gagner M. de Cour, qui étoit un bel-esprit[1] : mais il ne put en venir à bout, quoiqu'il fût fort son ami. Il est mort dès 1694 au mois d'août, et dès avant ce temps-là, il a dit à l'abbé de Genest et à M. de Meaux lui-même, que l'abbé de Fénelon vouloit dominer sur les esprits et qu'un jour il fairoit éclater une mauvaise doctrine.

M. DE LA BROUE. — M. de Mirepoix le craignoit aussi mais il éloignoit ces pensées de son esprit et se flattoit que l'abbé de Fénelon reviendroit.

M. BERTIN. — M. Bertin, précepteur de M. de Seignelai[2], a dit avoir été souvent tenté de se déclarer pour M. de Fénelon, pour ses amis. M. Hébert, curé de Versailles, lui étoit aussi dévoué. Les dames le firent peindre par Troyes[3] et voulurent toutes avoir son portrait. On fit aussi un autre portait énigmatique où M. le duc de Bourgogne

---

duite à l'âge de douze ans et fut reçue dans la prebande... Son Abbesse la mena à Nancy au passage de Madame la Dauphine venant en France pour son mariage au mois de mars 1680... Six années après, dans le temps qu'on projettoit de faire à Saint-Cyr un establissement pour 300 demoiselles et qui commença au mois de décembre 1686, elle vint à Paris. Elle fut employée à l'éducation des jeunes Demoiselles avec Mme de Brinon, Urseline, alors supérieure de cette maison » (Ire partie, p. 28).

1. Sur *De Court*, voir mon essai, *Bossuet et Fénelon ... leur correspondance*, p. 72. De cet érudit en relations épistolaires avec l'abbé Nicaise, on a dix billets, datés de Versailles et de Bourbon, qui le montrent en rapports avec Graevius et les autres savants de l'époque.

2. Ce Bertin, d'ailleurs inconnu, aurait-il quelque chose de commun avec l'abbé Bertin, correspondant de Bossuet et défenseur de Richard Simon en 1702 ? Voir *Lettres de Bossuet*, 17 mai, réponse de Bertin, 23 (et non 3 mai, comme impriment sans sourciller les éditeurs), puis 27 mai 1703 (éd. de Bar-le-Duc, t. XI, p. 376).

3. C'est le peintre ordinaire des princes. Voir les détails tirés de la correspondance de Bossuet avec son neveu pour l'envoi, fort diplomatique, de tableaux de sa main, adressés par Bossuet à la cour du grand-duc de Toscane. J'en ai rassemblé un certain nombre dans le commentaire des *Lettres inédites du frère de Bossuet;* cf. plus haut, p. 80, note 1.

étoit en habit de berger, la houlette à la main au milieu d'un troupeau d'animaux de toute espèce avec ce mot d'Esaïe au bas : « *Puer parvulus minabit eos.* « M. d'Ayen étoit dans un coin, tuant un serpent dans un trou, et le duc de Berry entre les bras de sa nourrice. C'étoit M. Sylvestre, dessinateur de M. le duc de Bourgogne, qui avoit pris soin de ce tableau [1]. Bertrin, peintre, le fit ; il fut gravé par Leclerc (prix fait pour 150 L. 6 exemplaires seulement), mais on n'en parla pas, parceque la gloire future de M. de Cambrai s'en alla en fumée à cause de son livre.

On le fit graver en petit avec ce quatrain :

> Ce grand prélat est sage et n'a rien qui déroge
> Au rang où l'a placé le monarque des lys.
>   Rome achevera son eloge
>   En examinant ses écrits.

E. Des Rochers sculpsit et excudit, 1699, rue Saint-Jacques, près les Mathurins [2].

Autres vers :

> On vit toujours briller à la ville, à la cour,
> Ce zélé défenseur du chaste et pur amour.
> Par un génie aisé, délicat et sublime,
> Des plus rares esprits il s'est acquis l'estime ;
> Et par sa piété, sa bonté, sa candeur,
> Des plus honnêtes gens il a gagné le cœur [3].

---

1. Gaignières, en sa qualité d'amateur, fut, comme je l'ai dit ailleurs, en rapports avec Fénelon, qui lui envoya son appréciation sur le projet d'un tableau certainement antérieur à celui-ci. Voir ma brochure, *Bossuet et de Fénelon, ...leur correspondance*, p. 13.

2. Cette composition allégorique, des plus rares, comme on le devine par les détails ci-dessus, ne se rencontre pas au cabinet des Estampes, dans la collection des portraits de Fénelon, mais le quatrain s'y lit au bas d'un petit buste gravé.

3. Ces vers se rencontrent au bas du portrait gravé par N. Habert (Estampes N° 2).

Tout Saint-Sulpice étoit pour M. de Cambrai. Il consulta un jour M. de Meaux pour savoir s'il prendroit le P. de Valois pour directeur. M. de Meaux lui répondit que c'étoit aux Jésuites à se mettre à ses pieds, et non à lui à se mettre aux pieds de ces gens-là[1]. Cependant il alla au P. de Valois, et voilà pourquoi le P. de Valois lui était si dévoué.

La Saint-Malen. — La Saint-Malen s'endormoit dans cette spiritualité[2].

Son établissement fut commencé des deniers de MM. de Beauvilliers, Chevreuse, etc., par l'entremise de M. de Ville(?) son directeur. Elle étoit en liaison avec Mme Guyon.

M. de Reims. — M. de Reims instruisit le roi de la nouvelle spiritualité de M. de Cambrai : il souhaitoit fort d'être chargé de la poursuivre[3].

Cardinal d'Estrées[4]. — On parla d'envoyer à Rome

---

1. Le ton même de la réponse renseigne plus exactement sur les vrais sentiments de Bossuet à l'égard des jésuites que les apostrophes oratoires sur lesquelles s'appuièrent des historiens pour prétendre que Bossuet était au mieux avec la Compagnie de Jésus.

2. L'absence de renseignements suffisants sur cette dame et sur ses entreprises, comme sur le nom de son directeur, confirme ce que M. l'abbé Charles Urbain disait fort justement, en rendant compte du livre de M. l'abbé Moïse Cagnac : *Fénelon directeur de conscience*. Une enquête sur l'état de la direction au xviie siècle et l'histoire approfondie des personnages alors en évidence, aujourd'hui totalement inconnus, seraient des travaux préliminaires à essayer, à l'aide de monographies, pour la plupart demeurées manuscrites.

3. Apparemment Maurice Le Tellier, en aspirant à ce rôle, n'obéissait pas au seul désir de l'orthodoxie spirituelle, et les méthodes d'oraison, d'après ce qu'on sait de ses allures et de son caractère, étaient son moindre souci.

4. Les renseignements donnés dans la *Relation* de Phelipeaux sur le cardinal d'Estrées et sur le degré de confiance que lui accordaient Bossuet et ses amis, sont à rapprocher de ce passage qu'ils éclairent et complètent : « Le cardinal d'Estrées, voyant l'affaire liée à Rome et n'ignorant pas les justes défiances que les Prélats avoient du cardinal de Bouillon, souhaita d'être chargé de la négociation. Ses amis en firent

pour cela le card. d'Estrées ; il vouloit sauver le livre et l'auteur ; il avoit eu pourtant beaucoup de part à la condamnation de Molinos[1], mais M. de Meaux représenta que ce n'était pas là une affaire de politique. Il (d'Estrées) se fixa depuis pour le cardinal de Noailles par le mariage du comte d'Estrées, vice-amiral des galères, fils du maréchal, avec la 3e fille du maréchal de Noailles. Il ne cessoit de louer M. de Meaux et son ouvrage. « Vous le voyez ouvert, disait-il de la Déclaration[2] en écrivant un billet pour lui que M. l'abbé Bossuet attendoit. C'est pour la 4e fois que je le lis, il n'y a rien à répondre à cet écrit. »

M. de Cambrai fit donner à Mme de Maintenon par le

---

confidence aux Prélats et leur représentèrent qu'il étoit du Saint-Office, qu'il avoit beaucoup d'amis dans cette congrégation, qu'il étoit très instruit de la matière, aiant eu une très grande part dans la condamnation de Molinos, que personne n'étoit en état de faire terminer plus promptement cette affaire à leur satisfaction et à celle du Roi, que n'étant pas un ami de Bouillon, il auroit une attention particulière de faire échouer ses desseins. Mais les Prélats ne crurent pas devoir se fier à ce cardinal, connoissant son génie politique capable de tout sacrifier à sa fortune. Ils craignirent qu'il ne traitât cette affaire en politique, et qu'il ne voulût la terminer par quelque accommodement ambigu qui ne couperoit point la racine du mal. On n'ignoroit pas son attachement aux Jésuites qui protégeoient publiquement la doctrine de M. de Cambrai ; on avoit devant les yeux des faits criants où ce cardinal n'avoit que trop favorisé la Société contre son honneur et ses propres lumières, comme il arriva dans l'affaire du livre du P. Tellier. D'ailleurs il s'étoit déclaré dès le commencement trop favorable à M. de Cambrai, et disait partout qu'il avoit des moiens de sauver le livre et l'auteur » (Ire partie, p. 208). Or c'étoit précisément ce qu'il fallait éviter à tout prix, et en vertu de ces aveux, qu'il n'est pas besoin de solliciter, on cherchait un agent déterminé à perdre l'un et l'autre. L'état d'esprit des prélats poursuivants de Fénelon, en dépit des déclarations contraires, est pris ici sur le vif. Bossuet aura beau s'indigner que Fénelon le regarde comme « sa partie », et protester qu'il n'en a vue que le salut de toute l'Église, le but à obtenir est clairement désigné, et l'on récuse quiconque n'est résolu à ne point sauver le livre et son auteur.

1. Voir *Documents d'histoire*, sept. 1910, p. 450 et suiv.
2. La Déclaration du 6 août 1697, voir plus bas, p. 251.

cardinal de Noailles[1] un mémoire pour se justifier sur l'attachement à Mme Guyon. M. de Meaux n'en eut connoissance que 18 mois après[2].

FORCE DE M. DE MEAUX. — M. de Meaux disoit à M. le cardinal de Noailles et à M. de Chartres que quand il seroit seul, il poursuivroit la condamnation de la doctrine de M. de Cambrai. Ils avoient de la peine à approuver ses États d'oraison ; ils disoient que M. de Cambrai écriroit contre. « Qu'il écrive, répondit M. de Meaux à M. Pirot qui lui annonçoit cela de la part du cardinal de Noailles, mais qu'il y prenne garde, pour peu qu'il s'écarte, j'éléverai ma voix jusqu'à Rome. » C'étoit au mois de décembre 1696, l'abbé Bossuet présent[3].

TRAVAIL DE M. DE CAMBRAI. — M. QUENOT. — M. de Cambrai s'enfermoit pour chercher dans les scolastiques des explications de sa doctrine. M. Quénot[4], précepteur des enfants de M. de Beauvilliers, le servoit dans son travail.

COLOMBET. — Colombet, principal du collège de Bour-

---

1. Une manchette du manuscrit, en face de ces lignes, indique un nouveau titre : *Mémoire de M. de Cambrai*.
2. Voir plus bas, p. 266 la note additionnelle du mémoire.
3. Voilà un détail inexact, l'abbé Bossuet étant parti le 13 mars 1696. D'après le préambule de la *Relation sur le Quiétisme* de Phelipeaux, le voyage à Rome de l'abbé Bossuet et de son mentor est présenté comme un pèlerinage *ad limina*, sans aucun rapport avec l'affaire du quiétisme, qui à l'en croire, serait née fortuitement sur ces entrefaites, sans qu'il en ait été question avant leur départ à tous deux. Cf. *supra*, p. 36, n. 1 et 57. Mais j'ai déjà noté combien peu fortuite était cette excursion. Bossuet et ses amis ont beau faire entendre que l'appel à Rome de Fénelon du mois d'avril 1697, postérieur à ce voyage, est survenu comme une surprise impossible à prévoir : de minces détails, comme la réflexion de notre anonyme antérieure à cet appel, nous révèlent que de longue date les adversaires de Fénelon étaient résolus à le pousser jusqu'à Rome, s'il le fallait.
4. On lit *Quinot* dans le *Mémoire de Ledieu* (voir Revue Bossuet, juillet 1909, p. 32). Cf. plus haut, p. 116, n. 1.

gogne, bon sulpicien, qui le servoit aussi sur cela, y a perdu l'esprit[1].

Mais les prélats s'unirent enfin tout à fait à M. de Meaux en signant, le 6 août 1697, sa *Déclaration*.

Démarche de M. de Meaux. — Il l'approuve[2]. — Bien des gens étoient fâchés qu'on eût porté l'affaire de M. de Cambrai à Rome ; mais M. de Meaux faisoit observer que c'était M. de Cambrai lui-même qui avoit engagé cette démarche.

Abbé Catelan. — L'abbé de Catelan étoit un de ces discoureurs qui critiquoient la conduite et les écrits de M. de Meaux, son Apocalypse, ses notes sur les Psaumes, etc. Il alloit même jusqu'à reprendre le gouvernement de son diocèse, l'ordre de sa famille, l'administration de ses biens[3].

---

1. Sur les accidents de ces « éclopés », voir la note de M. Henri Bremond à propos du chapitre qu'on pourrait consacrer aux « *ambulances pendant cette guerre.* » *Apologie pour Fénelon*, p. 10, n. 3.

2. Le titre marginal, qui du reste semble être placé un peu trop loin et devrait précéder la phrase : *Mais les prélats*, ne paraît pas des plus exacts. Ne faudrait-il pas : « Démarche de M. de Cambrai ; M. de Meaux l'approuve. » En toute hypothèse, on sait par l'histoire, que si Bossuet eut à se défendre des mécontents qui se plaignaient qu'on eût porté l'affaire à Rome, il pouvait répondre qu'il n'y était pour rien, Fénelon ayant lui-même déféré son livre, au grand mécontentement d'ailleurs de tous les prélats gallicans et partant de Bossuet lui-même. Celui-ci avait du moins l'habileté (car il n'en manquait pas plus que son adversaire) de se déclarer content de ce qu'il ne pouvait plus empêcher, et d' « approuver » cette démarche, tout en faisant remarquer qu'elle n'était pas sienne. C'était se disculper à la fois du reproche de trop grande animosité contre son confrère dans l'épiscopat et du « crime » objecté par les gallicans, d'une reconnaissance de l'autorité doctrinale du siège romain en une question non jugée d'abord sur place par l'épiscopat français, une des préoccupations de leur indépendance et des libertés gallicanes.

3. Tout cela se passait sans doute à l'insu de Bossuet, qui dans sa correspondance avec l'évêque de Mirepoix parle en termes favorables de l'abbé Catelan. Ce sous ordre dans l'œuvre du préceptorat du duc de Bourgogne, qui semble avoir échappé, grâce à Bossuet, à la disgrâce de presque tous les autres, se montrait peut-être en cela singulièrement ingrat envers l'évêque de Meaux. Son attitude prouve cependant que

M. Fleury. — Il échappoit aussi à l'abbé Fleury de dire : M. de Meaux seroit bien étonné si Rome ne condamnoit pas M. de Cambrai. M. de Meaux se contentoit de dire sur l'abbé Fleury qu'il le feroit bien revenir quand il voudroit. Il parloit plus sèchement de l'abbé Catelan.

Quand on chassa de la cour l'abbé de Langeron, l'abbé de Beaumont, M. Dupuis et de l'Échelle, gentilshommes de la manche de M. le duc de Bourgogne, M. de Meaux dit qu'on vouloit aussi chasser l'abbé Fleury, mais qu'il en avoit répondu. Il n'avoit pas cessé de communiquer à M. de Meaux son manuscrit de l'Histoire ecclésiastique.

Instruction du cardinal de Noailles. — M. de Meaux n'approuvoit pas que M. le cardinal de Noailles, dans l'*Instruction sur la vie intérieure*, n'eût pas nommé M. de Cambrai dont il condamnoit les erreurs. Il y trouvoit peu d'ordre, et il disoit que les matières sont trop entassées les unes sur les autres.

M. Duguet auteur de l'analyse. — On y remédia par une analyse à l'entrée de l'ouvrage, qui fut faite par M. Duguet ; mais on ne remédia pas à ce qu'on avoit dit de moins exact sur l'amour de Dieu considéré en soi-même et sur l'état passif. Quoique la différence d'avec M. de Meaux fût plus dans les termes que dans le fond, M. de Cambrai en a pris occasion de dire dans ses lettres que les prélats, ses adversaires, ne s'entendoient pas.

M. de Chartres. — M. de Chartres, dans sa lettre pastorale, en disant qu'il avoit soutenu dans ses thèses de licence qu'on peut faire un acte d'amour de Dieu consi-

---

tout le monde ne trouvait point parfaite l'administration diocésaine et la tenue privée de la maison de Bossuet. Que ce soit partialité pour Fénelon ou autre motif, l'unanimité de la vénération et de l'admiration en ce qui regarde Bossuet est une des légendes, chères à Floquet ou autres panégyristes, que l'étude des témoignages contemporains n'a point sanctionnées.

déré en lui-même, sans aucun rapport à soi, donna aussi quelque prise à M. de Cambrai, et il ne manqua pas d'observer que M. de Meaux restoit seul.

Réponse d'un théologien. — M. de Meaux le confondit dans sa lettre pastorale, la Réponse d'un théologien à la 1re lettre de M. de Cambrai, imprimée chez Desaillier (sic, pour Dezallier), libraire de M. de Chartres, car M. de Chartres reculoit toujours pour répondre. L'écrit de M. de Meaux lui fut envoyé, et il y mit quelque chose du sien à la fin, à l'endroit où l'on rapporte en marge une prière de M. de Cambrai qui se récitoit à St-Cyr. M. de Meaux donna ordre que si le courrier [1] porteur de la bulle [2] contre M. de Cambrai arrivoit, comme on le disoit, le 22 mars, on ne l'éveillât pas plus tôt qu'à l'ordinaire.

La Rochefoucault. — M. de La Rochefoucault assura le roi, lorsqu'il déclara qu'il avoit reçu la Bulle, que M. de Cambrai se soumettoit [3]. C'étoit un service d'ami.

Sermon de M. de Cambrai. — Quand M. de Cambrai reçut, le 25 mars, la nouvelle de la Bulle qui le condamna, il se disposoit à prêcher le mystère de l'Annonciation. Il le prêcha, en effet, ayant pris ce texte : *fiat voluntas tua*, il tourna son discours sur la soumission à la Providence et aux ordres des supérieurs, et en même temps il écrivit à ses amis qu'il alloit travailler à son mandement d'acceptation. Il parut, daté du 9 avril, en latin et en françois séparément. Le latin n'étoit que pour Rome, il fit défense

---

1. Sur ce courrier voir la *Revue Bossuet*, 25 oct. 1903, p. 225 et 25 juillet 1909, p. 42.

2. C'était une « bulle » et non un simple bref qu'escomptaient les adversaires de Fénelon, et portant de plus la note d'hérésie. Leur déception sous ce rapport fut couverte en partie par la solennité que l'on fit donner à l'acceptation de ce « bref », entorse faite aux principes gallicans, mais que la passion triomphante fit tolérer pour mieux écraser Fénelon.

3. Il faut lire : se soumettroit, comme on voit par le *Mémoire de Ledieu*, *ibid.*, p. 42.

à son imprimeur de le distribuer. Peut-être avoit-il honte du terme *sordescat* qu'il y emploie.

DESSEIN DES ASSEMBLÉES. — Ce fut M. de Meaux qui imposa (*sic*) au roi le dessein des assemblées par provinces pour l'acceptation avec les lettres patentes : il crut cette voie plus solennelle et plus éclatante ; il l'avoit peut-être concerté avec l'archevêque de Reims, car l'abbé Bossuet a vu un mémoire de ce prélat envoyé au roi sur ce sujet en date du 18 avril ; mais M. de Meaux en avoit parlé dès le 2.

DÉFAUT DE BREF AU ROI. — Comme il n'y avoit pas de bref adressé au roi pour cette Bulle, on craignit que le roi n'en fût offensé. C'étoit la faute du cardinal Albani, à l'instigation du cardinal de Bouillon, qui vouloit par là diminuer l'autorité de la censure, mais le roi n'en fut pas offensé et il alla son chemin.

BELLE RÉPONSE SUR UN FORMULAIRE. — L'abbé Bossuet demanda à M. de Meaux si on ne joindroit pas de formulaire à l'acceptation de la Bulle, comme dans l'affaire de Jansénius. M. de Meaux répondit : « C'est une sottise qu'on a faite pour plaire aux Jésuites, qu'il se faut bien garder de recommencer. La foi de l'Église ne s'assure pas par des signatures des particuliers ; c'est la décision et l'unanimité des évêques dans la même doctrine qui fait la stabilité de la foi : c'est ce que les Jésuites ignorent parfaitement ». Cette réponse est admirable et fait bien voir le peu de cas que M. de Meaux faisoit du formulaire, quoiqu'il pensât qu'on peut le signer [1].

Il faut remarquer que M. de Cambrai n'usoit pas dans

---

1. L'auteur anonyme, évidemment favorable aux jansénistes, tire légèrement à lui ; car Bossuet à coup sûr ne se bornait point à dire qu'on pouvait signer le Formulaire, mais en exigeait la signature, témoin ses discussions avec les religieuses de Port-Royal, bien qu'il se servît d'arguments assez favorables aux partisans du silence respectueux. Il est du moins intéressant de surprendre une fois de plus les sentiments de son entourage. Cf. le développement du *Mémoire de Ledieu, ibid.*, p. 45.

ses discussions de moyens simples ; c'étoit cachoterie et détours. Il ne parut à Rome, pendant les six premiers mois qu'on examina son affaire, qu'un seul exemplaire françois de son livre, qui étoit celui du cardinal de Janson envoyé à ce ministre par le P. de la Chaise.

M. de Meaux avoit toujours joui d'une bonne santé ; après les travaux de l'affaire de Cambrai, il fut attaqué d'un érésipèle. Il rompit le carême par l'ordre de M. Fagon, la quatrième semaine de l'année 1699. Il alla aux eaux, mais il revint pour l'assemblée provinciale de Paris pour laquelle le roi avait donné ses ordres. Tout s'y passa à merveille, sans blesser ni Rome ni les parlements ; et cette assemblée fut le modèle des autres, excepté celle de la province de Toulouse où l'on trouva bien des défauts. M. de Meaux disoit : Pourquoi l'archevêque s'est-il tant pressé[1] ?

M. de Meaux n'a jamais douté que M. de Cambrai ne se soumît : il n'a pas, disoit-il, d'autre parti à prendre et d'ailleurs il n'auroit jamais le cœur de faire autrement. Il ajouta qu'il avoit des moyens en main pour le faire obéir, mais quand on lui demanda quels ils étoient, il se tut[2].

C'est ainsi qu'il pensoit à tout pour la conclusion d'une affaire dont il avoit assuré au roi le succès. Ce fut pour cela qu'il répondit à tous les écrits de M. de Cambrai ; il avoit même préparé une réponse qui n'a point paru, la bulle de condamnation étant arrivée. Le titre étoit : *Ré-*

---

1. L'archevêque de Toulouse était de la Berchère, contre qui ses adversaires avaient comme grief principal qu'il était, disaient-ils, une créature du P. de la Chaise, et favorable aux jésuites. Les *Nouvelles ecclésiastiques* manuscrites des jansénistes ne tarissent point contre lui.

2. On peut conjecturer sans témérité que le recours au pouvoir civil en était un, et Bossuet ne pouvait, à en juger par sa conduite ordinaire, notamment dans sa lutte contre les exemptions de Rebais ou de Jouarre, éprouver aucun scrupule à l'employer. Il était cependant trop avisé, malgré sa proverbiale candeur, pour se découvrir maladroitement et prêter flanc à des dénonciations à Rome que son adversaire n'aurait pas manqué de faire ou directement ou par d'autres.

flexion ou dernier éclaircissement sur la réponse de M. de Cambrai aux remarques de M. l'évêque de Meaux. Les lettres patentes du roi ne parurent que trois mois après l'assemblée de Paris. M. de Meaux en concerta l'enregistrement avec M. d'Aguesseau dans un rendez-vous donné au clos des Chartreux[1].

Le plaidoyer de ce magistrat, alors avocat général, qui en fut le résultat, ne cessoit d'être admiré par M. de Meaux pour la doctrine, le trait, l'éloquence. On y voit en effet toute la doctrine de France : le Pape centre d'unité, supériorité du Concile, autorité divine dans les évêques, concours des églises pour une décision infaillible. Une seule chose ne plaisoit pas à M. de Meaux, c'est que M. d'Aguesseau eût parlé de la puissance du Pape et de celle des évêques comme de deux puissances, n'étant qu'une seule et même puissance. Il lui sembloit aussi qu'il y avoit quelques affectations dans le style, mais il disoit que cela ne méritoit pas la peine d'être relevé. Quand, dans la suite, vers le mois de novembre, on dit que Rome condamneroit ce plaidoyer, M. de Meaux répondit qu'il n'en seroit rien, après les éloges qu'elle avoit donnés au procès-verbal de Paris, où les mêmes principes, qui sont ceux de l'Église de France, se trouvent : et cela fut ainsi[2].

---

1. Il n'est pas inutile de souligner la précision des informations de notre narrateur anonyme, assurément bien placé pour connaître le détail des incidents de cette affaire. Son admiration n'épargne aucun éloge aux menées très gallicanes de l'évêque, qui n'avait pourtant alors à subir aucune pression, comme lors de l'assemblée de 1682, où il joua plutôt le rôle d'arbitre ou de modérateur. Ici, par suite de sa situation et de son renom, il dirige et gouverne. Or, comme on l'a fort bien fait remarquer, l'assemblée du clergé de l'année 1700, trop peu étudiée et pas assez connue, n'est pas moins importante que celle de 1682. Son histoire, qui mériterait de tenter un amateur de recherches précises, serait instructive sur l'état d'esprit de Bossuet et des autres évêques à cette époque.

2. Voir le texte du Mémoire. *Revue Bossuet*, l. c., p. 48.

Le mandement particulier de M. de Meaux pour son diocèse fut très court, mais il disoit tout et les oreilles délicates de Rome n'en furent pas blessées. Il est du 3 septembre.

Le 21, arriva de Rome M. l'abbé Bossuet son neveu, où il étoit depuis trois ans, y étant arrivé sur la fin de mai 1696[1]. Le 23, il fut présenté au roi par M. de Meaux. Le roi lui dit qu'il avoit bien travaillé[2] et qu'il ne lui étoit rien revenu de sa conduite dont il ne fût content[3] ; « enfin ajouta-t-il, nous sommes venus à bout de tout ce que nous souhaitions. »

Les Jésuites furent jaloux de cette réception ; il craignirent que le roi ne fût informé par un tel témoin de toutes leurs intrigues pour M. de Cambrai, mais l'abbé, *fin et rusé politique*, disent des mémoires, les rassura bientôt car le soir même il alla voir le P. de la Chaise. Le P. de la Chaise rendit la visite aussitôt ; il vit M. de Meaux ; il assura bien que les Jésuites n'avoient jamais donné dans la doctrine de M. Cambrai. Cependant rien n'était plus faux[4].

Jésuites pour M. de Cambrai. — Outre les preuves qu'on en a donné déjà, en voici quelques autres. Dès le mois de juillet 1697, ils soutinrent dans une thèse du collège de Clermont l'amour pur de ce prélat, et M. de

---

1. Le mercredi 16 mai. Voir plus haut, p. 60, note 3.

2. Il n'y avait rien dans cette parole de l'ironie de la fameuse phrase analogue adressée au cardinal de Retz par Anne d'Autriche.

3. Ce témoignage devait être précieux au pauvre abbé, après les déboires de son aventure à Rome. Voir plus haut, p. 198.

4. L'abbé n'eut point d'ailleurs à se repentir de ses démarches « politiques », car, lors de la mort de son oncle, à défaut de la succession à l'évêché de Meaux, qui ne put être obtenue, tant le roi était satisfait sans réserve de la conduite du négociateur de 1699, l'intervention du P. de la Chaise lui valut l'abbaye de Saint-Lucien. Voir mon essai : *Bossuet abbé de Saint-Lucien lez Beauvais*, p. 112, note 1. Paris, Retaux, 1903, in-8 de 182 pages.

Meaux les réfute dans son livre des Divers Mémoires ou écrits au second écrit (p. 68, n° XVIII).

Les Jésuites de Flandres ont mis en latin tous les livres de M. de Cambrai et c'est en latin qu'ils ont tous été distribués à Rome.

Ils se sont intrigués fort étrangement pour avoir des qualificateurs favorables, comme le Sacriste, l'archevêque de Chiéti et le Carme, outre leur P. Alfaro.

Enfin leurs sollications étoient publiques; le général même en parloit et on savoit à Rome que le cardinal Nerli lui avoit dit : « De quoi vous mêlez-vous, mon Père? On vous trouve toujours, vous et les vôtres, à l'appui des erreurs ». Ajoutez le mandement de mandement de l'archevêque de Sens[1], leur disciple, qui est un éloge continuel de M. de Cambrai : il avoit pourtant avoué, en présence du P. Avrillon, Guibert et Bérard, de l'Oratoire (quand il vit la Relation de M. de Meaux), que cet ouvrage l'avoit fait revenir; mais il ne s'en souvenoit plus, et il ne comprenoit pas la force des termes que les Jésuites avoient mis dans son mandement[2].

M. de Cambrai ne négligeoit rien pour instruire Rome : c'étoit continuellement courriers extraordinaires à ses frais. L'abbé Bossuet voyoit les réponses de ce prélat y arriver en même temps que les écrits de M. de Meaux. M. de Meaux ne se servoit que des courriers ordinaires[3]. Les

---

1. Hardouin Fortin de la Hoguette (1692-1715). Voir *Revue Bossuet*, *l. c.*, p. 50.

2. Ici encore il faut recourir au texte même de Ledieu dont notre fragment n'est qu'une analyse. C'est autrement savoureux et suggestif, et quel écho y résonne! Voir *ibid.*, p. 51.

3. C'est ainsi qu'on écrit l'histoire. Heureusement, nous savons par la correspondance de Bossuet et de son neveu et par les lettres d'Antoine Bossuet, frère de l'évêque, que Fénelon n'eut pas le monopole des courriers extraordinaires. Voir plus haut, p. 193, 215 et suiv., etc., sans compter les occasions du cardinal de Bouillon et l'entremise de Mme de Foix, (p. 164) et, avant tout le reste, l'appui officiel de la cour et de tous les moyens à la

États d'Oraison envoyés au mois de mars 1697 n'y arrivèrent qu'au mois de septembre : on s'étoit servi des galères par Marseille [1].

M. de Cambrai voulut répondre à tout [2] : on vit même des écrits depuis la condamnation avec des noms supposés.

---

disposition du roi. A elle seule, la lettre de Souin, l'agent d'affaires de Bossuet, que j'ai citée dans *Bossuet abbé de Saint-Lucien*, p. 33, prouverait que la dépense ne fut point ménagée par Bossuet pour faire réussir cette « affaire » dont il avait garanti le succès au roi. Souin disait, à la nouvelle du jugement prononcé : « J'espère que la dépense va bien tost finir par là. Si cela avoit encore continué du temps, je n'aurois pu y fournir ». Et Antoine a pu nous donner maint renseignement utile sur la dépense du courrier Maurisseran, envoyé par le neveu de Bossuet. Voir plus haut, p. 212, 218 et 225.

1. De nouveau le narrateur plie les faits à sa convenance ou du moins se sert de renseignements complaisamment inexacts en donnant à penser que le livre de Bossuet ne parut à Rome qu'à cette date. Pour n'en citer qu'un, l'exemplaire envoyé au pape ne tarda pas autant. Remis par l'abbé Bossuet, qui rend compte dans sa lettre du 9 avril, de son audience récente, il est honoré d'un bref en date du 6 mai 1697. Voir plus haut, p. 92, note 3, et Phelipeaux, *Relation*, I P., p. 236. Le retard des livres envoyés par Marseille (envoi dont s'était chargé Anisson) ne porte en tout cas que sur la seconde édition, corrigée et augmentée, que Ledieu signale à l'abbé Bossuet dans une lettre du 24 juin (Lebel, t. XL, p. 328, Cf., p. 351, la lettre de Bossuet, du 29 juillet, notifiant l'arrivée à Livourne de l'envoi Anisson et l'expédition de nouveaux volumes de la seconde édition). Le cardinal Le Camus écrivait à Bossuet dès le 17 juin, en parlant de l'effet produit à Rome par son livre : « On l'a si fort approuvé à Rome que j'ai su par le cardinal Casanate qu'on souhaitoit qu'il fût tourné en latin et en italien » (*Ibid.*, p. 323). Le récit partial de notre anonyme requiert donc un contrôle attentif. Quant au témoignage de Casanate, comme, plus haut celui de Nerli, il rendrait presque plaisante la réplique attribuée à celui-ci au général des Jésuites sur l'appui qu'ils auraient donné toujours à l'erreur. Dans la lutte contre le jansénisme, ils n'étaient pas du même côté que ces deux cardinaux.

2. Fénelon était fermement résolu à répondre à tout nouvel écrit de Bossuet, comme il le déclare en termes formels en fin de sa lettre... sur la réponse (de Bossuet) aux préjugés décisifs : « Encore une fois nous écrirons tant que vous me contraindrez de vous répondre, etc. » (Lebel, t. VIII, p. 515). Par malheur, l'évêque de Meaux, lui aussi, était décidé à ne laisser sans réplique aucune des réponses de Fénelon.

Voyez le Post-Scriptum joint à la lettre d'un théologien à M. l'évêque de Meaux par le Sieur de Langlois[1], à Cologne, chez Pierre Marteau, 1699, in-12, lettre d'un théologien où l'on démontre que ce n'est point au sens de M. de Cambrai qu'on a condamné son livre et les 23 propositions qui en ont été tirées[2].

On dira peut-être que ce sont des écrits de ces aventuriers que ce prélat a dit qu'il ne pourroit point empêcher. Voici quelque chose de plus précis à quoi on ne peut pas donner la même réponse.

La réponse de M. de Meaux aux Préjugés décisifs pour M. de Cambrai fut achevé[e] le 26 janvier 1699 et donnée au public quatre jours après. M. de Cambrai ne peut donc l'avoir reçue que le 4 ou 5 février. Il y a répondu par une lettre à M. de Meaux vue dans Paris le 15 mars. Le mandement d'acceptation de M. de Cambrai est du 9 avril. Travailloit-il à sa défense contre M. de Meaux en même temps qu'il travailloit à sa soumission[3] ?

---

1. Le texte donné par la *Revue Bossuet* (*ibid.*, p. 53) porte : le sieur de Longbois, ce qui paraît bien une faute de lecture de l'autographe.

2. Savoir exactement qui des deux cessa le premier de composer des « apologies » de ses traités précédents, dès que fut notifiée suffisamment la condamnation du 12 mars, est au fond assez malaisé. En tout cas l'on peut dire que les éditions des Œuvres complètes des deux adversaires, à cet égard également mal partagés, ne nous aident pas à élucider la question. Ceux qui les ont préparées, sur un plan identique, ont omis le soin de reproduire les « achevé d'imprimer » ou autres renseignements analogues fournis par les éditions originales ; indications d'ailleurs susceptibles d'erreurs volontaires ou fortuites. D'autre part, les tirages originaux, remaniés par des cartons, modifiés par des réimpressions, demanderaient une bibliographie sérieuse, encore à établir et peu facile à mener à bonne fin. Ces travaux préliminaires, œuvre de patience et de critique, dignes de tenter la sagacité de chercheurs consciencieux, sont pourtant indispensables pour corriger et juger les accusations passionnées qui insinuent, comme ici, que Fénelon, même après sa condamnation, après sa soumission même, persista à composer ou faire composer des défenses.

3. J'avoue ne point voir ce que peut avoir d'irréfutable cette alléga-

La réponse d'un théologien à la première lettre de M. l'archevêque de Cambrai, imprimée le 30 janvier 1699, ne fut donnée que le 6 ou 8 de février. M. de Cambrai ne l'aura reçue que le 10 ou le 12. Il y a répondu par des lettres qu'on n'a vues à Paris que depuis le Mandement du 9 avril, et sa condamnation est du 25 mars[1].

tion du partisan de Bossuet, ni ce que peut présenter d'accablant ce rapprochement de dates. On sait la rapidité du travail de Fénelon, bien connue de Bossuet, qui essayait de faire « arrêter d'écrire » cet accusé qui, selon son droit avéré, voulait toujours être entendu le dernier. Arguer aussi de la difficulté de se procurer rapidement les écrits de Fénelon et des lenteurs de leur publication à Paris, serait, de la part de ses adversaires une naïveté, s'ils n'eussent dû cent fois savoir que bonne garde était faite pour interdire la diffusion en France de ces écrits sans privilège, doublement suspects. Fénelon ne manque pas de signaler le fait : « Si mes ouvrages, écrit-il, ne parviennent pas toujours jusqu'à vous aussi promptement que vous le voudriez, au moins une fois faites-vous justice, prenez-vous en à vous-même. Tout le monde sait que ce *petit mystère* n'est point sur mon compte » (Lebel, t. VIII, p. 510 et plus haut, p. 196, n. 2). Libres de ces entraves, les écrits de Bossuet pouvaient parvenir plus facilement à leur adresse et en étaient d'autant plus vite réfutés par la plume alerte de Fénelon, autrement souple que celle de sa partie : *inde irae*. Au reste, rien d'étrange qu'un livre connu de lui dans les premiers jours de février ait trouvé réponse au 15 mars. Et à cette date, le bref du 12 n'étant pas connu à Cambrai, quoi de plus naturel que Fénelon ait travaillé les jours précédents à répondre au dernier écrit de Bossuet? L'auteur du mémoire n'a-t-il pas tout à l'heure raconté que le 25 mars, avant de monter en chaire, Fénelon apprenant sa condamnation, avait séance tenante, tourné son sermon à la soumission, et annoncé son mandement auquel il travailla sans désemparer ? Ce mandement pouvait donc être publié le 9 avril sans que nécessairement Fénelon l'ait écrit en même temps que sa réplique à M. de Meaux. La passion égare toujours et on surprend plus de fiel que de logique ou d'équité dans cet écrit d'un familier de Bossuet, essayant la pleine et totale justification de son maître.

1. Elle est du 12, mais notifiée seulement le 25 à Cambrai. Or reste à savoir, pour résoudre cette énigme que le narrateur déclare triomphalement embarrassante, si les lettres vues à Paris après le 9 (et on n'a pu y voir dès le 9 le mandement publié ce jour-là seulement à Cambrai) ont longuement cheminé, ou encore, si l'imprimeur qui les avait fait paraître et livrées avant le 25 mars, les pouvait faire revenir, à suppo-

Autre preuve plus décisive encore : *Les passages éclaircis* de M. de Meaux imprimés le 7 mars, publiés le 15 et même le 19, car on y fit une addition qui retarda la distribution de quatre jours, n'ont pu être à Cambrai que le 20, la Bulle fut reçue à Paris et à Versailles le 22, et le 24 à Cambrai. Le Mandement de M. de Cambrai est du 9 avril. Cependant on reçut à Paris deux lettres de ce prélat à la fin d'avril et au commencement de mai. Il travailloit donc à se défendre contre M. de Meaux, en même temps qu'il se soumettoit à Rome [1]?

Ce prélat sentit bien que le public avoit en main la preuve de ce fait par acte; pour la lui ôter, il a effacé la date de son mandement : publié le 9 avril sur la 1re édi-

---

sor qu'elles aient été expédiées en vente régulière et non passées clandestinement sous le manteau, ce qui était apparemment leur unique moyen de voyager lentement, mais sûrement. Il faut quelque chose de plus « décisif » que ces raisonnements en apparence appuyés sur des faits précis, pour accabler la mémoire de Fénelon. Le résumé de notre manuscrit abrège et affaiblit le texte de Ledieu, mais même dans sa teneur exacte (*ibid.*, p. 54 et 55), la conclusion du *Mémoire* est loin d'être irrécusable.

1. La conclusion n'est pas plus invincible que précédemment, bien que les limites soient étroites entre le 20 et le 25, date de l'arrivée du bref à Cambrai. Mais le « domestique » de Bossuet ne confond-il pas trop son maître avec l'Église universelle ? Fénelon pouvait se tenir pour condamné quant aux *Maximes des Saints* et aux 23 propositions signalées, sans croire erronés et condamnables tous les opuscules écrits par lui pour les justifier. Bossuet, sa correspondance en fait foi, caressa un moment l'espoir de faire mettre à l'*index* tous les écrits de Fénelon (Voir plus haut, p. 116). Ses plus chauds amis se récrièrent, et il y avait de quoi. En ce cas d'une condamnation de ces divers ouvrages, l'indignation de l'auteur du mémoire se concevrait. Sur les écrits de Fénelon, composés pour la défense de son livre des *Maximes des Saints*, il faut lire la lettre de l'abbé Bossuet à son oncle, du 30 décembre 1698, où l'on surprend le premier projet de les faire condamner. « Il est à propos que le roi insinue au nonce qu'il convient de prohiber les écrits publiés pour défendre le livre de M. de Cambrai. Mais on doit prendre garde que cela ne donne prétexte à quelque nouvel examen » (Lebel, t. XLII, p. 147, Lachat, t. XXX, p. 178). Dans l'assemblée provinciale de Cambrai, où Fénelon, grâce à l'ami de Bossuet, M. de Valbelle, évêque de

tion, dans toutes les éditions postérieures in-4°, in-8°, à Cambrai, à Bruxelles, etc., etc [1].

Au reste, M. de Meaux croyoit la soumission de M. de Cambrai sincère, et il en parloit ainsi à tout le monde. Il refusa même d'écrire depuis la condamnation : il disoit à ses amis que cette affaire étoit finie, et qu'il ne falloit plus en parler [2].

Le mémoire d'où j'extrais tout cela marque qu'il fut achevé le 7 décembre 1699 à Versailles [3].

Le folio suivant contient encore les lignes que voici :

M. de Cambrai avoit gagné, à l'archevêché (de Paris) M. de Beaufort et M. Boileau qui souhaitoit que son affaire fût terminée à l'amiable par des explications. M. de Paris ne voulut pas se déclarer. Cela donna bien de la peine à M. de Meaux. Après l'affaire engagée à Rome, le

---

Saint-Omer, fut loin d'être ménagé, la question fut posée de manière explicite, et on lit au procès-verbal : « Ensuite Messeigneurs les évêques ont examiné par rapport à l'exécution de la Constitution, ce qu'il convient de faire au sujet des écrits qui ont été faits en défense du livre, etc. » (Fénelon, *Œuvres*, éd. Lebel, t. IX, p. 199).

1. La démonstration bibliographique manque peut-être de rigueur, car il faudrait savoir si les éditions ou mieux les réimpressions du mandement furent le fait de l'archevêque ou des libraires désireux de satisfaire à la vente et aux demandes des amateurs. Mais pour traiter ces points, il faudrait, comme je l'ai dit plus haut, des instruments de travail qui manquent encore, à savoir une bibliographie complète et soignée de ces écrits de circonstances, faite d'après les originaux.

2. Dès longtemps Bossuet avait résolu de s'arrêter, mais la lutte l'avait entraîné. Ainsi, le 7 décembre 1698, dans la lettre si suggestive où il donne le plan de son second Traité des Etats d'oraison, l'évêque écrivait à son neveu : « Je n'écrirai plus du tout. Quand la décision sera venue, je pourrai, sans plus disputer, faire mon second traité sur *les Etats d'oraison* » (Lachat, t. XXX, p. 128).

3. C'est donc bien sur le *Mémoire de Ledieu* qu'a travaillé notre abréviateur. Nous l'avons vu plus haut, p. 239, le rédacteur de cette note dut introduire dans le récit quelques retouches postérieurement à cette date, puisqu'il y parle d'Antoine de Noailles comme cardinal, alors que celui-ci ne fut promu qu'au 21 juin 1700.

nonce demanda comme de la part du pape que les parties n'écrivissent plus. M. de Meaux représenta au roi qu'après les erreurs des *écrits* de M. de Cambrai, il ne convenoit pas de traiter cette affaire à égal, que ce seroit désavouer l'Église. M. de Paris et M. de Chartres laissèrent ignorer pendant 18 mois à M. de Meaux le mémoire de M. de Cambrai à Mme de Maintenon, voulant le ménager. Cela l'affligeoit, mais il n'en disoit rien, parce que toute la force contre M. de Cambrai dépendoit de leur unanimité et de leur concert. »

*
* *

Ici s'arrêtent ces notes d'un contemporain, qui pour être sans signature, émanent certainement d'un personnage informé et en place pour l'être. Ce détail final est amplement confirmé par Ledieu, à l'endroit de son *Journal* où il nous rend compte des impressions de Bossuet à la lecture de la *Relation de Quiétisme* de Phelipeaux. On y lit : « Déjà il avoit gagné tout à fait MM. de Beaufort et Boileau, qui étoient d'avis de terminer à l'amiable et de recevoir des explications. M. de Meaux est aussi convenu que ce fut une indigne cachoterie à ces prélats de lui avoir laissé ignorer le mémoire à Mme de Maintenon pendant dix-huit mois, et il nous en a raconté l'histoire comme je l'ai écrite ailleurs avec ces nouvelles circonstances qu'ayant en tête le dessein de faire sa *Relation sur le Quiétisme*, il falloit pour y réussir, non seulement faire connoître au public le quiétisme de Mme Guyon, mais encore celui de M. de Cambrai et la liaison de ce prélat avec cette dévote. Sur quoi M. de Chartres s'avança à dire qu'il avoit une pièce propre à ce sujet et que M. de Meaux lui répartit : « Vous êtes obligé en conscience de tout communiquer ; vous serez damné si vous ne le faites[1] » qu'il dit la même

---

1. Cette manière d'en appeler aux fautes mortelles et d'imposer des

chose à Mme de Maintenon, et qu'il eut ainsi de cette dame la première copie de ce mémoire imprimé dans sa relation. » (*Journal de Ledieu*, t. I, p. 226 et suiv., 6 octobre 1701).

Dans les notes annexées à la copie du manuscrit par l'aimable correspondant auquel je les dois, se lisent les réflexions suivantes : « Si on avoit montré dix-huit mois plus tôt à Bossuet le mémoire de Fénelon à Mme de Maintenon, peut-être que la polémique n'auroit pas eu lieu. L'amour-propre de Bossuet n'étant pas alors aussi engagé, peut-être aurait-il, comme les autres (Noailles et Godet des Marais, dont on rappelle la répugnance à pousser à fond l'affaire), reconnu les bonnes raisons de Fénelon, et tout alors se serait arrangé à l'amiable et pacifiquement ».

Je suis fort loin de partager cette manière de voir, et, à mon sens, tirer cette conclusion, c'est oublier l'objet du mémoire et les arguments que Bossuet en prétend tirer. L' « indigne cachoterie » dont se plaint Bossuet lui aurait simplement fourni beaucoup plus tôt le document dont il avait besoin de longue date, et il ne reproche pas à ses « unanimes », comme les nommait Fénelon, de lui avoir caché une pièce de nature à l'éclairer à temps et à le faire revenir de préventions, comme le croit l'auteur de cette remarque. Il n'y a donc pas lieu de prendre le change, ni de penser que Bossuet n'entraînait à des démarches irrévocables ses deux confrères hésitants que faute d'avoir vu plus tôt ce mémoire, dont au contraire il aurait eu besoin dix-huit mois auparavant pour montrer la liaison entre le quiétisme de Mme Guyon et celui de l'archevêque de Cambrai.

La vérité est que si les conciliations désirées par les deux conseillers du futur cardinal de Noailles (Beaufort et Boileau) avaient pu aboutir, nous aurions perdu plusieurs chefs

---

obligations *sub gravi* est d'accord avec les habitudes de Bossuet. Voir les passages cités dans ma thèse : *De munere pastorali Bossuet*, p. 192.

d'œuvre de Fénelon, car on peut donner ce nom à ses merveilleuses défenses, si peu connues. Par contre, la cause de l'Église y eût gagné, car les deux rivaux avaient mieux à faire que d'exercer leurs riches facultés sur ces objets de dispute, où il n'allait pas, comme le voulut faire croire Bossuet, de toute la religion. L'ennemi était ailleurs, mais puisque les circonstances ont entraîné Bossuet et Fénelon à ces luttes stériles, encore faut-il, l'histoire en main, leur rendre à tous deux justice, sans immoler l'un à l'autre, comme le font trop fréquemment les critiques, prenant parti pour ou contre, comme des spectateurs de tournois.

LA CORRESPONDANCE DE BOSSUET
ET DE FÉNELON [1]

Sans être du métier, et avoir mis, comme on dit vulgairement « la main à la pâte » pour des besognes analogues, il est malaisé, sinon impossible de peser à sa valeur le mérite d'une œuvre aussi considérable que l'édition des Lettres de Bossuet entreprise par MM. Eugène Levesque et Charles Urbain dans la collection *Les Grands Écrivains* de la librairie Hachette [2]. Trois volumes ont paru, mais il n'est point besoin d'attendre la fin [3] pour signaler l'importance du travail et recommander à l'attention du public les efforts si judicieusement dépensés en faveur de cette portion des œuvres de Bossuet.

Nos grands classiques religieux, les gloires ecclésiastiques de la France, n'ont point été gâtés sous ce rapport, et il serait trop facile de refaire le procès des éditeurs pour s'être abstenus de consacrer aux auteurs qui ont illustré le clergé de notre pays les mêmes soins qu'aux écrivains profanes. Il y a trois ans bientôt que dans l'article où la *Revue des Deux Mondes* appréciait la magistrale édition de

---

1. Extrait des *Études* du 10 novembre 1909.
2. Ch. Urbain et E. Levesque, *Les Grands Écrivains de la France : Bossuet, Correspondance.* Paris, Hachette, 1909. In-8, t. I., 520 pages, t. II, 526, t. III, 574 p.
3. En réalité, ce travail ne concerne que les deux premiers volumes, seuls parus à l'époque où il fut écrit.

saint François de Sales entreprise par les Religieuses de la Visitation d'Annecy, un critique autorisé écrivait : « Nos classiques de la chaire sont peut-être les plus mal partagés dans un pays qui, jusqu'ici, s'est montré si peu soucieux d'établir le texte de ses grands écrivains [1] ». Ce serait donc une banalité acquise et avouée de tous que se plaindre de l'insuffisance des éditions passées.

Aussi bien, que sert de blâmer l'indifférence de ceux qui n'ont rien essayé en faveur de nos « classiques du clergé? » C'est en vouloir aux absents et s'en prendre à qui, n'étant point là pour entendre, se soucie médiocrement des reproches.

Mieux vaut rendre justice aux travailleurs qui entreprennent ou rendent possibles ces éditions dont nous restions privés. Or, avant tout le reste de leurs œuvres, les « lettres » de nos grands écrivains, qui les expliquent et les racontent jour par jour, qui les font revivre et assurent les meilleurs éléments de leur biographie intime, méritent d'être soigneusement restituées. Plus que leurs autres écrits, elles ont été négligées ou travesties, et indépendamment des remaniements du texte, des suppressions arbitraires qui les déformaient, soumises à un système, logique peut-être, mais déplorable pour l'histoire de l'homme qu'elles eussent aidé à suivre, distribuées qu'elles étaient en catégories parfois bizarres, toujours arbitraires. C'était le sujet traité, c'était le destinataire qui faisait ranger des lettres du même jour, relatives parfois à la même affaire, en des régions parfois fort distantes, dans la correspondance de Bossuet et de Fénelon.

Ces deux noms qui s'appellent, encore que plusieurs ne puissent écrire sur l'un qu'à condition de condamner l'autre, seront sans cesse rapprochés ici et mon dessein est de traiter à la fois de la correspondance de Bossuet et de

---

[1]. René Doumic, *Revue littéraire : les Lettres de saint François de Sales* (*Revue des Deux Mondes*, 15 octobre 1905, p. 925).

Fénelon ; la première, plus heureuse puisqu'elle entre dans la période d'édition savante qui convient à toutes deux, celle-ci, aussi riche peut-être, et en tous cas ayant eu l'heur de rencontrer, je dirai presque par l'accident d'une thèse de doctorat, datant déjà de deux années, l'homme qui sera facilement capable de la mener à bien, si on lui en accorde les facilités. Il n'y a aucune exagération — et j'en appelle hardiment à quiconque étudiera de près la thèse de M. l'abbé Delplanque — à rapprocher de l'entreprise de MM. Levesque et Urbain le volume qu'on aurait pu intituler *Fénelon et ses Amis*. A coup sûr, armé comme il le doit être par le travail qu'il s'est imposé, l'auteur de cette solide et sérieuse étude deviendra sans peine, et il le faut souhaiter, le meilleur ouvrier de l'édition qui s'impose, elle aussi, des lettres de Fénelon. Il suffirait, pour le démontrer, d'analyser, pour ainsi dire chapitre par chapitre, les deux parties, disparates pour un regard superficiel, de cette étude approfondie de la correspondance de Fénelon. Et de fait, l'objet que se proposait le futur docteur, établir la psychologie intime de Fénelon sur la question qui lui tint le plus à cœur, celle de l'amour pur, envisagée au point de vue spécial de l'amitié, ne pouvait que le conduire à une connaissance parfaite de cette vaste correspondance de Fénelon, connaissance qui suppose un labeur que tous ne sont pas également prêts à dépenser. Aussi est-il peu d'ouvrages, dans le nombre d'ailleurs trop restreint de ceux où l'on s'est sérieusement appliqué à pénétrer « l'âme complexe » de Fénelon, qui serviront autant à préparer une bonne réédition de sa correspondance.

C'est à ce point de vue surtout que j'envisagerai ici ce livre, sans négliger cependant de le soumettre à une critique attentive [1].

---

1. Il me serait aisé, si c'était ici le lieu, de prouver par un document

I

L'auteur a voulu prendre sur le fait la théorie maîtresse de Fénelon, cette doctrine du pur amour[1] qui fut pour lui autre chose que le livre des *Maximes*, mais une sorte de principe directeur réglant et inspirant sa conduite. Il a donc cherché, à travers toutes les lettres de Fénelon, ses lettres intimes surtout, les traces et les preuves de l'amitié, telle que la concevait Fénelon, en vertu même de sa théorie du pur amour. De là le défilé, très varié au reste, et toujours intéressant, — qu'il s'agisse du chevalier Destouches ou du « bon duc » (M. de Beauvillier), — des correspondants de Fénelon, auquel est consacrée la première partie du travail de M. Delplanque. La seconde moitié du livre, plus austère, s'applique à suivre dans le dédale des menus faits et des nombreuses péripéties qui le compliquent, le long procès entamé autour du quiétisme.

aride mais suggestif, ce que je viens de dire de la connaissance parfaite que M. l'abbé Delplanque a de cette correspondance de Fénelon, en alignant par manière de table chronologique posant les jalons de la future édition, la liste des lettres citées par lui et rapprochées patiemment, alors que dans les œuvres de Fénelon il les faut aller chercher à travers sept ou huit volumes. Établi sur fiches, cet index pourra figurer à la suite de la seconde édition que mérite cette sérieuse contribution à l'histoire de Fénelon. On y pourra joindre la table alphabétique des noms propres que j'ai pareillement dressée en me donnant à l'attachante étude à laquelle invite ce beau livre. S'il n'est point de ceux qu'il suffit de feuilleter d'une main distraite pour en soupçonner le prix, on y est largement récompensé de l'attention qu'on y accorde. Je ne puis offrir un meilleur témoignage de ma sincère admiration pour le beau travail de M. Delplanque que de mettre à sa disposition, en vue d'une réimpression de son livre, ces *index* que je puis du moins mentionner ici.

1. Albert Delplanque, docteur ès lettres, professeur à la Faculté catholique des lettres de Lille, *Fénelon et la Doctrine de l'amour pur, d'après sa correspondance avec ses principaux amis*. In-8 de xxv-470 et 101 pages. Lille, 1907.

Malgré le nombre des travaux, de valeur inégale, entrepris sur cette question, parmi lesquels marquent surtout les deux volumes, nullement définitifs, de Crouslé et la patiente et minutieuse étude d'Abel Griveau, cette seconde partie de la nouvelle thèse servira mieux l'historien que nulle autre enquête antérieure. Elle pénètre, comme on l'a fort exactement écrit, « jusqu'aux dernières fibres de l'âme » de Fénelon. Non seulement, en effet, la nouvelle étude dépasse les précédentes par l'abondance des documents nouveaux et la pénétration de son analyse ; mais elle les domine surtout par une sûreté d'informations, une compétence philosophique et théologique dont l'absence est le côté faible des devanciers de notre auteur. Celui-ci a résolu le difficile problème de composer une thèse « littéraire », c'est-à-dire destinée à une soutenance de doctorat ès lettres, sans sacrifier ni l'histoire ni la théologie en un sujet particulièrement ardu.

Pour demeurer ici sur le terrain de l'histoire, notons que ses multiples analyses de l'état d'âme, ou mieux des états d'âme successifs de Fénelon ne sont pas empruntées à des lettres de ses adversaires ni même de ses amis. C'est Fénelon qui parle, qui se trahit ou du moins qu'on surprend, même dans des phrases où sa pensée s'enveloppe ou se dérobe à elle-même. Il faut, du reste, laisser aux lecteurs de M. Delplanque le plaisir de le voir aux prises avec les subtilités merveilleuses de cette âme ondoyante, la même toujours à travers les phases diverses de ce long duel, mais reflétant si vivement les espérances dont elle est bercée, presque jusqu'à la veille de la condamnation. Les « moyens », très humains, il le faut reconnaître, par lesquels fut littéralement arrachée la censure du livre des *Maximes*, sont exposés avec une parfaite indépendance dans ce livre qui, pour cela peut-être, n'a complètement satisfait ni les amis ni les adversaires de Fénelon. Car c'est le malheur de cette question, que difficilement on l'aborde avec pleine impartialité. Le « grand public » même, qui est toujours un peu ce que le font les écrivains auxquels il s'en rapporte, est malaisément exempt d'une préoccupation de « préférence » et donc de présomption, en faveur de l'un ou de l'autre des deux joûteurs. On ne refusera point pourtant à M. Delplanque de s'être affranchi de ces partis pris, et c'est sans doute parce qu'il n'a été ni pour Fénelon, ni pour Bossuet, n'hésitant point à blâmer partout où il croyait avoir à le faire, qu'il n'a point rencontré une « presse » assez informée du mérite de son œuvre. Mais ce sont accidents dont il se peut consoler. Son livre reste et fera « époque dans la littérature de Fénelon ». Ceux qui le jugeront discutable auront la tâche, peu commode, de le réfuter par de bonnes raisons. Ce n'est point mon cas, et je ne vois guère, l'ayant lu de près, qu'à objecter quelques vétilles, dont je parlerai plus loin en faisant connaître l' « économie » de l'ouvrage.

Présentement, d'accord avec mon titre et mon dessein, parce que je tiens que l'auteur est homme à entreprendre l'édition de la correspondance de Fénelon, on me laissera lui suggérer quelques chapitres à ajouter à son livre. Ce n'est point que ces « chapitres à faire » soient des lacunes dans la thèse. Bien plus, le point de vue, forcément un peu restrictif, de cette question de l'amour pur, les eussent apparemment fait exclure, même si l'auteur avait rencontré les correspondants inédits que je lui signale. Mais le rôle de préface, ou au moins de préparation fort opportune à une édition des lettres, que peut et doit occuper ce livre, permettrait cette édition.

Pour ne point surcharger cette étude de la publication des documents inédits que je suggère, on me permettra de borner mes remarques à quelques indications. Ce sera, sans intention de critique, un supplément à la bibliographie, d'ordinaire suffisante, que l'auteur a jointe à son livre. Pourquoi, en effet, le centenaire de Fénelon qui doit sonner en 1915 ne serait-il pas le signal de cette édition des Lettres qui est pour Fénelon non moins utile que pour Bossuet[1] ?

Dans la liste des ouvrages consultés, M. Delplanque signalait les *Nouvelles archéologiques et diverses de la « Société nationale d'agriculture, sciences et arts d'Angers »*. Ce recueil mentionne, dans les nouvelles des mois d'avril, mai et juin 1849[2], une « communication faite par M. de Beauvoys-Desfaveries (frère d'un savant apiculteur de la contrée) de soixante-quatre lettres inédites de Fénelon[3] ». Si le futur éditeur de la correspondance croit devoir de se mettre en quête pour retrouver le nid où dorment les précieux autographes, il lui faudra tout d'abord recourir à l'édition qu'en a donnée en 1863 Mgr de Montault[4]. Ces

---

1. Je puis ici renvoyer à mon essai, plusieurs fois cité, *Bossuet et Fénelon, L'édition de leur Correspondance*. Paris, H. Leclerc, in-8, 1910, 119 p.

2. Godard-Faultrier, *Nouvelles archéologiques et diverses*, etc., n° 16, p. 1-6. Bibl. nat. Lg⁹39.

3. L'édition de 1863 contient du reste soixante-cinq lettres, et non, comme le dit M. Delplanque, cinquante-cinq pièces. Cf. *Bibliographie*, au mot *Barbier de Montault*. — L'éditeur annonce ainsi sa source : « Je remercie particulièrement M. le chanoine de Beauvoys, aumônier de l'École normale d'Angers, l'heureux possesseur de la correspondance inédite de Fénelon, d'avoir compris qu'un tel trésor ne pouvait demeurer inutile et infécond au milieu de ses papiers de famille » (P. xi). En publiant un nouveau recueil de *Lettres inédites*, je tiens à réparer un double tort, car ces lettres ont été systématiquement négligées par M. Gosselin, qui les a eues pourtant à sa disposition, et légèrement effleurées par M. Godard-Faultrier, qui n'a jugé à propos que d'en faire de trop courts extraits » (P. xiii). On verra le bien fondé de ce dernier reproche par les citations que je fais du rapport paru en 1849.

4. *Lettres inédites de Fénelon...*, publiées par X. Barbier de Montault, Paris [1863] in-8 de 162 pages. M. l'abbé Delplanque, qui ne les indique que « pour mémoire et comme étant d'importance beaucoup moindre » (p. v), ne semble pas s'être aperçu que les soixante-quatre lettres, rapidement décrites et non éditées par M. Godard-Faultrier en 1849, furent exactement publiées en 1863, par Mgr X. Barbier de Montault. Il a négligé surtout d'en user suffisamment.

lettres appartiennent aux années 1701, 1702, 1703, 1704 et 1714... « Le plus grand nombre est à l'adresse de Mme de Chevry, rue de Tournon [1]; quelques-unes à celle de M. Robert, chanoine de Leuze, à Mons [2]... La plupart sont datées de Cambray [3] ».

Malgré les dates ci-dessus indiquées, les courts fragments cités dans ce rapport appartiennent à la thèse de M. Delplanque, car sans toucher au procès du quiétisme, ils peignent l'archevêque et l'ami des mêmes traits qu'ils a retrouvés dans la correspondance déjà connue. Il me pardonnera, tout en renvoyant à l'édition de 1863, d'extraire la partie du rapport qui en offrait, par ordre de dates, de brèves citations.

« Soyons, écrit-il à M. Robert, à la date du 22 février 1702, humbles et recueillis, détachés de notre propre sens et soumis sans réserve à l'autorité de notre mère, plus occupés de l'édification de nos frères que de la dispute [4]. »

N'allez pas croire par là, Messieurs, que Fénelon n'aimât pas les caractères fortement trempés : « Vous savez (dit-il au même, le 23 février 1703) ce que je pense sur les gens qui ont une certaine roideur pour régler tous leurs sentiments conséquemment à leurs principes, et qui nomment les choses par leur nom, avec candeur et sans adoucissement ; j'avoue que c'est ce qui me plaît beaucoup plus que certains adoucissements superficiels, lors même que je ne pense pas précisément comme eux [5]. »

Nous trouvons dans une lettre du 11 mai 1703 un exemple de son amour de la règle contre tout privilège, même à l'égard d'un ami qui réclamait pour quelqu'un dispense d'un banc (sic).

---

1. Sur Mme de Chévry, nièce de Fénelon, si longtemps malade à Paris, voir Delplanque. p. 120, 131 et 140. Les lettres de l'année 1714 lui sont adressées.
2. *Lettres de Fénelon*, éd. de Versailles, in-8, t. II, p. 509.
3. Godard-Faultrier, p. 5.
4. Barbier de Montault, p. 8.
5. Barbier de Montault, p. 15. Les citations de M. Godard-Faultrier sont généralement infidèles.

« Vous savez, lui marque-t-il, les regles de l'eglise et la loi générale que je me suis faite pour tout le diocèse sans exception » — et il refuse [1].

Ceux qui voudroient connaître l'opinion de Fénelon sur le jansénisme pourront consulter les lettres du 12 juillet, 18 août 1703, des 24 mars et 5 avril 1704, nous bornant à cette seule citation : « Ce serait, écrit-il dans celle du 12 juillet, assez plaisant qu'on me fît janséniste à la cour [2]. »

Fénelon, au milieu de toutes les disputes théologiques du dix-septième siècle, recommande en première ligne la prière, qu'il met au-dessus de l'étude : « Lisez et priez (dit-il dans une lettre du 28 octobre 1703 à M. Robert) mais que la prière domine sur l'étude et que l'étude ne se fasse qu'en esprit de prière [3]. »

Passant à sa correspondance de 1714 avec sa nièce Mme de Chevry, nous y voyons combien son cœur était accessible aux saintes affections de la famille ; il sait malade sa vertueuse parente et pour la consoler, il ne manque guère, du moins une fois chaque semaine, de lui écrire de Cambray à son adresse, rue de Tournon, près le Luxembourg à Paris ; et il a toujours pour elle de ces mots simples et doux qui guérissent ou qui calment. Sa sollicitude est extrême pour l'enfant de cette dame qu'il baptise du charmant nom de Follet [4]. « J'embrasse tendrement le Follet » et ailleurs : « Tout à vous et au Follet que j'embrasse en écriture en attendant l'embrassade réelle à Cambray. »

Persuadé que les fruits rouges seront salutaires à sa nièce, il se tourmente de ne les voir plutôt (sic) mûrir, il s'en inquiète et

---

1. Il refuse la dispense d'un troisième ban, après avoir accordé celle des deux premiers, au propre frère de M. Robert. *Ibid.*, p. 22-23.

2. Ces lettres, dans l'édition Barbier de Montault, occupent les pages 27-28, 29-40, 48-51 et 52-53. La seconde surtout est capitale pour les rapports de Fénelon avec les jansénistes de son diocèse, question qui attend et pour laquelle je pourrais annoncer un historien, si la discrétion me permettait de le nommer.

3. Barbier de Montault, p. 42.

4. Il faut chercher, dans le beau livre de M. Delplanque, qui en contient de véritables gerbes, tous les délicieux diminutifs que l'archevêque prodiguait à ses neveux et aux nombreux enfants qui égayèrent le palais archiépiscopal de Cambrai. Voir p. 128 sur les surnoms du marquis de Fénelon, *Tonton* et *Fanfan* et, surtout, p. XXII.

voudrait avancer leur maturité : « La saison reculée (écrit-il en mai 1713) me donne de l'impatience par rapport aux fruits rouges. » Et ailleurs : « Je suis affamé pour vous de cerises... ma mauvaise humeur contre la saison est horrible, aussi bien que la saison même ; je gronde contre le printemps trop paresseux. » « Si j'étais dans un climat et un terroir printanier, je vous en enverrais de précoces. »

Enfin ses désirs sont exaucés et les fruits rouges paraissent. Aussi s'empresse-t-il d'écrire : « Je remercie les fraises du petit soulagement qu'elles vous donnent. »

Mais ce soulagement n'est que passager et voici en quels termes délicats il se révolte contre les cerises et fonde ses espérances sur d'autres fruits : « Je gronde contre les cerises qui ne vous ont point soulagée et les fraises, qu'en faut-il espérer ? Les fruits du mois d'août sont bien meilleurs ; les pêches, les figues, et le raisin valent beaucoup mieux... Je prie souvent pour votre guérison et pour la patience dont vous avez besoin. Puisque vous souffrez, ne le faites pas sans fruit et sans espérance, que Dieu vous en tienne compte[1]. »

Mais hélas ! l'espoir du prélat ne se réalisant pas, on abandonne les fruits du pays pour courir à je ne sais quelle plante de la Chine, et il termine une lettre du 11 juin 1714, portant le timbre de Cambray, par ces lignes affectueuses : « Je serais bien obligé à la plante chinoise nommée *nisis*, si elle vous faisait du bien[2]. »

Même sollicitude à l'égard de tous ses amis : « La santé de M. le duc de Beauvilliers m'afflige jusqu'au fond du cœur (marque-t-il le 17 (lire 19) juillet 1714) et il ajoute ces mots d'une indicible tendresse : « L'amitié coûte cher en ce monde[3]. »

Ce mot du cœur, qui fait pendant à la mélancolique réflexion, plus connue, sur les vrais amis qui devraient s'entendre pour mourir tous le même jour, méritait d'être

1. Barbier de Montault, p. 107, 113, 120, 124.
2. La citation est des plus inexactes. Il n'y a pas de lettre du 11, et on lit dans celle du 12 : « Le *nisis* venu de la Chine vous soulage-t-il. Vos souffrances sont longues. Je remercie Dieu tous les jours de la patience qu'il vous donne, etc. » (*Ibid.*, p. 127).
3. Godard-Faultrier, *loc. cit.*, p. 3-5. Barbier de Montault, p. 169.

mis en relief. Des plus expressifs, il confirmait la thèse de M. l'abbé Delplanque et appartenait à son livre, d'où se dégage un portrait de Fénelon dont la précision n'a point été jusqu'ici dépassée. Terminons par une dernière citation du rapport de l'année 1849 :

> Enfin, son esprit de douceur qui ne le quitte jamais, lui fait adresser ces lignes, à la date du 14 juillet 1714 (lire 1704), au chanoine Robert : « L'esprit d'âpreté et de hauteur m'épouvante dans le père G[erberon] et dans le parti... Rien n'éteint tant l'esprit de grâce, qui est celui de douceur, d'humilité et de déférence aux supérieurs. » « Priez pour moi afin que Dieu seul fasse sa volonté en toutes mes actions, et pour vos anciens amis, afin que l'onction qui enseigne toute vérité leur apprenne la bienheureuse science qui désapproprie l'homme de toutes les autres. O que la véritable oraison de cœur amortirait les disputes [1] ! »

Il convient donc d'éviter tout soupçon d'ingratitude envers le membre de la société angevine qui a le premier signalé ces lettres, et la publication qu'en a faite l'éditeur de 1863, leur assure le droit de prendre place dans la correspondance de l'archevêque de Cambrai. J'ai, depuis peu, publié, dans un pressant appel en faveur du complément de la correspondance de Fénelon, onze lettres complètes de celui-ci au collectionneur Gaignières, du 15 mai 1691 au 3 février 1707 [2], et plusieurs lettres, malheureusement fragmentaires, qui n'ont pas encore trouvé place dans les éditions. Contraint de demeurer ici dans le domaine des pures « indications », je citerai seulement, comme appartenant plus directement à la question du pur amour et aux débat du quiétisme, la conclusion d'un mémoire assez curieux que l'illustre fille de Mme de Sévigné écrivit de sa propre main, vers l'année 1697, au moment où l'appari-

---

1. Communication de M. de Beauvoys-Desfaveries, *loc. cit.*, p. 4-5. Barbier de Montault, p. 74.
2. *Bossuet et Fénelon*. l. c., p. 10 à 15.

tion du livre des *Maximes* et la division éclatant entre l'évêque de Meaux et l'archevêque de Cambrai commencèrent de passionner les esprits. Cette pièce peut légitimement être ajoutée au procès, non pour dirimer le débat, mais pour faire apprécier l'état de l'opinion soi-disant éclairée. En cartésienne convaincue, plus capable de trancher et de décider par elle-même que de refléter simplement ce qu'elle entendait dire, Mme de Grignan, dans cet autographe, nous met au courant de son sentiment personnel. Ce mémoire, qui appartient aujourd'hui à l'importante collection des autographes de Morrisson, ne nous est connu présentement que par une citation ; le début, comprenant un détail des propositions en litige entre Fénelon et Bossuet, n'a point été livré au public.

Sy ces deux propositions sont vrayes, il n'y a point de dispute moins subtile que celle de M. de Cambray et de M. de Meaux. J'appelle subtile un sujet douteux, captieux, qui n'a pour base qu'une vraisemblance au lieu d'une vérité constante. C'est argumenter par des principes plus obscurs que l'obscurité qu'on veut éclaircir et chercher la lumière avec les ténèbres. Ce caractère de subtilité est celuy de toutes les disputes de controverses ; l'un des partis dit blanc, l'autre dit noir ; ils font des multitudes d'écrits, ils raisonnent justes (*sic*) ou non, selon la bonté de leur esprit, mais au font quel est le fruit de la dispute, quel est le plaisir de celuy qui l'escoute sy pour sujet et pour principe vous avés une opinion probable au lieu d'une vérité incontestable, un préjugé, une prevention, l'opinion des autres au lieu de votre propre connoissance, de vostre propre sentiment, conscience, conviction intérieure. Quelle erreur de soutenir que cette fameuse controverse de M. Claude et de M. Arnaud soit plus intelligible que celle de M. de Cambray et de M. de Meaux ! il est aisé d'en voir la différence sur ce que je viens d'establir et il doit demeurer pour constant que cette dernière dispute est la plus solide et la plus intelligible de toutes les disputes, celle qui est la plus à portée de l'esprit et du cœur humain, dont il est juge naturel, qui l'intéresse le plus. Il y est question de ce qu'il sçait faire essentiellement, connoistre, aymer

Dieu, c'est là tout l'homme, c'est son essence et sa fin, son action nécessaire et naturelle. Il est vray qu'il y a des degrés de connoissance et des degrés d'amour, mais sy ce grand objet estoit souvant médité, il seroit plus connu et par conséquent plus aymé et nous remplirions mieux les fonctions auxqueles nous sommes destinés et nous confesserions la dignité de nostre estre ; nous n'en perdrions pas une partie en nous avilissant dans une attache honteuse au néant de nous mesme. C'est ce mélange d'amour de nous mesmes plus ou moins fort qui fait la différence des cinq amours de M. de Cambray, et quelle est la difficulté d'entendre ce plus ou ce moins quand on entend une fois Dieu, amour, néant ? Ces trois noms nous sont connus, la définition des deux premiers est faite. Le néant qui n'a point de propriété n'a point de définition [1].

A qui cette dissertation s'adressait-elle, si toutefois elle était destinée à un correspondant ? Aucun élément de réponse ne nous est fourni. A coup sûr, il y apparaît que la marquise de Grignan n'est point de l'avis de sa mère. Si nourrie qu'elle fût de Nicole et des « bouillons » qu'elle en voulait faire, Mme de Sévigné, demandant qu'on « épaissît un peu la religion », qui, à son sens, s'évaporait toutes dans les questions du quiétisme, eût été loin sans doute de considérer les débats entre Fénelon et M. de

---

[1]. Alfred Morrisson. *Catalogue of the Collection of autographe and historical documents formed between 1865 and 1882.* 4 volumes in-4. (BN. Réserve yQ 11, t. II, p. 206). *A Memorandum*, in-4 de 8 pages. Dans la même collection figure, au mot Fénelon (t. II, p. 117), l'indication de plusieurs lettres de celui-ci dont quelques-unes ne sont point entrées dans les éditions. Voici les six numéros mentionnés : 1. Abbé de Fénelon à Mabillon. Versailles, 28 janvier 1694 : condoléances sur la mort de D. Germain.— 2. Cambray, décembre 1697 : c'est la lettre à Bossuet rapportée par Phélipeaux, p. 139 de sa *Relation*. — 3. Au cardinal ***, Versailles, 18 avril 1697. — 4. A un destinataire inconnu, Cambrai, 3 novembre 1703, long commentaire sur un passage de saint Augustin à propos de l'action divine sur la volonté humaine, p. 8. In-4. — 5. A l'évêque d'Avranches, 28 septembre 1709, p. 2. In-4. — 6 A Mme Ronjault. Cambrai, 19 janvier 1713, p. 1. In-4. Ajoutons une lettre de félicitations à un cardinal, écrite de La Haye, le 23 janvier 1738, par le petit-neveu de l'archevêque, le marquis de Fénelon, né en 1688 (*Ibid.*, p. 118).

Meaux comme plus saisissables que la dispute de Claude et d'Arnauld.

Il me sera loisible de revenir à la correspondance proprement dite de Fénelon, soit en reprenant différents points du nouveau livre soit en indiquant divers correspondants à mettre en lumière, comme les bénédictins dom Lamy et dom Quirini [1], plus liés à Fénelon que la majorité de leurs confrères [2]. Pour mentionner en passant une source trop peu explorée et dont l'accès deviendra, espérons-nous, plus facile à mesure que les collaborateurs de la *Revue Mabillon* publieront la correspondance des Bénédictins d'autrefois, je me contenterai de quelques extraits, à titre d'exemples, montrant comment, pour l'histoire du procès plaidé à Rome, les lettres du temps se tiennent et nous mettent au courant des phases de la lutte engagée. Dom Estiennot, entre autres, surtout dans ses lettres confidentielles, est des plus animés. Prenons en spécimen quelques missives de l'année 1698, au moment où l'affaire touchait à son terme. Le 30 mars, il écrivait à Mabillon, avec l'entête *soli*, qui lui permet plus d'expansion :

… On ne sauroit encore rien dire de sûr sur le livre de M. de C. Il est attaqué et deffendu comme une citadelle de Namur. Il nous faudroit une conversation de Saint-Germain à Saint-Denys pour

---

[1]. Voir les lettres de D. Quirini à Fénelon publiées par M. A. Rébelliau, *Revue Fénelon*, juin 1910, p. 5 à 26.

[2]. La lettre de Mabillon à Fénelon, le félicitant de sa promotion à l'archevêché de Cambrai (1695) eut une réponse qu'a publiée Chavin de Malan, p. 286, sous la date du 2 janvier, commençant par les mots : « Quoi que les compliments ordinaires », etc., sans aucune référence. Il écrivait un mois après : « Vous ne sçauriez, etc. ». On marque comme source pour cette seconde lettre : Mss P. (manuscrits particuliers). Or, celle-ci se lit en autographe au manuscrit 17679 du fonds français de la Bibliothèque nationale, f° 80. Bien que reproduite, incomplètement du reste, dans l'ouvrage de M. Emmanuel de Broglie, p. 122 du tome I, elle ne figure dans aucune édition des lettres de Fénelon. J'ai publié le tout dans *Bossuet et Fénelon. L'édition de leur correspondance*, p. 20 et suiv.

vous pouvoir dire tout le reste et sur cette matière et sur les missions de la Chine et sur d'autres choses qu'on ne peut pas confier au papier[1].

A Rome, 15 avril 1698.

... Le livre de M. de C... est véritablement en party[2]. S. S. veut pourtant que cette affaire finisse à la Pentecoste; mais on attend le benefice du temps. En vérité, mon R. P. et tres cher amy, c'est une comédie que ce monde et quand les gens ont ce à quoy ils aspirent, ils changent de genie aussy bien que de condition. Nous l'avons treuvé tel, nous le laisserons tel[3].

A Rome, 20 may 1698. Soli.

... Il y eut hyer une assemblée extraordinaire du Saint-Office sur le livre de M. de C. Le bruit mesme court qu'il y fut condamné, mais je ne vous en sçaurois rien dire d'asseuré. Ce qu'il y a de sûr est que M. le Nonce a escrit icy que S. M. se plaignoit des lenteurs de cette Cour sur cette affaire, et que l'ayant recommandée à S. S. auec chaleur, il y avoit plus d'un an que par intrigue et cabale on la faisoit durer, qu'il estoit bien informé de tout et qu'il ne pouvoit pas ne pas voir que S. S. ou ses ministres n'avoient pas pour luy autant de deference qu'il en avoit eu pour le Saint-Siège, que cela estant, si on en finissoit promptement cette affaire il sçauroit bien le moyen de la faire finir. Cette lettre a fort inquiété le S. P. qui vouloit que le jour mesme de la Pentecoste on la conclut; mais comme le jour n'estoit pas propre, on a remis la Congrégation au lendemain qui fut hyer. On ne sçayt pas encore ce qui y fut resolu. Ce que je vous puis dire est qu'il est tres difficile de sauver le livre, que l'embarras n'a pas esté là, car il y a long temps qu'il auroit esté mis à l'indice sans

---

1. Fr. 17679, f° 43. La lettre du 25 mars roule sur la dextérité d'un des examinateurs. « Pour le P. Miro, il ira loing. Il est un des examinateurs du livre de M. de C. et entre nous, il n'est pas pour le livre, mais il se conduit avec tant de ménagement que ny les uns ny les autres ne se plaignent de luy... » (f° 41).

2. C'est-à-dire : il est véritable que les examinateurs sont *partagés*, cinq pour la condamnation, cinq contre.

3. Fr. 17679, f° 45.

le party qui l'a soutenu, mais à qualifier les propositions. Je crains, entre vous et moy, que le ministre n'en ayt quelque contrecoup¹.

On n'ose vous escrire tout ce qu'on peut sur cela ny sur beaucoup d'aultres choses ; car la curiosité de sçavoir ce qu'on pense et ce qu'on sçait est ici et peutestre ailleurs fort grande...².

Ces échantillons de la correspondance de divers personnages bien informés sont pour signaler à l'éditeur des lettres de Fénelon les multiples sources qu'il lui reste à consulter en vûe d'enrichir son ouvrage d'une annotation complète. Dans sa thèse, M. l'abbé Delplanque, — il avait pris soin d'en avertir, — n'avait point à se soucier de « ce point de vue extérieur³ ». Au lieu de s'occuper, comme ses prédécesseurs, de « l'histoire de l'affaire de Rome », il n'avait voulu étudier, dans la seconde moitié de son travail, la correspondance même de Fénelon et de l'abbé de Chantérac, que du côté « purement psychologique, comme l'expression de deux âmes », pour en démêler « les sentiments intimes à travers la complexité des faits ».

A plus forte raison n'avait-il point à enquêter autour des deux correspondants qu'il isolait en quelque manière pour mieux suivre leurs émotions. Avant de revenir avec lui sur ce terrain spécial, qu'on me permette, puisqu'il s'agit encore ici de l'édition future des lettres de Fénelon, d'emprunter à une lettre du temps, écrite au lendemain de l'éloge funèbre de Bossuet, une espèce de conclusion d'ensemble sur l'affaire du quiétisme, telle que la recueillit un nouvelliste⁴, lecteur de la pièce du P. de la Rue.

---

1. Ce qui ne manqua point d'arriver, à savoir la disgrâce du cardinal de Bouillon.
2. Fr. 17679, f°. 50. — 3. Delplanque, p. xxv.
4. La lettre est de la main du P. Léonard de Sainte-Catherine, le plus actif des nouvellistes du temps.

A Paris, ce 20 septembre 1704.

L'oraison funebre de Mʳ Bossuet Evesque de Meaux paroist depuis quelques jours. Elle est imprimée chez la veufve Benard, rue Saint-Jacques. Le portrait du prelat est à la teste de la premiere page. On dit que le R. P. de la Ruë qui l'a prononcée à Meaux y a changé quelque chose dans l'impression, apparemment pour contenter les parents du deffunct. Je n'ay pas encor pû scavoir ce que c'est. On estime fort cette pièce digne de l'auteur. On y admire l'endroit où il est parlé de l'affaire de ce prélat avec Mgr l'archevesque de Cambray au sujet du pur amour, ou si vous voulez, du Quiétisme. L'orateur fait l'éloge de l'un et de l'autre sans les nommer et sans mesme designer le vaincu par le titre d'Archevesque. La soumission du dernier donne au P. de la Ruë occasion d'apostropher et de reprendre, mais finement, les jansénistes qui ne veulent point se soumettre à l'autorité de l'Église, en imitant, dit-il, l'exemple de l'humble prélat qui n'ayant cherché que la vérité, lors mesme qu'il s'en escartoit, l'a retrouvée par le chemin qui luy fut prescrit par l'Eglise et montré par son ami, partageant ainsy entr'eux les avantages de la victoire, le vainqueur, par la fermeté de son zèle et le vaincu par la docilité du sien, l'un glorieux d'avoir vaincu l'erreur, l'autre de s'etre vaincu luy mesme... [1].

Ce parallèle, écho d'un panégyrique, car une oraison funèbre ne peut être une histoire complète, pouvait bien, dans la pensée de l'orateur, obligé de ménager à la fois la mémoire du mort et le pouvoir des vivants, ressembler à une réparation de son fameux sermon de saint Bernard, plein d'allusions blessantes à Fénelon et transportant dans la chaire sacrée les regrettables vivacités de plume de Bossuet [2]. Il ne peut avoir rien de commun avec la conclusion réfléchie d'une thèse d'histoire. Opposons-le donc aux pages où M. Delplanque a résumé son sentiment sur cette querelle du pur amour, à tel point capitale dans la vie de Fénelon qu'elle justifierait presque d'avoir voulu l'y rencontrer tout entier.

---

1. Fr. 19208, f⁰ 118. — 2. Voir plus haut, p. 206 et 208.

La doctrine de l'amour pur n'a pas été, écrit-il, dans la vie de Fénelon, un de ces systèmes que l'on adopte passagèrement pour les abandonner ou les remplacer, quand ils sont passés de mode ou qu'on s'en est détaché par lassitude ; elle n'a pas été l'idéal d'un moment qui s'exprime dans un livre, pour être négligé et oublié dans la suite. Non ; elle a été sa doctrine et son idéal ; on peut dire sa seule doctrine et son seul idéal. Si nous avions réussi à le démontrer par cette analyse de la correspondance, nous aurions rempli notre dessein. Quelques traits principaux de son caractère s'expliquent ou se sont révélés surtout par là : la sécheresse, la tristesse, voisine du pessimisme, dont il s'accuse ; sa sévérité parfois outrée ; une confiance imperturbable dans son sens propre ; une opiniâtreté douce, mais invicible à le défendre, à le réserver, à le sauver ; un souci de l'opinion, une habileté, et dans le même moment, dans la même affirmation, dans la même négation, une complexité de sentiments qui peuvent se concilier difficilement avec l'absolue sincérité[1]. Mais c'est peut-être aussi dans le mélange et parfois le conflit de cette doctrine avec un tempérament extraordinairement affectueux qu'il faut chercher une part du talent de Fénelon et le secret de sa grande influence sur les âmes[2].

Ce jugement, qui peut fort légitimement être discuté, a du moins l'avantage de condenser toutes les vues de l'auteur, de ramener à une unité systématique, si l'on veut, mais puissamment liée, les deux parties de l'ouvrage, et d'exprimer nettement la conception originale qui a guidé toujours et souvent éclairé l'auteur de ce livre de valeur, une des études les plus consciencieuses et les plus « fouillées » qui aient paru sur l'attachante physionomie de Fénelon. Abordons la critique directe de cette œuvre, non par une analyse, mais par une sorte de description extérieure, grâce à laquelle nous toucherons certains points de détail, pour adresser à l'auteur quelques « chicanes » secondaires.

---

1. Ces affirmations contestables, issues de la tradition établie depuis le livre massif de Crouslé dont on a récemment démontré les procédés, ont eu et auront encore leurs réponses et leurs réfutations péremptoires.

2. Delplanque, p. 461.

II

L'ouvrage de M. Delplanque, qui lui a mérité le titre de docteur ès lettres, fait partie des *Mémoires et travaux publiés par des professeurs des Facultés catholiques de Lille*. La thèse sur Fénelon comprend les fascicules IV et V ; celui-ci, sous le nom d'appendice [1] est une *Contribution à une édition critique de la correspondance de Fénelon*, comprenant des *Lettres et documents inédits*. Ses cent et une pages fort compactes ne comprennent pas moins de vingt-quatre lettres de l'abbé de Chantérac, dont deux à Fénelon, les autres à l'abbé de Maulevrier [2], du 16 juillet 1698 au 28 avril de l'année suivante ; une vingt-cinquième, du même à Fénelon, 1er septembre 1701, que Barbier de Montault avait publiée en 1863, sans pouvoir identifier la signature G. D. C. ; une correspondance du cardinal de Bouillon avec Louis XIV, lettres et extraits inédits, tirés des Archives des affaires étrangères, complétant la publication fort imparfaite de l'abbé Verlaque, parue en 1882 ; et surtout (p. 44-45), et c'est la part intéressante parmi les inédits, les instructions pour l'abbé de Chantérac allant à Rome (août 1697) ; un mémoire de l'abbé de Chantérac pour son archevêque, à propos des prétendus aveux

---

1. Il faut aussi du moins mentionner ici le fascicule II : *Saint François de Sales, humaniste et écrivain latin*, XII-176 pages 1907.
2. Sur cet abbé de Maulevrier, cousin de l'abbé de Langeron, voir l'excellente notice de la p. 149 et p. 227. Je m'étais toujours demandé jusqu'ici d'où avait pu être tirée l'étrange affirmation qu'on lit dans *Autour de Bossuet* de Mgr Delmont, qui appelle M. Maulevrier « curé de Saint-Sulpice ». L'explication s'en rencontre sans doute dans la confusion qu'aura commise cet auteur par une lecture trop rapide de la lettre de Bossuet à cet abbé, citée en note d'une lettre de M. de la Chétardie, le véritable curé de Saint-Sulpice, rendant compte à Tronson d'une entrevue avec Bossuet, lettre du 21 janvier 1697 (Cf. plus haut, p. 101, n. 4 p. 227).

du P. Lacombe (sur lesquels il y aurait tant à dire si c'était le lieu.[1]), et la longue lettre inédite de Fénelon à Chantérac du 14 janvier 1698; enfin une série d'identifications fort ingénieuses par lesquelles l'auteur enrichit d'attributions précises des lettres demeurées vagues dans la correspondance imprimée.

Voilà déjà de quoi prouver que l'abbé Delplanque se tirerait à son honneur des délicates fonctions de rééditer les lettres de l'archevêque de Cambrai.

Lisons à ce propos les premières lignes de sa préface :

> Ce livre est un modeste essai sur la correspondance de Fénelon. Nous voudrions avoir toutes les lettres de Fénelon au petit nombre d'amis excellents qui lui restèrent fidèles dans sa disgrâce ; il s'en faut de beaucoup que nous les ayons toutes. La correspondance, telle qu'elle est imprimée dans l'édition de Paris, la dernière et la plus complète, des œuvres de Fénelon, est pourtant considérable ; elle comprend plus de deux mille lettres et il y en a de très longues ; c'est le tiers de son œuvre littéraire [2].

Venons à la donnée générale de la thèse. On en connaît le titre principal : *Fénelon et la Doctrine de l'amour pur, d'après sa correspondance avec ses principaux amis*. Voici le sous-titre : *Essai sur Fénelon dans l'intimité, d'après ses lettres et celles de ses amis*. La relation entre les deux divisions du livre, ou, si l'on veut, la place prépondérante accordée à l'un des correspondants, l'abbé de Chantérac, est ainsi expliquée : « Ce travail sera divisé en deux parties : *Fénelon et ses amis, et l'application de la doctrine de*

---

1. Voir *Revue Fénelon*, sept. 1910, p. 69-87 et déc. p. 139-164 le texte inédit d'une *Apologie* du P. Lacombe publiée par M. l'abbé Ch. Urbain.

2. Préface, p. 1. L'auteur dit aussi, dans la note de la p. 11, où il apprécie les travaux de ses prédécesseurs, comment il entend restreindre son point de vue et choisir sa méthode : « Nous prendrons comme source unique les lettres et nous tâcherons de les analyser scrupuleusement, minutieusement, de manière à faire connaître les sentiments et les caractères ; ce sera l'histoire du quiétisme reprise au seul point de vue psychologique ».

l'amour pur dans son amitié; Fénelon et l'abbé de Chantérac, et l'histoire de leurs sentiments intimes dans leur querelle sur la doctrine de l'amour pur avec Bossuet et l'abbé Bossuet[1] ».

M. l'abbé Delplanque, qui distingue l'objet « principal de son livre, le caractère et l'âme de Fénelon » de l'objet secondaire : l'âme et le caractère de chacun de « ses principaux amis », a voulu écrire « une biographie psychologique » de celui-là et de ceux-ci « durant les vingt-cinq dernières années de la vie de Fénelon » d'après ses propres confidences, ses conseils, sa direction, et les confidences trop rares de ses amis. Pour lui, la doctrine du pur amour, répandue en tant d'ouvrages spirituels de Fénelon, « explique beaucoup des qualités et des défauts de Fénelon, donne l'unité à sa vie, comme elle donne l'unité à ce travail ». C'était le droit de l'auteur de choisir et de limiter ainsi son point de vue. Il y était au reste autorisé par une phrase d'un des premiers biographes et admirateurs de Fénelon, le chevalier de Ramsay, qui formerait aisément l'épigraphe de la nouvelle thèse : « Cette doctrine désintéressée a toujours été la doctrine favorite de ce prélat... la clef de tous ses principes, le grand ressort de son cœur et le dévouement de toute sa vie. Donner une idée

---

1. Au risque de descendre à des vétilles, je n'aime pas beaucoup « la querelle sur l'amour pur, *avec l'abbé Bossuet* », dût-on essayer, pour la symétrie, de l'opposer à l'abbé de Chantérac. Le « neveu du grand homme » avait beau être à Rome l'agent de la poursuite, comme Chantérac était l'agent de la défense, la querelle n'est point entre ces deux subalternes, qui d'ailleurs n'ont point à correspondre ou traiter ensemble. Quant à la distance morale entre les deux, M. Delplanque l'a marquée de manière à prouver que ce parallélisme est plutôt dans une construction de phrase qui a trahi sa pensée. Il a, en effet, fort bien noté la différence des agents en présence, et sans dissimuler les côtés humains et certaines faiblesses de Chantérac, caractérisé la grande faiblesse de l'abbé Bossuet, celle « de ne pas croire à la conscience » (p. 338) ; c'est de cette infirmité que procèdent tant de violences de langage.

juste de ses sentiments sur cette doctrine, c'est le peindre par le trait essentiel.[1] ».

Ajoutons même que, ce point accordé (et un biographe, un psychologue, à condition d'être exact en ses peintures et de ne négliger aucun fait important, est libre de ces sortes de choix), l'ouvrage se tient merveilleusement. Peut-être se demandera-t-on si le pur amour, tout essentielle et capitale que soit son influence, explique néanmoins tout Fénelon, ou presque tout, suivant la réserve prudente apportée dans la donnée du problème. On choisit les vingt-cinq dernières années de l'archevêque; mais n'est-ce point passer un trait sur l'époque où n'ayant pas encore rencontré Mme Guyon, dont l'action a été si considérable sur lui, témoin le livre de M. Maurice Masson, il n'accordait pas la même attention à se « désapproprier » de tout ?

A mon avis, toutefois, cette critique de fond, si on la formule quelque part, ne sera jamais la raison du « déplaisir » que pourra causer à plusieurs la thèse nouvelle et originale qui rattache au pur amour une étude psychologique sur Fénelon et ses amis. Dès la première lecture du livre, à cause des efforts mêmes d'impartialité en un sujet délicat qui met aux prises Bossuet et son « adversaire », j'avais eu et noté l'impression que l'ouvrage déplairait en certains milieux, et probablement pour des raisons tout opposées. On me dit que j'ai pronostiqué juste ; mais, phénomène bizarre, alors qu'on l'a, paraît-il, tenu quelque part pour « injurieux » à Fénelon ou du moins trop sévère, il me semble qu'on aurait droit au contraire de souligner certains traits où l'influence partiale du livre de L. Crouslé s'est, malgré les intentions de M. Delplanque, révélée à l'excès. Sans doute, M. Delplanque a vivement protesté contre l'étrange et désinvolte ré-

---

1. *Histoire*, p. 186 ; cité p. IV.

flexion de ce biographe de Fénelon, ne craignant pas d'écrire, alors qu'il s'agissait du souvenir de l'abbé de Langeron : « Les naturels coquets ont d'ordinaire peu d'attachements profonds [1]. »

Mais en trop d'endroits les préventions de cet auteur qui, ayant eu sous les yeux tous les documents que lui ouvrait Saint-Sulpice, n'a pas toujours trouvé ceux qui défendaient Fénelon, ont empêché son successeur de tenir toujours la balance égale entre les adversaires dans l'énumération de leurs griefs réciproques, trop réels de part et d'autre.

Ainsi, quand Fénelon, outré de quelque manœuvre comme eut trop souvent à lui en annoncer son fidèle Chantérac, pousse une phrase un peu vive, on insinuera volontiers qu'il force la note, qu'il se pose en victime, pour un peu, qu'il déclame. Il est pourtant certaines phrases de Bossuet, ici rapportées comme purement narratives, auxquelles, sans aucun préjudice de la sincérité intime qui les dictait, il eût été possible, plaidant pour Fénelon, d'adresser le reproche analogue d'enfler à l'excès la voix. Telle cette lettre, où l'évêque de Meaux, dès le 21 janvier 1697, dramatise beaucoup et crie d'avance au scandale, en toute bonne foi, je le veux, mais qui méritait autant d'être remise au point que les affirmations analogues de Fénelon : « Voilà, écrivait-il, après avoir déclaré que Fénelon devait flétrir publiquement Mme Guyon, voilà la vérité à laquelle il faut que je sacrifie ma vie... Je me réduis à ce dilemme : ou l'on veut écrire la même doctrine que moi, ou non ; si c'est la même doctrine, l'unité de l'Église demande qu'on s'entende ; si c'en est une autre, me voilà réduit à écrire contre ou à renoncer à la vérité [2] ! » De si solennelles déclarations, peu propor-

---

1. Crouslé, *Fénelon et Bossuet*, t. I, p. 407, relevé p. 169.
2. Citée p. 227.

tionnées en somme à leur objet, appelaient, aussi bien que la fameuse démarche de Bossuet demandant pardon à genoux devant Louis XIV de ne lui avoir point dénoncé plutôt plus vite l'« hérésie de son confrère », des correctifs et des jugements, comme on en rencontre un bon nombre à la suite d'exagérations où l'amour-propre de Fénelon est mis en lumière[1]. Mais ce sont là de légères taches et des reproches qu'on pourra, au besoin, déclarer « subjectifs ». Par contre, je ne jurerais point que de fervents Bossuétistes n'aient pas estimé la nouvelle étude sévère et dure pour Bossuet[2]. Mais ce que tous doivent reconnaître c'est la conscience, le sérieux, la clarté de l'enquête conduite à travers les multiples et complexes phases

---

1. Par exemple, p. 213-217 et 223 surtout, où les *peut-être* sont trop nombreux, la conclusion de ce chapitre, à l'insu de l'auteur sans doute, procède nettement de Crouslé ; p. 300, 379, où le rôle de Noailles, équivoque souvent, échappe trop à M. Delplanque qui y aurait vu la raison que Fénelon avait de le traiter comme il l'a fait ; p. 402, le début du paragraphe sur la Réponse aux Remarques, publiée seulement d'abord à Rome, appellerait de formelles réserves sur « les nouveaux mensonges » qui sont dits y être contenus. Il faudrait, en effet, mais ce serait reprendre toute la revision du procès, répondre aux nombreuses accusations ou insinuations d'« insincérité » dont on accorde le monopole à Fénelon ; la plupart des cas, froidement discutés, ont leur explication, et en toute hypothèse, ne peuvent être admis tels que les présentent les « plaidoyers » pour Bossuet. Ainsi, p. 22, à propos des *Maximes*, il existe une confusion entre l'« impression » de l'œuvre et sa « publication » qui résoud en partie les objections ; p. 239, en reprochant à Fénelon d'avoir maintenu qu'il a raison, l'auteur ne distingue pas assez les points sur lesquels Bossuet errait tout d'abord et que n'a nullement confirmés la condamnation des propositions ; p. 228, M. Delplanque en croit trop aisément Bossuet et ses amis sur le scandale et la défaveur du livre des *Maximes* : le fragment de Mme de Grignan cité plus haut prouve du moins que ce déchaînement est bien de commande ; enfin, car on ne peut tout traiter, le reproche adressé à Chantérac, p. 294, à propos des ouvrages clandestins, est fort atténué lorsque l'on songe qu'il pouvait et devait les avoir, sans pour cela les lancer dans le public.

2. Voir surtout, p. 209, 231 sqq., p. 281 sqq., p. 344 sur sa connivence avec son neveu ; enfin, le jugement des pages 452-454.

du procès dont M. Delplanque a retracé l'histoire intime[1].

Mais, non moins que dans l'histoire, sagement débrouillée, du long duel commencé à Paris et terminé à Rome, on aura plaisir, à propos des médaillons consacrés aux « principaux amis » de Fénelon, à le retrouver, volontiers on dirait à le découvrir dans sa physionomie intime. A côté, à la surface parfois et au-dessous de cette tristesse un peu pessimiste, un des traits de Fénelon, comme on aime à saisir sur le vif, sa joie, sa gaieté, son amour des enfants et ses qualités pédagogiques trop peu connues ou trop peu étudiées! Or, tous ces mérites du livre et d'autres qu'on n'a pas loisir même de mentionner ici, les lecteurs en jouiront sans qu'il soit besoin d'autre chose que de les inviter à le connaître. En dépit de toutes les divergences de vues, fort secondaires après tout, l'œuvre ralliera tous les suffrages pour peu qu'on l'étudie, et ce serait un singulier parti pris d'y voir, soit un panégyrique de Fénelon, soit, — et cela moins encore, — un plaidoyer contre lui; c'est mieux: une histoire, une enquête impartiale, sagace, informée, un portrait minutieusement étudié de l'âme complexe de Fénelon aux prises avec un idéal impossible, mais révélant, dans ses lettres intimes, soit de pure amitié, soit d'affaires (et d'une affaire à son sens capitale), les trésors et les ressources d'un style merveilleux. La longue fréquentation de cet écrivain hors ligne a porté bonheur à M. l'abbé Delplanque, dont le livre, bien composé et non moins *écrit* est une des « belles et bonnes œuvres » qui honorent et devraient rendre fiers l'Université catholique de Lille et le diocèse de Cambrai.

Malgré l'inconvénient de joindre à cette appréciation un document secondaire et de sembler vouloir compléter sur un détail de minime importance cette nouvelle his-

---

[1]. La meilleure preuve en est dans les sommaires analytiques des dix chapitres de la seconde partie.

toire du quiétisme de Fénelon, je signalerai, en terminant, un témoignage qui a paru échapper à l'auteur, à propos du fameux ostensoir de Cambrai dont il parle en passant. Ce sera mon humble contribution à son travail [1].

Dans un livre des plus curieux, écrit à la « gloire de Pie VII et de Napoléon » (je le ferai connaître plus amplement ailleurs), un ancien curé constitutionnel, nommé Guyot, figure des plus attachantes, a apporté son affirmation formelle. Après avoir formulé la demande expresse que le pape voulût bien s'occuper de la « canonisation de Fénelon », démarche bizarre que certains ont renouvelée il y a quelque dix ans pour Bossuet, il ajoute :

Un intérêt particulier, joint à l'intérêt général, dirige ici ma vive sollicitation. Des onze curés de la ville de Cambrai, j'étais le plus voisin de sa tombe, que j'ai révérée à loisir et avec extase pendant neuf années ; je suis, au spirituel, son enfant posthume ; c'est lui qui, dans sa tendre piété, a formé les mœurs de ceux qui m'ont donné le jour ; il leur a, de ses propres mains, au commencement du siècle dernier, administré le sacrement de confirmation, et j'ai appris d'eux par lui, à être fort dans les combats contre les ennemis de la vérité et du salut. Ce digne prélat est de nos jours, et il le sera jusqu'à la fin des siècles, l'ami de toutes les nations, de tous les États et de tous les hommes : comment donc ne serait-il pas l'ami chéri du Dieu que Rome adore ?

Que l'erreur passagère de Fénelon ne rallentisse point votre zèle à canoniser un personnage si digne d'être révéré par tous les humains. Il serait moins grand s'il n'avait point erré ; ce fut pour lui une faute heureuse qui amena la rétractation la plus prompte,

---

[1]. Si l'on me pardonne une addition toute personnelle et intéressée à la bibliographie de l'ouvrage, M. Delplanque eût trouvé, pour le chapitre qu'il consacre « à la réputation de l'abbé Bossuet », certaines précisions qui lui permettaient de mieux défendre Chantérac, dans mon essai intitulé : *Épisodes de la campagne antiquiétiste (1698-1699)* : I. *L'Aventure de l'abbé Bossuet à Rome.* Mâcon, Protat, 1903. In-8 de 94 pages (Extrait de la *Revue d'histoire et de littérature religieuses*, t. VII, 1902 ; t. VIII, 1903).

la plus sincère, la plus solennelle, et le couvrit d'une gloire singulièrement éclatante.

Il y ajouta, six mois avant sa mort [1], un riche monument de sa parfaite soumission au Saint-Siège. Il fit don à son église métropolitaine d'un soleil d'or de ducats (sic) du prix de 24 000 livres de vingt-six pouces de hauteur. Étant curé dans Cambrai, je l'ai mesuré, et j'ai copié sur le registre du chapitre l'acceptation de ce magnifique présent ; en voici le dessin : un chérubin, debout sur un piédestal quarré, les deux mains élevées latéralement au-dessus de la tête, supportait le soleil dont il était surmonté ; un voile d'or tombait, avec toutes les grâces d'une draperie la plus délicatement imitée, et couvrait avec tout le beau silence de la modestie les yeux du génie céleste.

Le même chérubin tenait un pied levé, et sous ce pied était placé en même or massif, le livre des *Maximes des saints*, que Rome avait condamné.

En signe de soumission et de conformité à la décision du chef de l'Église, le génie fouloit ce livre aux pieds ; il s'échappoit en même temps de dessous ce livre une lame d'or flottante en forme d'une bande de parchemin, sur laquelle on lisoit ces paroles d'Isaïe : *Vere tu es Deus absconditus* : vous êtes vraiment un Dieu caché. Ce monument qui devoit durer, selon le vœu de Fénelon, jusqu'à la fin des siècles, fut pris et mis en fonte par les vandales révolutionnaires.

Je garantis également sous la même foi du serment, Saint-Père, le trait suivant, que je tiens de la bouche d'une des supérieures des couvents dont j'étais confesseur ordinaire. Cette dame, appelée sœur Caroline Glorieux, était née avec le siècle, avait connu Fénelon jusqu'à l'âge de quinze ans ; son père était ami du grand doyen qui avait administré les derniers sacrements à Fénelon. Dans les visites qu'il rendait fréquemment dans cette famille, après la mort du saint prélat, la jeune personne avait souvent entendu de la bouche de ce dignitaire estimable, le récit suivant : « Le grand doyen, arrivé au lit de mort du vertueux archevêque, tenant ostensiblement l'hostie sainte en main, adressa au malade, comme il est d'usage, des paroles de consolation et de

---

[1]. Notor la précision de cette date.

salut, analogues à la circonstance ; il finit sa brève exhortation par celle-ci : « Monseigneur, c'est votre créateur, c'est votre rédempteur, c'est votre juge que je vous apporte pour l'aliment de votre âme. » A ces mots, Fénelon rassembla le peu de forces qui lui restaient pour se mettre sur son séant, et, les mains jointes en signe d'adoration, fixant amoureusement l'hostie sainte, il dit : « Oui, mon sauveur, Jésus-Christ contenu réellement dans cette hostie est mon Dieu... il est mon juge... *mais je l'aime bien plus que je ne le crains* [1]. »

Les détails fournis par cette description de la célèbre monstrance de Cambrai et sur les dernières paroles de Fénelon seront mon excuse d'avoir tenté d'ajouter au livre de M. l'abbé Delplanque. Je n'aurai pas semblable addition à joindre à la correspondance de Bossuet dont il me reste à m'occuper.

III

Les lettres de Bossuet, dans l'édition que poursuivent avec un rare bonheur et une constance infatigable MM. E. Levesque et Charles Urbain [2], sont vraiment la biographie vivante du grand évêque, replacée dans son cadre et accompagnée de tous les éclaircissements historiques capables de l'illustrer. On l'a dit avec raison : la correspondance ainsi publiée est « le véritable monument » seul digne de sa mémoire. Aussi nul éloge ne peut-il dépasser la valeur de cette œuvre magistrale, véritable revanche du clergé

---

1. *Hommage à Pie VII et Napoléon*. Paris, 1802. In-8, p. 116-117.
2. *Les Grands Écrivains de la France*, nouvelles éditions publiées sur les manuscrits, les copies les plus authentiques et les plus anciennes impressions, avec variantes, notes, notices, portraits, etc. *Bossuet, Correspondance*, t. I (1651-1676) ; in-8, vii-520 pages ; t. II (1677-1683) ; in-8, 526 pages. Paris, Hachette, 1909, t. III (1884-1888), 574 pages, Cf. *Documents d'Histoire*, mars 1910, p. 55 à 60.

français continuant celle de l'abbé Lebarq, qui le premier avait vengé les ecclésiastiques du reproche trop mérité d'avoir laissé à Gandar et à ses émules de l'Université le quasi monopole des travaux importants sur Bossuet et ses sermons, après que l'abbé Vaillant eut frayé la route. Au lieu de louanges, dont les deux éditeurs, modestes parce que compétents, n'ont que faire, ils seraient charmés de rencontrer des compléments à leur œuvre, des indications pour les volumes à venir. La plus maigre gerbe d'épis en ce genre leur agréerait mieux que des « amas d'épithètes » laudatives au delà de toute expression. De mon mieux j'essayerai de les satisfaire ; mais, s'il m'a été relativement aisé d'indiquer du Fénelon inédit en vue de la publication de sa correspondance, les éditeurs des lettres de Bossuet n'ont guère laissé à glaner après eux.

Du moins est-il facile — et trop légitime — de montrer quelle somme de travail et de recherches suppose une édition ainsi comprise.

De la correspondance de Bourdaloue comprenant alors vingt-neuf lettres, éditée en 1899 [1], M. R. Bonnet avait écrit jadis dans l'*Amateur d'autographes* [2] : « L'ouvrage du P. Chérot est un modèle à suivre, mais lorsqu'on se trouvera devant une correspondance considérable et un grand nombre de destinataires, la besogne sera formidable. »

Cette « formidable » besogne a été précisément nécessaire pour transformer en ce qu'elle est aujourd'hui l'édition antérieure des lettres de Bossuet. Un peu de statistique en donnerait une idée, si l'on se mettait à nombrer les lettres tout à fait nouvelles ou du moins recueillies en des revues ou publications éparses, qu'on chercherait vainement dans les œuvres complètes de Bossuet parues jusqu'ici. Sur les

---

1. P. Henri Chérot, de la Compagnie de Jésus. *Bourdaloue, sa correspondance et ses correspondants.* Paris, Victor Retaux, 1899. In-8, 251 pages.

2. Numéro du 15 novembre 1898, p. 15-16.

144 lettres du premier tome et les 143 du second, la moitié environ est dans ce cas[1].

Il est superflu de louer l'annotation des lettres, annotation dont les précédents éditeurs s'étaient « montrés fort sobres ». En condamnant les principes de leurs devanciers, MM. Urbain et Levesque ont exposé les leurs; ils sont excellents. « A peine, écrivent-ils de ceux qui avaient publié avant eux les lettres, en ont-ils accompagné le texte de quelques explications empruntées à Deforis, sans même lui en laisser toujours le mérite. Nous en userons différemment. Non pas qu'il faille s'attendre à nous voir examiner tous les problèmes que soulève la correspondance de Bossuet, ou prendre parti dans les controverses auxquelles il fut mêlé; mais nous n'omettrons aucun renseignement de langue, d'histoire, de philosophie ou de théologie de nature à donner une pleine intelligence de sa pensée et à faire connaître les personnages, pour la plupart oubliés aujourd'hui, dont les noms reviennent sous sa plume[2]. » Le programme est vaste et la tâche ingrate, car l'effrayant labeur, non toujours récompensé, que réclame surtout l'identification des personnages oubliés, absorbe des heures innombrables. Il suffit cependant de prendre contact avec ces trois premiers volumes pour se rendre compte que les éditeurs ne se sont pas dérobés à la charge assumée et qu'ils y ont amplement suffi. Aussi bien leur association féconde assurait d'avance le succès.

---

[1]. Pour le premier tome, les éditeurs signalent eux-mêmes la proportion : « Sur les 144 lettres du premier volume, la moitié ne figure pas dans l'édition la plus complète des Œuvres de Bossuet (celle de Lachat, Paris, 1862-1886, 31 vol. in-8). Et des 95 lettres dont nous avons retrouvé les originaux, celles qui étaient déjà publiées avaient, à peu près toutes, les lacunes que nous avons comblées, ou des fautes que nous avons soigneusement corrigées » (T. I, p. 1, n. 1). On regrette de ne pas rencontrer un renseignement analogue pour le second volume.

[2]. T. I, p. vi.

Toutefois, ce qui mérite surtout l'admiration et la reconnaissance dans le travail des annotateurs est la quantité prodigieuse de renseignements de toute sorte accumulés autour de la correspondance récemment éditée et, peut-on dire, totalement renouvelée, avec une patience, une sagacité et une connaissance du sujet au-dessus de tout éloge. Comment, en effet, ne se point associer à la réflexion d'un critique autorisé : « Telle note biographique, avec ses dates et ses indications précises, aurait dû demander des semaines de vérification à un homme moins familier avec le XVII° siècle que ne l'est M. Urbain [1] ». L'éloge est mérité, sauf à convenir que M. Urbain lui-même, dont je n'aurais garde de contester la sûre érudition en matière d'histoire religieuse du grand siècle, a nécessairement dû ne point épargner les semaines et les mois de travail pour mener à bien une si prodigieuse documentation, sans compter les heures perdues à ne rien découvrir, malgré d'âpres recherches dans les *Dossiers bleus*, les *Pièces originales*, les recueils Clairambault et les manuscrits de toute espèce. Bien que je n'aie rien à ôter de ce que j'ai écrit sur le labeur dépensé par M. l'abbé Delplanque pour sa thèse sur Fénelon, pour un peu j'aurais regret ou remords d'avoir trop assimilé son œuvre préparatoire d'une édition des lettres de l'archevêque de Cambrai aux volumes déjà publiés de la correspondance de Bossuet. A coup sûr, chacun des tomes des lettres ainsi annotées équivaut largement à l'élaboration d'une thèse ou d'un livre. Au reste, l'utilité de tels travaux est incontestable, et ce n'est pas faire un rapprochement sans portée que rappeler le nom et l'œuvre de M. Arthur de Boislisle. Le souvenir qui restera attaché à son édition de Saint-Simon, dans la même collection des grands écrivains de la France, n'est point déplacé auprès de la publication de la corres-

---

1. *Revue critique*, 6 mai 1909, p. 351.

pondance de Bossuet dont nous saluons aujourd'hui les premiers volumes.

On a tenté d'établir un départ entre les deux noms associés en tête de l'édition nouvelle, attribuant surtout les notes et appendices à M. l'abbé Ch. Urbain, le soin des découvertes et la chasse aux inédits à M. Eugène Levesque[1]. Le partage peut avoir du vrai, s'il n'était périlleux et d'ailleurs inutile de risquer ces conjectures. Il est certain, en tout cas, à propos de la liste des lettres perdues dont nous allons parler, que M. Urbain, pour le zèle, sinon l'étendue de ses pérégrinations à travers les bibliothèques, ne le cède en rien à son associé. L'avertissement qui précède le premier volume mentionne de façon rapide la disparition trop certaine d'un certain nombre de lettres écrites par Bossuet.

Si volumineuse que soit, même encore aujourd'hui, la correspondance de Bossuet, elle ne comprend pourtant qu'une assez faible partie des lettres qu'il a écrites au cours de sa longue et active existence. Par exemple, des scrupules, d'ailleurs respectables, ont fait détruire ou mutiler quantité de lettres de direction. Nous savons, par une relation de l'abbé de Saint-André, que deux cents lettres écrites à une excellente religieuse de Coulommiers, nommée Subtil ou de Saint-Antoine, ont été brûlées par la sœur de la défunte. La correspondance de Bossuet avec les Ursulines de Meaux a subi le même sort. Il ne nous reste qu'un très petit nombre des lettres que Bossuet échangea avec les membres de sa famille. Combien d'autres, d'ailleurs, qui n'ont pas dû être conservées par les destinataires[2] !

Il est aisé de compléter cette liste d'indications. Dans l'enquête si sérieusement poursuivie par M. l'abbé Charles Urbain pour tirer au clair la question des rapports de

---

1. *Revue critique*, loc. cit., p. 351.
2. T. I, p. II.

Bossuet avec Mlle de Mauléon, il nous apprend, à propos des démarches faites par Louis Bossuet, le maître des requêtes, un des neveux de l'évêque, au lendemain de la mort de Catherine Gary, décédée à Paris, le 12 mai 1714, que celui-ci, « pour la conservation des droits qu'il pouvait avoir à exercer sur la succession de la défunte, fit apposer les scellés... en présence de Balard de Laure, époux de Claude Gary, sœur de la défunte [1] ».

L'inventaire fut dressé par les soins du lieutenant civil, et M. l'abbé Urbain qui a dépouillé avec soin tous les papiers relatifs à cette affaire conservés aux Archives nationales [2], nous fournit cette indication :

Ce magistrat ordonna aussi la destruction de tous les papiers trouvés chez Mlle de Mauléon, attendu, disait-il, que ce n'étaient que des « lettres missives de différentes personnes, de dates fort anciennes et absolument inutiles à la succession de ladite demoiselle ». Comment ne pas déplorer une telle décision ? Sans doute,

---

1. Ch. Urbain, docteur ès lettres. *Bossuet et Mlle de Mauléon, Étude critique sur le prétendu mariage de Bossuet*. Extrait de la *Revue du clergé français*, numéros des 15 août, 1er et 15 septembre 1906. Paris, Letouzey, 1906. In-8, 100 pages. Voir p. 76 et 78. Cet opuscule n'a point été mis dans le commerce et nous n'avons pas eu à en rendre compte. Mais une plaquette sur la même question a été envoyée aux *Études*, intitulée *Autour d'une brochure. Sept lettres à M. Arthur Savaète, directeur de la « Revue du monde catholique », sur le prétendu mariage de Bossuet*. Paris, Savaète. In-8, 156 pages. Sans entrer ici dans cette controverse, et pour ne la toucher que par son rapport avec la correspondance de Bossuet, il m'est difficile de ne point adopter les conclusions, d'ailleurs modérées et assez générales, de l'auteur anonyme. Peut-être s'est-il donné trop de peine pour défendre le livre de M. l'abbé Urbain et souligner les insuffisances de la critique qu'en avait faite l'opuscule de M. Gaignet. Comme il n'ajoute rien à ce qu'avait dit l'auteur des trois articles de la *Revue du clergé français*, se bornant à prouver la valeur de son travail et à le venger d'insinuations injustes, il a dépensé trop de temps autour d'une question en somme assez oiseuse. Du moins a-t-il raison d'affirmer qu'on doit la traiter, ainsi qu'a fait M. Urbain, comme un point de pure histoire, et non en « apologiste », à la manière de son contradicteur.

2. X3, B 829 et LL 514.

parmi ces lettres missives et ces *papiers trouvés épars* dans la chambre où venait d'expirer Catherine Gary, il y avait un grand nombre de lettres de Bossuet ; il faut donc renoncer à l'espoir de posséder jamais un échantillon de la correspondance échangée pendant quarante ans par le grand évêque avec l'amie, à qui, la veille de sa mort, il faisait donner l'assurance « de son souvenir jusqu'à la fin ». Ce qu'on peut dire à la décharge du lieutenant civil, c'est que, à la levée des scellés, Ballard de Laure et le procureur de Louis Bossuet s'étaient, de concert, opposés à ce qu'il fût fait inventaire d'aucune lettre missive, attendu, disaient-ils, « que ces lettres n'avaient aucun rapport avec la succession et que ledit inventaire ne ferait que traîner les choses en longueur ». Plus d'un lecteur supposera, sans doute, que cet accord des deux parties adverses pouvait avoir une autre cause.[1]

Si le motif de cette destruction par ordre nous échappe, le fait de la disparition des lettres reste trop certain ; mais sûrement il n'a pas tenu à M. l'abbé Urbain de ne les avoir point découvertes, non plus que deux autres contenues jadis, au dossier des « petites Mérat [2] », dans les cartons des Archives. Ses investigations qui lui ont fait trouver la lettre de Bourdaloue que j'ai publiée [3] n'ont pas été cette fois couronnées de succès pour la correspondance de Bossuet, sans qu'on doive pour cela attribuer à son collaborateur le monopole des inédits découverts, ni refuser à celui-ci sa part légitime dans l'annotation des volumes. Mieux vaut, sans s'efforcer de distinguer le travail propre à chacun des deux éditeurs, rendre hommage, en bloc et collectivement, au bonheur de la collaboration.

J'aurais voulu surtout, je l'ai dit, m'associer efficacement à leur labeur par quelque contribution destinée à enrichir la somme des lettres nouvelles ou nouvellement revisées en vue de cette magistrale édition ; mais l'un et

---

1. Urbain, *op. cit.*, p. 79 et 80.
2. *Correspondance*, t. II, p. 493 *sqq*.
3. *Études*, 5 août 1909, et *Documents d'Histoire*, mars 1910, p. 126.

l'autre ont fait en sorte que peu d'autographes de Bossuet leur aient échappé, s'il en est qui se dérobent encore. Il demeure peu de lettres aussi, tenant, même de loin, à cette correspondance, qu'ils n'aient « dénichées » dans les recueils ou les ouvrages en apparence les plus étrangers à leur sujet.

Contraint par l'extrême vigilance des deux éditeurs de ne les compléter en rien d'essentiel, je me rabattrai sur des points secondaires. Pour le premier volume, à part les fragments dont je parlerai plus loin, pures indications d'ailleurs, rien ne me paraît y pouvoir être ajouté. Au second, vers le 4 mai 1680, on me laissera adjoindre, non point une lettre de Bossuet, mais une lettre, disons mieux, une simple dédicace à lui adressée. Encore, si je ne l'avais rencontrée trop tard, alors que le volume était achevé, la lirait-on insérée à sa date, date approximative, déduite de l'achevé d'imprimer du volume ainsi dédié au grand évêque.

En 1680, étaient publiées, « chez Estienne Loyson, au premier pillier de la Grand'Salle du Palais, proche les Consultations, au nom de Jésus, *Les Lettres du Cardinal Bentivoglio traduites d'Italien en François*, par le Sieur de Veneroni, Maître de Langue Italienne Françoise à Paris ». Un volume in-12 de 203 pages comprenant le texte français seul, de 399 pages avec l'italien en regard[1], offre un choix intéressant des lettres du célèbre nonce qui assista aux principales catastrophes des débuts du règne de Louis XIII. Ses dépêches soit à sa cour, soit à l'ancien ambassadeur d'Espagne, le duc de Monteleone, qui avait récemment quitté Paris, racontent la disgrâce et la mort du favori italien qui venait de disparaître, le maréchal d'Ancre, et surtout les négociations avec la reine mère

---

1. Pour la Bibliographie complète voir mon Essai : *Bossuet et Fénelon, l'édition de leur correspondance*, p. 33 et suiv.

Marie de Médicis, après son évasion de Blois. Le livre datait un peu, si l'on en croit le libellé du privilège délivré, « pour sept ans, à courir de l'achèvement de la première impression, le 25 décembre 1666 [1]. Probablement, l'exécution traîna en longueur, ce qui permit sans doute d'utiliser quatorze ans après l'ancien privilège, toujours valable, puisqu'il ne semble point y avoir eu d'édition antérieure à l' « achevé d'imprimer » du 4 mai 1680. A cette date, Bossuet, en qualité de précepteur du Dauphin, fut honoré, ou plutôt honora le livre, de la lettre à lui adressée par le traducteur, qu'il permit d'imprimer en tête du volume [2].

A MONSEIGNEUR
BÉNIGNE
BOSSUET,
Évêque de Condom, Précepteur
de Monseigneur le Dauphin,
Premier Aumônier de Madame la Dauphine.

MONSEIGNEUR,

Le Cardinal Bentivoglio, qui a traité de son tems avec les plus grands Princes de l'Europe, n'oseroit aujourd'huy s'approcher de VOTRE GRANDEUR, à cause de son déguisement ; mais tout déguisé qu'il est, par l'habillement François que je luy ay donné dans ses Lettres, que je prends la liberté de vous offrir, je suis persuadé que les maximes et la délicatesse des pensées dont elles sont remplies feront toûjours reconnoître ce grand Homme, sous quelque habit qu'il paroisse. Qui peut mieux que vous, MONSEIGNEUR,

---

[1]. Voir à la Bibliothèque nationale, les deux éditions de 1680 : Z 15821 et 15217 et la bibliographia critique dans l'essai cité plus haut, p. 33.

[2]. Une dédicace antérieure, datée de Venise, le 18 décembre 1680, en italien, adressée *Illustrissimo signor Patron mio colendissimo*, est signée Zaccaria Conzatti. On la rencontre, à la suite de la dédicace à Bossuet, qui n'est point datée, dans l'édition de Bruxelles de 1713. Celle de 1709, dont celle-ci n'est que la réimpression, ligne pour ligne, ne la contient pas.

luy rendre justice qui luy est deuë ? Vous qui par vôtre profond sçavoir êtes regardé par tout le monde, à juste titre, comme l'Arbitre Souverain des belles Lettres. Vous qui joignez à une très-grande intelligence des Saintes Ecritures, et des Peres de l'Eglise, une connoissance parfaite de l'Histoire, tant sacrée que prophane. Vous enfin qui avez, par vos Prédications pleines de zele et de force, et par vos doctes écrits, confondu les Heretiques, dont ce fameux Cardinal a traversé, par ses negociations, les premiers établissemens. Ce sont, MONSEIGNEUR, ces qualitez extraordinaires, et vôtre vertu si solide, et si inébranlable, qui vous ont merité un employ aussi important que celuy qui vous a été confié. Le choix que le plus grand Monarque de la Terre, le plus juste et le plus éclairé, a fait de vôtre personne, pour contribuer à l'éducation d'un Prince qui est l'unique héritier de sa gloire, vous doit tenir lieu de toutes sortes d'éloges; mais si nous y ajoutons la satisfaction que Sa Majesté a marquée de vos soins et de vôtre application à répondre si dignement à sa confiance; si nous regardons les suites heureuses de l'éducation de MONSEIGNEUR LE DAUPHIN, qui devant beaucoup à son beau naturel, doit encore à vos lumières ce que la meilleure terre et la plus fertile doit à celuy qui la cultive. Toute la France tombera d'accord, que jamais homme ne s'est acquis une estime plus universelle que vous. Après cela, MONSEIGNEUR, que peut-on dire de VOTRE GRANDEUR? si ce n'est qu'elle est au-dessus de toutes les louanges qu'on pourroit luy donner. Aussi ne me presentay-je devant vous, que pour vous supplier très-humblement d'honorer ce petit ouvrage de vôtre illustre protection. Heureux, si mon travail peut attirer vos regards, et si je puis vous persuader de la profonde vénération et de l'attachement respectueux avec lequel je suis,

MONSEIGNEUR,

De vôtre Grandeur,
Le tres-humble, tres obeissant
et tres-soûmis serviteur.
J. VENERONI.

La part faite aux exagérations inévitables dans ces préfaces *à la Montauron* qui ont pour but d'attirer la faveur, excès dont témoignent ici les louanges enthousiastes décernées à l'élève de Bossuet, cette lettre ne manque pas d'importance historique. A la date où elle fut composée, n'avait pas encore été publié le *Discours sur l'histoire universelle* « paru en mars 1681 » et si l'*Histoire des variations*, dont on a déterminé avec sagacité la genèse et les vissicitudes était alors sur le métier, le grand public n'en savait rien apparemment. Il est donc assez remarquable d'entendre louer chez le précepteur du Dauphin « une connoissance parfaite de l'histoire tant sacrée que profane ». A coup sûr, Floquet n'eût pas manqué, s'il avait rencontré cette dédicace, de la citer dans son ouvrage sur *Bossuet précepteur*. Elle confirme en tout cas pleinement, par un témoignage significatif (parce que venant d'un homme obscur, il est surtout un écho), les conclusions de la belle thèse de M. A. Rébelliau, *Bossuet historien du protestantisme*. Je me reprocherais de ne point saisir cette occasion de signaler, au moins en passant, la troisième édition de ce remarquable ouvrage, récemment parue « revue et augmentée d'un Index » des plus précieux. La place de Bossuet dans la controverse de son temps que l'auteur a essayé de déterminer, semblerait, bien qu'il ne faille pas trop faire fond sur une épître dédicatoire, insinuée ou devinée dans l'allusion faite aux sermons de Bossuet « prédications pleines de zèle et de force » et aux « doctes écrits » qui ont « confondu les Hérétiques ». Le désir de rapprocher Bossuet du héros de son livre et de rappeler les « négociations » de Bentivoglio contre les protestants de France et de Hongrie, a pu être pour quelque chose dans ce rappel. Il n'en demeure pas moins que la lettre de Veneroni traduit l'opinion de ses contemporains et salue en Bossuet, le controversiste et l'historien, dès avant la publication des

---

1. *Bossuet, historien du protestantisme, Étude sur l'Histoire des Variations et sur la controverse au dix-septième siècle.* 3ᵉ édition, Paris, Hachette, 1909. In-8, xiii-624 pages. Voir p. 145.

principaux ouvrages d'histoire, ou de controverse qui l'ont signalé à la postérité.

C'est aussi à l'histoire du préceptorat que se rapportent maints fragments de la correspondance de l'abbé Renaudot avec Nicolas Thoynard. La dédicace de Veneroni, tout en étant déjà « en marge » de la correspondance de Bossuet, faisait cependant partie du plan complet adopté par les nouveaux éditeurs. Les citations de ces fragments sont plus encore extérieures aux propres lettres de Bossuet et de ses correspondants. Elles méritent cependant d'être signalées tout au moins « à côté » des lettres de cette période, ne fût-ce que pour les mentions fréquentes qu'on y rencontre de son nom. Floquet, du reste, en avait connu et allégué quelque chose dans son ouvrage sur l'éducation du grand Dauphin ; ce sera une raison, mais ce n'est pas ici le lieu, d'en fournir un texte exact et des références précises [1].

Citons seulement ce fragment d'une lettre du 30 avril 1684 où perce un vif mécontentement contre Bossuet, coupable d'avoir préféré à Du Cange pour le faire nommer à la Bibliothèque du roi, l'abbé de Varèse : « M. de Meaux a fait mettre un nouveau garde à la Bibliothèque qui est un tal (sic) Abbé de Varese que vous avez veu Condomifage et qui n'a guœres de qualitez propres. On avoit proposé M. du Cange. Ce choix avoit esté applaudy. Mais on a dit qu'il estoit trop âgé... » [2].

La date de cette lettre déborde déjà l'époque traitée dans le second volume de la *Correspondance* qui s'arrête au 31 décembre 1683. Mon excuse de l'avoir citée serait qu'elle complète la psychologie de Renaudot, correspondant de Bossuet, en manifestant sa mauvaise humeur à l'occasion de la promotion de l'abbé de Varèse.

On me pardonnera sans doute aussi de devancer les vo-

1. Elles ont paru au premier numéro de la revue *Documents d'Histoire*. Paris, mars 1910, p. 55-61.
2. N. a. fr. 563, f. 120.

lumes à venir dans les deux documents ci-dessous qui en offriront un commentaire anticipé. Le premier est un fragment de lettre de l'abbé Phelipeaux, sans destinataire indiqué, mais envoyée apparemment à Bossuet ou à Ledieu. Ce n'est qu'une copie, car on n'y reconnaît nullement la main du docteur Jean Phelipeaux, ce répétiteur de l'abbé Bossuet, devenu à Rome son mentor, durant les négociations contre le livre de Fénelon. Son écriture est bien connue par la table des nombreuses transcriptions des sermons de Bourdaloue qu'on rencontre aux quatre volumes in-quarto conservés à la Bibliothèque nationale[1]. Mais cette transcription, d'une main italienne, semble-t-il, d'un fragment d'une lettre du 22 août 1696, renferme des nouvelles qui toutes intéressent Bossuet, qu'il s'agisse du livre de Marie d'Agréda dont il poursuivit si vivement la condamnation, ou des questions posées par les « Comédiens » de Paris, en appelant à Rome de la discipline appliquée contre leur profession dans l'Église gallicane.

La dernière citation, qui, elle aussi, nous ramène à Fénelon, car il s'agit de l'histoire de la condamnation des *Maximes*, consistera en deux extraits de Lettres adressées au même Thoynard et conservées dans la même collection des autographes Brunet contenant les lettres de Renaudot. Datées l'une et l'autre de Londres, et écrites par l'abbé Du Bos, un ami de Fénelon, elles trahissent et son opinion et celle du milieu anglican qu'il fréquentait, nettement hostile à Bossuet et aux autres adversaires de l'archevêque de Cambrai.

EXTRAIT D'UNE LETTRE DE ROME DU 22 AOUST 1696 [2].

Le Pape a toute la considération possible pour M. le Card. de

---

[1]. Une lettre autographe de lui, tirée du fonds Gaignières, a été publiée dans les *Sept Lettres* citées plus haut, p. 299, n. 1. Voir, p. 141.

[2]. Bibl. Mazarine, Reserve, 1857, f. 46. Le P. Léonard a ajouté au-dessous du titre : [escrite par M. Phelipeaux, docteur].

Janson, et le Roy ne peut avoir un ministre plus adroit ni plus attentif au bien de l'état. Le Pape a cassé un décret d'Alex. 8 qui avoit accordé au Roy de Portugal toutes les missions de la Chine à l'exclusion des autres nations. Il a donné cent mille écus romains pour ces missions, et loua dans son discours la piété du Roy et le zèle des françois. Tout cela est fait à la sollicitation de M. de Quimeners missionnaire françois. Je suis surpris qu'on balance en Sorbonne sur la condamnation du livre de la Mère d'Agreda. Il fut d'abord condamné par le St-Office de Rome, et depuis ce temps on n'a fait ici aucune démarche pour l'autoriser, quelques mouvemens qu'ayent fait les Cordeliers. Il est méprisé par tout ce qu'il y a de gens éclairés. M. le Card. d'Aguire, quoique Espagnol a sur cela tous les sentimens qu'il doit, quoiqu'il n'ait pas voulu s'expliquer dans des lettres écrites en France craignant qu'on ne les publiât ou que cela ne lui fît tort en Espagne où ces sortes de visions sont d'un grand goût. M. l'arch. de Reims a reçu un mémoire où on expose tout ce qui s'est passé à Rome et en Espagne à l'occasion de ce livre [1].

Les Comédiens de France, à qui on a refusé au dernier jubilé l'absolution s'ils ne promettoient par écrit de quitter cette profession, ont consulté la Congrégation du Concile et demandé si représentant des comédies *ab omnibus lasciviis et impuritatibus immunes, immo honestas, puras magisque idoneas ad bonum exemplum in fidelium animos imprimendum quam ipsos ad malum alliciendos et eorum animos deturpandos, cum suis leporibus et salibus, ducibus intrepiditatem, magistratibus prudentiam, civibus humanitatem urbanitatemque inspirent, omnibusque vitium abhorrendum et virtutem proponant amplectendam, sint admittendi ad sacramenta et si Episcopi illos excommunicare possint.* Ils ont allégué qu'il n'y avoit que les Curés de Paris qui leur fissent cette difficulté, que les Curés des autres villes les reçoivent, et que par une ordonnance de Louis 13, du 16 avril 1641, il étoit déclaré que cette profession n'étoit point deshonorante. Voici la réponse : DD. Sacra congreg. Concilii pro comicis civitatis Parisiensis die. 7. julii 1696. rescripsit : *ad Ordinarium qui provideat prout de jure.* Les voilà

---

1. Cet incident regarde aussi l'histoire littéraire de Bossuet. J'ai cité dans la revue *Documents d'Histoire*, juin 1910, p. 228-231, le curieux pamphlet contre lui, publié à cette occasion.

renvoyés à M. de Paris. Les cardin[aux] zelez sur l'usage de Paris ont demandé que le Pape empêchât ici les Comedies et les Opera.

PHELIPEAUX [docteur de la faculté de Paris, agent de M. l'Eveque de Meaux (Bossuet), à Rome [1]].

La copie de la lettre de Phelipeaux appartient à un intéressant recueil d'autographes et autres pièces originales fait par les soins du P. Léonard de Sainte-Catherine, conservé à la Bibliothèque Mazarine. Les lettres de Du Bos se rencontrent parmi les nouvelles acquisitions des manuscrits de la Bibliothèque nationale. Ni l'un ni l'autre des billets qu'on va lire ne porte de millésime. Le collectionneur, Brunet sans doute, a ajouté au premier 1696 ou 97 et au second 1698 ; ces attributions, les premières surtout, sont discutables, mais les débattre nous entraînerait trop loin. Bornons-nous à la transcription des textes :

A Londres, le 10 juin.

... L'on a imprimé une traduction angloise du liure de monsieur l'archeueque de Cambray. Cette traduction est fort lue ici où l'on se pique de mediter, et bien des gens estiment le liure [2].

De Londres, ce 30 juin-10 juillet.

... L'euesque de Meaux estant trop foible pour disputer auec l'archeueque de Cambray, l'archeueque de Paris et l'euesque de Chartres se sont unis avec luy, et le dernier a publié une lettre adressée à M. de Cambray laquelle deuient fort connue par les expressions boufones dont elle est remplie. Ces prélats pleins de zele sont hors de mesure du peu d'effet de leur violent procedé ; car non obstant la bonne opinion qu'ils ont de leur querelle, ils sont tres sensibles au peu de cas que les honetes gens font de leurs escrits. Ils peuuent en auoir esté aduertis par leurs libraires ou

---

1. Ces mots sont ajoutés de la main du P. Léonard.
2. N. a., fr. 560, f. 250.

l'auoir sçu d'ailleurs. D'ailleurs, au contraire, les honestes gens aplaudiroient publiquement à l'archeueque de Cambray s'ils n'apprehendoient pas d'estre fletris avec le nom odieux de Quietistes [1].

Ces appréciations passionnées ne seront pas inutiles à indiquer pour compléter ou atténuer les affirmations dont est pleine la correspondance de Bossuet avec son neveu de 1696 à 1699, où l'on répète à l'envi que Fénelon est décrié partout, que son livre scandalise et n'a aucun succès. Le commentaire de cette partie des lettres sera particulièrement délicat ; mais nous pouvons être assurés que les auteurs de l'édition ne seront pas au-dessous de la tâche. Le second et le troisième volume, à la hauteur du premier, plus intéressants même à mesure qu'on avance dans la vie de Bossuet, nous promettent que le « monument » auquel ils travaillent continuera de s'élever « digne en tout point de l'immortel évêque de Meaux ».

1. *Ibid.*, f. 256. Adresse : d'Angleterre, à Monsieur/M. Toinard, rue/Mazarine chez M. Desnoiers/à Paris.

UNE LETTRE DE FÉNELON AU CHAPITRE DE TOURNAI [1]

Voici un billet de Fénelon, en date du 18 février 1695, copié sur l'autographe qu'a bien voulu me communiquer M. Jules Frédrick. C'est une lettre de remerciement répondant à des félicitations que l'archevêque de Cambrai avait reçues dès sa nomination [2]. Elle est signée : L'abbé de Fénelon, n[ommé] arch[evêque] de Cambrai. Je ne la trouve pas dans la *Correspondance* imprimée et elle a bien des chances d'être inédite [3]. Par malheur, les destinataires,

---

1. *Revue de Lille*, mai 1900.
2. La nomination de Fénelon n'avait pas été faite au 24 décembre 1694. On lit à ce jour, au *Journal* de Dangeau (éd. 1855, t. v, p. 125) : « L'archevêché de Cambray ni l'abbaye de Fécamp n'ont point été donnés », et le 23 janvier suivant, Dangeau raconte comment et pourquoi le Pape a accordé « au roi un indult pour nommer sa vie durant à l'archevêché de Cambray », (p. 141). Le 29, il écrit encore : « Comme le roi a présentement l'indult pour Cambray, on ne doute pas qu'il n'y nomme à la Chandeleur », p. 147. Enfin, au vendredi 4 on lit : « Le roi a donné à M. l'abbé Fénelon l'archevêché de Cambrai ; il ne quittera point la charge qu'il a de précepteur des enfants de France ; mais il résidera pourtant à son diocèse neuf mois de l'année, comme le Concile de Trente l'ordonne aux évêques ; les trois autres mois il reviendra ici faire sa charge de précepteur... M. l'abbé de Fénelon n'a point voulu accepter l'archevêché de Cambray que le roi vient de lui donner, sans rendre l'abbaye de Saint-Valery, que le roi luy avoit donnée, ne voulant pas avoir deux bénéfices à la fois ». (p. 150).
3. Depuis lors je l'ai retrouvée en fac-similé dans le tirage à part du tome IV des *Mémoires de la Société historique et littéraire de Tournai*, intitulé : *Lettres inédites de Fénelon*, publiées par M. le vicaire général Voisin. Tournai, 1853, in-8 de 62 p.

— c'est une lettre collective — ne sont pas connus, car l'autographe ne porte aucune suscription. L'expression « votre vénérable corps » désigne-t-elle le Chapitre de Cambrai ou le « magistrat » de cette ville ? Est-ce même de Cambrai qu'étaient parties les félicitations auxquelles Fénelon fait cette réponse ou s'agit-il d'une autre ville du diocèse [1] ? Autant de questions qui appellent la sagacité des chercheurs.

Voici le texte de ce billet [2] :

Messieurs,

On ne peut être plus reconnoissant que je le suis de l'excez d'honnesteté auec lequel vous m'auez fait l'honneur de prendre part à la grâce que le Roi m'a faitte. Je tacherai en toute occasion d'imiter les exemples de Monsgr l'archeuêque de Cambray [3], et de n'auoir pas moins de zele que lui pour tout ce qui regarde votre venerable corps. Je me trouuerai fort heureux, Messieurs, si je puis obtenir par la que vous m'aimiez un peu. Je le desire de tout mon cœur, et on ne peut estimer plus que je le fais cette grace que je vous demande. C'est auec une sincérité parfaitte que je serai toute ma vie

Messieurs

Votre tres humble et tres obeissant seruiteur

L'Abbé de Fenelon,
N. Arch. de Cambray,

A Versailles 18 feurier [4]

1. Il s'agit en réalité du chapitre de Tournai.
2. L. a. s. de 230 sur 189 millim. Le recto des deux pages 2 et 4 est resté blanc.
3. Fénelon succédait à Monseigneur Jacques-Théodore de Brias, transféré de Saint-Omer à Cambrai le 28 octobre 1675 et mort le 17 novembre 1694. *Gallia Christiana*, t. III, col. 62 et 63.
4. Le jour même où fut écrite cette lettre, Dangeau apprenait le nom du successeur de Fénelon, dans l'abbaye de Saint-Valery (cf. p. 312, n. 2) « Le roi, dit-il, a donné à l'abbé de Clermont, nommé évêque de Laon, l'abbaye de Saint-Valery, que M. l'abbé de Fénelon a rendue au roi quand il l'a fait archevêque de Cambray ; cette abbaye est considérable et mettra l'évêque de Laon en état de soutenir le poste que le roi lui a donné ».

LETTRE DE BOSSUET AU CARDINAL DE NOAILLES SUR FÉNELON[1]

Il est toujours difficile et dangereux d'affirmer absolument, devant un manuscrit, surtout s'il fait partie de collections ouvertes au public comme la Bibliothèque nationale, qu'on a sous les yeux une pièce inédite. Je ne garantirai donc pas que la lettre de Bossuet au cardinal de Noailles, écrite de sa main, à Meaux, le 5 juin 1702, n'ait jamais été imprimée dans quelque recueil plus ou moins obscur. Il serait en effet bien étrange que personne n'ait publié les superbes pages autographes occupant quatre feuillets doubles[2], qui ouvrent un volume de *Lettres de personnages célèbres* au département des manuscrits (fr. 23,225)[3].

Je dois cependant avouer que je n'ai rencontré dans aucune des éditions de Bossuet — faute peut-être de chercher au bon endroit — la lettre dont on va lire le texte.

Ce qui me ferait croire aussi que ce morceau est, sinon inédit, du moins peu connu, c'est que je ne le vois point

---

1. Cette communication a été lue, le 14 novembre 1899, à l'Assemblée générale de la *Société d'études de la province de Cambrai*. V. *Bulletin*, déc. 1899, p. 157.

2. Hauteur 200 mill. sur 155. La marge supérieure, très large, occupe presque la moitié de chaque page.

3. Cette lettre avait été publiée par M. A. Gasté d'après une copie de Floquet. Voir *Revue Bossuet*, 25 avril 1900, p. 128, où est rectifiée une faute de lecture de ma première publication *excellence* et non *existence* de Dieu.

cité dans une savante étude de M. l'abbé Henri Margival sur *Richard Simon et la Critique biblique au XVII⁰ siècle*. Ce prêtre distingué, dont je m'honore d'avoir été l'élève au Petit Séminaire de Saint-Lucien, au diocèse de Beauvais, a publié sur le hardi et savant commentateur combattu par Bossuet, un série de remarquables articles [1], et je crois qu'il aurait donné à cette lettre, s'il l'avait rencontrée, une place ou une mention. Une grande partie en effet de ce document concerne Richard Simon, que l'évêque de Meaux s'appliquait alors à réfuter. Le *Journal* de Ledieu, aux environs de la date du 5 juin 1702 mentionne ce travail. Le secrétaire de Bossuet écrivait, le jeudi 1ᵉʳ juin : « M. de Meaux tous ces jours-ci n'a fait autre chose que de parler de M. Simon et de ses erreurs [2] », et quelques jours après, au mercredi 7, « il ne s'occupe que de la pensée de réfuter M. Simon [3] ».

La lettre s'encadre donc à merveille dans l'ensemble de la vie de Bossuet à cette époque et, n'eût-elle pas son diplôme d'authenticité dans l'écriture si caractérisée du grand évêque, on trouverait dans son accord avec le *Journal* de Ledieu, les garanties indiscutables dont elle n'a pas besoin.

Aussi bien, n'est-ce point par ce que Bossuet a écrit contre le *Nouveau Testament* de Richard Simon, qu'elle intéresse l'histoire du diocèse de Cambrai, mais à cause de Fénelon dont elle parle avec une insistance assez marquée. Avant de la citer — et sans commentaire, car je ne veux qu'apporter des faits et des textes, — qu'on me permette

---

1. *Revue d'histoire et de littérature religieuses*. 1896, I. p. 159. II, 1897, pp. 19. 222, 525. III. 1898, 117, 338, 508. IV. 1899, etc.
2. Ledieu, *Journal*, t. I, p. 281.
3. *Ibid.*, p. 292. Cf Jeudi 8 juin, visite de Mabillon et de D. Ruinard « il les a fort entretenus sur M. Simon, et de son dessein de le réfuter ». p. 293. — V. 28 juin, p. 296 et surtout au 1ᵉʳ et 6 juillet (*ibid.*), un commentaire achevé de la présente lettre. Cf. plus bas p. 316, note 2.

de signaler une autre lettre dont, par malheur, je ne puis publier le texte, n'ayant pas obtenu l'autorisation de la transcrire avant la vente[1].

Je dois me borner à mentionner cette pièce intéressante, que je n'ai pu que *voir* chez M. Charavay. Voici la trop brève analyse qu'en offre le catalogue[2] :

L. a. s. à l'évêque de Saint-Omer[3] ; Saint-Germain-en-Laye, 20 juin 1700, 3. p. 1/2 in-4.

SUPERBE PIÈCE où il lui mande que leur cause avec le Parlement

---

1. V. *Catalogue d'une précieuse collection d'autographes...* (Vente le mercredi 15 novembre 1898). Paris, Noël Charavay, rue de Furstemberg 3, in-8, pp. 34.

2. L. c. p. 4 n° 19.

3 L'évêque de Saint-Omer, en 1700, était Louis-Alphonse de Valbelle, transféré de l'évêché d'Aleth, au mois de juin 1685, mort le 29 octobre 1708, à 68 ans. V. *Gallia Christiana*, t. III, 479. — Dans le *Catalogue d'autographes* cité plus haut, on rencontre l'indication d'une lettre de Fénelon à Mgr de Valbelle. En voici la description et l'analyse :

L. a. s. à l'évêque de Saint-Omer ; Cambrai, 14 mars 1704, 3 p. in-4.

MAGNIFIQUE LETTRE, où il lui annonce l'envoi de son instruction pastorale. « C'est la cause de l'Eglise dont il s'agit. Tous ses décrets dogmatiques sont éludés, si chacun est libre en toute occasion, de supposer qu'elle se trompe dans le fait, chacun de ses enfants lui soutiendra sans cesse à elle-même qu'elle n'entend pas ce qu'elle condamne et qu'elle ne le condamne qu'en le prenant à contre-sens. Ainsi toutes ses censures, et ses canons mêmes s'en iront en jeux de mots et subtilitez de grammaire Les grammairiens régleront à l'Eglise le sens de ses propres anathèmes, et lui apprendront ce qu'elle a voulu décider ». Il lui recommande en terminant d'expliquer sa lettre et de la soutenir de son autorité. « Certains esprits sont si prévenus, qu'ils chercheront toujours à se flatter par l'espérance imaginaire de quelque diversité de sentiments parmi les Evêques, à moins qu'on ne leur montre que les Evêques sont unis en ce poinct » (l. c. p. 11, n. 60). Voir aussi *Revue Fénelon*, déc. 1910, p. 187, note 2 et 188, note 4 et *Bossuet et Fénelon, leur correspondance*, p. 96. On sait comment l'évêque de Saint-Omer, suffragant de Fénelon, appuya Bossuet dans sa campagne pour solenniser après coup la condamnation des *Maximes des Saints* et compléter le bref du Pape par une adhésion de toutes les provinces ecclésiastiques de France. Cf. plus haut, p. 255 et suiv. et *Revue Fénelon*, déc. 1910, p. 187, n. 1.

de Tournai est soutenue par les archevêques de Paris et de Reims. Il pense que le roi sera plus attentif à leur faire justice. « C'est tout ce que nous pouvons promettre en vous conjurant de ma part de faire à vostre ordinaire avec grand courage ce que demande le bien de l'Eglise. »

Voici du moins la lettre au Cardinal de Noailles, et l'on verra sans peine en quoi elle se rattache à l'histoire du diocèse que gouverna Fénelon :

« Ie uoy Monseigneur auec ioye U. E.[1] presque entierement sortie des trauaux de l'assemblée et ie me rejouis qu'elle y ait agi et parlé a son ordinaire auec dignité et pieté : n'ayant point de plus grande ioye que de uoir croistre une reputation ou toute L'Eglise et en particulier celle de france a tant d'interest.

Permettez moy de uous donner auis monseigneur qu'il court dans Paris fort secrettement deux petits ecrits de M. l'archeuesque de Cambray dont l'un qui a pour titre *de l'excellence de dieu* peut donner lieu au renouuellement de<s> toutes les dangereuses maximes et illusions de la fausse contemplation : ie ne scay pas le titre de l'autre. il me semble qu'il n'y a rien de plus necessaire que de se mettre en quette fort secrettement et sans *en*[2] faire semblant, de ces deux ouurages. I y fais de mon costé ce que ie puis mais sans paroistre de peur de faire qu'on se precautionne et qu'on se[3] reserve d'auantage et ie ne doute pas que U. E. qui scait l'importance de deterrer ces ouurages clandestins ne s'y applique auec l'application et la dexterité que la chose merite.

---

1. *Votre Eminence* — J'ai strictement reproduit le manuscrit tel quel avec son orthographe et ses ratures, les mots barrés dans le manuscrit étant enfermés entre crochets. Je me rallie en effet pleinement à la thèse de M. Guillaume Depping, telle que je l'ai citée plus haut, p. 235, note 1.

2. Le mot *en* a été surajouté en interligne.

3. A cet endroit s'arrête le premier feuillet double. Au bas de cette page, devenue la quatrième, on trouve une croix et les lettres *A. M.* début probable d'une lettre datée de Meaux ; Bossuet s'est contenté de retourner sa feuille et de commencer sur le recto du premier feuillet, une nouvelle lettre.

Je recoi en ecriuant cette lettre <de> uos excellentes harangues d'un style uraiment saint et episcopal et i'en ressens une ioye extreme.

En presupposant Monseigneur que M⁰ Pirot aura trouué le moment de faire uoir a U. E. une longue lettre que ie luy auois ecrite par rapport a uous, i'aurai l'honneur de uous rendre compte de ce qui est uenu depuis a ma connoissance [1]. Ie uoy que M⁰ Bourret [2] persiste touiours a maintenir la traduction qu'il a <epr> approuuée : ce qui m'etonne au dela de tout ce que ie puis dire. mais comme on adiouste neantmoins qu'on est disposé a satisfaire tout le monde, ie prends la liberté de supplier U. E. de

---

[1]. La lettre à laquelle il est ici fait allusion, est sans aucun doute, celle du 28 mai 1702 (Lachat, t. XXVII, p. 266) où on lit : « Je crois... qu'en même temps qu'on corrigera cet ouvrage, il ne sera pas permis de se taire sur les autres erreurs de ses *critiques*, pour deux raisons, etc. » Ce sont ces *raisons* que Bossuet rappellera plus bas dans sa lettre au cardinal.

[2]. Sur M. Bourret, suivant la pensée des premiers éditeurs des *Lettres* de Bossuet, il est bon de lire sa lettre à M. Bertin, du 30 juillet 1702. Lachat, *Ibid.*, p. 273. Il suffit d'ailleurs à notre propos — car ce n'est point ici le lieu de faire l'histoire de Richard Simon — de transcrire cette page du *Journal* de Ledieu, où nous devinons le sens de la réponse que le cardinal fit à la lettre du 5 juin.

« Ce samedi 1ᵉʳ de juillet à Paris, M. de Meaux est tout entier sur l'affaire de M. Simon. Il est constant que son livre se vend publiquement à Amsterdam et à Lyon. De là M. de Meaux conclut qu'on ne peut plus remédier au mal qu'il va faire qu'en le condamnant à Paris par une censure solennelle. Au reste M. Simon est actuellement à Paris, logé à Saint-Etienne des Grés, disant souvent la messe aux Jacobins de la rue Saint-Jacques. M Bouret, sorboniste, son approbateur a promis d'en conférer avec M. de Meaux et de le satisfaire sur les principales fautes qu'il trouve dans M. Simon. Cependant M. de Meaux m'a dit encore à moi-même qu'il faut que ce livre soit censuré, et il faut bien qu'il en ait déjà quelque espérance de la part de M. le cardinal de Noailles. Aussi étant allé aujourd'hui dimanche 2 juillet, dîner à Conflans chez le cardinal (*avec Pirot et l'abbé Bossuet*) il est revenu avec une grande gaieté et comme un homme content de sa négociation ». *Journal*, t. II, p. 296 Cf. au 6 juillet p. 297 et 10 juillet, p. 298 ; 27 juillet, p. 299 ; 28 août, p, 303 ; 14 sept., p. 306, etc. Voir aussi et surtout les *Lettres* de Bossuet. Lachat, XXVII, pp. 250 à 274.

considérer <trois> deux choses essentielles : la premiere la necessité de faire non seulement tous les cartons qu'il faudra comme si le liure estoit a imprimer, mais encore d'exiger que les corrections soient releuées et données au public. la raison est que le liure s'est debité chez les etrangers tel qu'il est ; de quoy i ay la preuue en main : de sorte que le public sera induit a erreur si on ne marque expressement toutes les fautes qui auront esté corrigées. la seconde chose que ie propose a<uo> U. E. c'est qu il luy plaise de demeurer ferme a uouloir que l'auteur satisfasse a L'Eglise sur toutes les erreurs dont il a rempli ses critiques scandaleuses : sans quoy il n est pas possible de souffrir la publication de sa uersion ; par ce qu'en le corrigeant sur ce dernier ouurage sans parler des autres, c'est ouuertement les laisser autorisez : pour toutes les raisons que j'ay exposées dans ma lettre a M. Pirot :

Pour peu qu'on presse l'auteur dans une chose si iuste il y uiendra : et s il refusoit, on auroit droit d'arrester <la u> sa temeraire et ignorante uersion. au surplus Monseigneur si U. E. me fait l'honneur de m'appeler au conseil qu'elle tiendra sur cette affaire, ie l'asseure par l'attention que i'ay eue a ces sortes de critiques depuis uint ans, que ie fermerai la bouche dieu aidant a tous les contredisans estant prest a donner au iour les démonstrations les plus conuainquantes.

J'ay sceu de bon lieu Monseigneur <les bo> la continuation des bontez particulieres de U. E. ce qui me donne une ioye parfaite et un courage inuincible <s> a trauailler pour la uerité et pour l église. Ie ne dis rien de mon respect et de mon obeissance,

† J. Benigue E. de Meaux

A Meaux 5 juin 1702.

Je croy bien sauoir que M. Simon qui doit a tout le monde, assigne le payement sur le débit du nouueau liure : c'est a dire aux depends de la uerité. c'est un homme tres artificieux et tres adroit et le plus capable qui soit au monde a en faire accroire.

Sans prétendre commenter en détail la fin de cette lettre, je me contente d'y ajouter, comme épilogue, divers fragments d'une correspondance adressée au P. Léonard de

Sainte-Catherine de Sienne[1]. On sait que ce collectionneur zélé se tenait au courant de tous les faits divers.

Je n'ai pu identifier le correspondant dont je citerai les lettres[2], car sa signature a été ou déchirée ou raturée si soigneusement, dans chacune des lettres, par le P. Léonard lui-même, qu'il est impossible de deviner le nom. On peut conjecturer seulement par certains détails qu'il était professeur, de belles lettres probablement, et faisait partie de l'Université.

Dans une lettre du 5 août 1702, il nous fait connaître la mise en vente du *Nouveau Testament* de Richard Simon. « M. Pirot, écrit-il, aprit au *prima mensis* dernier qu'on vendoit le nouueau testament de M. Simon, il en témoigna beaucoup d'étonnement. »

Sa lettre du 12 du même mois nous indique que le P. Léonard lui avait demandé le secret sur la participation de Bossuet aux poursuites entreprises contre l'ouvrage :

> Lorsque je receus votre lettre qui faisoit mention du Nouveau testament de M. Simon, il y auoit deja quelques jours que j'auois écrit à M. Bernard pour luy faire réponse sur ce qu'il me demandoit touchant l'examen de cette traduction. Je luy auois mandé ce qu'on m'en avoit dit en ville savoir que M. de Meaux, M. Bouret et quelques autres docteurs l'examinoient, etc., sans prevoir aucune suite de cette nouvelle. Je la luy avois mandée telle que je la savois, mais d'abord que vous <m'eutes> m'ecrivites <que> ce qui en étoit et que en même temps vous me marquies de ne point nommer M. de Meaux, j'ecrivis aussitôt à M. Bernard que je le priois de point rendre public ce que je lui avois dit, mais il etoit un peu tard comme il me le marque dans sa letre. Il y a pourtant quelque différence entre ce que jai écrit à M. Bernard et ce que vous aviez mandé la dessus.

---

1. V., la notice que lui a consacrée M. de Boislisle dans sa magistrale édition des *Mémoires de Saint-Simon*, t. I, p. XLVI-XLIX.

2. Elles sont extraites du *ms.* de la Bibl. Nat., fr. 19.205, fol. 91 v°, 93, 109, 115, etc.

Enfin par ce qu'il écrit au 29 septembre, on voit que le débit du livre, que la défense contribue au contraire à mettre en vogue, n'est guère arrêté. On y trouve aussi une nouvelle preuve de la liaison étroite de cette censure du *Nouveau Testament* avec la prétention de Pontchartrain de soumettre à la revision des censeurs les ouvrages des évêques [1].

Depuis que le nouveau testament de M⁏ Simon est defendu on le recherche avec empressement quoy qu il en couste, on dit qu'il se vend 14 à 15 francs, les libraires sont fort allarmés de cette défense. On dit meme que M. le chancelier n'en n'est pas content. quelques uns meme m'ont asseuré que M. de Noailles avoit affecte d'y nommer le journal des scavans par raport à M. le chancelier qui en est le protecteur. Cette affaire fait depuis quelques jours le suiet des conversations. »

Le mécontentement de M. de Pontchartrain se manifesta par les mesures qui soumettaient au visa du chancelier les ouvrages et mandements des évêques. Le P. Léonard en avait sans doute écrit à son correspondant, qui lui répond, le 14 octobre 1702 :

J'ay entendu dire aussi bien que vous que M. le chancelier vouloit que la letre pastorale de M⁏ de Meaux ne parus qu'avec l'approbation des docteurs nommés pour ce par M⁏ le chancelier, mais on m'a dit de plus qu'il prétendoit faire examiner la traduction de M⁏ Simon dans une assemblée générale de la faculté de Théologie [2].

---

1. V. Lachat, t. XXXI, p. 60-93.
2. Il faut rapprocher de cette lettre au P. Léonard, la lettre du 31 octobre 1702, écrite par Bossuet au cardinal de Noailles et qui, par une distraction singulière, a été signée : *J. Benigne, E. de Maintenon,* Lachat, t. XXXI, p. 81. L'autographe, du moins pour le dernier fragment, est à la Bibliothèque communale de Rouen. Cf. mes *Lettres de Bossuet revisées sur les manuscrits autographes.* Sueur-Charruey, 1899, in-8, p. 71.

C'est donc à ces dernières luttes de la vie de Bossuet que se rattachent et les lettres du correspondant inconnu du P. Léonard et la lettre au cardinal de Noailles du 5 juin 1702, à laquelle nous revenons, pour en étudier la première partie.

Celle-ci, qui concerne Fénelon, prouve que Bossuet n'avait point désarmé et surveillait avec grande sollicitude tous les faits et gestes de l'archevêque de Cambrai. Les deux prélats étaient en somme demeurés des *adversaires*.

On sera donc moins scandalisé de voir, à un année de là, Fénelon écrire à l'abbé de Langeron, le 4 juin 1703, à propos du jansénisme : « Vous ne mandez rien ni de la santé de M. de Meaux, ni de ses opinions, ni de son procédé, ni du parti qu'il prendra pour se déclarer par quelque acte public. Si on fait des mandements, il faudra bien qu'il parle ou que son silence découvre le fond [1]. »

Sans s'étonner outre mesure de cette animosité, persistant de part et d'autre après le bref de 1699, encore faut-il ne pas la voir que d'un seul côté [2]. Les deux grands hommes ont été *hommes*, et tous deux à ce titre, relèvent de l'histoire [3].

---

1 *Œuvres*, éd. Aimé Martin, Firmin-Didot, 1883, in-4. t. III, p. 578, col. 2.

2. Ce serait un peu trop peut-être la tentation de défenseurs à outrance de Bossuet, lequel n'a nul besoin d'être défendu. Parce que l'évêque de Meaux a soutenu, dans cette querelle fameuse, les droits de la vérité, on veut oublier tous les torts qu'il a pu avoir et lui faire un mérite de l'âpreté de certaines poursuites. Mais Bossuet n'aurait pas souffert qu'on appliquât, même à son bénéfice, la prétendue maxime : *la fin justifie les moyens*, et s'il a mérité quelque reproche, il serait le premier, la lutte étant maintenant bien finie, à refuser qu'on ne relevât de torts que chez son adversaire.

3. La meilleure méthode est donc de citer leurs lettres et leurs actes et tous deux doivent être, sans passion *pour* ni *contre* l'un ou l'autre, jugés par ce qu'ils ont dit et fait. Une lutte de *partisans* autour de ces grands morts, qui passionnent leurs amis parce qu'ils vivent toujours, ne convient point à l'impartialité un peu froide de l'histoire, qu'il faut

Une autre conclusion à tirer, c'est que le début de cette lettre, par la mention que Bossuet y fait de cet écrit de l'*Excellence de Dieu*, courant sous le manteau dans la capitale, en 1702, soulève un problème bibliographique. Jusqu'ici les auteurs ont donné comme date d'apparition du *Traité de l'existence de Dieu*, l'année 1712[1]. Faudrait-il donc admettre que dix ans avant l'édition tenue pour *édition princeps*, aurait paru un essai anonyme, imprimé peut-être à l'étranger? J'ai vainement feuilleté, pour en

affranchir de tout plaidoyer. C'est l'effort qu'il est utile de demander à tous les amis de Bossuet. Quoi de plus sage à cet égard que la conclusion du travail de M. Levesque, *Bossuet et Fénelon à Issy* (extrait du *Bulletin trimestriel des anciens élèves de Saint-Sulpice*), Limoges 1899, p. 22. « Rien de souhaitable comme la cordiale union, survivant à toutes les divergences d'appréciation, de tous ceux qui s'adonnent à l'étude de cette glorieuse figure. Le zèle pour Bossuet ne doit point diviser, mais unir. »

1. Plusieurs bibliographes donnent, à tort, 1713, sans faire attention que la Lettre de Leibniz à Grimarest, qu'ils citent eux-mêmes comme une appréciation flatteuse sur le livre, est de 1712. Pour être tout à fait exact, il faut rappeler avec M. Gosselin, dans son *Histoire littéraire* de *Fénelon* (V. en tête de l'édit. Gaume des Œuvres de Fénelon, 10 vol. 1851, t. I, pages 5 et 6), que la première édition, avec préface du P. Tournemine (à Paris, chez Jacques Estienne 1712, in-12 de 313 pp.), ne contenait que la première partie. Elle avait pour titre *Démonstration de l'existence de Dieu, tirée de la connoissance de la nature et proportionnée à la foible intelligence des plus simples*. V. *Mémoires de Trévoux*, Mars 1713. La seconde, publiée en 1718, trois ans après la mort de Fénelon (Paris, Estienne, 2 vol. in-12), par les soins du Chevalier de Ramsay et du marquis de Fénelon, petit-neveu de l'archevêque, contenait les deux parties, sauf deux passages qui ne virent le jour que dans l'édition d'Amsterdam, *Œuvres philosophiques*, 2 vol. in-12, 1731.

Il eût fallu, — mais j'ai dû laisser ce soin à des chercheurs de plus grand loisir et habitant Paris, — compulser les *Registres de la Librairie*, à la Bibliothèque nationale. Peut-être y aurait-il chance de trouver quelque chose dans les papiers du P. Léonard, soit aux Archives nationales, dans les *Nouvelles journalières de la littérature*, 1698-1706, ou les *Nouvelles à la main*, 1701 à 1708, soit à la Bibliothèque nationale, dans les *Nouvelles de la République des lettres*, et dans d'autres notes relatives à la bibliographie.

trouver une autre preuve, les nouvellistes de Hollande, Leclerc et Basnage, le *Journal des Savants* et autres comptes rendus littéraires de 1700 à 1704. Vainement aussi j'ai parcouru la Correspondance de Fénelon pour trouver trace de cet écrit sur l'*Excellence de Dieu*, qu'il serait intéressant d'identifier. Toutefois si l'archevêque de Cambrai n'y fait nulle part allusion, il nous apprend, je crois, quel fut ce second *opuscule* dont Bossuet ignorait le titre.

« J'avais oublié, mon très cher fils, écrit-il de Cambrai à l'abbé de Langeron (15 novembre 1702) de vous mander que le P. Sanadon m'a écrit que M. de Meaux avoit dit à un de ses amis, qu'il paroissoit depuis peu, un écrit de spiritualité composé par moi, dans lequel je recommençois à insinuer adroitement toutes mes erreurs. Je ne saurois m'imaginer sur quel fondement il parle de la sorte; car je n'ai donné au public aucun ouvrage de spiritualité, surtout depuis notre dispute. Il est vrai qu'auparavant on avait imprimé, à mon insu, quelque discours *sur la prière*, qui était tiré de quelque copie informe de ce que j'avois écrit ou prononcé. Mais M. de Meaux avoit vu cet imprimé, il y a plus de sept ou huit ans, et n'y avait rien trouvé de mauvais. Pour moi, je n'ai point ce petit livre, et je ne saurois y dire ce qui est, tant j'y ai peu pris de part. S'il contenait quelque proposition douteuse, M. de Meaux n'auroit pas manqué de me le reprocher dans notre dispute. Je voudrois bien que vous fissiez savoir ceci en secret au père Sanadon [1]. »

Cette lettre semble fournir un élément pour la solution du problème de bibliographie soulevé par la lettre de Bossuet, sans le trancher cependant.

Vraiment le débat reste ouvert.

---

1. Fénelon. *Correspondance*, éd. 1827, t. II, 79ᵉ des *Lettres diverses*, p. 480. — Le traité *sur la prière* a été inséré dans le recueil des Sermons. V. t. XVII de la même édition, p. 317.

Rien d'étrange d'ailleurs si l'on songe que les problèmes sans solution abondent dans l'histoire des livres de ce grand siècle que l'on croit si connu.

Le P. Henri Chérot à qui je communiquais cette découverte et quelques autres, me répondait, dans une lettre du 14 novembre : « Toutes vos trouvailles sont intéressantes ; celle sur Fénelon surtout. Mais croyez bien que la bibliographie entière du xviie siècle reste à faire. Un professeur distingué de la Sorbonne me disait encore tout récemment, après avoir mis la main à l'œuvre : « Il y aurait bien des fouilles à faire dans les Catacombes bibliographiques du xviie siècle. »

Un récent exemple doit être allégué à l'appui de cette thèse, et il est d'autant plus à sa place, qu'il concerne l'archevêque de Cambrai. On sait en effet que, par un article très documenté, intitulé : *Les premières rédactions de la Lettre à l'Académie*, M. l'abbé Ch. Urbain a démontré dans la *Revue d'histoire littéraire de la France*[1], que le *Mémoire sur les occupations de l'Académie française* imprimé dans l'édition Lebel, tome XXI, page 145-155, et souvent placé en tête des éditions classiques de la *Lettre à l'Académie*, n'est nullement l'œuvre de Fénelon. Ce mémoire n'est, à aucun titre, comme l'on avait cru, le projet de la *Lettre* écrite par l'archevêque de Cambrai et doit être restitué à M. de Valincour, comme le prouve fort solidement M. l'abbé Urbain. — Par contre, l'auteur de cet intéressant article nous rend les véritables *premières rédactions* de cette *Lettre à l'Académie*, à savoir « une copie revue par l'auteur... embrassant sous une forme plus succincte, la matière de l'ouvrage entier » et les quatre premiers chapitres, d'après le manuscrit autographe de Fénelon, dont, par malheur, il ne reste que les vingt-quatre premières

---

1. 15 juillet 1899, pp. 367-407, et tiré à part. Paris, Colin, 1899, pp. 42.

pages. Mais je ne puis que renvoyer à cette étude et je souhaite, en signalant, dans cette découverte, une nouvelle preuve de toutes celles qui nous restent à faire, que ces « Catacombes » de la bibliographie de xvii° siècle, attirent de plus en plus les chercheurs et rencontrent de nombreux Rossi. La galerie des ouvrages de l'archevêque de Cambrai mériterait de tenter plus d'un amateur d'histoire.

En appendice à cette lettre où Bossuet dénonce Fénelon au cardinal de Noailles, il convient d'ajouter l'extrait d'une des lettres où le frère du cardinal, l'évêque de Châlons, s'attache à surveiller la doctrine de l'archevêque de Cambrai. La lettre, non datée, est des environs du 4 octobre 1711[1]. Gaston de Noailles correspondait (en chiffres) avec son frère le cardinal. Leur correspondance méritera d'être mise au jour plus amplement que par les citations incomplètes données par la *Revue Bossuet*[2].

« Je n'ai rien de nouveau a vous mander sur ce que je vous ai ecrit dans ma derniere lettre. M. l'Eveque de Troyes[3] commence à temoigner quelque courage[4]. Il a attiré dans son Dioceze un jeune ecclesiastique de Reims persecuté par les jésuites qui l'empecherent de soutenir devant l'assemblée provinciale une these de licence dediée à M. l'arch.

---

1. Elle est au manuscrit fr. 23206, après une lettre toute semblable copiée deux fois et chiffrée aussi, datée *d'Hauvilliers ce 4 octobre 1711*, commençant par : *A mon arrivée à Châlons...* où on lit : « Avez-vous reçu de Rome une copie fidèle de la lettre aux deux évêques (de Luçon et de La Rochelle). ... Je vous prie de tirer de M. le curé de Saint-Barthelemy une copie de la lettre de M. de Chartres à M. de Cambray sur son infaillibilité et de vouloir bien me l'envoyer. »

2. *Revue Bossuet*, janvier 1901, p. 39-41. La *Revue Fénelon* reprendra cette question avec une attention plus scrupuleuse.

3. C'est Denis François Le Bouthillier de Chavigny. Cf. plus haut, p. 100, note 4.

4. Ces détails sont déjà en mêmes termes dans la lettre du 4 octobre.

et il luy donne la conduite de son petit seminaire. Il n'en faut gueres plus dans le temps present pour que luy et son Diocese devienne Janséniste. L'ancien Eveque continue tousjours de parler à merveille. Il dit que les Eveques commencent à se mettre en mouvement et qu'il y en a bon nombre desja disposé à se declarer pour vous et à secouer la domination des Jesuites.

Les vendanges ne m'ont pas empeché de songer à ce que vous m'avés recommandé en partant [j'ay lu le livre de M. de Cambray et fait mes remarques sur le livre[1] : j'y trouve des endroits tres beaux et tres bien touchez, mais des qu'il sort de la voie ordinaire et des sentimens communs il tombe dans le galimatias et on y retrouve tous les principes du livre des maximes des saints et beaucoup de M⁰ Guion. Il insiste beaucoup sur le sacrifice absolu, l'interest propre le depouillement des vertus, mais][2] ce qui est surprenant, c'est qu'il oublie les ouvrages qu'il a fait] sur la grace. Il reconnoit une delectation victorieuse, une motion infaillible de Dieu sur les ames abandonnées] à laquelle [on ne peut resister. On y voit comme dans l'explication des Maximes des saints le pour et le contre, des especes de correctifs pour] embarasser un [lecteur qui veut] examiner la doctrine de l'autheur. Le livre en un mot] me paroit] [tres dangereux et digne de censure] Je crois que vous ne devés pas perdre cette occasion. Je mettrai [par ecrit mes remarques] et vous les envoirai.

J'ai examiné ce que les deux Eveques reprennent dans les reflexions du Pere Quesnel] et le memoire [de M. de Frejus. Nulle de ces censures] ne peut se [soutenir en bonne theologie] Je mettrai [par ecrit mes observations] et vous les envoirai quand elles seront [en estat] vous me ferés

---

1. Serait-ce la 1ʳᵉ partie du *Traité de l'Existence de Dieu* qui commençait à circuler (cf. plus haut, p. 122, n. 1) ou plutôt un des mandements de Fénelon contre le Jansénisme ?

2. Les phrases enfermées entre crochets étaient en chiffres.

plaisir [de me communiquer les autres memoires que vous pourés [avoir]. Il seroit bon [que j'eusse ceux de feu M. de Chartres] peut etre [M. le Meur pouroit-il vous dire comment] nous pourrons [les avoir sans que vous y paroissiez. Plus j'examine ce livre et plus je trouve qu'on ne peut le condamner sans injustice] et sans faire un très grand [tort à l'Eglise[1]. Je continuerai mon examen sur la justification de feu M. de Meaux. J'ai receu une lettre de M. de Blois qui me parle bien sur ce qui vous regarde et qui veut qu'on croie tousjours tres attaché à vous. On en] pourra [juger par les] œuvres.

La fantaisie a pris [au Maire de Chalons d'y revenir] ne m'aiant point trouvé il est venù icy, mais il ne m'a [point trouvé] parce que [j'estois allé à Avenai, il doit revenir. je suis] embarassé [sur la satisfaction que j'exigerai de luy en reparation de scandale (sic)] qu'il a donné.

[Voilà tout ce que je puis vous mander de nouveau pour aujourdhuy.] je vous prie de vouloir [m'instruire de ce qui vous regarde ou pour mieux dire la cause commune de l'episcopat. Je vous recommande le pere le Tellier. Vous devés à l'Église son humiliation et celle de ses insolents confrères. Je ramasserai avec soin tout ce que je pourrai avoir de capable de vous donner prise sur eux].

Faites je vous prie de vôtre costé la même chose [afin qu'estant instruit de tout vous] vous trouviés [en estat de dissiper les preventions trop favorables] pour eux [et les empescher de nuire à l'Eglise. Ils sont du caractere de ceux que saint Paul nous represente comme resistans à la la verité dont il dit à Timothée] *Increpa eos duré* [2].

---

1. Les deux frères étaient donc tout disposés à résister à la condamnation de Quesnel. Voir, à leur date dans la *Revue Fénelon*, 1911, la lettre du cardinal à son frère du 14 oct. en réponse à celle du 9 oct. 1699. Cf. l'extrait que j'en ai fait dans *Documents d'Histoire*, 1910, p. 638 (*Addition* à la p. 602).

2. Ce qui suit est autographe.

Je vous prie de me marquer si vous etes content de ce que je vous écris et de me faire scavoir ce que vous désirez de moi ; je n'ommettrai rien de ce qui dépendra de moi pour y repondre, et vous (prouver) mon tendre et sincere attachement[1].

*
* *

Par ce seul exemple, on voit qu'une moisson de pages inédites, non dépourvues d'intérêt, reste à publier pour illustrer la correspondance de Fénelon et les dernières années si fécondes de son épiscopat à Cambrai.

1. Fr. 23206, f. 108-109.

APPENDICES

I

L'ORAISON FUNÈBRE DE L'ABBESSE DE FAREMOUTIERS JEANNE DE PLAS

PRONONCÉE PAR FÉNELON A L'ABBAYE DE FAREMOUTIERS
le mardi 15 février 1678[1].

A défaut du texte perdu de cet éloge funèbre prêché par « l'abbé de La Mothe Fénelon, parent de ladite Dame », il convient de tirer du manuscrit 11969 du fonds français qui nous en a conservé la mention, le récit des obsèques du 14 octobre précédent. Racontée en détail par la sœur archiviste du monastère, cette cérémonie nous donne une idée de ce qui fut répété, l'année suivante, au 15 février, lors de « l'inhumation du cœur » de la défunte, occasion de l'éloge prononcé par Fénelon. L'annaliste a sèchement indiqué que le discours fut reçu « avec édification et applaudissement de toute l'assemblée ». Du moins cette description donne la mise en scène de ces solennités et un tableau assez exact de l'auditoire de Fénelon, à peu près celui du jour des funérailles.

Madame Jeanne de Plas, Abbesse de ce Monastere est decedée un lundy onziesme d'octobre. aagée de soixante ans après avoir gouverné cette Abbaye trente quattre ans. Son decez arriva entre midy et une heure en présence de toute sa communauté, munie de

---

[1] Voir plus haut, p. 11, note 1.

ces sacrements < de >. Sa derniere maladie a esté une fièvre continue et inflamation dans toutes les parties nobles les quelles l'on luy a trouvées toutes cangrenées, le lendemain matin son corps fut en sevely et l'on luy mit la chemise de serge du jour de sa Bénédiction qui avoit esté reservée pour cela, le scapulaire, le grand habit d'Église les gands blancs à ces mai[n]s et l'anneau de la Benediction au doict annulaire, et aussi la trefle de sa Benediction sur son voile. Le Mardy dousiesme du present mois sur les huict à neuf heures du Matin l'on sonna son legs aux trois clochers, sçavoir les deux de l'Abbaye et celuy de la Paroisse, comme aussy aux Paroisse de sa nomination qui sont Mouron et Pommeuse et aussy à celuy de St Augustin l'espace d'une heure et demie. Le mesme jour de mardy sur les neuf heures du matin, l'on fit entrer son Confesseur accompagné de Mr Hericart aussi R[eligieu]x de St. Benoist pour enterer ces Entrailles qui furent mise dans le chapitre devant le siege Abbatial au mesme endroit que celles de feu Mme françoise de la Chastre sa grande Tante[1], et l'on dit seullement en ton le *Libera* et le *De profondis* avec une oraison, et son cœur fut mis dans une boiste de plon ; durant les 3 jours que son corps demeura sans estre enterré il y eut tousjours deux R[eligieu]ses tant de jour que de nuit à dire le Pseautier. le mesme jour l'on dit vigiles à neuf leçons pour elle et le lendemain qui estoit mercredy la grande messe de Requiem.

Durant les 3 jours que l'on a gardé son corps l'on avertit tous les curez circonvoisins pour ce trouver à son convoy comme aussi les R[eligieu]x sçavoir le Pere Prieur de St Faron de Meaux, les Peres Benedictins de la Celle, les Peres Capucins de Coullommiers et les Peres Cordeliers de Meaux, en sorte qu'il c'est trouvé icy le jour de son enterrement plus de quatre vingt Prestres. tant R[eligieu]x que seculiers qui ont tous dit la Messe pour elle et elles ont esté touttes de Requiem.

Le 14me du present mois d'octobre qui estoit le jour de sa naissance et qui fut celuy de son enterrement, la premiere Messe fut chantée à cinq heures par les Peres Cordeliers qui estoient au nombre de six, elle fut du St Esprit ; à six heures l'on dit Prime, en suitte des quelles Mrs les Chanoines et autres Ecclesiastiques

---

1. Une autobiographie autographe de cette abbesse ouvre notre manuscrit et vaudra la peine d'être publiée.

chanterent la seconde Messe qui fut de la Vierge et toutes celles qui n'avoient pas esté communiée à la Premiere le furent à celle la. En suite de la Messe le Couvent fut lever le corps pour le porter devant le crucifix qui est dans le Cloistre. La Mere sacristine marchant la premiere avec la Croix, deux R[eligieu]ses portoient deux Cierges au deux côtez, en suitte la porte Crosse avec la crosse de l'Abbaye à la quelle estoit un crespe noir pendant d'un quartier, et puis tout le Convent selon son rang et apres les censemens (sic) faits le corps fut aporté devant le Crucifix où il demeura jusqu'à ce que le Clergé le vint lever. En suitte le Convent remonta à l'Eglise pour dire tierce et sexte; apres les quelles l'on fit entrer M^{rs} les Chanoines et autres Ecclesiastiques pour porter le corps à l'Eglise, ce qui ce fit en la maniere qui s'en suit.

Premierement marchoit la Mere Sacristine avec la croix et deux R[eligieu]ses à ces deux costez, portant deux Cierges, en suitte tout le Clergé et le Celebrant revestu d'une Châpe de velours noir et ces Assistans revetus de Dalmatiques et puis tout le Convent, chaque R[eligieu]se tenant un cierge blanc auquel estoit attaché un Ecuson des Armes de la dite Dame Abbesse, comme aussi aux douse Cierges qui estoient au tour d'elle, le tout estant ainsy en ordre le Celebrant commença les prières et oraisons pour lever le Corps, les quelles es[t]ant finis, quattres Prestres leverent le Corps, et les quattres coing du Poelle de velours noir qui estoit dessus furent portez par les Meres de Ste Magdelaine, de Ste Therese de Jesus, nieces de la dite Dame deffunte et de St Alexis sa Cousine. douse ⟨Prestres⟩ R[eligieu]ses portoient les douses Cierges et douze petits pauvres portoient les douze torches au tour de son corps et la Procession fut comencée en cette sorte. La Mere Sacristine marchoit la premiere portant la Croix, deux Srs Converses portant deux Cierges dans les chandeliers, puis les Ecclesiastiques. Apres suivoit Mr Antheaulme, confesseur de ladite Dame, revestu du grand habit de St Benoist, lequel portoit le cœur de la deffunte couvert d'un crespe noir. Apres le dit S^r marchoit la porte crosse tenant la crosse de l'Abbaye, puis le Corps apres lequel suivoit la Mere infirmiere tenant le cierge mortuaire, de cire blanche ainsy que tout le reste du luminaire. Finalement marchoit le Celebrant avec ses deux assistans et l'on fit ainsy le tour du cloistre en commenceant du Refectoir jusqu'au chapitre où l'on possa le Corps et le Cœur fut mis sur un siege qui estoit disposé pour cela. L'on chanta le 9 *Libera*, apres lequel l'on continua la Procession dans le mesme Ordre que dessus, Montant à l'Eglise l'on passa le long du bas costé pour entrer à l'Eglise par derriere le Chœur, Le Convent ce rangea aux hautes chaires et les Ecclesiastiques en bas. Le Corps fut posé devant la grande grille et apres qu'on eut achevé le repons et l'Oraison, tous les Ecclesiastiques sortirent et le Convent ce retira.

En viron sur les dix heures l'on sonna le premier coup de None durant lesquelles la Mere Sacristine fit sonner les coups de la grande Messe de Requiem qu'on commansça aussi tost que None furent achevéez, durant la quelle M[rs] les Ecclesiastiques furent sur la tribune pour chanter la Grande Messe où l'on observa l'ordre qui suit. La R[everen]de Mere Prieure avec la Chantre entonna tout ce qu'il y avoit à prendre comme l'introyte, le Kyrie qui fut chanté alternativement par les deux chœurs, sçavoir celuy des Ecclesiastiques et celuy des R[eligieu]ses, de mesme Absolvé (sic) et la Prose, &c.; durant la dite grande Messe les officiers de Justice furent tous en habit decent, les officiers de la Justice de Faremonstier estoient à la main droite du costé de l'Epistre, sçavoir M[r] le Baillif, M[r] le Lieutenant, M[r] le Procureur fiscal, M[r] le Maitre des Eaux et forests et tous les Procureurs postulans, à main gauche du costé de l'Evangil. M[r] le Baillif de Jouy sur Morin, M[r] le Lieutenant, M[r] le Procureur fiscal et les Procureurs Postulans; A l'offerte M[r] le Baillif de Faremonstier porta le cierge, M[r] le Lieutenant le pain, et M[r] le Procureur fiscal le vin et furent precedez par les deux plus anciens sergens du Baillage (sic) qui les conduisoient, et tous assisterent aux Vigilles et à l'enterrement sur la Tribune. Il faut remarquer que l'Eglise du dehors et du deans (sic) estoit tendus de noir avec des Ecusons des A[r]mes de la Dite Dame Deffunte d'espace en espace, comme aussi la chapelle de grace, le cloistre et le bas costé. Depuis que le Corps fut porté à l'Eglise jusqu'à l'enterrement il fut entouré du cintre noir où il y avoit environ deux dousaines et demie de cierge, outre les douse qui estoient dans les chandeliers d'argent. Le cœur estoit aussi sur un careau de velours noir disposé pour cet effet devant la grille avec deux cierges aux deux costez.

A une heure l'on dit Vespres sans chanter et en suitte Complies. A deux heures l'on sonna pour dire vigilles qui furent chantées par M[rs] les Ecclesiastiques et les R[eligieu]ses et comme les Prestres ne pouvoient pas tenir sur la tribune à cause qu'ils estoient en trop grand nombre, on les fit entrer dans le Cœur (sic) des R[eligieu]ses pour chanter les vigiles. Toutes les leçons furent chantées par eux et aussi les Repons, les R[eligieu]ses entonnant seulement les Antiennes et les pseaumes. Les obseques servirent de Laudes, estant commancés immédiatement en suitte de vigiles. Le tout fut dit à l'Eglise jusqu'au *Laudate* pour s'accommoder au lieu de la sepulture. Estant parvenue à ce Psaume, la Chantre commancea *in Paradisum*. Alors la crosse fut ostée de la main de la dite Dame deffunte où elle avoit esté mise quand le Corps fut à l'Eglise et aussi sa bague ostée de son doict et l'on luy laissa seulement l'anneau de sa Benédiction, et puis M[rs] les Ecclesiastiques leverent le corps, et les Meres susdites prirent les quattres coins du Poelle de velours noir et le porterent ainsy descendant à la chapelle de grace, la crosse de l'Abbaye marchant tousjours devant le Corps, lequel fut posé à main droite proche la sepulture durant que l'on achevoit *Laudate Dominum de cœlis*. Le Convent demeura sur les escalliers à cause de la quantité de Prestres qu'il y avoit. Auparavant que le corps fut enfermé dans le Cerceuil (sic) la R[de] Mere Prieure luy couvrit le visage du bout de son voil. Le cerceuil estant cloué l'on la descendit dans la fosse puis chacun luy vinst jetter de l'eau Beniste deux à deux. la Crosse fut emportée et le convent se retira.

Requiescant in Pace. Amen[1].

Cérémonie de l'inhumation du Cœur de la susdite Dame Jeanne de Plas, Abesse de ce Monastere.

Le Lundy 14me du mois de feuvrier, l'on tandit l'Eglise de noir au dehors et au dedans, comme aussi la Chapelle de Grace, estant le lieu de la sepulture. Apres None l'on dit *Placebo* sans chanter. A une heure après midi l'on dit vigiles à neuf leçons qui furent chantées par M[rs] les Chanoines et les R[eligieuse]ses durant lesquelles le cœur de la dite Dame deffunte estoit sur un siège de velours noir couvert d'un crespe noir devant la representation, laquelle estoit entourée du cintre noir et demeura ainsy exposé jusqu'à ce qu'il fust enteré. Le lendemain Mardy 15me du présent mois, M[rs] les Ecclésiastiques chanterent la premiere Messe qui fut

---

1. Fr. 15969 fol. 27 v° à 31.

du S¹ Esprit à cinq heures du Matin, et en suitte de Prime, la seconde qui fut de la Vierge, et après une petite intervalle l'on sonna pour dire tierce, sexte et none, durant lesquelles la Mere Sacristine fit sonner les coups de la 3ᵐᵉ Messe qui fut de *Requiem* et chantée par les R[eligieu]ses. Il faut remarquer que Mʳˢ les Justiciers y assisterent en habit decens comme le jour de l'enterement et furent à l'offrande de même. Apres l'offerte, l'oraison funebre fut prononcée par Mʳ l'abbé de la Mothe fenelon, parens de la dite Dame, avec Edification et applaudissement de toute l'assemblée; la quelle finie la Messe fut parachevée En suitte de quoy apres une petite espace de tems la Mere Sacristine tinta la cloche pour faire entrer Mʳˢ les Ecclesiastiques, tant R[eligieu]x que seculiers, qui avoient esté invités d'y assister pour faire l'inhumation. Le Celebrant estant revestu d'une chappe de velours noir et ses assistans de Dalmatiques, et quatre autres Prestres aussi revetus de chappes, et le reste de surplis et autres estant ainsy entrés en ordre dans le chœur des R[eligieu]ses, l'on commencea la ceremonie par les cinq Repons ou absolutions sur le cœur qui estoit pour lors sous le Poelle de vellours noir, comme il avoit esté fait sur le corps le jour de l'inhumation, et fut observé le reste des mêmes ceremonies de ce jour là, excepté que l'on ne dit point les obsèques à cause que ce n'estoit pas le corps.

Les cinq Repons estans finis, la Rᵈᵉ Mere Prieure entonna l'Antienne *Ego sum* qui fut chantée tout au long, puis la chantre commencea le *Benedictus*, durant lequel le Celebrant prit le cœur de la dite Dame dessous le Poelle et le mit dans la terre beniste devant la grille avec celuy de feu Madame Françoise de la Chastre sa grand tante. Le Cantique *Benedictus* estant achevé l'on repeta l'antienne, puis le Celebrant dit les oraisons. Puis la Chantre prit le Repons *Memento mei Deus* que l'on fut achever sur la sepulture de la Dame deffunte puis chascun ce retira.

Requiescant in pace. Amen[1].

---

1. *Ibid*, fol. 81 à 82. L'abbesse louée par Fénelon avait succédé à sa tante Françoise de La Châtre. La religieuse qui obtint l'abbaye après elle, Mme d'Huxelles, eut son éloge funèbre prononcé par Bossuet le 16 juillet 1686. C'est M. E. Jovy qui en a découvert la mention. Voici ce que dit de son élection notre manuscrit:

« Apres le deces de Madame Jeanne de Plas qui arriva le onzieme octobre 1677 le Roy donna le brevet de cette Abbaye à Madame Marie

II

SERMON DE LA DÉDICACE
DE L'ÉGLISE SAINT-JACQUES DU HAUT PAS

PRÊCHÉ PAR FÉNELON
le dimanche 13 mai 1685[1].

Le curieux registre qui nous a conservé tant de faits et de dates intéressant l'histoire de l'Église de S. Jacques du Haut Pas, de sa constitution en paroisse jusqu'à l'année 1732[2] nous a gardé une mention d'un sermon de Fénelon.

Constance de Blé D'huxelles, abbesse de l'Abbaye du sainct Menou en Bourbonnois, qui envoya un Notaire Apostolique prendre poscession pour elle le douzieme de Juillet 1678, qui fut mise en poscession par Monsieur Mondolot, official de Meaux délégué par le sainct Siege à cest effect, le quel sieur official estant au Chapitre fit faire lecture par son Greffier des Bulles. En suitte de quoy on fit des protestations de part et d'autre, tant de la part de Monsieur de Meaux pour la juridiction que < pour > de celle de Madame pour l'indépendence. En suitte ledit sieur official conduisit le Notaire au Chœur en chantant le *Veni creator* où il le fit prendre possession du siège Abbatial en le touchant de la main, ce qu'il fit en tous les autres lieux Réguliers. Et le vintuniesme Juillet de la mesme année ma ditte Dame Abbesse a faict son entrée en cette abbaye : la communauté l'a reçeue à la porte de l'Eglise avec la Croix et l'eau bénite, la conduisant à l'Eglise en chantant le *Te Deum*, à la fin duquel on luy mit la croix en main, estant assise dans le siege Abbatial où chaque religieuse en son rang lui fut baiser la main et luy promettre obédience (f°. 33). » Elle mourut le 30 mai 1685. Cf. mes *Lettres de Bossuet revisées sur les autographes*. p. 55.

1. Voir plus haut, p. 13, n. 1.
2. Voici le titre complet du recueil (Archives nationales LL 793) Etat | en forme de journal | des Papiers | Concernant La Cure & Paroisse | de | St Jasques. St Philippe | Du haut-pas. | Depuis l'année 1562 jusqu'a | L'année 1731. inclusivement. | Tome Premier. (in folio de 574 p.)

Nous n'avons pas, il est vrai, même la ressource d'un récit détaillé comme pour l'oraison funèbre de l'année 1678. Mais il y a un réel intérêt à citer en entier le *nota* sur l'octave de cette dédicace[1] où sont énumérés les prédécesseurs de Fénelon dans cette chaire pendant les jours que suivit la clôture solennelle prêchée par lui. Outre le nom de Fléchier, dont le sermon (imprimé dans ses œuvres) ouvrit cette série de discours, celui des curés appelés à prêcher ou à officier, et le titre « de supérieur de quelque communauté religieuse » qui semble avoir autorisé leur présence, semblent des détails intéressants à signaler. Tout indiquerait que pour terminer cette suite de sermons importants, on a voulu recourir à un orateur jouissant de quelque réputation.

En cette année le 2me Dimanche après Pâques cette Eglise a été dédiée, Mr Pelletier de la houssaie, & Mr Merant, Lebreton & Delfel etants marguilliers[2].

Nota sur les Cérémonies de cette Dedicace.

Le premier jour de Mai, la fête Patronale de cette Eglise a précédé en cette année la Dédicace de quelques jours, attendu qu'elle est tombé[e] le mardi precédent.

Dès le Samedi 5 dud. mois veille de la consécration de lad^{te} Eglise

---

1. Érigée en paroisse par arrêt du 9 avril 1633, l'église, dont la première pierre avait été posée le 2 septembre 1630, venait d'être presque achevée, moins la chapelle de la vierge. On lit dans notre manuscrit : « Ce fut enfin par les libéralités de Louis XIV, et spécialement par celles de Madame la Duchesse de Longueville, par le zèle de Mr Marcel curé de ladite Paroisse, secondé des aumônes abondantes de ses Paroissiens, que la voûte du chœur, la nef toute entierre (*sic*) la tour et le Portail furent achevés en 1684 sur le dessein de Daniel Gitard architecte du Roi, en vertu d'une deliberation des Marguilliers du 22 Decembre 1674. » (Mss. cité, avertissement non paginé, fol. 5 v°.)

2. Le Curé était Louis Marcel ou Marcelle, un des correspondants du Cardinal Le Camus. Nommé en 1667, il mourut le 4 novembre 1704. Voir *ibid.*, p. 87 et 142.

cette fête a commencé par un jeûne ordonné pour le clergé p[our] le peuple tte Paroisse. Vers le soir du même jour M⊃gr l'Evêq. de Coutances[1] a preparé les Reliques qui devoient être mises sur l'autel, & les a conduit processionnellement au lieu où elles devoient être gardées toute la nuit : Et l'office des martyrs a été psalmodié, côme l'ordonne le Pontifical.

Tous les jours de l'octave de cette Dedicace il y a eu indulgence de 40 jours &c. Et tous les matins, entre 9 & 10 heures des Processions : Et ensuite la Grand-Messe : L'après dînée, Vêpres à 3 heures, après quoi le sermon & ensuite le Salut.

Le Dim. 6 Mai Mgr l'Ev. de Coutances, apres la cérémonie de la Dédicace a célébré pontificalement la grand Messe, & le reste de l'office du jour. M^r L'abbé Flechier (depuis Ev. de Nismes) a fait la Ire Predication (qu'on trouve dans le Recueil imprimé de ses sermons). Il y a eu Salut, procession, & Benediction du St Sacrement.

Le lundi 7 dud^t mois La grande Messe par les RP. PP. Jacobins du grand Couvent. Vespres par M^{rs} de St Severin. La Prédication par Mr Lizot archiprêtre de Paris, curé de lad^{te} Eglise Et le salut par Mr Sachot Curé de St Gervais au nom & côme Supérieur des Dames Religieuses de Port-Royal.

Le mardi 8 La grande Messe par les RRPP. de l'Oratoire, & M^{rs} les Ecclesiastiques du Séminaire de St Magloire. Vespres par M^r de St Hilaire. La prédication par Mr Camuset Curé de lad^{te} Eglise et le Salut par M^r le Président Delabarde Chanoine de N. D. au nom et côme supérieur des Dames Religieuses de la Visitation de Ste Marie de ce faubourg.

Le mécredi. 9. La grand-Messe par les RR. PP Feuillants des Anges gardiens. Vespres par M^{rs} de St Etienne du Mont. La Predication par le RP Gard chanoine Regulier de Ste Genevieve Curé de lad^{te} Eglise : Et le Salut par le RP. Dom Claude Boitard, Ier assistant du RP General des Benedictins de la Congregation de St Maur, côme visiteur des Dames Religieuses du Val de Grace.

Le jeudi 10. La grand-Messe par les RRPP. de l'institution de l'Oratoire : Vespres par M^{rs} de St Louis en l'île N. Dame. La Prédication par M. Cros curé de lad^{te} Eglise : Et le Salut par

---

1. C'était Charles-François de Loménie nommé en 1666, m. le 7 avril 1720.

Mr l'abbé Pirot Docteur & Professeur de Sorbonne, au nom & côme supérieur des Dames Religieuses des Carmélites (sic) du grand Couvent.

Le Vendredi, onze, la grand-messe par les RRPP. Bénédictins Anglois: Vespres par Mrs de St Sulpice. La Prédication par Mr. de La Barmondiere, Curé de ladte Eglise; Et le Salut par Mr Grandin Docteur et Professeur de Sorbonne, au nom & comme supérieur des Dames Religieuses Ursulines de ce faubourg.

Le Samedi 12 la grand Messe par les RR. PP. Capucins de ce faubourg, Vespres par Mrs de St André des arcs: La Prédication par Mr Mathieu, Curé de ladte Eglise; Et le Salut par le R. P. Dom Antoine St Gabriel, Provincial des Feuillants, au nom & comme supérieur des Dames Religieuses Feuillantines.

Le Dimanche 13, & l'Octave de cette fête. Le Matin Mrs les Chanoines de l'Eglise Métropolitaine de N. D sont venus processionnellement et la grand-Messe a été celebrée par Mr le Doyen: La Prédication par Mr l'abbé Fénélon (sic); Et le Salut avec la Procession & Benediction du St Sacrement, par Monseigneur l'Archevêque de Paris[1] pour cloture de cette solennité.

1. Harlay de Champvallon. C'était encore l'époque sans doute où il faisait à Fénelon des avances dans l'espoir de se l'attacher.

INDEX ALPHABÉTIQUE

A

Académie française, 55³, 103, 122¹, 323.
Achar, 28.
Agen, 11².
Agréda (Marie d'), 115, 306-7.
Aguesseau (d'), 256.
Aguirre (card. d'), (148), 240, 254, 307.
Albani (card. d'), (245⁴).
Albert (Mme d'), 50.
Albon, cf. Dalbon, 161².
Alby, 63.
Alcoolisme, 55¹.
Aleth, 314³.
Alfaro (le P., S. J.), 200³, 229², 258.
Alexandre VIII, 307.
Allemagne, 60.
Allemands, 67, 73.
Allemans (M. d'), 126.
Alleurs (des), 41.
Allou (Mgr), 219¹.
Altieri (card.), 36¹.
Amateur d'autographes (L'), 295.
Amsterdam, (19), (44), 317², 321¹.
Ancre (maréchal d'), 301.
Andrault (cf. Maulevrier), 75², 101⁴.
Anet, 188.
Ange (le bon), cf. Altieri, 36¹.

Angers, 48, 109⁶, 202¹, 273¹.
Anglais, 124.
Angleterre, 76¹, 178², 213, 227, 309².
— (roi et reine d'), 212.
Aniaba (prince), 78¹.
Anisson, 192, 204², (205), 214, 218, 221, 259¹.
Anne d'Autriche, 257².
Annecy, 2, 268.
Annet de Clermont, (54).
Anselme (abbé), 11.
— (nom de guerre de Noailles), 165⁴, 167², 178¹.
Antheaulme (O. S. B.), 334.
Antoine de S. Gabriel, 338.
Aquin et Daquin (Louis), (222).
— (Luc d'), 224².
Archidiacre, chiffre de Cibo, 36¹.
Archives historiques de la Saintonge, etc., 12².
— *des affaires étrang.*, 285.
— *nationales*, 13¹, 299¹, 300, 321¹.
Arnauld, 278.
Arnoul, 13².
Assemblée gén. du clergé, 194, 256¹, 345.
Aubri de Ponthieu (abbé), 128.
Auch, 174⁴.
Augustin (St), 70, 279¹.
Aunis, 12².

---

1. Le chiffre ajouté à droite, en exposant, indique la note. Un chiffre entre parenthèses marque une note continuée de la page précédente. Les italiques marquent la bibliographie.

Autun, 75³.
Auvergne (abbé d'), 112³, 140², 165³.
Avaux (d'), 76.
Avenai, 326.
Avranches, 279¹.
Avrillon (le P.), orat., 258.
Ayen (duc d'), 247.
Azu, 42, 43¹.

B

Balard et Ballard de Laure, 299, 300.
Bandeville, 193.
Barbezieux (Mme de), 82.
Barbier de Montault : *Lettres inédites de Fénelon*, 273³, 275², 276¹, 277¹, 285.
Bar-le-Duc, 17, 212, 246².
Barnabites, 226.
Bart (Jean), 124.
Basile et Bazile : Bossuet, 165⁴.
Basnage, 322.
Bastille, 188.
Bausset (card. de), 10, 12¹, 43¹, 78³, (85), 99¹, 120.
Bavière (duc de), 63, 86.
Bayeux, 140³.
Bazin, 193.
Beaufort (abbé de), 71, 132, (133), (134), 263-4.
Beaumont (abbé de), 252.
Beauvais, 128, 148³, 343.
Beauvillier (duc de), 114, 125⁴, 130, (184), 248, 260, 270, 276.
— (duchesse de), 245.
Beauvoys (chan. de), 273³.
Beauvoys - Desfaveries, 273, 277².
Belley, 192¹, 222³.
Benard (Ve), 283.
Bénédictins, 159², 160, 171, 203, 280, 330, 338.
Benoît (St), 17, 49, 210.
Bentivoglio (card.), 301-4.
Bérard (le P., orat.), 258.
Berchère, cf. La Berchère, 63².
Berg-op-Zoom, 157.

Beringhem (Mme de), 66³.
Bernard (St), 205, 206, 208, 283.
Bernard (M.), 318.
Bernières, 69.
Bertrin, 247.
Berry (duc de), 247.
— 245².
Berryer (abbé), (138).
Bertet et Berthet (S. J.), 208¹.
Bertier (Nicolas de), 124, 125¹.
Bertin, 246, 347².
Bérulle (abbé de), 64.
Besançon, 197², 224.
Beuverand (Marguerite de), 128⁴.
Bibliographies critiques, 4.
Bibliothèque Mazarine, 306², 308.
— nationale, VI¹, 31, (73), 180¹, 188¹, 204², 246², 226³, 280², 302¹, 306, 308, 312, 318², 321¹.
Bigot (Mlle), 121.
Bigres (abbé), 14.
Bissy (M. de), 140².
— (card. de), 140², 149¹.
Blancs-Manteaux, 20.
Blancs seings, 170.
Blé (du, d'Huxelles), (335).
Blois, 12, 125, 302, 326.
Boileau (abbé), 71, (134), (139), 153, 263-5.
Bois-le-Vicomte, 246².
Boislisle (Arth. de), 42², 55¹, 79¹, 93², 97³, 106⁶, 183¹, 188², (222), 297, 348¹.
Boitard (Dom Claude), O. S. B., 337.
Belogne (Ste Catherine de), 24.
Bon ange, cf. Altieri, 36¹.
Bonnet (R.), 295.
Bonneuil, 224.
Bonrepaus, 227.
Bontemps, 153.
Bordeaux, 140, 149.
Borieux, 23-4.
Bornat, cf. La Bornat, 140².
Borromée (S. Charles), 24.
Bossuet (Antoine), VI, 40¹, 41-50, 52, 54-8, 61-2, 65-7, 69, 72,

INDEX ALPHABÉTIQUE

74, 77-8, (81), 83, 85-6, 89¹, 91, 94-5, 97, 99², 106¹, 108⁴, 109⁴, 111, 117, 123, 137¹, 140¹, 142¹, 145², 149, 156³, 160, 164¹-6¹, 169, 172¹, 173-4, 178, 181, 182¹, 183, 185, 187², 189², 192, 195¹, 196¹, 197², 203, 209, 210³, 212, 214, 215³, 217, 221, 224, 226², 227-30, 234, 246³, (259).

Bossuet (Bénigne), 58.
— (Elisabeth), 114⁴, 128⁴.
— (François), 100⁴, 128⁴.
— (Jacques-Bénigne), l'év. de Meaux, VI, VII, 1, 2, 4, 9, 12⁴, 14-6, 22, 28, 36-40, 43-51, 53-4, 56-60, 62³, 63¹, 65-78, 80-91, 93-107, 111-3, 116-7, 122¹, 125-6, 134-7, 140, 142-3, 152-3, 157, 168-9, 177 (Bossuet étant nommé sans cesse dans les *Lettres sur le Quiétisme* et dans l'étude qui les suit, il n'y a eu lieu que de relever les principales mentions, par exemple p. 312-22 (lettre à Noailles), et 334¹.
— (le neveu), VI, VII, 35-7, 47-9, 51-2, 56-7, 61, 62³, 65³, 68-71, 73³, 77, (81), 82-3, 86, 89¹, 90, 95-6, 104⁴, 106¹, 111, 113, 117, 120-3, 128, 131, 134, 137, 140-2, 144¹, 145², 149, 166-169, 173-4, 178, 180³, 181, 184, 189, 190, 206, 208-9, 211, 216, 219, 220, 224-7, 229, 231-4, (241), 242, 250, 254, 257-8, 262¹, 287, 290², 306, 309, 316².
— (Louis), (43), 47, (48), 59, 65¹, 74, 79, 87, 90, 92, 103, 122, 128, 140, 147, 163, 168, 173, 176, 183, 184, 189, 201, 203, 205, 207, 214, 227, 231-3, 299, 300.
— (Madeleine), 59, 73¹.
— (Marguerite), 128⁴.
— (Marie), 58-9, 227.
— (Marie) (sœur de Louis), 226³.

Bossuet de Villiers, 44.
— (curé de St-Louis-en-l'Ile), 39¹.
Boucher (abbé), 213.
Boucherat (rue), 42.
Boudet, 17.
Bouillon (card. de), 42, 72², 90, 92, 93, 96-7, 104³, 109, 111, 113¹, 121, 125, 127, 135, (141), 145, 146¹, 152, 155, 157-9, 166, 168³, 171-2, 176, 178, 180, 182, 185-7, 193⁴, 194, 196-7, 202, 206, 208, 210, 221, 229, 230¹, 231-3, (241), 248⁴, 254, 258³, 282¹, 285.
— (Mme de), 171.
Bouix (abbé), (199).
Boulogne, 140², 149.
Bourbon, cf. Bouillon, 155¹.
— ville, 246¹.
Bourbons, 189¹.
Bourbonnais, 174, 333¹.
Bourdaloue, 2, 4, 53¹, 63¹, 72², 75¹, (107), 114², (126), 140¹, 189¹, 295¹, 300, 306.
Bouret et Bourret, 316, 318.
Bourgogne (duc de), 14, 80¹, 174, 242, 246-7, 251⁴.
— (duchesse de), 43¹, 73, (84), 111, 122, 128³, 143, 178².
— 44-5, 49, 59⁵, 79¹, 175².
— (collège de), 250-1.
Bourlon (Charles), (43).
Bourret, 347.
Boussière (pour Buxière), 245.
Boutard (abbé), 189.
Bouthillier, cf. Le B., 104.
Boutié, S. J. *Fénelon*, 12².
Brancas, cf. Villars (73).
Brandebourg-Bareith, 122⁵.
Bremond (abbé Henri), 213², 250, 251¹.
Brest, 55, 103.
Bretagne (famille), 103⁶.
Breteuil (baron de), 224.
Brias (Jacques-Théod. de), 311³.
Briffe, cf. La B., 47².
Brinon (Mme de), 245, (246).
Broglie (Emmanuel de), 280².
Brunet, 306, 308.

Bruxelles, 27, 216³, 263, 302³.
Bruière, cf. La Bruyère, 168³.
Bulletin de l'Acad. du Var, 12².
— du Bibliophile, 162³.
— critique 31, 39².
— de la Société d'études de la Province de Cambrai, 1¹, 6, 23¹, 25¹, 27¹, 31¹, 342¹.
— de la Soc. d'Hist. de Paris, (128).
— de la Soc. du Protestantisme français, 83¹, 210².
— trimestriel des anc. élèves de St-Sulpice, 103⁶, (321).
Burigny (85).
Buxières, 245.

C

Cadeau (Marie), cf. Moras.
Caen, 42².
Cagnac (abbé Moïse), 248².
Calvinistes (43).
Cambout, cf. Du Cambout.
Cambrai, VI, 1¹, 3, 4, 6, 7, 18³, 19, 21-2, 24, 27-9, 31, 33-4, 39¹, 82³, 87-91, 96-9, 102, 104-11, 113-5, 117-9, 123-6, 128-37, 140³, 143-7, 149¹, 152, 154-8, 160-1, 163, 167-70, 172, 174-5, 177, 179, 181-2, 184-7, 190-2, 195, 200-8, 213, 216-7, 223-4, 226-7, 232-3, 238-45, 247-59, 262-5, 274-5, 277-81, 283, 286, 291-4, 297, 306, 308-9, 310-4, 315, 322, 323-7.
Camuset, 337.
Caractères de La Bruyère, 55³.
Caraffa, 231.
Cardinalat de Bossuet, 111-2, 142¹, 164¹, 165, 177-8.
Carénac, 12¹.
Carmel du faubourg St-Jacques, 11, 13, 338.
Carmes déchaussés, 213, 258.
Cartésianisme (Fénelon accusé de), (147).
Casanata (card.), 36¹, 174, 259¹.
Cassette (rue), 13.
Catelan (abbé), 251-2.

Catherine (Ste, de Bologne), 24.
Castres, 175⁴.
Catinat, 163.
Caulet, 95³.
Caumartin (abbé de), 54.
Cavallerini (card.), 57.
Césarini (duc Sforza), 193⁴, 196¹.
Chaberé et Chuberé et Scuberé, 134³.
Chabert (abbé), 60¹.
— (avocat), cf. Chuberé, 60, 134².
Chaise-Dieu (abbaye), 63³.
Châlon-sur-Saône, 75², 222³.
Châlons-sur-Marne, 53, 132³, (133), 239, 324, 326.
Chamilli (Cte de), 79, 82-3.
Chantérac (abbé de), 113, 116-7, (139), 143³, 165¹, 170², 195¹, 204³, 217, 282, 285-7, 289, 290¹, 292¹.
Chantilly, 206.
Charavay (Noël), 314.
Charlas, 199.
Charles (St-Borromée), 24, 33.
Charolais, 210.
Charonne (rue de), 10³.
Charonier (S. J.), 208¹, 233.
Charpentier (22).
Chartres (M. de), (54), 89, 96, 104², 114, 116¹, 137³, (147), 167, 169-70, 172, 177-9, 181, 200, 206, 213, 223, 244-5, 250, 252-3, 264, 324¹, 326.
Chartreux, 256.
Chasot, 55, 61, 66-7, 72-4, 78, 85, 103, 123, 128, 132, 140, 143-4, 152, 154, 173, 181, 189, 200, 204, 206-7, 210, 213, 215, 220, 222, 226-9, 231.
Chassot (Isaac), 58.
Chaste (de), (54).
Châteauneuf, 162, 211¹.
Châteaurenaud, 55.
Château-Thierry (Mlle de), 171.
Chauffart, 12³.
Chaulnes et Chaunes, 76².
Chavigny (Le Bouthillier de), 100⁴, (101).

Chavin de Malan, 280³.
Chéron (Elisa), 189¹.
Chérot (Henri, S. J.), 72², 115¹, 175², 205, 295¹, 323.
Chétardie, cf. La C., 285².
Chevreuse (duc de), (184), 248.
— (duchesse de), 245.
Chévry (Mme de), 274-5.
Chieti et Kieti, 180³, 197¹, 229, 232, 258.
Chiffre de Bossuet, 36¹, 145³.
Chine, 276, 281, 307.
Chirardin : card. de Bouillon, 233.
Choisi (abbé de), 53².
Christine-Eberhardine, 122⁵.
Chuberé, cf. Chabert, Schuberé et Scuberé, 76, (77), 134, 230-1.
Cibo (card.), 36¹.
Cicéron, 73², 243.
Clairambault, 297.
Claude, 278, 280.
Cléandre, 240.
Clergé, cf. Assemblée, 191.
Clément XI, 140³, (245).
Clermont (abbé de), 311⁴.
— (cf. Chaste de Roussillon), (54).
— (64), 140².
— (collège de), 257.
Cloche (le P., O. P.), 83, 115.
Coislin (Pierre de Camboust), 112², 212.
Colbert, 75¹.
— de Croissy, 75¹.
Colin, (48), 323¹.
Colombet, 250.
Cologne, 9, 240, 260.
Compiègne, 188, 203-4, 206.
Condé, 44, 74¹.
Condom, 45, 304.
Condomifage, 305.
Conflans, 316².
Coniac (Dom), 145³, 160¹, 163¹, 165³, 179¹, 183³, 194⁴, 195², 196², 206³, 207¹, 208², 211³, 215², 216⁴.
Conti (Pce de), 66¹, 121, 124, 128, 188.
— (Pcesse de), 171.

Conzatti (Zaccaria), 302².
Copenhague, 79¹.
Corda, 45³.
Cordeliers, 114-5, 307.
Corneille, 2, (43).
Correspondant (Le), 149¹.
Cosnac, 86¹.
Cosne (cf. La C. ou Le C.), 43¹.
Coulommiers, 14, 298, 330.
Coursan (de), 46¹.
Courtin, 76, 80.
Coutances, 113, 337.
Cragni en Charollais, 240.
Croissi (Mlle de), 103.
— (Colbert de), 75¹.
Cros, 337.
Crouslé, 12², (102), 142², (143), 271, 284¹, 288, 289¹, 290¹.

D

Dalbon (abbé, cf. d'Albon), 161².
Dambrines, 19.
Dangeau (*Journal* de), 86, 91⁴, 92², 100², (101), 140², 143, 149¹, 161², 197², 310², 311⁴.
Daniel, S. J., 136.
Dauphin, 49, 59, 174, 188, (195), 302-5.
Dauphine, 11, 49, 103⁶, 129⁴, (246), 302.
Daurat, 199.
De Cour, 246.
Defontaine et de Fontaine, 168.
Deforis, 15-8, 20-1, 40, 120¹, 130-1, 159², 203², 211³, 223, 297.
Degeniri, 168.
Delesques, 42².
Delfel, 335.
Deliciano : card. de Bouillon, 233.
Deligne, 31².
Delmont (Mgr), (102), 285².
Delplanque (abbé), (102), (158), 269-75, 277, 282-3, 285-8, 290-1, 292¹, 294, 297.
Demaison (L.), 123¹.

Depping (G.), 235[1], 315[1].
Desfaveries, cf. Beauvoys, 273.
Desmarais, cf. Godet Regnier.
Desmarest (abbé), 13.
Desnoiers, 309[1].
Desrez, 17.
Des Rochers (E.), 247.
Desaillier, cf. Dezallier, 253.
Dessaullers, cf. Saulles, 45.
Destouches, 270.
De Ville (abbé), 248.
Dezallier, 253.
Dhautecourt, 13.
Dialogues sur l'éloquence de la Chaire, 9, 34.
— *sur le Quiétisme*, 54, 55.
Diaz (le P., Cordelier), 115.
Didot, 97[3].
Dijon, 44, 46[1], 103[6], 152, 175, 197-8, 210.
Dilingue, 240.
Diomède, 36[1].
Documents d'Histoire, VI[1], 13[2], 115[3], 213[2], 226[3], 249[1], 294[2], 300[3], 305[1], 307[4], 326[1].
Dominicains, 61, 83.
Donneau de Visé, (43).
Doucin (S. J.), 179[2].
Doumic (René), 268[1].
Dubois (card.), 149[1].
Du Bos (abbé), 306, 308.
De Buc, 151[2].
Du Cambout (cf. Coislin), 112[2].
Du Cange, 305.
Dugas, 243[1].
Duguet, (139), 252.
Du Jarry, 189[1].
Du Mont, cf. Gaurault, 44, 47, 64, 100[3], 190.
Dunkerque, 121.
Du Pin (abbé), 55.
Du Plessis (collège), 10.
Dupré, (82), 106.
Du Puis, 252.
Du Vaucel, 63[3], (199).

E

Elbeuf (duc d'), 212.

Eloi (St), 223.
Embrun, 63[3].
Epinal, 245.
Epiphane (St), 114.
Esaïe (cf. Isaïe), 247.
Espagne, 61, 304, 307.
Espions, 195.
Estienne (Jacques), 321[1].
Estiennot (Dom), 121, 203, 212, 280.
Estrées (card. d'), 123, (141), 151, 152, 154, (197), 221, 248-9.
— (Cte de), 249.
Etienne (St), 63, 109, 110.
Etudes, VI, 35[1], 50[2], 87[2], 82[2], 198[1], 267[1], 299[1], 300[3].
Europe, 57.

F

Fabri (S. J.), 182.
Fabroni, 57.
Fagon, (53), 54, 76, 255.
Falconi, 69.
Fanal (baron de), (73).
Fanfan, 275[4].
Faremoutiers, 11[1], 214, 329, 332.
Favart, 51[1].
Fécamp, 310[2].
Féchoz, 189[2].
Félix et Fœlix, 53, 54.
Fénelon (Mis de), 273[4], 274[1], 321[1].
Fercourt (Perrot de), 128[4].
— (Mme de), 128.
Ferra, 113[2].
Feuillants, 75[1], 208, 337.
Fève (abbé de), 202[4].
Feydé (abbé), (82), 106.
Fiacre (St), 87[2].
Fiesvet (M. de), 24.
Fisquet, *France pontificale*, 50[1].
Firmin Didot, 320[1].
Flandre, 60, 110, 163, 168, 188[1], 258.
Fléchier, 11, 335.
Fleurnois, 28.
Fleury (abbé), 14, 55[3], 242-5.

INDEX ALPHABÉTIQUE 345

Fleury (André-Hercule), 221, (222), 252.
Floquet, *Études sur Bossuet*, 43[1], 44[2], 56, (85), 86, 97, 127[1], 129[4], 134, 135[1], 143; 144[1], 149, 150, 252, 304-5, 312[3].
Florence, 80-2, 102-3, 106, 110, 163, 232.
Foelix et Félix, 53-4.
Foix (Mme de), 164, 193[4], 258[3].
Follet, 275.
Fontaine (de), 168.
Fontainebleau, 67, 73-4, (84), 127, 208-11, 218-21.
Forbin-Janson, cf. Janson, 151[2].
Fortin de la Hoguette (Hardouin), 258[1].
Foucauld (Joseph), 59.
— (Mme), 73, 86, 90, 103, 122, 128, 140, 146, 152, 163, 168, 173, 176, 182, 184, 189, 201, 203, 205, 207, 214, 226, 230-3.
France, 2, 12, 36[1], 48, 57, 65, (73), (79), 80[1], 111, 135, (139), 140[3], 146[1], 165[1], 167[1], 184-5, 188, 191, 198, 201[1], 209[2], 213, 224, 239, (241), (245), (246), 256, 267, 294[2], 297, 304, 307, 310[2], 315.
Français, 73.
François d'Assise, (St.) 23.
— de Sales (St.), 2, 268, 285[1].
Frascati, 73[4], 75[3], 208[1].
Frédéric-Auguste de Saxe, 123[5].
Frédrick (Jules), 310.
Fréjus, 221, 325.
Fremyn (Guillaume), (73).
Frescati, 73.
Funck-Brentano, 4-6.
Furetière (*Dictionnaire*), 226[1].

G

Gaignet (abbé), 299[1].
Gaignières, 247[1], 277, 306[1].
Gaillard (le P., S. J.), 181.
Gaillon, 218.
Gaïon, 54.

Galeran et Galleran, 66[1], 122, 208, 232[1].
Gallard (Mgr), 38[2], 191.
Galleran (Mmes), 66.
Gallia christiania, 10[3], 50, 2, 311[3].
Gams, *Series Episcoporum*, 175[4].
Gandar, 2, 295.
Gantrel (Etienne), 49.
Gard (Le P. Genofevain), 337.
Gary (Catherine), 300.
— (Claude), 299.
Gasté (Armand), 42[2], 312[3].
Gaume, 18[1], 321[1].
Gaurault Du Mont (Renée-Madeleine), 44, 47, 214.
Gazette, cf. nouvelles à la main, 154, 179.
— *de Hollande*, 110, 152-3, 155, 179[2], 201.
Général des Dominicains, 61.
— des Jésuites, 231, 258-9.
Genest (abbé de), 246.
Genève, 106[3], 170, 192, 193[1], 200.
Geniri (cf. De G.), 168.
Geori, Giori et Giorri, 151[2], 154.
Gérard et Girard, 149.
Gerberon (O. S. B.), 277.
Gergi (M. de), 227.
Gergy (Languet de), 103.
Germain (Dom), 279[1].
Germigny, 55[3], 59, 71-4, 118, 122, (126), 181, 206-7, 210.
Gervais (St), (43).
Giorri, 154, 196, (197), 229[2].
Girard de La Bornat, 140, 149[2].
Gitard (Daniel), 336[1].
Glorieux (Caroline), 293.
Godard-Faultrier, 273[2], 274[3], 276[3].
Godet des Marais, (54), 164[3], 169, 170, 265.
Gomer de Luzancy, 64.
Gonzalez (Thyrse), 83.
Gosselin, *Hist. litt. de F.*, 5, 18-9, 37-42, 273, 321[1].
Goux, cf. Le G., 63[2].
Graevius, 246[1].

Gramont, 197[2].
Grande Bretagne, 191.
Grandet (Joseph), 202[4].
Grand duc de Toscane, 57-8, (82), 92[6], 103, 106[5], (223), 228, 246[3].
Grandin, 338.
Grand Prieur (cf. Vendôme), 188.
Gr gnan, 277-9, 290[1].
Grimarest, 321[1].
Griselle (Eugène), *Bossuet abbé de St-Lucien*, 39[2], 106[4], 141[1], 167[1], 257[4], (259).
— B. et F.... leur *Correspondance*, 106[4], 242[2], 246[1], 247[1], 273[1], 277[2], 280[2], 301, 314[3].
— *Hist. crit. de la Prédic. de Bourdaloue*, 53[1], 63[1], 75[1], (98), (107), 114[2], (126), 140[1].
— *Lettres de Bossuet revisées*, (41), 319[3].
— *De Munere pastorali Bossuet*, 22[2], 39, 214[1], (265).
— *Les principaux Portraits de Bossuet*, 57[2], 80[1], (81).
— *Quelques Documents sur B.*, 13[4], 140[2].
— *L'Aventure de l'abbé Bossuet à Rome*, 143[1], 152[3], 155[2], 164[2], 167[1], 175[1], 193[4], 195[1], 199[1], 242[1], 292[1].
Grisons, 66.
Griveau (Abel), 271.
Grotte, cf. La G., 78[3], (128).
Guemenée, 171.
Guenin et Guerin, 148[1].
Guérin, 60, 80, 148, 161, 190, 211, 220, 225.
Guet, cf. Du Guet, (139).
Guettée (abbé), 48.
Gueset de la Templerie, 143[1].
Guilbert (Le P., orat.), 258.
Guillaume, 210, 220[1].
— (Dom Claude), 210.
Guischard, 81[1].
Guyménée, 171.
Guyon (Mme), 69, 87-9, (139), 156, 174, 175, 180, 182, (184), 185[1], 192, 197, 200, 205, 213, 243[1], 248, 250, 264-5, 288-9, 325.
Guyot, 292.

H

Habert, 247[3].
Hachette, 52[1], 267, 294[2], 304[1].
Harcourt (Mis d'), 227.
Hardouin (cf. La Hoguette), 258[1].
Harlay de Champvallon, 338[1].
Harlay (M. de), 78[1], 227.
Hautcœur (Mgr), *Hist. de l'Eglise collégiale de St-Pierre de Lille*, 9[2].
Hautecourt, cf. Dhautecourt, 13.
Hautvilliers, 324[1].
Hébert, 50[3], 246.
Herbigny (Henri d'), 183[1].
Héricart (O. S. B.), 330.
Hervard, cf. Herwart, 210.
Heslin (M. d'), 24.
Hollandais, 76, 86.
Hollande, 29, 103, 142[1], 152-3, 157[2], 179[2], 190[1], 201, 243[1], 322.
Hongrie, 304.
Huet, 59.
Huxelles (du Blé d'), 334[1].

I

Ignace de Loyola (S.), 31-34.
Impériaux, 67.
Indéx, 177.
Ingold, 39[2].
Innocent X, 71, 239.
— XI, 77.
— XII, VI, 12, 36[1], 61-2, 92, 104-5, 107-11, 116-7, 144-6, 152, 156-7, 160, 162, 167, 172-3, 176-80, 182, 184, 186-8, 206-10, 214-5, 220, 226[2], 229, 232, 240, 259[1], 264, 281, 307, 310[2].
Institut (Bibl. de l'), 4.

INDEX ALPHABÉTIQUE

Isaïe, 247, 293.
Issy, 38, 129, 238, (324).
Italie, 73, 80¹, (81), 82, 93, 146¹.
Italiens, 73.

J

Jacobins (cf. Dominicains), 83¹, 114-5, 317².
Jacques II, 140-1, 178³.
Jadart, 31.
Jaeglé, 178², (189).
Janet (Paul), 22².
Jansénistes, 32, 71, 103-4, (199), 239, (241), 254¹, 255¹, 259¹, 275, 283, 320, 325¹.
Jansenius, 71, 139, 254.
Janson (card. de), 64, 65, 67-8, (76), 82, 90, 92-5, 97-8, 104, 110, 121, 123-4, 128, 148, (149), 151-2, 154, 165, 221¹, 240², (241), 242, 255, 307.
Jauche-Bouton, 79¹.
Jean (S. J.), *Les Evêques*, etc., 12¹, 75¹.
Jean Chrysostome (St.), 114.
Jésuites, 32-3, 81, 83-4, 90, 98, 114, 115, 125, 136, (141) 142¹, 145, 152-3, 155, 158-60, 176, 180-2, 185, 194, 206, 208, 231, 233, 239-41, 248, (249), 254-5, 257-9, 326.
Joly (Claude), 11².
Joncoux (Mlle de), 32.
Joseph (St.), 28.
Joseph : Fénelon, 128.
Jouarre, 17, 58, 240, 255².
Journal de la Librairie, 6.
— *des savants*, 319, 322.
Jouy sur Morin, 332.
Jovy (Ernest), 120¹, 234¹, 334¹.
Juilly, 120².
Jurieu, 28, 98.

K

Kieti, Cf. Chieti, 232.

L

La Barde (chan. de), 337.
La Barmondière, 338.
La Berchère (Le Goux de), 63, 255¹.
Laborie (Lanzac de), 149¹.
La Bornat (Gérard de), 140².
La Briffe (Marguerite de), 47², 59, 65¹.
La Broise (S. J.), *Bossuet et la Bible*, 37.
La Broue, 70, 246.
La Bruyère, 2, 35, 52-6, 60, 62, 156³.
— : Fénelon, 165⁴, 168³.
La Celle, 330.
Lacépède (rue), VI¹.
La Chaize (Le P. de), 50, 68¹, 75, 81, 83, 90, 98, 107, 145, 152, 167¹, (184), 241, 255, 257.
— (Cte de), 68¹.
Lachat, 15, 17, 40², (41), 53², 57¹, 62¹, 63¹, 65²-67², 69¹-71²-71², 74¹-77², (79), 80¹-83¹, 86¹, 87², 89¹, 91³, 92¹, 94¹, 95, 95¹-97¹, 99³, (101), 102¹, 103²-5², 108¹-9¹, 111¹-112², 114¹, 117², 119¹, 120⁴, 122¹, 126³-128³, 129², 130, 132³, 135¹, (144), 143¹-4¹, 145³, 146¹, (147), 148¹, 159², 160-1¹, 163⁴, 168³, 170¹, 171², 172¹, 173², 174¹, 176², 178³, 179², 181¹, 183², 184², 185¹-6¹, 187-9², 193⁴-4⁴, 195-6¹, 197³, 202-3², 204¹, 208⁵, 209¹, 211³, 214¹, 216⁴, 217¹, 219¹, (222-3), 224², 225¹, 226², 229², 262¹, 263², 296¹, 316¹, 319¹.
La Châtre (Françoise de), 330, 334.
La Chétardie, 285².
Lacombe, 69, 172¹, 175, 181, 186¹, 197, 200, 286.
La Chétardye, 106⁶.

La Cosne, 42.
La Croix (Sr de), 159.
La Ferté-sous-Jouarre, 14.
La Feuillade (duchesse de), 124.
La Fontaine, 2.
La Grave (Mme de), 64.
La Haye, 29, 179^2, 194, 226^1.
La Hoguette, cf. Fortin, 258^1.
La Houssaie (cf. Le Pelletier), 336.
La Maisonfort (Mme de), 242, 245.
Lamy (Dom), 16-7, 280.
Langeron (abbé de), 13-4, 75^2, (139), 242, 252, 285^2, 289, 320, 322.
Langlois, 260.
Langres, 75^2.
Languet (Denis), 103^6.
Languet de Gergy (J. B. et Jb), 103^6, 108^4.
Lannemarc (Prince de), 76.
Lanzac de Laborie, 149^1.
Laon, (54), 311^4.
Laplanche, 166, 218.
La Pose (le P. de, orat.), 214.
Laquais de l'abbé B., 162, 168.
La Rivière (abbé Poncet de), 109^5.
La Rochefoucauld, 253.
La Rochelle, 325^1.
La Rue (le P. de, S. J.), 115, 205-6, 208, 213, 283.
La Templerie (abbé de), 143.
La Tremblade, 12^2.
La Tremouille (abbé, puis et card.), 140, (141), 149^3, 154, 155.
Launai (M. de), 86.
Laure (Ballard de), 299.
Laurent (Fr.), 132, (133), (134).
Lavallée (Th.), 21.
La Vallière (Mis de), 171.
La Vieville (abbé de), 123, 124^1.
— (M. de), 123.
Lebarq, Hist. crit. de la Prédic. de Bossuet, 1, 2, 14^2, 15, 37, 164^2, 295.

Lebel, 5, 6, 16-7, 20, 53^2, 64^1, 78^1, 83^1, 92^3, 120^4, 130, (133), 146^1, 159^2, 170^2, 178^3, 180^1, 182^1, 187^2, 203^2, 214^3, 216^2, 259^1, 262^1, 323.
Lebeuf, Hist. de Paris, 10^3, 13^3, 189^2.
Le Boisseau, 164.
Le Bouthillier (Denis-Fr.), 104.
— (François), (104), 324^3.
Le Breton, 325.
Le Camus, (card.), 108, 259^1, 336^2.
L'Echelle (M. de), 252.
Leclerc, 247.
— 322.
— (H.), 106^4, 242^2.
Lecoffre, 40^1.
Lecomte (S. J.), 240.
Ledieu, VII, 39, 47, (48), 49^1, 50-2, 59, 64-5, 70, 78^3, (85), 90, 100, 108^1, (126), 128^4, (138), 140^2, 164^2, 169, 180, 215, 237, 238^1, 239^2, 240^2, 250^4, 253^3, 254^1, 258^2, 259^1, 262, 263^3, 264-5, 306, 313, 316^2.
Le Drou, 180^3, 197^1.
Le Febvre (Nicolas), 176^2, 242.
Lefeuve, 54^1.
Le Goux de la Berchère, 63^2.
Leibniz, 324^1.
Le Maire (Mlle), 193.
Le Meur, 326.
Léonard de Ste-Catherine, 27, 282^4, 306^2, 308, 317-20.
Le Pelletier de la Houssaie, 336.
Le Roy (Mme A.), Correspondance de P. Quesnel, 32^1, 63, 162^2.
Letellé (A.), F. en Saintonge, 12^2.
Le Tellier (Maurice), 40-1, 51, 120^1, 130-1, 159, 162, 248^2.
— (Michel), 122-3.
— (S. J.), (249), 326.
Letourneau (abbé), 202^4.
Letouzey, 299^1.
Leuze, 274.

INDEX ALPHABÉTIQUE 349

Le Valois (S. J.), 240, 248.
Levesque (Eugène), 39[1], 87[1], 89[1], 90[5], 97[3], 98[2], 99[1], 101[4], 102[1], 104, 106[1-7], 108[2], 109-10, 110[1], 125[1], 126[3], 129[1], 135-6[1], 144[1], 150, 267, 294, 298, (321).
Liège, 197[1], 233.
Lille, 3, 9, 270[1], 285, 291.
Limoges, (321).
Liste des Prédicateurs, 9-11, 13, 22.
Lizot, 337.
Livourne, 57-8, (79), 103, 259[1].
Lodève, (222).
Lombard (S. J.), 239.
Loménie (Ch. Fr.), 337[1].
Londres, 90[4], 308.
Longlois, 260[1].
Longueville (duchesse de), 336[1].
Lorraine (duc de), 212.
— (duchesse de), 212, 214-5, 217.
Lorraine, 245[2].
Louis XII, (73).
— XIII, 304, 307.
Louis XIV, VI, 11, 67, (81), 86-9, 90-1, 94-6, 98, 101[2], 103-4, 106, 109, 111-5, 118, 122, 126-7, 130, 143-4, 146[1], (149), 151, 154, 161-2, 167, 171-7, 179, 182[1], 184, 186[1], 188, 192, 197, 199, 203, 207, 212, 214, 220-1, 224, 229, 232-3, (241), 242, (245), 253-5, 257, (259), 264, 281, 285, 290, 303, 307, 340[2], 311, 315, 336[1].
Louis XV, (73).
Louvois (abbé de), 51.
Lovat (Ctesse de), 14.
Loyola, 31, 33.
Loyson (Étienne), 301.
Luc (S.), 112.
Luce (Ste), 232.
Luçon, 321[1].
Luther, (244).
Luxembourg, 103, 121[2].
— (palais du), 275.
Luzancy (abbé de), 53, 58, 64[1], 65.

Luzancy (Mme de), 58, 65.
Luynes (Mmes de), 49.
Lyon, 24[2], 43, 60, 62, 64, 148[1], 161[2], 183, 194, 196[2], 200[2], 214-5, 218-21, (227), 237, 316[2].
— (Cte de), 75[2].

M

Mabillon, 31-2, (98), 279[1], 280, 313[3].
Mâcon, 143[1], 292[1].
Madame, cf. Palatine, 178[4], 188[2], 212.
Madame Royale, 214-5.
Madeleine du Trainel, 10, 14.
Mademoiselle, 212.
Madot (abbé François de), 192-3, 206-7, 210, 222-6.
— 192[1], 193[2], 222[3], 223, 206, 210, 226.
Magni (Mme de), 64, 100, 205.
Maille, 199.
Maine (duc de), 79, 127, 188.
Maintenon (Mme de), 15, 21-22, 90, 95-6, 108[3], 112, 130, 154-5, 161, 167, 168[3], 171, 175[5], 186[1], 192, 194[2], 242, 245, 249, 264-5, 349[2].
Maistre (Joseph de), 47, 120.
Malan (cf. Chavin de), 280[3].
Malaval, 69.
Malezieu (M. de), (79), 99[3], 128.
Malines, (199).
Mantoue, 106[5].
Marais, cf. Des M. (54), (54).
Marais (le), 42.
Marcel (Louis), 336[2].
Margival, 313.
Marie, 28.
Marie d'Agréda, 115, 306.
— de Médicis, 302.
Marly, 66, 67, 108[2], 112, 122[1], 125, 178[3], 179-80, 180[1], 231, (244).
Marseille, 12[2], 57, 91, 106, (242), 259.
Marne, 74.

Marteau (Pierre), 240, 260.
Martin (S.), 74.
Martin (Aimé), 20, 35, 42, 320[1].
Martiny, 124.
Mascaron, 11[2].
Massillon, 63, (64).
Massimi, 124, 211, 216, 219, 220.
Masson (Maurice), 288.
Mathieu (S.), 28.
Mathieu, 338.
Mathurins, 247.
Mauléon (Mlle de), 299.
Maulevrier (abbé), 75, 78, 101, (102), 168, 285.
Maupeou (Augustin), 175[4].
Maurisseran, 212, 218, 225, (259).
Mauroi, 192-3.
Maximes des Saints, V, VI, 34, 87-8, 90-1, 101[4], 103[3], 104[3], 105[3], 159, 161[1], 189, 213, 219[1], 235, 243, (244), 262[1], 270, 272, 290[1], 293, 306, 308, 314[3], 325.
Maury, 17.
Mayence, 106[6].
Mazarine (rue), 309[1].
Meaux, VI, 15-6, 18, 20, 28, 35, 37-40, 42-3, 50, 60, 63[1], 65-66, 72-5, 79-81, 83, 85-94, 97-99, 102-11, 116-9, 121-7, 132, 135, 138, (139), 143-5, 149-1, 151, 153-5, 158, 160-3, 166-9, 171-3, 175-7, 182-3, 185, 188, 190, 192-4, 199-208, 210-6, 220-7, 229-33, 237-9, 244-5, 248-55, 278, 280, 283, 298, 308, 312, 315[3], 316[2], 317-22, 322, 326, 334[1].
Méditerranée, 103.
Melian, 77, 82[1], 128[4].
Melun, 10[3].
Mémoires de la Société hist. et litt. de Tournai, 310[3].
Mémoires de Trévoux, 321[1].
Mérat, 300.
Mercure galant, 23, 24, (43), 49, (101), 187[1].
Mercure historique, 179[2], 191.
Meraut, 336.
Meslay (Rouillé de), 65[1].

Metz, (43), 47, 55, 58, (73), 104, 112[3], 132[3], 152, 168, 173, 176, 178.
Meudon, 95[4], 188, (189).
Meuse, 63.
Migne, 15, 22[1].
Milanais, 67.
Milet, c'. Mill et Millet, 55[2], 61[1]. 73.
Millet, 55, 59-61, 64, 77, 82, 86, 168, 222.
Minimes, 161, 175-6, 213.
Mirepoix, 70, 71, 112[3], (138), (148), 162[3], 246, 251[3].
Miro (le P.), 281[1].
Mochet (Marguerite), 58.
Moetjens, 29.
Molière, 2.
Molinisme, 84.
Molinos, 69, 119, (139), 174, 177, 182, 186[1], 213, 232, (240), (241), (249).
Monaco (M. de), (79), 182[1], 205, 208, 232, 233.
Mondolot, 334[1].
Monmerqué, 35, 42, 52, (53), 55-6, 59, 61[1].
Mons, 27, 274.
Monsieur, 212.
Mont (cf. Du Mont, 44).
Montan et Montanus, 180, 200.
Montault, cf. Barbier, 273.
Montauron, 303.
Montbazon (M. de), 171.
Montbéliard, 66.
Montbron, 24.
Montecaval, 83.
Monteleone, 301.
Montfaucon, (98).
Montmort (abbé de), 11.
Montpellier, 75.
Moras (Horace de), (73).
— (Jean-Michel), (73).
— (Marie-Angélique), (73).
— (Mme et Mlle), 72, (73).
Moreau, 242.
Morrisson, 278, 279[1].
Mortemart (duchesse de), 245.
Moselle, 163.
Mouron, 329.

N

Namur, 280.
Nancy, 245, (246).
Nantes, 12², 83¹, 173, 210².
Naples, 75, 76, 100.
Napoléon, 84¹, (85), 292, 294¹.
Narbonne, 63.
Narcille (S.), 36¹.
Navarre, 51¹.
Nemours, 220.
Nerli (card.), 184, 229², 258, 259¹.
Nicaise (abbé), 246¹.
Nicole, 279.
Nisis, 276.
Nîmes, 337.
Noailles (L. Antoine de), (54), 69-71, 95³, 99¹, 104², 109, 112², (134), 137³, (138), 164³, 182¹, (185), (194), 239, 249-50, 252, 263³, 265, 290¹, 312, 315, 316², 319, 320, 325.
— (Gaston de), 53³, 324.
— (Maréchal de), (133), 171, 249.
— (duc de), *Hist. de Mme de Maintenon*, 15, 20-1.
Noblet, 229.
Noirmoutiers (Louis, duc de), 140³, 149.
Nonce (1696-99), 71, 90, 96, 105, 107, 109-12, 115, 119, 127, (139), 145, 146¹, 154, 164, 176, 186¹, (187), 209, 219-20, 229², 264, 281.
— de Pologne, 109, 122⁵.
Noris (card.), 36¹.
Notre-Dame, 51¹, 53, (54), 78³, 337-8.
— de Soissons, 189.
Nouet, 60.
Nouvelles archéologiques, etc., de la Société... d'Angers, 273.
Nouvelles Catholiques, 10-1, 13.
Nouvelles à la main, 140, 154, 181, 189-90, 197, 227, 228.

Nouvelles ecclésiastiques, 23, 255¹.
Noyon, 226.

O

Orange (Prince d'), 63, 76, 86, 103, 163.
Oratoire, 63³, 114-5, 258, 337.
Orléans (duchesse d'), 178.
— 112².

P

Paget, 215.
Palatine, 178, 235¹.
Palosa (Jean de, S. J.), 240.
Pamiers, 95³.
Panciatici (card.), 174³.
Paris, VI, VII, 10³, 12², 16-7, (19), (22), 24¹, 27, 32¹, 36¹, 39¹, 40-1, (43), 44, 45³, (48), 53, 59-60, 63-6, 68, 73-74, 78, (81), 85, 87-9, 91, 94-5, 97, 99, 100 2, 103⁶, 104, 108, 110-1, 118-9, 121, 123-8, 130-1, 135-7, 154-5, 160-2, 160, 162², 164, 166, 171, 175, 177-81, 183, 185, (187), 189², 192-3, 198¹, 202-10, 211², 212, 213², 214, 219¹, 220-1, 223-28, 230-1, 242, 245², 256, 260-3, 267², 274¹, 275, 283, 286, 291, 294¹, 296¹, 299, 301, 304¹, 305¹, 306-8, 309¹, 317², 321¹, 323¹.
Paris (M. de), cf. Noailles, 69-70, 77, 82¹, 87, 89, 96, 99, 112, 114, 118, 129-30, 132, (134), 135, 137, (138), (139), (147), 154-5, 160, 165, 167, 172, 174-8, 182, (184), (184), (186), (185), 186¹, 192-4, 196², 198², 199, 200, 202, 205-6, 213, 219¹, 223, 229, 244-5, 263-5, 307, 315, 338.
Pastel (Charles), 66³.
Paul (S.), 326.

Payen (Nicolas), 42².
Pays-Bas, 117, 146¹, 163.
Pearson et C°, 91⁴.
Pelée, 167².
Pequini (abbé), (244).
Pérau (abbé), 237.
Péray (Mlle), 23.
Périsse, 200².
Perpignan, 11.
Perrault, 189¹.
Perrin, 162².
Perrot de Fercourt, 128.
Petit, 133.
Petit-Bourbon, 12².
Peyre (le P.), 151².
Phelipeaux (abbé), 36, 40-2, 48, 51-3, 57-8, 61, 64, 66, 73, 75, 77-8, 82-3, 85-6, 92-7, 100, 101², 102-4, 110, 121-2, 124, (138), 139¹, 140, 142, 146, (147), 152, 154, 156, 166, 169, 172¹, 173², 175¹, 176, 181, 183-4, (185), 188¹, 191¹, 193, 197¹, 198², 203, 205², 206, 207-9¹, 214, 217, 219, 224¹, 227, 229², 239, 240², (241), 242, 246², 248⁴, 250³, 259¹, 264, 279¹, 306, 307¹.
Philippeaux, cf. Phelipeaux, 242.
Picard, 12³.
Pie V (S.), 204².
Pie VII, 292, 294¹.
Pierre (S.), (148).
Pighius, 151².
Pirot, 75, 82³, 99, 130-2, 137, 164, 202, 219¹, 250, 316-8, 338.
Pise, 53².
Pitti (81).
Plas (Jeanne de), 11¹, 329, 333, 334¹.
Plessis (collège Du), 10.
Plessis-Grimoult, 50.
Plon, 45³.
Plon-Nourrit, 123¹.
Poidebard (William), 243¹, (244).
Poitiers, 140².
Polignac (card. de), 66¹.

Pologne, 66, 109-111, 121-2, 128, 179.
Polybiblion, 6.
Pommeuse, 330.
Pomponne (abbé de), 51.
Poncet de la Rivière (Michel), 109⁵, 110.
Pons et Pont (Mme de), 100, 128.
Pont (M. de), 100⁴.
Pontchartrain, 188, 319.
Ponthieu, cf. Aubry, 128.
Port-Royal, 254, 337.
Portugal, 307.
Poussay et Poussé, 245².
Pradel (Charles de), 75¹.
Prince (M. le), 54, 55¹, 74¹.
Priscille, 180⁴, 200.
Problème ecclésiastique, 69, 112³, (133).
Protais (St.), (43).
Protat, 292¹.
Protestantisme, 23, 142¹, 364.
Provence, 159.
Provinciales, 54.

Q

Quénot et Quinot, 146¹, 250.
Quentimpré, 24.
Querbeuf (le P. de), 20.
Quercy, 12¹.
Quesnel (le P.), 32, 63³, (64), 162², (199).
Quiétisme, VI, VII, 7, 27, 28, 35-6, 48, 62, 64, 69, 77, 78-266, 270, 274, 277, 283.
Quiétistes, 173-5, 179, 309.
Quimeners, 307.
Quinot, 146¹, 250⁴.
Quirini (Dom), 280.

R

Racine, 84¹.
Raguenet (abbé), 187.
Rambouillet, 10.
Ramsay, 18-20, 287, 321¹.
Rancé, 108¹, (138).

Réaume (abbé), (85).
Rebais, 255[2].
Rebelliau (A.), 4, 280[1], 304.
Regnier des Marais (abbé), 188[1], 190.
Reims (arch. de), cf. Le Tellier, 51, 96, 112, 115, 120, 122-4, 131, 136, 142[1], 155, 160, 162, 170-1, 203-4, 211-2, 223-4, 248, 254, 307, 315.
Reims, 31[2], 40[1], 123, 131, 160, 170, 192, 213.
Remiremont, 245.
Renaudot (abbé), 154-5, 182[1], 188[1], 229, 305-6.
Réomé (abbaye de), 75[2].
Résurrection (Laurent de la), (134).
Retaux, 12[2], 106[4], 198[1], 295[1].
Retz (card. de), 2, 257[2].
Revue bleue, 235[1].
— *Bossuet*, VI, 1, 14[2], 39[2], (43), 50[3], (81), 86, 87[1], 88[1], 90[1], (91), (98), 103-4[1], 105[4], 106-7[2], 109[2], 118[1], 125[2], 126[3], 128, 129[1], 137[2], 141[1], 143, 144[2], 148[1], 150, 151[1], 154[1], 155[1], 156[2], 159[1], 140[2], 170, 171[1], 189[1], 192-3[1], 212, 213[1], 225[1], 237[1], 238[2], 239[2], 250[4], 253[1], 256[1], 258[1], 260[1], 312[2], 324[2].
— *du Clergé français*, 299[1].
— *critique*, 4, 297[1].
— *des deux mondes*, 267, 268[1].
— *Fénelon*, 14[1], 23[2], (79), (128), 182[1], 280[1], 286[1], 314[2], 324[2], 326[1].
— *d'Hist. litt. de la France*, 99[1], 130, 243[1], 323.
— *d'Hist. et de litt. religieuses*, 195[1], 292[1], 313[1].
— *de Lille*, 9[1], 25[1], 310[1].
— *Mabillon*, 280.
— *du monde catholique*, 299[1].
— *de Philosophie*, VI[1].
— *rétrospective*, 35, 42, 52[2], (53), 56[1].
— *des Sciences ecclés.*, 13[4], 140[2], (199).

Rhin, 67.
Rigaud (Hipp.), (81).
Riom, 63[3].
Robert (chan.), 274-5.
Rochefort, 29, 103.
Rodolovic, 197[1], 229[2].
Rome, VI, VII, 34-7, 39[1], 41, 48-9, 52-6, 57-9, 60[3], 61-2, 64-7, 69, 71, 73, 75, 77, 78[2], 79[1], 82, 86, 88-90, 93, 104, 106, 110-5, 117-8, 121-2, 124, 127-30, 132, 134-6, 137[3], (138), 140, (141), 142[1], 143[1], 144-5, 146[1], (147), 148[3], 149, 151[2], 152-8, 161, 163, 165-6, 167[1], 168-9, 172-3, 177-9, 181, 184, (186), 188[1], 189-91, 194, 196-7, 202, 204-9, 211-20, 222[3], 223-9, 231-3, 239, 242, (245), 247-8, 250-1, 253, 256-8, 259[1], 263, 280-2, 290, 292-3, 306-8, 305, 324[1].
Roseberg, 84[1], (85).
Roslet (le P.), 175[3], 191[1].
Rossi, 324.
Rotterdam, 27.
Rouen, 187[1], 319[2].
Rouillé (de Lyon), 62, 64, 75, 215.
— (le cadet, de Paris), 63-4, 215[5].
— (de Meslay), 65[1].
Roujault (Mme), 279[1].
Roussillon (de Chaste de), (54).
Rouvroye (Mme de), 80[1].
Rouyer, 65.
Roy (J.-B.), 237.
Royer ou Rouyer, 65.
Ruinard, 343[3].

S

Sachot, 337.
Sacriste (Le Dreu), 180, 197, 258.
Saint-Alexis, 331.
S. André des Arts, 338.
S. André (abbé de), 298.
S. Antoine (Sœur de, cf. Subtil), 298.

S. Antoine (faubourg), 14.
S. Aubert (abbaye), 24.
S. Augustin, 330.
S. Barthélemy, 324[1].
S. Cloud, 188[2].
S. Cyr, 9, 15-7, 24, 125, 245, (246), 253.
S. Etienne des Grés, 316[2].
— du Mont, 337.
S. Faron de Meaux, 330.
Saint-Fonds (M. de), 243[1].
S. Germain-en-Laye, 314.
S. Gervais, 337.
S. Gorgon, 59.
S. Hilaire, 337.
S. Jacques (faubourg et rue), 11, 13, 247, 283, 317[2], 337.
— du Haut-Pas, 13[1], 108[1], 335.
S. Louis des Jésuites, 240.
— en l'Ile, 39[1], 337.
S. Lucien, 39[2], 50, 106[4], 141[1], 167[1], 257[4], 313.
S. Magloire, 337.
S. Malen (Mme de), 248.
S. Maur, 337.
S. Menou (abbaye), 334[1].
S. Office, (148), 172, 179, 209[2], 231, (249), 281, 307.
S. Omer, (263), 311[3], 314.
S. Pastor, 61.
S. Paul (par.), 10[3].
S. Pierre de Châlons, 75[2].
— de Lille, 9[2].
S. Priest (M. de), 161.
S. Roch, 59, 153.
S. Sacrement, 13.
S. Sépulcre (abbaye), 19, 24.
S. Séverin, 337.
Saint-Simon, 2, 79[1], 97[3], 98[2], 106[6], 121[2], 122[4], 140[2], 149[2], 188[2], (222), 297, 348[1].
S. Sulpice, 2, 5, 10, 12[1], 13, 24[2], 37, (102), 103[6], 106, 200[2], 244-5, 248, 285[2], 289, 338.
S. Valery (abbaye), 310[2], 311[4].
S. Victor, *Tableau de Paris*, 10[3].
Ste Anne (rue), 10.

Ste Catherine (cf. Léonard).
Ste Foy (Jean de), Surin, 129[1].
Ste Geneviève, 337.
Ste Hélène, 237.
Ste Madeleine (Mère de), 334.
Ste Marguerite, 10[3].
Ste Thérèse de Jésus (Mère), 331.
Saintonge, 12, 13[2], 28, 59.
Saintes, 13.
Salignac, 12[1].
Salviati (Mis de), 103[1].
Sanadon (Le P., S. J.), 322.
Sardis (S. J.), 208[1].
Sarlat, 12[1].
Saron et Sarron (M. de), 60.
Saron (Mgr de), 72[2].
Sarron (M. de), 60, 64.
Saulles (de), 46, 46[1].
Saumon (cf. Turgot), 55.
Savaète (Arthur), 209[1].
Savary, 46[1].
Savigny (abbaye), 49, 50, 94, 161[2], 220.
Savoie (duc de), 60, 76.
— (duchesse de), 80[1].
— (Princesse de), 74, 80, 57, 60, 63, (81), 110-1, 178[2].
Saxe, 122.
Schuberé, Chuberé et Scuberé, 230-1.
Scuberé, 231.
Séez, 52, 221, (222).
Seignelai, 246.
Senez, 63[3].
Sens, 10[3], 258.
Séraphin (O. C.), 106.
Servois, 52, (53), 55, 56[1].
Seurre, 65, 175, 197-8.
Sève (M. de), 55.
Sévigné (Mme de), 2, 14, 162[2], 277, 279.
Sfondrate (card.), 83[1], 118, 136, 142[1], 162, (199).
Sforza (Cérarini), 196[1].
Siam, 53[2].
Sillery (Chevalier de), 124.
Simon (Richard), 246[2], 313, 317-9.
Sirmond (Jacques, S. J.), 63[3].

INDEX ALPHABÉTIQUE 355

Soanen, 63, (64).
Soissons, 42, 43¹, 49, 122, 189.
Sommervogel (S. J.), 136¹.
Sorbonne, 14, 48, 97, 114, 140², (185), 202⁴, 219¹, 307, 323, 337.
Soubise (abbé de), 240.
Souin (Clément), 106, 141¹, 212, 214, 218, 225¹, 228, 230, (239).
Sourches (Marquis de), 75¹, 86¹, (98), 100², 114⁵, 188².
Spada (card.), (147), 214-5.
Strasbourg, 106⁵, 121.
Subtil, (Sr), 298.
Suède, 76.
Sueur-Charruey, 319².
Suisse, 66.
Sulpiciens, 2, (1).
Surin (S. J.), 129¹, 132³.
Sylvestre, 247.

T

Tacite, 3.
Tamizey de Larroque, 243¹, (244), (245).
Tallart (M. de), 227.
Tarbé (collection), 123.
Tartare (chevalier), 78³, 127.
Tavernier, 120¹.
Telai, 110.
Télémaque, 28, 29.
Tellier (S. J.), cf. Le Tellier, (249).
Thérèse (Ste), 243.
Thiberge et Tiberge, 13.
Thoynard (Nicolas), 305-6.
Thomas, *Les Bossuet en Bourgogne*, (44), 59⁵, 65¹.
Tiberge, 13⁴.
Timothée, 326.
Tonton, 275⁴.
Torci (M. de), 80, (81), 155, 229, (241), 242.
Torci (abbé de), 75.
Toscane (Grand duc), 57, 80, (82), 92⁶, 103¹, 106⁵, 163², 22³, 246³.

Toul, 140, 149, 245.
Toulon, 195¹.
Toulouse, 257.
— (Comte et Prince de), 100, 140², 188.
Tournai, 311, 345.
Tournemine (S. J.), 324¹.
Tournon (rue de), 274-5.
Trainel, 10³.
Trappe (abbé de la), 108, 200.
Tremouille, cf. La T., 140³.
Trente, 311².
Treuvé, 237, 240².
Trianon, 65, 189¹.
Trochon, 31.
Tronson, 89, 243¹, 285³.
Troye et Troyes, 80¹, (81), 246.
Troyes, (48), (101), 120, 234-7.
Turcs, 67.
Turenne, 187¹.
Turgot, 55.
Turin, 194, 196², 219.
Turpin (Anne), 122³.

U

Unigenitus (bulle), 222².
Urbain (Charles, abbé), VI, 4, 6, 11¹, 13¹, 42², 59¹, 99¹, 123, 130¹, 162², 170, 192, 193¹, 225¹, 226³, 230, 248³, 286¹, 297-300, 323.
— et Levesque, *Bossuet, Correspondance*, 210³, 267, 269, 294, 296.
Ursulines, 298, 337.

V

Vaillant (abbé), 2, 295.
Vaïni, 134.
Valbelle, 262¹, 314³.
Val de Grâce, 337.
Valincour (M. de), 323.
Valois, cf. Le V., 248.
Valteline, 66.
Var, 12².
Varèse (abbé de), 305-6.

Vatican, 180, 190.
Vaucel, 63³.
Vaujours, 171.
Vaugirard (rue de), 39.
Vendôme, 188.
Veneroni, 301, 303, 305.
Verlaque (abbé), F. *Missionnaire*, 12², 95⁴, 113¹, (241).
— *Lettres du card. de Bouillon*, 285.
Vernon, 86².
Vernoton (M. de), 86.
Versailles, 2, 17, 20, 40, 50³, 53-4, 63, 69, 75¹, 79, (81), 88, 90-1, 99, 103, 107, 111, 114, 123, 131³, 132, 144, 151, 159, 175, 177, 178³, 192, 199, 203, 205-6, 212, 219¹, 220, 225, 230-1, (242), 246, 262-3, 274², 279¹.
Vieuville, 143.
Vieville, 123.
Villars-Brancas, (73).
Ville (abbé de), 248.
Villenave, 39, 87, 104.
Villers, 44.
Vincennes, 186¹.
Virgile, 243.
Visé, (43).
Visitation, 268, 337.
Vitry, 120¹.
Vittement (abbé), 176².
Vivant (abbé), 82, (241), 242.
Voisin, 311³.
Voisins (abbé), 310³.
Voltaire, 84¹.

LEXIQUE DE QUELQUES EXPRESSIONS ANCIENNES

beau (faire, ou donner), 103.
compressoir, 172, 173.
donner beau, 103.
faire beau, 103.
fers (mettre les — au feu), 103.
feu (mettre les fers au), 103.
houlette (cf. sceptre), 180.
insultateur, 226².
mettre les fers au feu, 103.
tenir relique, 226¹.
relique (tenir), 226¹.
sceptre (du — à la houlette), 180.
Tranquilliser (se), 122.

INDEX CHRONOLOGIQUE

1622, 24 mai, naissance de Marie Bossuet, 58.
1624, 15 janvier (cf. 25, date erronée sur Antoine Bossuet), (44).
— 17 janvier, date erronée id., 43¹.
— 25 janvier, naissance d'Antoine Bossuet, 43, (44).
1630, 13 janvier, naissance de Madeleine Bossuet, 59.
— 2 sept., première pierre de S.-Jacques-du-Haut-Pas, 336¹.
1633, 9 avril, S.-Jacques-du-Haut-Pas, érigé en paroisse, 336¹.
1641, 13 avril, ordonnance de Louis XIII en faveur des comédiens, 307.
1642, oct., Bossuet à Paris, 44.
1643, sept., création d'avocats au conseil, 44.
1647, 6 janvier, naissance de Soanen, 63³.
1652, 17 janvier, Antoine Bossuet, trésorier des États de Bourgogne, 44.
1660, 18 déc., Venise. X... à Zacharie Conzatti, 302.
1666, 25 déc., Privilège du livre de Veneroni, 302.
1662, 26 avril, Antoine Bossuet épouse R. Mad.-G. du Mont, 44.
1667, 11 juin, naissance de J.-Joachim Colbert, 75¹.
1671, 1ᵉʳ avril, Mme de Sévigné, sur Montmort, 11.
— 29 déc., naissance de Christ.-Elisab. de Brandebourg, 122³.
1674, 5 fév., Sévigné, sur l'arch. de Reims, 162².
— 22 déc., reconstruction de S.-Jacques-du-Haut-Pas décrétée, 336¹.
1675, 28 oct., de Brias, arch. de Cambrai, 314³.
1677, 25 août, naissance de Languet de Gergy, 103⁶.
— 11 oct., mort de Jeanne de Plas, 329, 334¹.
— 12 oct., mardi, préparatifs de ses funérailles, 329.
— 13 oct., mercr., messe de Requiem, vigile, 330.
— 14 oct., ses funérailles, 330.
1678, 14 fév., lundi, vigile de l'inhumation de son cœur, 333.
— 15 fév., mardi. Son oraison funèbre par Fénelon, 11¹, 329, 333-4.
— 12 juillet, prise de possession de Faremoutiers par Mme d'Huxelles, 334¹.
— 24 juillet, son entrée solennelle, 334¹.

1680, mars, mariage de la Dauphine, (246).
— 4 mai, dédicace de Veneroni et achevé d'imprimer, 304-3.
— 29 août, Gérard de la Bornat, Dr de Sorbonne, 150².
1681, mars, disc. sur l'Hist. Universelle, 304.
— mai-juin, Fénelon à Carénac, 12¹.
1682, 28 févr., Fénelon revalide un mariage à Paris, 12¹.
— 31 déc., Bossuet à Rancé, 305.
1684, 27 févr., Fénelon à Meaux, 14.
— 5, 12, 18, 24 mars, F. à la mission de Meaux, 14.
— 30 avril, Renaudot à Thoynard, 305.
— 15 mai, F. à Coulommiers, 14.
1685, 1ᵉʳ avril, Nic. Payen à Ant. Bossuet, 42².
— 20 avril, F. au carmel S.-Jacques, 13.
— 5 mai, samedi, vigile de la dédicace de S.-Jacques du H. P., 336.
— 6 mai, consécration de l'église, sermon de Fléchier, 337.
— 13 mai, clôture de l'octave, serm. de F., 13¹, 337, 338.
— 30 mai, mort de Mme d'Huxelles, 334¹.
— juin, Valbelle, transféré d'Aleth à S.-Omer, 314³.
— 5 juin, Fénelon à La Ferté-sous-Jouarre, 14.
— 9 oct., B. à Condé, 74¹.
— 25 oct., mort de Charles Bourlon, (43).
— déc. à juillet 1686, première mission de F. en Saintonge, 12².
— 5 déc., départ de F. pour Saintes, 13.
1686, 8 mars, La Tremblade, F. à B., 12².
— oct., F. négocie à Paris l'adjonction des sœurs de la Charité, 12².
— 16 juillet, or. fun. de Mme d'Huxelles par Bossuet, 334¹.
— nov. débuts de S.-Cyr, (246).
1687, 1ᵉʳ janvier, sermon de B. à la Maison professe, 84.
— 13 avril, quittance donnée à F. à Paris, 12².
— mai à juillet, seconde mission de Saintonge, 12².
— 8 déc., lundi, F. prêche aux Filles du S.-Sacrement, 13.
1688. 1ᵉʳ janvier, id., 13.
— 5 et 8 déc., Fleury aux N. Cath., 14.
1690, 18 mai, B. à Mme de Beringhen, 66³.
1691, 15 mai, F. à Gaignières, 277.
— 24 déc., lundi, Dangeau sur Savigny, 161².
— 26 déc., B. à Mme d'Albert, 50².
1693, 22 janvier, mariage de l'Electeur de Saxe, 122⁵.
— 22 mars, Bertier nommé à Blois, 13.
1694, 28 janvier, Versailles, F à Mabillon, 279¹.
— août, mort de M. de Cour, 246.
— nov. à août 1701, d'Herbigny, intendant à Lyon, 183¹.
— 17 nov., mort de Brias, 312³.
— 24 déc., nomination à Cambrai différée, 340².
1695, 2 janv., F. à Mabillon, 280².
— 23 janv., indult reçu pour Cambrai, 340².
— 4 févr., vendr., F. nommé à Cambrai, 340².

INDEX CHRONOLOGIQUE 359

1695, 18 févr., Versailles, F. au chapitre de Tournai, 21[1], 340-1.
— 8 sept., Soanen, nommé à Senez, 63[3].
— 10 mars, 33 art. signés à Issy, 239.
— 16 sept., Quesnel à du Vaucel, 63[3].
— 4 oct., F. prêche le panég. de S.-François d'Assise, 23.
— 24 oct., Quesnel à Du Vaucel, 63[3].
— déc., Bossuet menace d'en appeler à Rome, 250[3].
1696, 20 janv., B. à son neveu, 82[3].
— 13 mars, départ de l'abbé Bossuet, 36[1], 56-7, 250.
— 30 avril, abbé Bossuet à son père, 53.
— 3 mai, id., 53.
— mai à mai 1700, Turgot, intendant à Metz, 55[1].
— 1er mai, l'abbé B. s'embarque à Marseille, 57.
— 5 mai, Livourne, l'abbé B. à son père, 53, 58, 57.
— 8 mai, mardi, Ant. dîne avec La Bruyère, 54.
— 10 mai, jeudi, mort de La Bruyère, 54.
— 11 mai, l'abbé B. à son oncle, 57.
— 13 ou 14 mai, Ant. à son fils, lettre perdue, 56, 60[3].
— 16 mai, mercredi, abbé B. arrive à Rome, 58, 60[3], 61, 62[3], 257[1].
— 20 mai, B. à son neveu, à Pise, 53[2], 57, 64[1].
—   Sacre de Gaston de Noailles, (54).
— 21 mai, Paris, Ant. à son fils, (I) ([1]), 35-6, 42, 53-55, 60[3], 61[1].
— 28 mai, B. à son neveu, 55[3], 80[1].
—   Ant. à son fils, 60[3].
— 2 juin, samedi, audience de l'abbé B., 64.
— 4 juin, l'abbé B. à son père, 60.
—   Ant. à son fils, 60[3], 61.
— 7 juin, B. à son neveu, 36[1], 80[1].
— 10 juin, abbé Du Bo. à Thoynard, 308.
— 11 juin, Ant. à son fils, 60[3].
— 12 juin, abbé B. à son père, 62, 63[2].
— 18 juin, Ant. à son fils, 60[3].
— 24 juin, B. à son neveu, 64, 80[1].
— 25 juin, Paris, Antoine à son fils, (II), 56, 60-1.
— 30 juin, Germigny, B. à son neveu, 55[3], 62[3].
— 2 juillet, Ant. à son fils, (III), 56, 62-4, 159[2], 215[3].
— 7 juillet, réponse de la Cong. du Concile aux comédiens, 307.
— 9 juillet, Paris, Antoine à son fils, (IV), 65-6.
— 9 juillet, B. à son neveu, Ant. à son fils, 65-6, 80[1], 159[2].
— 15 juillet, B. à son neveu, 66[1].
—   Fleury reçu à l'Académie, 55[3].
— 16 juillet, B. à son neveu, 73[2].
— 19 juillet, l'abbé B. à son oncle, 65.

---

1. Les quatre-vingt-quinze lettres publiées ici sont suivies du chiffre romain qui a marqué leur série.

1696, 28 juillet, mort de Ch. Colbert de Croissy, 75¹.
— 29 juillet, B. à son neveu, 63¹, 75¹.
— 1ᵉʳ août, l'abbé B. à son oncle, 67².
— 6 août, B. à son neveu, (79), 80¹.
— 17 août, Paris. B. à son neveu, 68.
— 20 août, id., 67², (79). Ordonnance de M. de Noailles, 74.
— 22 août, Rome, Phelipeaux à X., 306-8.
— 26 août, B. à son neveu, 68¹.
— 28 août, Paris, id., (68), 80¹, l'abbé B. aux siens, 66-7.
— 2 sept., Germigny, B. à son neveu, 77.
— 3 sept., id., 70.
— 4 sept., B. à La Broue, 70-1.
— 17 septembre. lundi, Paris, Ant. à son fils, (V), 66-7, 72 ; mort de Ch. de Pradel, 75.
— B. à son neveu, 71, (79), 80¹.
— 24 sept., Germigny, B. à son neveu, 71, 80¹ ; Ant. à son fils, 72¹.
— 1ᵉʳ oct., Ant. à son fils, 72¹.
— B. à son neveu, 73², 80¹.
— 8 oct., Ant. à son fils, 72¹.
— 9 oct., abbé B. à son père, 72.
— 15 oct., Ant. à son fils, 72¹.
— 16 oct., abbé B. à son père, 74.
— 22 oct., lundi, Ant. à son fils, lettre perdue, 72¹.
— 23 oct., Frascati, l'abbé B. à son oncle, 75³.
— 27 oct., Germigny, B. à son neveu, 60¹, 71-2.
— 28 oct., id., Ant. à son fils, (VI), 72-4, B. à son neveu, 74.
— 30 oct., Frascati, abbé B. à son oncle, 75².
— 1ᵉʳ nov., Colbert nommé à Montpellier, 75¹.
— B. à Meaux, 73-4.
— 2 nov. B. revient à la cour, 74.
— 4 nov., Fontainebleau, B. à son frère, 74.
— 5 nov., la duchesse de Bourgogne arrive à Fontainebleau, (81).
— B. à son neveu, 73².
— Paris, Ant. à son fils, (VII), 74-5.
— 13 nov., abbé B. à son père, 75.
— 18 nov., B. à son neveu, 76¹, (81).
— 28 nov., Rome, abbé B. à son père, 78.
— Phelipeaux à B., 78.
— 1ᵉʳ dé., Meaux, B. à son neveu, 73³, 75³.
— 2 déc., Phelipeaux chez Janson, 82-3.
— 3 déc., Ant. à son fils, (VIII), 75-7, 82¹, 222¹.
— 8 déc., abbé B. à son oncle, 85.
— 9 déc., B. à son neveu, 76², 77, 80¹.
— 10 déc., Chasot à l'abbé B., 78.
— 17 déc., Paris, Ant. à son fils, (IX), 78-82.
— 30 déc., Meaux, B. à son neveu, 77-8, (81), 86¹.
1697, janvier, B. à Maulevrier, 75², 78.
— 4 ou 5 janvier, (84), retour de B. à Paris, (84).

INDEX CHRONOLOGIQUE 361

1697, 7 janvier, Paris, Ant. à son fils, (X), 85-6.
— B. à son neveu (lettre perdue), 86¹.
— 20 janvier, B. à son neveu, (84), 86¹.
— 21 janvier, id., 289.
— La Chétardie à Tronson, 285².
— 3 fév., B. à son neveu, 87².
— 4 fév., Paris, Ant. à son fils, (XI), 36, 69, 87-8.
— 9 fév., abbé B. à son oncle, 90.
— 11 fév., Ant. à son fils, (XII), 88.
— B. à son neveu, 88³, 89¹.
— Fénelon à Versailles, 88.
— 17 fév., B. de Versailles à Paris, 89.
— 18 fév., Paris, Ant. à son fils, (XIII), 89-90.
— 22 fév., Sourches sur B. et F., (98).
— 25 fév., Ant. à son fils, (91).
— 26 fév., l'abbé B. à son oncle, 91.
— mars, envoi des Etats d'oraison, 259.
— Rancé à B., 108¹.
— Chantérac à Rome, 117.
— 4 mars, Ant. à son fils, (91).
— B. à son neveu, (84).
— 10 mars, Colbert sacré aux Feuillants, 75¹.
— 11 mars, Paris, Antoine à son fils, (XIV), 90-1.
— 14 mars, B. à son neveu, 98².
— 15 mars, Louis XIV à Janson, (242).
— Ant. reçoit la lettre du 26 fév., 91.
— B. présente son livre à Louis XIV, 91-2.
— 18 mars, Antoine, (XV), 86, 91-2.
— B. revient de Versailles, 91.
— B. à son neveu, (84), 91³, 93.
— 19 mars, l'abbé B. à son oncle, 100.
— 25 mars, sermon de La Rue contre F., 115.
— Paris, Ant. à son fils, (XVI), 97-9.
— 31 mars, B. à son neveu, (84), 93, 99³.
— avril, publication de l'*Instruction* de B., 92.
— F. défère son livre à Rome, 36¹, 250³.
— 1ᵉʳ avril, Paris, Ant. à son fils, (XVII), 99-100.
— 7 avril, Pâques, B. à son neveu, 93, Meaux.
— 8 avril, Paris, Ant. à son fils, (XVIII), 100-1.
— B. à son neveu, à Phelipeaux, 104.
— 9 avril, l'abbé à son oncle, 165¹, 259¹.
— Janson à Louis XIV, rép. à la lettre du 15 mars, (242).
— 14 avril, Le Camus à B., 108¹.
— 15 avril, B. à son neveu, (84), 83¹, (104), 168³.
— Ant. à son fils, 101¹.
— 16 avril, B. de Versailles à Paris, (84).
— 18 avril, Versailles, F. au card. X, 270¹.
— 22 avril, Paris, Ant. à son fils, (XIX), 101.
— B. à son neveu, (84), 93-4, 101³, 168³.

1697, 29 avril, B. son neveu (84), 82-3, 96.
— Paris, Ant. à son fils, (XX), 102.
— 5 mai, Versailles, Louis XIV au card. de Bouillon, (242).
— 6 mai, Ant. à son fils, 104.
— Bref du pape à B., 259[1].
— 13 mai, Ant. à son fils, 104.
— 16 mai, Marseille, card. de Bouillon à Louis XIV, (242).
— 18 mai, B. à La Broue, 112[3].
— 19 mai, B. à son neveu, 94.
— 20 mai, Ant. à son fils, 104.
— 25 mai, 2ᵉ éd. des *Etats d'oraison* achevée, 110[2].
— 26 mai (Pentecôte), B. à son neveu, 102[3].
— 28 mai, Paris, Ant. à son fils, (XXI), 102-4.
— 3 juin, B. à son neveu, 94.
— Ant. à son fils, 104.
— 10 juin, Ant. à son fils, (XXII), 102[2], 104-5.
— B. à son neveu, (138), (144).
— 11 juin, abbé B. à son oncle, 104[4], 106.
— 15 juin, B. à son neveu, 105[2].
— 17 juin, rapport des prélats achevé. B. à son neveu, 104[2].
— Ant. à son fils, (XXIII), 105.
— Le Camus à B., 259[1].
— 22 juin, portraits envoyés de Paris, 106.
— 24 juin, Ant. à son fils, 106[1].
— Ledieu à l'abbé B. 259[1].
— 29 juin, samedi, B. conseiller d'état, 106[2].
— 1ᵉʳ juillet, bulle d'érection du siège de Blois, 13.
— juillet, thèses sur le pur amour au collège de Clermont, 257.
— 1ᵉʳ juillet, B. à son neveu, 104[4], 106[1], 111-2.
— Paris, Ant. à son fils, 105-7.
— 8 juillet, Paris, id., (XXV), 107-8.
— 15 juillet, Ant. à son fils, (XXVI), 108.
— Marly, B. à son neveu, 108[2], 112.
— 17 juillet, B. à son neveu, 104[4].
— 22 juillet, 109[1], 122[5].
— Ant. à son fils, (XXVII), 109.
— Coislin créé card., 112[2].
— 26 juillet, Meudon, Louis XIV à Innocent XII, 95[4].
— 27 juillet, l'abbé B. à son oncle, 110.
— 29 juillet, B. à son neveu, 95, 259[1].
— Ant. à son fils, (XXVIII), 109.
— août, instructions de F. à Chantérac, 285.
— 1ᵉʳ août, B. à La Broue, (138).
— 3 août, F. à Beauvillier, 117, (126).
— L'abbé B. à son oncle, 111.
— 4 août, F. signe chez le nonce son appel à Rome, 119.
— 5 août, F. à Beauvillier, 114, 116.
— Paris, B. à son neveu, 96, 96[2], 112[2], 119[3].
— Ibid., Antoine à son fils, (XXIX), 110.

INDEX CHRONOLOGIQUE

1697, 6 août, signature de la Déclaration, 110¹, 249², 251.
— 6 août, Sourches sur F. et B., 114.
— 12 août, B. à son neveu, 96, 114.
—   Paris, Ant. à son fils, (XXX), 110-4, 114.
— 16 août, F. à Quinot, 116.
—   F. au nonce, 115.
— 17 août, lettre d'un docteur, etc., (126).
— 18 août, B. à son neveu, 119, (138).
— 22 août, Rome, Phélipeaux à X, 306-8.
— 23 août, Berryer à Rancé, (139).
— 26 août, Paris. Ant. à son fils, (XXXI), 118, (126).
—   Juilly, B. à son neveu, 118, 119³, 120², 121.
—   — Letellier à l'abbé B., 120⁴, 130.
— 29 août, Paris, Ant. à son fils, (XXXII), 118-9.
—   B. à son neveu, 118-9.
— sept., arrivée à Rome des *États d'oraison*, 269.
— 1ᵉʳ sept., F. à Beauvillier, 116.
— 2 sept., Paris, Ant. à son fils, (XXXIII), 121-2.
—   Germigny, B. à son neveu, 117², 121, 122¹.
— B. à La Broue, (148).
—   L'abbé B. à son oncle, 195¹.
— 3 août, F. à Chantérac, 116-7.
— 5 sept., card. Janson attendu à Paris, 121.
— 7 sept., id. arrive à Paris, 123.
— 8 sept., funérailles de la duchesse de La Feuillade, 124.
— 9 sept., Paris, B. à son neveu, 121¹, 145³.
—   Ant. à son fils, (XXXIV), 123-4.
— 15 sept., Inst. past. de F., parue fin oct., 429².
— 16 sept., Paris, B. à son neveu, 122¹ (138), 195¹.
—   Ant. à son fils, (XXXV), 124-5.
— 17 sept., B. revient à Versailles, 122¹.
— 18 sept., F. à Chantérac, 117.
— 23 sept., Paris, Ant. à son fils, (XXXVI), 125.
— 25 sept., privilège accordé à B., 188¹, 204².
—   F. à Chantérac, 143².
— 29 sept., B. à son neveu, (147).
— 30 sept., Paris, Ant. à son fils, (XXXVII), 125-6.
—   L'abbé B. à son oncle, 148¹.
— 1ᵉʳ oct., id., 127-8.
— 7 oct., Paris, Ant. à son fils, (XXXVIII), 126.
—   B. à son neveu, 132³, (133).
— 6 oct., *Ordonnance* de Noailles, (138).
— 14 oct., Paris, Ant. à son fils, (XXXIX), 127.
—   B. à son neveu, (133).
— 21 oct., Lundi, Paris, Ant. à son fils, (XL), 127-8.
— 22 oct., L'abbé B. à Le Tellier, 131.
— 27 oct., B. à son neveu, (133), 146¹, 149¹.
—   *Instruction* de Noailles, 155⁴.
— 28 oct., Ant. à son fils, (XLI), 129.
— 29 oct., L'abbé B. à son oncle, (133).

1697, fin oct., Publication de l'*Inst.* de F. du 15 sept., 129[2].
— 3 nov., B. à Noailles, 137[3].
— 4 nov., Ant. à son fils, (XLII), 129-30.
— 5 nov., L'abbé B. à son oncle, (133), 139.
— 10 nov., Dimanche, Reims, Le Tellier à l'abbé B., 130-1.
—   L'abbé B. à son père, 139[1].
— 11 nov., Ant. à son fils, (XLIII), 130.
— 12 nov., L'abbé B. à son oncle, (147).
— 18 nov., Paris, Ant. à son fils, (XLIV), 130-3, 130-2.
—   Versailles, B. à son neveu, 131[3], (133), 137[3].
—   Ordonnance de Noailles envoyée à Rome, 137[3].
— 19 nov., F. à Chantérac, (134).
— 25 nov., Versailles, B. à son neveu, (132).
—   Ant. à son fils, (XLV), 135.
— 26 nov., L'abbé B. à son oncle, 127[3], (133), 139[1].
— déc., Cambrai, F. à B., 279[1].
— 2 déc., Versailles, B. à son neveu, (132), (134), (147).
—   Ant. à son fils, 135.
— 6 déc., Douzième année de la duchesse de Bourgogne, (81).
— 7 déc., Mariage de la duchesse de Bourgogne, 128[3].
— 8 déc., L'abbé B. à son oncle, (138), reçoit l'ordonnance de Noailles.
—   F. à Chantérac, 165[1].
— 9 déc., Antoine à son fils, (XLVI), 135-6.
—   Versailles, B. à son neveu, (132).
— 10 déc., Ant. à son fils, (XLVII), 136-7.
—   Abbé B. à son oncle, 137, (138).
—   A son père, 139[1].
—   L'abbé Phelipeaux à B., (139).
—   Chantérac à F., (134).
—   Chantérac à Langeron, (139).
— 14 déc., Chantérac à F., (134).
— 17 déc., Phelipeaux à B., (139).
—   B. à son neveu, (128).
— 18 déc., F. à Chantérac, 170[2].
— 22 déc., *Id.*, 132[2].
— 23 déc., Ant. à son fils, 136[3], 143[1].
— 24 déc., L'abbé Gérard nommé à Toul, 140[2].
— 28 déc., Samedi, B. à Versailles, 137[1].
— 30 déc., Paris, Ant. à son fils, (XLVIII), 137-40.
—   Versailles, B. à son neveu, 137[1], 139[1], 161[1].
— 31 déc., Rome, l'abbé B. à son oncle, 144[1].
1698, 6 janv., Ant. à son fils, (XLIX), 143-4.
— 7 janvier, F. à Chantérac, (139).
—   au nonce, (139).
— 10 janv., B. à son neveu, 144[2].
— 14 janv., F. à Chantérac, 286.
—   L'abbé B. à son oncle, 136[2], 143[1], (141), 144, 149[3].
— 14 janv., F. à Chantérac, 170[2].
— 17 janv., Ant. à son fils, (L), 144.

1698, 18 janv., L'abbé B. à son oncle, 196³.
— 20 janv., Id., 144.
— 21 janv., L'abbé B. à son oncle, 148².
— 27 janv., Ant. à son fils, (LI), 144.
— 28 janv., B. à son neveu, 146¹.
—   L'abbé B. à son oncle, 196³.
— 1ᵉʳ fév., Dangeau sur Bissy, 140².
— 3 fév., Paris, Antoine à son fils, (LII), 140², 144-9, 151².
— 4 fév., Rome, l'abbé B. à son oncle, (147).
— 9 fév., B. à son neveu, 148².
— 10 fév., Ant. à son fils, (LIII), 144¹, 150.
—   B. à Giori, 196³.
—   F. à Chantérac, 170².
— 14 fév., Louis XIV au card. de Bouillon, 146¹.
— 15 fév., B. à son neveu, 146¹, (149).
— 16 fév., Dimanche, le Nonce mandé par Louis XIV, 146¹.
— 17 fév., Ant. à son fils, (LIV), 144¹, 150.
—   B. à son neveu, 146¹.
— 19 fév., F. à Chantérac, 170².
— 22 fév., B. achève *Divers écrits*, etc., 151¹.
— 24 fév., Ant. à son fils, (LV), 144¹, 150.
—   B. à son neveu, (148), (195), (196).
— 25 fév., Rome, l'abbé B. à son neveu, (147), 153¹.
— 3 mars, Ant. à son fils, (LVI), 151.
—   B. à son neveu, 188¹.
— 4 mars, Rome, lettres au nonce, etc., 154.
—   Phelipeaux à B., (147).
— 10 mars, B. à son neveu, 146¹.
—   Ant. à son fils, (LVII), 151, 152.
— 11 mars, l'abbé B. à son oncle, (147).
— 16 mars, Id. sur son audience, (148).
—   Audience de l'abbé B., (147), (148).
— 17 mars, Ant. à son fils, (LVIII), 152³, 153.
—   B. à son neveu, 169¹, 172¹, 195.
— 18 mars, l'abbé B. à son oncle, (148), (195).
— 24 mars, Ant. à son fils, (LIX), 154.
—   Forbin-Janson à l'abbé B., 151².
— 25 mars, l'abbé B. à son oncle, 196³.
—   Dom Estiennot à Mabillon, 281¹.
— 29 mars, B. à Mme de Maintenon, 167¹.
— 30 mars, D. Estiennot à Mabillon, 280-1.
— 31 mars, Paris, Ant. à son fils, (LX), 154-5.
—   B. à son neveu, 169¹.
— avril, Girard nommé à Poitiers, 140².
— 1ᵉʳ avril, Paris, Antoine à son fils, 155-6.
—   L'abbé B. à son oncle, 165¹, 167¹.
— 3 avril, Mme de Maintenon à B., 167¹.
— 6 avril, B. au card. d'Aguirre, (148).
—   L'abbé B. à son oncle, 169¹.
— 7 avril, Paris, Ant. à son fils, (LXI), 155-6.

1698, B. à l'abbé Renaudot, 188[1].
— 8 avril, l'abbé B. à son oncle, 169[2], 186[1].
— 14 avril, Ant. à son fils, (LXII), 156-7.
— B. à son neveu, 169[1].
— 15 avril, Rome, l'abbé B. à Le Tellier, 159.
— Dom Estiennot à Mabillon, 281.
— 16 avril, l'abbé B. à son oncle, 162.
— 17 avril, id., 167[1], 186[1].
— 20 avril, B. à son neveu, 183[2].
— 21 avril, Paris, Ant. à son fils, (LXIII), 157-8.
— 22 avril, L'abbé B. à son père, 164.
— à son oncle, 164[1], 168[3], 170[2], 186[1].
— 28 avril, Paris, Ant. à son fils, (LXIV), 158-9.
— B. à son neveu, (147) 169, 186[1].
— 29 avril, l'abbé B. à son père, 166, 167[1], (196).
— B. à son neveu, 168[3].
— L'abbé B. à Le Tellier, 170.
— L'abbé Phelipeaux à B., 173[2].
— 4 mai, B. à son neveu, 112[3].
— 5 mai, Versailles, Le Tellier à l'abbé B., 159, 160.
— 6 mai, Paris, Ant. à son fils, (LXV), 149, 160-3.
— 12 mai, lundi, Paris, Ant. à son fils, (LXVI), 163-6, 171.
— B. à son neveu, 169[2].
— 13 mai, l'abbé B. aux siens, 171-4.
— 18 mai, audience de l'abbé B., 209[1].
— 19 mai, Paris, Ant. à son fils, (LXVII), 166-9, 171.
— L'abbé B. à son oncle, 167[1].
— Reims, Le Tellier à l'abbé B., 170-1.
— 20 mai, Rome, Dom Estiennot à Mabillon, 281.
— 23 mai, l'abbé B. reçoit la lettre de Lacombe, 172[1].
— 27 mai, l'abbé B. aux siens, 175, 186[1], 196[3].
— Phelipeaux à B., 173[2].
— 31 mai, Chantérac à F., (176).
— Achevé d'imprimer de la rép. de B., 204[2], (205).
— 2 juin, B. à son neveu, 171[2], 174.
— 3 juin, Paris, Ant. à son fils, (LXVIII), 171-3.
— L'abbé B. à son oncle, (176), 177, 186[1].
— 8 juin, B. à son neveu, 176[2].
— 10 juin, l'abbé B. à son père, 177, 186[1].
— 12 juin, la rép. de B. parvient à Rome, 204[2].
— 16 juin, Paris, Ant. à son fils, (LXIX), 175-6.
— Noailles à l'abbé B., 196[3].
— B. revient à Versailles, 175.
— B. à son neveu, 163[4], 180[1].
— 22 juin, B. à Versailles, 177.
— 23 juin, B. à son neveu, (176), 186[1].
— Paris, Ant. à son fils, (LXX), 177-8.
— Envoi de la *Relation* à l'abbé B., 179.
— 25 juin, cf. Palosa et d'Aguirre, 240.
— 27 juin, (Metz), Chasot à Antoine B., 181.

1698, 29 juin, Mme de Maintenon à Noailles, 178.
— 30 juin, Marly, B. à son neveu, 178^2, 179^2, 187^2.
— Paris, Ant. à son fils, (LXXI), 179-81.
— 1er juillet, l'abbé B. aux siens, 184.
— 2 juillet, B. à Noailles, 196^2.
— 5 juillet, Chamilly envoyé à Copenhague, 79^1.
— 7 juillet, B. à son neveu, (148), (187).
— 9 juillet, mercredi, l'abbé B. reçoit la Lettre pastorale de Chartres, 181^2.
— 12 juillet, l'abbé B. à son oncle, 164^2, 187^2.
— 14 juillet, Paris, Ant. à son fils, (LXXII), 181-3.
— B. à son neveu, (185).
— 15 juillet, l'abbé B. à son oncle, 187^2, (202).
— 8 juillet, l'abbé B. à son oncle, 196^3.
— 16 juillet, la *Relation* parvient à Rome, 184^1.
— Chantérac à Maulevrier, 285.
— 20 juillet, Meaux, B. à son neveu, 182^1, 183^4.
— 21 juillet, Paris, Antoine à son fils, (LXXIII), 183-4.
— B. à son neveu, 183^5.
— 22 juillet, mercredi, Phelipeaux, sur les menaces gallicanes, (185).
— Id. à B., 187^2.
— L'abbé B. à son oncle, 189.
— 28 juillet, B. à son neveu, 187^2, 188^1.
— 29 juillet, l'abbé B. à son oncle, 184, 192.
— 31 juillet, S. Cloud, la Palatine sur la querelle Vendôme, 188^1.
— 4 août, Paris, Ant. à son fils, (LXXIV), 185-9.
— B. à son neveu, (187).
— Phelipeaux à B., 187^2, 193^4, 198.
— L'abbé B. à son oncle, 193, 196^1, 198.
— 9 août, Chantérac à F., (184).
— 10 août, B. à son neveu, 187^2, 188^1, 202^2.
— 11 août, Noailles à l'abbé B., 195^2.
— Paris, Ant. à son fils, (LXXV), 188^1, 189-90.
— L'abbé B. à son oncle, 192^4.
— 12 août, l'abbé B. à son neveu, 187^2, 193^4, 196^1.
— 13 août, condamnation du curé de Seurre, 197^3.
— Paris, Antoine à son fils, (LXXVI), 192-3.
— B. à son neveu, 187^2, 188^1, 193^2.
— B. à Mme de Maintenon, 192.
— 14 août, jeudi, courrier extraordinaire arrive à Paris, 193.
— 15 août, B. à Meaux reçoit les lettres, 193.
— 17 août, B. à son neveu, 187^2, 193^2, 4.
— 18 août, Paris, Ant. à son fils, (LXXVII), 192-8.
— Noailles à l'abbé B., 193^2,4.
— Ouverture différée du camp de Compiègne, 188.
— 19 août, l'abbé B. à son oncle, 187^2, (196).
— 22 août, id., 193^4.
— 23 août, Chantérac à F., 182^1, (184), 204^1.

1698, 24 août, B. à son neveu, (197).
— 25 août, Paris, Ant. à son fils, (LXXVIII), (195), 199-201.
— 26 août, l'abbé B. à son oncle, 182², 204.
— 29 août, ouverture du camp de Compiègne, 188.
— 30 août, Chantérac à F., 204¹.
— 1ᵉʳ sept., Paris, Antoine à son fils, (LXXIX), 201-3.
— Reims, Le Tellier à l'abbé B., 203.
— 2 sept., l'abbé B. à son oncle, 205, 208.
— 3 sept., Phelipeaux reçoit l'arrêt contre le curé de Seurre, 197³.
— 9 sept., l'abbé B. à son oncle, 207-8, 209².
— 11 sept., nouvelle du sermon du P. de La Rue, 205⁴.
— 14 sept., Le Tellier à Versailles, 203.
— 15 sept., Paris, Antoine à son fils, (LXXX), 203-5.
— B. au camp de Compiègne, 204.
— 16 sept., Rome, l'abbé B. à son oncle, 208.
— 18 sept., jeudi, l'abbé B. reçoit la lettre de Le Tellier du 1ᵉʳ, 203².
— 19 sept., vendredi, lettre de l'abbé B. du 2 arrive, 206.
— 20 sept., trad. italienne de la *Relation*, achevée d'impr., 188¹.
— 21 sept., B. à son neveu, 209.
— Louis XIV attendu à Versailles.
— 22 sept., id., 203.
— La cour à Chantilly, 206.
— Paris, Ant. à son fils, (LXXXI), 205-6.
— 23 sept., Dom Estiennot à Le Tellier, 212.
— L'abbé B. à son oncle, 209.
— L'abbé B. à Le Tellier, 211³.
— 24 sept., Louis XIV rentre à Versailles, 206.
— 27 sept., l'abbé B. à son oncle, 210.
— 28 sept., translation de S. Pie V, 204².
— 29 sept., Paris, Ant. à son fils, (LXXXII), 207.
— 30 sept., l'abbé B. à l'abbé Madot, 210.
— oct., assemblée du clergé annoncée, 190-1.
— 5 oct., lundi, Paris, Ant. à son fils, (LXXXIII), 205, 207-8.
— B. à son neveu, 209².
— 7 oct., l'abbé B. à son père, 220.
— 7 oct., mercr. (jusqu'au 24), Jacques II à Paris, 212.
— 11 oct., départ du courrier Maurisseran, cf. 18, 221.
— 12 oct., fiançailles de Mlle au duc de Lorraine, 212.
— 13 oct., lundi, Paris, Ant. à son fils, (LXXXIV), 206², 209-11.
— mariage du duc de Lorraine, 212.
— Le Tellier à Fontainebleau, 211³.
— 14 oct., l'abbé B. à son oncle, 221.
— 16 oct., jeudi, la duchesse de Lorraine quitte Paris, 212.
— Synode de B. à Meaux, 214-5.
— 17 oct., vendr., Paris, Ant. à son fils, (LXXXV), 212-4.
— Maurisseran chargé des paquets, 218.

INDEX CHRONOLOGIQUE   369

1698, 18 oct., B. à Faremoutiers, 214.
—   B. à son neveu (147), 216-7.
—   achevé d'imprimer des *Remarques*, etc., (205).
—   Ant. à son fils, (LXXXVI), 214-6.
—   départ de Maurisseran, cf. au 11 oct., 220.
—   19 oct., Phelipeaux reçoit les *Remarques*, 207[1].
—   audience de l'abbé B., 207[1].
—   20 oct., lundi, B. à la cour, 214.
—   Paris, Ant. à son fils, (LXXXVII), 217-9.
—   21 oct., passage de Maurisseran à Lyon, 221.
—   24 oct., le roi et la reine d'Angleterre quittent Paris, 212.
—   25 oct., Fontainebleau, B. à Pirot, 219[1].
—   La duchesse de Lorraine à Bar., 212.
—   26 oct., le sermon de La Rue lu à Frascati, 208[1].
—   27 oct., Paris, Antoine à son fils, (LXXXVIII), 220, 222[3].
—   31 oct., vendredi, B. à Meaux, 220.
—   le ballot des *Remarques* arrive à Rome, 224.
—   l'abbé B. à son oncle, 224.
—   1er nov., Daquin transféré à Séez, Fleury nommé à Fréjus, (222).
—   3 nov., lundi, B. de Meaux à Fontainebleau, jusqu'au 13, 220.
—   B. à son neveu (223).
—   Paris, Ant. à son fils, (LXXXIX), 224-3.
—   4 nov., l'abbé B. à Le Tellier, 223-4.
—   id. à B., 224.
—   11 nov., id., 225.
—   12 nov., Louis XIV de Fontainebleau à Versailles, 212.
—   13 nov., jeudi, Phelipeaux contre Rodolovic, 229[2].
—   B. revient à Versailles avec la cour, 220.
—   22 nov., sacre de Fleury, (222).
—   25 nov., mardi, Paris, Le Tellier à l'abbé B., 223-4.
—   B. attendu de Meaux à Paris, 224.
—   1er décembre, Paris, Ant. à son fils, (XC), 223, 225-7.
—   B. à son neveu, 226[2].
—   3 décembre, l'abbé B. à son père, 217.
—   7 décembre, B. à son neveu, 263[2].
—   8 décembre, Ant. à son fils, 228[2].
—   10 décembre, l'abbé B. aux siens, 228.
—   15 décembre, Ant. à son fils, 228[2].
—   16 décembre, l'abbé B. aux siens, 229-30.
—   18 décembre, Gérard prend possession de Poitiers, 140[2].
—   23 décembre, Paris, Ant. à son fils, (XCI), 227, 228[2].
—   l'abbé B., aux siens, 231.
—   29 déc. Paris, Antoine à son fils, (XCII), 228-9.
—   30 décembre, l'abbé à son oncle, (82), 232, 262[1].
—   courrier renvoyé à Rome, 230.
1699, 1er janvier, B. à son neveu (82).
—   5 janvier, lundi, Paris, Ant. à son fils, (XCIII), 230-1.
—   B. à son neveu, 230.
—   Chasot à l'abbé B., 230.

GRISELLE.   24

1699, 5 janvier, Paris, Antoine à son fils, 230, 231.
— 8 janvier, l'abbé à B., 229[2].
— 10 janvier, samedi, B. de Marly à Paris, 231.
— 11 janvier, dimanche, B. de Paris à Versailles, 231.
— 12 janvier, Ant à son fils, (XCIV), 231.
— 13 janvier, mardi, F. rayé de l'état de précepteur, 233.
— 19 janvier, B. à son neveu (82).
— Antoine à son fils, (XCV[e] et dernière lettre), 141, 232-4.
— 26 janvier, réponse de B. aux *Préjugés décisifs*, achevée, 260.
— 30 janvier, achevé d'imprimer de la *Rép. d'un théologien*, etc., 261.
— publication de la *Rép. aux préjugés*, 260-1
— 2 févr., B. à son neveu, 234.
— 3 févr., l'abbé B. à son oncle (77).
— 4 ou 5 févr., la *Rép. aux Préjugés* arrive à Cambrai, 260.
— 6 ou 8 févr., *Rép. d'un Théologien* publiée, 261.
— 10 ou 12 févr., reçue par F., 261.
— 17 févr., l'abbé B. à son oncle, 57[1].
— 21 févr., mort d'Antoine Bossuet, 43 (44).
— 28 févr., entrée de Chamilly à Copenhague, 79[1].
— 1er mars, l'abbé B. à son oncle (79).
— 2 mars, B. à son neveu, 174[3].
— 7 mars, achevé d'imprimer des *Passages éclaircis*, 262.
— 12 mars, bref condamnant F., 261.
— 15 mars, réponse de F. circulant à Paris (264).
— et 19 mars, publication des *Passages éclaircis*, 262.
— 22 mars, bref reçu à Paris et Versailles, 253, 262.
— 23 mars, B. à son neveu, 174[3].
— 24 ou 25 mars, bref connu à Cambrai, 262, 253, (264), 261-2.
— 30 mars, B. à son neveu, 174[3].
— 1er avril, id., 39[2].
— 2 avril, B. propose au roi l'acceptation du bref par provinces, 254.
— 6 avril, B. à son neveu, 174[3].
— 7 avril, l'abbé B. à son oncle, 162[1].
— 9 avril, mandement d'acceptation de F., 253, 260, (261), 262.
— après le 9 avril, lettre de F. contre la *Rép. d'un Théologien*, 261.
— 18 avril, mémoire de l'arch. de Reims à Louis XIV, 254.
— 28 avril, Chantérac à Maulevrier, 285.
— fin avril ou début de mai, Rép. de F. aux *Passages éclaircis* circulant dans Paris, 262.
— 13 juillet, Fleurnois à Léonard, 28.
— 17 août, id., 28.
— 3 sept., mandement de B. sur la condamnation de F., 257.
— 21 sept., retour de l'abbé B., 257.
— 23 sept., son audience à la cour, 257.
— 8 oct., lettre sur F., 27.
— 9 oct., Gaston de Noailles à son frère, 327[1].
— 14 oct., réponse de celui-ci, 327[1].

INDEX CHRONOLOGIQUE 371

1699, nov., bruits de condamnation de Daguesseau, 256.
— 7 déc., date d'achèvement du *Mémoire* de Ledieu, 239², 263.
1700, 22 févr., Louis B. épouse Marguerite de La Briffe, 47².
— 28 févr., première audience de Chamilly à Copenhague, 79¹.
— 18 avril, l'abbé B. ordonné prêtre, 49.
— mai, Turgot quitte l'intendance de Metz, cf. mai 1696, 55¹.
— 22 mai, l'abbé B., docteur de Sorbonne, 49, 51¹.
— 20 juin, S. Germain-en-Laye, B. à Valbelle, 345.
— 21 juin, Noailles créé cardinal, 112², 239², 263³.
— août, *Mercure galant*, sur une lettre de B. à Raguenet, 187¹.
— 7 août, les abbés en révolte à l'assemblée, 51².
— 4 sept., Du Vaucel à Quesnel (199).
1701, 12 févr., Aniaba à N. D., 78¹.
— août, d'Herbigny quitte l'intendance de Lyon, cf. nov. 1694, 183¹.
— 1ᵉʳ sept., Chantérac à F., 285.
— 25 sept., Ledieu sur Phelipeaux, 48².
1702, 22 févr., F. à l'abbé Robert, 274.
— 2 mars, mort de Girard, év. de Poitiers, 240².
— 17 mai, B. à Bertin, 246².
— 23 mai, Bertin à B., cf. 17 mai, 246².
— 27 mai, id., ibid.
— 28 mai, B. à Pirot, 318¹.
— 1ᵉʳ juin, B. contre Richard Simon, 314.
— 5 juin, Meaux, B. au card. de Noailles, 312, 315-7, 320.
— 7 juin, travaux de B. contre Simon, 313.
— 8 juin, B. visité par Ruinard et Mabillon, 313³.
— 28 juin, B. contre Simon, 313³.
— 1ᵉʳ juillet, samedi, id., 313³, 316².
— 2 juillet, dim., B. à Conflans, 316².
— 6 juillet, B. contre Simon, 313³, 316².
— 10 juillet, Ledieu, sur même sujet, 316².
— 27 juillet, id., ibid.
— 30 juillet, Bourret à Bertin, 316².
— 5 août, X. à Léonard de Ste-Catherine, 318.
— 14 août, id., ibid., 318-9.
— 28 août, Ledieu sur l'Ordonnance de Noailles et Richard Simon, 70-4, 317².
— 14 sept., Ledieu sur Simon, 316².
— 29 sept., X. à Léonard, 319.
— 31 oct., B. au card. de Noailles, 319².
— 15 nov., Cambrai, F. à Langeron, 322.
1703, 23 février, F. à l'abbé Robert, 274.
— 11 mai, F. à l'abbé Robert, 274-5.
— 4 juin, F. à Langeron, 320.
— 18 juin, mort de Mme Foucault, 50.
— 19 juin, ses funérailles, 99.
— 31 juillet, F. prononce un panégyrique de S. Ignace, 31-3.
— 1ᵉʳ août, lettre sur ce panégyrique, 33.

1703,	12 août, F. à l'abbé Robert, 275.
—	18 août, F. à l'abbé Robert, 275.
—	27 août, testament de Bossuet, 50[3].
—	28 oct., F. à l'abbé Robert, 275.
—	3 nov., Cambrai, F. à X., 279[1].
1704,	14 mars, Cambrai, F. à Valbelle, 314[3].
—	24 mars, F. l'abbé à Robert, 275.
—	5 avril, id., 279.
—	14 juillet, id., 277.
—	20 sept., Paris, Léonard, 277.
—	4 nov., mort de Louis Marcel, curé de S. Jacques du Haut-Pas, 336[3].
1707,	3 février, F. à Gaignères, 277.
—	1er mai, sacre de l'Electeur de Cologne, 9.
1708,	29 oct., mort de Valbelle, 314[3].
1709,	18 mai, Maulevrier nommé à Autun, 75[2].
—	28 sept., F. à l'év. d'Avranches, 279[1].
—	4 déc., M. Angélique de Moras, épouse le duc de Villars-Brancas, 73.
1710,	mai, démission de Maulevrier, 75.
1711,	4 oct., Hautvilliers, Gaston de Noailles à son frère, 324[1]-327.
1713,	19 janv., Cambrai, F. à Mme Roujault, 279[1].
—	mai, F. à Mme de Chévry, 276.
1714,	24 janv., Quesnel à du Vaucel (64).
—	12 mai, mort de Mlle de Mauléon, 299.
—	12 juin, Cambrai, F. à Mme de Chévry, 276.
—	19 juillet, id., 276.
1720,	7 avril, mort de Fr. de Loménie, 335[2].
1721,	8 janvier, mort de Maulevrier, 75[2].
1726,	28 août, instruction pastorale de Soanen, 63[3].
1738,	23 janvier, La Haye, marquis de F. à un cardinal, 279[1].
1740,	25 déc., mort de Soanen, 63[3].
1837,	30 avril, Issy, M. Gosselin à Mgr Gallard, 38.
—	6 août, id., 38.
1898,	15 nov., vente Noël-Charavay, 314[1].

TABLE DES MATIÈRES

	Pages
Avant-propos.	v
Préliminaires d'une édition des Œuvres de Fénelon.	1
A propos des Sermons de Fénelon.	9
Un Sermon de Fénelon à retrouver. Panégyrique de S. François d'Assise.	23
Échos de sermons de Fénelon.	27
Un Panégyrique de S. Ignace de Loyola par Fénelon à Cambrai en 1703.	31
Lettres sur le Quiétisme.	35
Notes d'un contemporain sur la Lutte de Bossuet contre le Quiétisme.	237
La Correspondance de Bossuet et de Fénelon.	267
Une lettre de Fénelon au chapitre de Tournai.	310
Lettre de Bossuet au cardinal de Noailles sur Fénelon.	312

Appendices.

I. L'oraison funèbre de l'Abbesse de Faremoutiers, Jeanne de Plas, prononcée par Fénelon à l'abbaye de Faremoutiers, le mardi 15 février 1678. 329

II. Sermon de la Dédicace de l'église S. Jacques du Haut-Pas, prêché par Fénelon le dimanche 13 mai 1685. 335

I. Index alphabétique. 339
II. Lexique de quelques expressions anciennes. . 356
III. Index chronologique. 357

www.ingramcontent.com/pod-product-compliance
Lightning Source LLC
Chambersburg PA
CBHW060052190426
43201CB00034B/1206